RETRATO DE UM ASSASSINO

PATRICIA D. CORNWELL

Retrato de um assassino
Jack, o Estripador — caso encerrado

Tradução
Manoel Paulo Ferreira

1ª reimpressão

Companhia Das Letras

Copyright © 2002 by Cornwell Enterprises, Inc.

Título original
Portrait of a killer: Jack the Ripper — case closed

Ilustração de capa
Coleção de Patricia Cornwell

Índice remissivo
Daniel A. de André

Preparação
Maysa Monção
Otacílio Nunes Jr.

Revisão
Beatriz de Freitas Moreira
Renato Potenza Rodrigues

Dados Internacionais de Catalogação na Publicação (CIP)
Câmara Brasileira do Livro, SP, Brasil

Cornwell, Patricia
    Retrato de um assassino : Jack, o Estripador : caso encerrado / Patricia Cornwell ; tradução Manoel Paulo Ferreira. — São Paulo : Companhia das Letras, 2003.

    Título original: Portrait of a killer
    Bibliografia.
    ISBN 85-359-0441-7

    1. Assassinatos em série — Inglaterra — Londres — História — Século 19 2. Investigação criminal 3. Jack, o Estripador 4. Sickert, Walter, 1860-1942 5. Whitechapel (Londres, Inglaterra) — História I. Título. II. Título: Jack, o Estripador.

03-6272	CDD-364.1523092

Índice para catálogo sistemático:
1. Assassinos em série : Criminologia :
    Biografia   364.1523092

[2004]
Todos os direitos desta edição reservados à
EDITORA SCHWARCZ LTDA.
Rua Bandeira Paulista 702 cj. 32
04532-002 — São Paulo — SP
Telefone (11) 3707-3500
Fax (11) 3707-3501
www.companhiadasletras.com.br

A John Grieve, da Scotland Yard
O senhor o teria apanhado

Sumário

1. Sr. Ninguém 11
2. A visita 17
3. As Infelizes 24
4. Por algum desconhecido 37
5. Um menino magnífico 46
6. Walter e os meninos 62
7. O cavalheiro freqüentador de cortiços 76
8. Um pedaço de espelho quebrado 87
9. A lanterna escura 97
10. A medicina dos tribunais 105
11. Noite de verão 117
12. O jovem e belo 126
13. Alvoroço 136
14. Trabalho de crochê e flores 148
15. Uma carta pintada 167
16. Uma escuridão estígia 183
17. As ruas até o amanhecer 194
18. Uma maleta preta lustrosa 207
19. Esses tipos por aí 216

20. Irreconhecível 226
21. Uma grande piada 236
22. Campos estéreis e montes de escória 244
23. O livro de hóspedes 258
24. Num cocho 269
25. Três chaves 279
26. As filhas de Cobden 293
27. A noite mais escura 306
28. Distante do túmulo 325

Minha equipe 335
Bibliografia 339
Índice remissivo 351

Houve pânico generalizado, e muita gente impressionável afirmou que o maligno estava revisitando a terra.

H. M., missionário anônimo do East End, 1888

1. Sr. Ninguém

A segunda-feira 6 de agosto de 1888 foi feriado bancário em Londres. A cidade era um verdadeiro carnaval de coisas extraordinárias para fazer, e por poucos *pennies*, se a pessoa tivesse alguns para gastar.

Os sinos da igreja da paróquia e os da capela de São Jorge, em Windsor, tocaram o dia inteiro. Os navios estavam embandeirados, e canhões disparavam saudando o duque de Edimburgo, que fazia 44 anos.

O Crystal Palace oferecia uma deslumbrante variedade de programas especiais: recitais de órgão, concertos de bandas militares, uma "queima monstro de fogos de artifício", um grandioso balé das fadas, ventríloquos e "apresentações de cantores e atores mundialmente famosos". O Museu de Madame Tussaud exibia um modelo de cera especial de Frederico II em câmara-ardente e, claro, a sempre popular Câmara dos Horrores estava aberta. Outros horrores deliciosos aguardavam quem podia pagar um ingresso de teatro e tinha ânimo para assistir a uma peça com lição de moral ou simplesmente levar um bom susto à moda antiga. *Dr. Jekyll and Mr. Hyde** era apresentada para casas lotadas. O famoso ator americano Richard Mansfield estava brilhante como Jekyll e Hyde no Lyceum, de Henry Irving, e a Opéra

---

* *O médico e o monstro*, de Robert Louis Stevenson. (N. T.)

Comique também encenava sua versão, ainda que mal recebida pela crítica e envolta em escândalo, porque o teatro adaptara o romance de Robert Louis Stevenson sem permissão.

Nesse feriado, havia exposições de cavalos e de gado; os trens ofereciam "tarifas reduzidas" especiais; e os bazares de Covent Garden transbordavam de pratos de Sheffield, ouro, jóias, uniformes militares de segunda mão. Quem quisesse se fazer passar por soldado nesse dia de turbulenta descontração podia fazê-lo com pouco dispêndio e sem que lhe fizessem perguntas. Ou podia personificar um guarda, alugando um uniforme autêntico da Polícia Metropolitana na Angel's Theatrical Costumes, em Camden Town, a uma caminhada de meros três quilômetros do lugar onde morava o atraente Walter Richard Sickert.

Sickert, de 28 anos, desistira de uma obscura carreira de ator para atender ao apelo superior da arte. Era pintor, gravurista, aluno de James McNeill Whistler e discípulo de Edgar Degas. O jovem Sickert era ele próprio uma obra de arte: delgado, com um torso forte por causa da natação, nariz e maxilar em ângulo perfeito, cabelo loiro espesso e cacheado, e olhos azuis tão inescrutáveis e penetrantes quanto seus pensamentos secretos e sua mente perspicaz. Talvez se pudesse até dizer que era bonito, não fosse pela boca, que podia se estreitar numa linha dura e cruel. Não se sabe a sua altura exata, mas, segundo um amigo, era um pouco acima da média. Fotografias e várias peças de vestuário doadas ao Arquivo da Tate Gallery nos anos 1980 levam a crer que tivesse entre 1,80 e 1,85 metro.

Sickert era fluente em alemão, inglês, francês e italiano. Sabia latim o suficiente para ensinar amigos, tinha boas noções de dinamarquês e grego, e é possível que soubesse um pouco de espanhol e português. Dizia-se que lia os clássicos na língua original, mas nem sempre terminava de ler os livros que começava. Não era incomum haver dezenas de romances espalhados pelo chão, abertos na última página que lhe despertasse o interesse. Sickert era viciado particularmente em jornais, tablóides e revistas.

Até sua morte, em 1942, seus estúdios e gabinetes pareciam um centro de reciclagem para praticamente todos os jornais que os prelos europeus imprimiam. Seria de perguntar como uma pessoa que trabalhasse a sério conseguia encontrar tempo para ler quatro, cinco, seis, dez jornais por dia, mas Sickert tinha um método. Não se incomodava com nada que não o interessasse, fosse política, economia, assuntos mundiais ou gente. Nada lhe importava, a menos que o afetasse de alguma forma.

Geralmente preferia ler sobre o que havia de mais recente em entretenimento na cidade, examinar críticas de arte, passar rapidamente para qualquer artigo sobre crime e procurar seu nome, caso houvesse algum motivo para ter sido publicado em determinado dia. Gostava de escrever cartas ao editor, especialmente as que assinava com pseudônimo. Adorava saber o que os outros faziam, especialmente na privacidade de uma vida vitoriana nem sempre muito regrada. "Escreva, escreva, escreva!", implorava aos amigos. "Conte-me em detalhes *todo* tipo de coisa, coisas que você tenha achado engraçadas, e *como* e *quando* e *onde*, e todo tipo de mexerico sobre todo mundo."

Sickert desprezava a classe alta, mas perseguia celebridades. De alguma forma conseguia privar da companhia dos maiores nomes da época: Henry Irving e Ellen Terry, Aubrey Beardsley, Henry James, Max Beerbohm, Oscar Wilde, Monet, Renoir, Pissarro, Rodin, André Gide, Édouard Dujardin, Proust, membros do Parlamento. Mas não necessariamente conhecia muitos deles, e ninguém — famoso ou não — o conhecia de fato. Nem mesmo sua primeira esposa, Ellen, que faria quarenta anos em menos de duas semanas. Sickert talvez não tenha pensado muito no aniversário da mulher nesse feriado, mas era extremamente improvável que o tivesse esquecido.

Era muito admirado pela memória espantosa. Ao longo de toda a vida, divertia convidados para o jantar encenando longos trechos de musicais e peças, vestido para os papéis e com um modo de declamar impecável. Sickert não teria esquecido que o aniversário de Ellen era dia 18 de agosto e que seria muito fácil arruiná-lo. Talvez "esquecesse". Talvez desaparecesse num dos galpões miseráveis que alugava secretamente e que chamava de estúdios. Talvez levasse Ellen a um café romântico no Soho e a deixasse sozinha à mesa, correndo para um teatro de variedades e depois passando o resto da noite fora. Ellen amou Sickert durante toda a sua triste vida, apesar de ele ser áspero, de mentir patologicamente, de ser autocentrado e de ter o hábito de desaparecer por dias, ou mesmo semanas, sem avisar nem explicar nada.

Walter Sickert era um ator mais por natureza do que por ofício. Vivia no centro do palco de uma vida secreta movida pela fantasia, e sentia-se tão à vontade andando despercebido pelas sombras de ruas solitárias quanto no meio de multidões. Sua voz tinha grande alcance e ele era um mestre no uso de maquiagem e guarda-roupa. Tinha tanto talento para se disfarçar que, na infância, era comum não ser reconhecido pelos vizinhos nem pela família.

Durante toda a sua vida, longa e festejada, foi notório por mudar constantemente de aparência com uma diversidade de barbas e bigodes, pelo vestuário extravagante (que em alguns casos era o traje para algum papel), pelos estilos de cabelo — inclusive cabeça raspada. Como escreveu seu amigo artista francês Jacques-Emile Blanche, ele era um "Proteu". "O gênio de Sickert para se disfarçar com o vestuário, com a maneira como usa o cabelo e com o modo de falar rivaliza o de Fregoli",* lembrou Blanche. Num retrato pintado por Wilson Steer em 1890, Sickert exibe um bigode de aparência artificial que se assemelha à cauda de um esquilo colada acima da boca.

Também gostava de mudar de nome. A carreira de ator, as pinturas, os esboços, desenhos e as prolíficas cartas a colegas, amigos e jornais de Sickert revelam muitas personagens: Mr. Nemo (forma latina para "Sr. Ninguém"), Um Entusiasta, Um Seguidor de Whistler, Seu Crítico de Arte, Um Estranho, Walter Sickert, Sickert, Walter R. Sickert, Richard Sickert, W. R. Sickert, W. S., R. S., S., Dick, W. St., Rd. Sickert LL.D., R. St. A.R.A. e RDSt A.R.A.

Ele não escreveu memórias, diário nem agenda, não datou a maioria de suas cartas ou obras de arte, portanto é difícil saber onde estava ou o que fazia em determinado dia, semana, mês ou mesmo ano. Não encontrei registro de seu paradeiro ou suas atividades em 6 de agosto de 1888, mas não há motivo para suspeitar de que não estivesse em Londres. Com base em notas que rabiscou em esquetes de teatro de variedades, encontrava-se em Londres apenas dois dias antes, em 4 de agosto.

Whistler ia se casar em Londres dali a cinco dias, em 11 de agosto. Embora não tivesse sido convidado para a cerimônia pequena e íntima, Sickert não era do tipo que a perderia — ainda que lhe fosse possível somente espiá-la.

O grande pintor James McNeill Whistler tinha se apaixonado perdidamente pela "excepcionalmente bela" Beatrice Godwin, que iria ocupar o lugar de maior importância em sua vida e mudar-lhe inteiramente o curso. Whistler, por sua vez, ocupava um dos lugares mais importantes na vida de Sickert

---

* Leopoldo Fregoli (1867-1936), ator de espetáculos de variedades italiano, ficou conhecido em toda a Europa pelo talento como imitador e mímico. Sua característica que se tornou proverbial era a capacidade de trocar de roupa e maquiagem tão depressa que conseguia encenar sessenta papéis no mesmo espetáculo. (N. T.)

e tinha mudado inteiramente o seu curso. "Um bom garoto, o Walter", dizia Whistler no início dos anos 1880, quando ainda gostava do jovem aspirante extraordinariamente talentoso. Na época em que Whistler ficou noivo, a amizade deles tinha esfriado, mas Sickert não poderia estar preparado para o que deve ter parecido um abandono completo e chocantemente inesperado por parte do mestre a quem idolatrava, invejava e odiava. Whistler e sua nova noiva planejavam passar a lua-de-mel e viajar pelo resto do ano na França, onde esperavam residir em caráter permanente.

A prevista felicidade matrimonial do exuberante gênio artístico e egocêntrico que era James McNeill Whistler deve ter sido desconcertante para seu antigo menino de recados e aprendiz. Um dos muitos papéis encenados por Sickert era o de conquistador irresistível, mas fora do palco ele não era nada disso. Sickert dependia das mulheres e as detestava. Eram intelectualmente inferiores e inúteis, a não ser como governantas ou objetos a serem manipulados, especialmente por arte ou dinheiro. As mulheres eram um perigoso lembrete de um segredo enfurecedor e humilhante que Sickert levou não só para o túmulo, como para além dele, pois um corpo cremado não revela nada sobre a carne, ainda que seja exumado. Sickert nasceu com uma deformidade no pênis que exigiu operações quando ele ainda era criança de colo e que devem tê-lo deixado deformado, se não mutilado. É provável que fosse incapaz de ter uma ereção. Talvez não lhe tenha restado pênis suficiente para uma penetração e é bem possível que, para urinar, precisasse sentar-se como uma mulher.

"Minha teoria para os crimes é que o criminoso era gravemente deformado", diz uma carta de 4 de outubro de 1888, arquivada com os papéis dos Assassinatos de Whitechapel no Departamento de Registros Públicos de Londres "— *possivelmente teve* seu membro viril destruído — e agora se vinga do sexo com essas atrocidades." A carta é escrita a lápis púrpura e enigmaticamente assinada "Scotus", que poderia ser a palavra latina para "escocês". E *Scotch*, além de "escocês", pode significar uma incisão superficial ou cortar. "Scotus" também poderia ser uma referência estranha e erudita a Johannes Scotus Eriugena, um teólogo e professor de gramática e dialética do século XIX.

Para Walter Sickert, imaginar Whistler apaixonado e desfrutando de uma relação sexual com uma mulher bem pode ter sido o catalisador que o tornou um dos assassinos mais perigosos e desconcertantes de todos os tempos. Ele começou a pôr em prática o que havia criado na maior parte da vida, não só em pensamentos, mas em esboços, na infância, que retratavam mulheres sendo seqüestradas, amarradas e esfaqueadas.

A psicologia de um assassino violento e sem remorsos não é definida por pontinhos que se unem. Não existem explicações fáceis nem seqüências infalíveis de causa e efeito. Mas a bússola da natureza humana pode indicar uma direção, e as emoções de Sickert só poderiam ter sido inflamadas pelo casamento de Whistler com a viúva do arquiteto e arqueólogo Edward Godwin, o homem que vivera com a atriz Ellen Terry e era o pai de seus filhos.

A bela e sensual Ellen Terry era uma das atrizes mais famosas da era vitoriana e Sickert tinha fixação por ela. Adolescente, ele a seguia e espreitava, e também ao parceiro de palco dela, Henry Irving. Agora Whistler estava ligado não a um, mas aos dois objetos das obsessões de Sickert, e essas três estrelas no universo de Sickert formavam uma constelação que não o incluía. As estrelas não davam a mínima importância a ele, que era realmente Mr. Nemo.

Mas, no final do verão europeu de 1888, ele assumiu um novo pseudônimo, que durante sua vida jamais seria associado com ele, um nome que logo se tornaria muito mais conhecido do que o de Whistler, Irving ou Terry.

A realização das fantasias violentas de Jack, o Estripador, teve início no alegre feriado de 6 de agosto de 1888, quando ele saiu sorrateiro dos bastidores para fazer sua estréia numa série de desempenhos horrendos, destinados a se tornar o mais célebre mistério de assassinatos da história. Acredita-se de maneira generalizada e incorreta que seu surto de violência terminou tão abruptamente quanto começou, que ele surgiu de lugar nenhum e depois sumiu de cena.

Passaram-se décadas, depois cinqüenta anos, depois um século, e seus sangrentos crimes sexuais se tornaram anêmicos e impotentes. São quebra-cabeças, fins de semana de mistério, jogos e "Caminhadas do Estripador" que terminam com canecos de cerveja no pub Ten Bells. O Descarado Jack, como o Estripador se chamava às vezes, estrelou em filmes soturnos com atores famosos, efeitos especiais e enxurradas do que o Estripador dizia que almejava: sangue, sangue, sangue. Sua matança já não inspira medo, raiva ou mesmo piedade, enquanto suas vítimas se decompõem silenciosamente, algumas em sepulturas não identificadas.

2. A visita

Não muito antes do Natal de 2001, eu ia a pé para meu apartamento em Upper East Side, em Nova York, e sabia que parecia abatida e agitada, apesar de meus esforços para aparentar calma e bom humor.

Não me lembro muito daquela noite, nem mesmo do restaurante onde jantei com um grupo. Lembro vagamente que Lesley Stahl contou uma história assustadora sobre sua última investigação para *60 Minutes** e que todo mundo à mesa falava de política e economia. Injetei outra de minhas habituais doses de ânimo na conversa, citando minhas costumeiras arengas reforçadoras e falas do tipo "faça o que você gosta", porque não queria falar de mim nem do trabalho que eu temia me estivesse arruinando a vida. Sentia o coração apertado, como se a qualquer momento a tristeza fosse explodir em meu peito.

Minha agente literária, Esther Newberg, e eu seguimos a pé a caminho de casa. Eu tinha pouco a dizer na calçada escura enquanto passávamos pelos suspeitos habituais que levavam o cachorro para passear e pelo interminável fluxo de pessoas falando alto ao celular. Mal notava os táxis amarelos ou as buzinas. Comecei a imaginar algum valentão tentando agarrar nossas pastas ou a nós. Eu correria atrás dele, me atiraria no chão, agarraria o homem pelos

---

* Programa noticioso semanal do canal de televisão americano CBS. (N. T.)

tornozelos e o derrubaria. Tenho 1,72 metro de altura, peso 54 quilos e sou capaz de correr bem depressa, e ele ia ver do que eu sou capaz, ah, se ia. Pus-me a fantasiar sobre o que faria se algum psicopata aparecesse por trás de nós no escuro e, de repente...

"Como vão as coisas?", perguntou Esther.

"Para dizer a verdade...", comecei, porque raramente dizia a verdade a Esther.

Eu não tinha o hábito de admitir para minha agente ou para minha editora, Phyllis Grann, que me sentia assustada ou pouco à vontade com o que estava fazendo. As duas eram as figuras mais importantes na minha vida profissional e tinham fé em mim. Se eu dissesse que andava investigando Jack, o Estripador, e que sabia quem ele era, elas não duvidariam de mim nem por um momento.

"Ando péssima", confessei, e me senti tão desalentada que tive vontade de chorar.

"É?" Esther, do tipo que não diminui o passo para nada, hesitou um instante na avenida Lexington. "Péssima? É mesmo? Por quê?"

"Odeio esse livro, Esther. Não sei por que diabo... Tudo que eu fiz foi examinar os quadros dele, a vida dele, e uma coisa levou à outra..."

Ela não disse nada.

Para mim, sempre foi mais fácil ficar com raiva do que revelar medo ou perda, e eu estava perdendo minha vida para Walter Richard Sickert. Ele a estava tirando de mim. "Quero escrever meus romances", eu disse. "Não quero escrever sobre ele. Não há alegria nisso. Nenhuma."

"Bom, você sabe", disse ela com muita calma e retomando o passo, "que não precisa escrever. Eu posso tirá-la dessa."

Ela até poderia, mas eu jamais conseguiria me livrar. Conhecia a identidade de um assassino e simplesmente não podia virar o rosto. "De repente me vejo numa posição de julgamento", eu disse. "Não interessa se ele está morto. De vez em quando uma vozinha me pergunta: 'E se você estiver errada?'. Eu jamais me perdoaria por dizer uma coisa dessas sobre alguém e depois descobrir que estava errada."

"Mas você não acha que está errada..."

"Não. Porque não estou."

Tudo começou de maneira muito inocente, como se eu estivesse para atravessar uma bela estrada no campo e de repente fosse atingida por um caminhão carregado de cimento. Estava em Londres em maio de 2001, promovendo a escavação arqueológica de Jamestown. Minha amiga Linda Fairstein, diretora da unidade de crimes sexuais do Gabinete do Promotor Público de Nova York, também estava em Londres e me perguntou se eu gostaria de fazer uma visita à Scotland Yard.

"Agora não", respondi, e ao mesmo tempo que dizia isso, imaginei como meus leitores me respeitariam pouco, caso soubessem que às vezes simplesmente não tenho vontade de visitar mais um departamento de polícia, mais um laboratório, necrotério, estande de tiro, cemitério, penitenciária, cena de crime, agência de aplicação da lei ou museu de anatomia.

Quando viajo, especialmente ao exterior, minha chave da cidade costuma ser um convite para visitar os locais tristes e violentos. Em Buenos Aires, levaram-me orgulhosamente para ver o museu do crime da cidade, uma sala com cabeças decepadas, preservadas em formol em caixas de vidro. Só os criminosos de pior fama chegam a essa galeria repelente, e aqueles, fitando-me com olhos leitosos, sabiam o que os esperava, imaginei eu. Em Salta, no noroeste da Argentina, mostraram-me múmias de crianças incas enterradas vivas quinhentos anos antes para agradar os deuses. Há alguns anos, em Londres, deram-me tratamento VIP numa fossa cavada durante a peste, onde mal se conseguia andar na lama sem pisar em ossos humanos.

Trabalhei seis anos no Gabinete do Médico-Legista Chefe de Richmond, na Virgínia, programando computadores, compilando análises estatísticas e ajudando no necrotério. Eu escrevia o que era ditado pelos patologistas forenses, pesava órgãos, anotava a trajetória e o tamanho de ferimentos, inventariava os remédios receitados a suicidas que não tinham tomado seus antidepressivos, ajudava a despir pessoas completamente enrijecidas que resistiam rigidamente à remoção de suas roupas, rotulava tubos de ensaio, limpava sangue, e via, tocava, cheirava a morte, e até sentia seu gosto, porque o fedor se agarra ao fundo da garganta.

Não me esqueço os rostos nem os mínimos detalhes de pessoas que foram assassinadas. Vi muitas delas. Não seria capaz de contá-las, e gostaria de poder ter enchido uma sala enorme com elas todas antes que *aquilo* tivesse acontecido e poder ter implorado a elas que trancassem a porta, instalassem um sistema de alarme — ou no mínimo arrumassem um cachorro —, ou que não estacionassem ali, ou que evitassem drogas. Sinto uma pontada de dor quando visualizo a lata amassada de desodorante Brut no bolso do adolescente que, para se exibir, decidiu ficar em pé na traseira de uma picape, sem notar que ela estava prestes a passar por baixo de uma ponte. Ainda não consigo entender a aleatoriedade da morte do homem atingido por um raio depois de lhe darem um guarda-chuva com ponta de metal quando ele desceu de um avião.

Minha intensa curiosidade em relação à violência endureceu há muito tempo e se tornou uma armadura clínica protetora, mas que às vezes é tão pesada que mal consigo andar depois de visitar os mortos. É como se os mortos quisessem minha energia e, deitados sobre o próprio sangue, na rua ou em cima de uma mesa de aço inoxidável, tentassem sugá-la desesperadamente. Os mortos continuam mortos e eu fico esgotada. Assassinato não é um mistério, e minha missão é combatê-lo com a caneta.

Seria uma traição ao que eu sou e um insulto à Scotland Yard e aos aplicadores da lei de toda a cristandade eu estar "cansada" no dia em que Linda Fairstein disse que poderia organizar uma visita.

"É muita gentileza da Scotland Yard", eu disse a ela. "Nunca estive lá."

Na manhã seguinte encontrei-me com o subcomissário assistente John Grieve, o investigador mais respeitado da Grã-Bretanha e, como se revelou, um perito nos crimes de Jack, o Estripador. O famoso assassino vitoriano me interessava vagamente. Eu nunca tinha lido um livro sobre ele. Não sabia nada sobre seus homicídios. Não sabia que suas vítimas eram prostitutas nem como morreram. Fiz algumas perguntas. Pensei que talvez pudesse usar a Scotland Yard no meu próximo romance sobre Scarpetta. Para isso precisaria saber alguns detalhes factuais sobre os casos do Estrangulador, e talvez Scarpetta tivesse algumas soluções novas a propor.

John Grieve ofereceu-se para me ciceronear em uma visita aos locais onde o Estripador cometera seus crimes — o que restara desses lugares, depois de 113 anos. Cancelei uma viagem à Irlanda para passar uma manhã gelada e chuvosa com o famoso sr. Grieve e com o investigador Howard Gosling, andando por Whitechapel e Spitalfields, até a praça Mitre e a Miller's Court, onde Mary Kelly foi esfolada até os ossos pelo *serial killer* que as pessoas chamam de Estripador.

"Alguém já tentou usar ciência forense moderna para solucionar esses crimes?", perguntei.

"Não", respondeu John Grieve, e me forneceu uma lista muito breve de suspeitos muito fracos. "Há outro sujeito interessante que a senhora talvez queira investigar, se vai examinar o caso. Um artista chamado Walter Sickert, que pintou alguns quadros sobre crimes. Num deles, em particular, há um homem vestido, sentado na beirada de uma cama, na qual se vê o corpo de uma prostituta nua que ele acabou de matar. O quadro se chama *The Camden Town Murder* [O assassinato em Camden Town]. Eu sempre tive minhas dúvidas sobre ele."

Não era a primeira vez que se associava Sickert com Jack, o Estripador. Para muita gente, essa idéia sempre foi risível.

Comecei a pensar em Sickert enquanto folheava um livro de suas pinturas. A primeira gravura com que topei foi uma de 1887, da conhecida artista vitoriana Ada Lundberg, no Teatro de Variedades de Marylebone. Supostamente ela está cantando, mas dá a impressão de estar gritando sob os olhares de homens lascivos e ameaçadores. Tenho certeza de que há explicações artísticas para todos os trabalhos de Sickert. Mas o que vejo, quando olho para eles, é morbidez, violência e ódio pelas mulheres. Continuando a seguir Sickert e o Estripador, comecei a notar paralelos perturbadores. Algumas das telas apresentam uma semelhança de dar calafrios com fotografias das vítimas de Jack, o Estripador, tiradas no necrotério ou no local do crime.

Notei imagens tenebrosas de homens vestidos, refletidas em espelhos em quartos sombrios onde se vêem mulheres nuas sentadas em camas de ferro. Vi violência e morte iminentes. Vi uma vítima que não tinha motivo para temer o homem simpático e bonito que acabara de atraí-la a um lugar e a uma situação de total vulnerabilidade. Vi uma mente diabolicamente criativa, e vi o mal. Comecei a acrescentar camada após camada de provas circunstanciais às provas materiais descobertas pela moderna ciência forense e por especialistas.

Desde o começo, os cientistas forenses e eu esperávamos o DNA, mas levaria um ano e mais de cem testes para começarmos a ver os primeiros traços das provas genéticas que Walter Sickert e Jack, o Estripador, deixaram ao tocar e lamber selos postais e dobras de envelopes, entre 75 e 114 anos antes. Células do interior da boca de ambos passaram para a saliva e ficaram grudadas em adesivos até que geneticistas coletaram os marcadores genéticos com pinças, água esterilizada e cotonetes.

O melhor resultado veio de uma carta do Estripador que gerou uma seqüência de DNA mitocondrial de doador único, suficientemente específica para eliminar 99% da população como responsável por tocar e lamber o verso gomado daquele selo. A mesma seqüência de DNA apareceu em outra carta do Estripador e em duas cartas de Walter Sickert.

Essa seqüência de DNA foi encontrada em outros objetos pertencentes a Sickert, como os macacões que ele usava para pintar. Em todos, menos no selo do Estripador, o DNA está misturado com a seqüência genética de outras pessoas. (Isso não surpreende nem condena.) Esse DNA é o mais antigo já testado num caso criminal.

Mas isso é apenas o começo. Não encerramos os testes de DNA nem outros tipos de análise forense, que, com a tecnologia avançando a uma taxa exponencial, poderiam continuar durante anos.

Existe outra prova material. Cientistas forenses, bem como peritos em arte, papel e caligrafia, descobriram o seguinte: uma carta do Estripador escrita em papel do pintor; marcas-d'água em papel utilizado pelo Estripador que combinam com marcas-d'água em papel usado por Walter Sickert; cartas do Estripador escritas com a base macia de cera, semelhante a creiom, usada em litografia; cartas do Estripador com tinta de pintar ou de escrever aplicada com pincel. Um exame ao microscópio revelou que o "sangue seco" em cartas do Estripador é compatível com as misturas de óleo e cera usadas na base para água-forte, e, sob luz ultravioleta, apareceu como um branco leitoso fluorescente, o que também é compatível com a base de água-forte. Segundo alguns peritos em arte, esboços encontrados em cartas do Estripador foram feitos por profissional e são compatíveis com os trabalhos e a técnica de Walter Sickert.

Um pormenor interessante é que um teste de detecção de sangue, realizado na base para água-forte parecida com sangue, lambuzada e pintada em cartas do Estripador, não chegou a resultado conclusivo, o que é muito inusitado. Há duas possibilidades de explicação: pode ter sido uma reação a partículas microscópicas de cobre, visto que nesse tipo de teste o cobre pode levar a resultados inconclusivos ou a um falso resultado positivo; ou pode ter sido a presença de sangue, misturado com a base marrom para água-forte.

Nas cartas provocadoras e violentas do Estripador estão escondidos arabescos na caligrafia e uma posição da mão que também se vêem em outros textos seus em que a letra está disfarçada. Na caligrafia errática de Sickert notam-se os mesmos arabescos e posições de mão.

O papel das cartas enviadas pelo Estripador à Polícia Metropolitana é exatamente igual ao papel de uma carta do Estripador à Polícia da City de Londres, embora a caligrafia seja diferente. É evidente que Sickert era destro, mas um vídeo gravado com ele quando estava com mais de setenta anos mostra que ele usava a mão esquerda com grande habilidade. A especialista em caligrafia Sally Bower acredita que em algumas cartas do Estripador a letra foi disfarçada por uma pessoa destra escrevendo com a mão esquerda. É óbvio que o verdadeiro Estripador escreveu muito mais cartas do Estripador do que as que lhe foram creditadas. Na verdade, acho que escreveu a maioria delas. Na verdade, Walter Sickert escreveu a maioria delas. Mesmo quando suas mãos de artista habilidoso alteravam a letra, sua arrogância e sua linguagem característica não conseguem deixar de se afirmar.

Não há dúvida de que sempre haverá céticos e críticos contaminados por interesses próprios que se recusarão a aceitar que Sickert foi um *serial killer*, um homem doente e diabólico, movido pela megalomania e pelo ódio. Haverá quem argumente que é tudo coincidência.

Como diz o delineador de perfis do FBI Ed Sulzbach: "Não existem realmente muitas coincidências na vida. E chamar coincidência após coincidência após coincidência de coincidência não passa de pura burrice".

Quinze meses depois de meu primeiro encontro com John Grieve, da Scotland Yard, voltei a procurá-lo e apresentei-lhe o caso.

"O que é que o senhor teria feito, se tivesse sabido disso tudo e fosse o encarregado do caso naquela época?", perguntei.

"Eu teria posto Sickert imediatamente sob vigilância para tentar descobrir onde ficavam os quartos secretos dele, e se encontrássemos algum, providenciaríamos um mandado de busca", ele respondeu enquanto tomávamos um café num restaurante indiano do East End. E prosseguiu: "Se não obtivéssemos mais provas do que as que temos agora, não hesitaríamos em encaminhar o caso ao promotor da Coroa".

3. As Infelizes

É difícil imaginar que Walter Sickert não tenha participado das festividades de Londres no tão aguardado feriado de 6 de agosto. Para o apreciador de arte com poucos recursos, um *penny* daria acesso a todo tipo de exposição no esquálido East End; para os mais abastados, um xelim pagaria por uma espiada nas obras-primas de Corot, Diaz e Rousseau, nas galerias caras da rua New Bond.

Os bondes eram gratuitos — pelo menos os que iam para Whitechapel, o aglomerado bairro das confecções, onde verdureiros e fruteiros, negociantes e cambistas apregoavam ruidosamente seus produtos e serviços, sete dias por semana, enquanto crianças esfarrapadas vagavam pelas ruas fétidas à procura de comida e de uma oportunidade de surrupiar uma moeda de algum estranho. Em Whitechapel morava "o povo da lata do lixo", como muitos bons vitorianos chamavam os coitados que lá viviam. Por alguns quartos de *penny*, um visitante podia assistir a acrobatas de rua, cães equilibristas, espetáculos de pessoas e criaturas anormais, ou se embriagar. Ou podia solicitar sexo de uma prostituta — ou "infeliz" —, das quais havia milhares.

Uma delas era Martha Tabran. Tinha por volta de quarenta anos e era separada de um encaixotador de móveis chamado Henry Samuel Tabran, que a abandonara porque ela bebia demais. Ele foi suficientemente decente para dar a ela vinte xelins por semana até saber que ela estava vivendo com outro homem, um carpinteiro chamado Henry Turner. Turner acabou perdendo a paciência com as bebedeiras de Martha e fazia umas duas ou três semanas que a deixara. A última vez que a vira viva fora duas noites antes, no sábado 4 de agosto — a mesma noite em que Sickert fazia esboços no Teatro de Variedades Gatti, perto do Strand. Turner deu umas moedas a Martha, que desperdiçou em bebida.

Durante séculos muita gente acreditou que as mulheres se voltavam para a prostituição porque sofriam de um defeito genético que as fazia gostar de sexo por sexo. Havia vários tipos de mulheres imorais ou licenciosas, umas piores que as outras. Embora concubinas, amantes e mulheres fáceis não merecessem elogios, a maior pecadora era a prostituta. Prostituía-se por opção e não estava disposta a abandonar sua "vida pecaminosa e abominável", lamentou Thomas Heywoode na história das mulheres que escreveu em 1624. "Sinto-me totalmente desolado quando me lembro da posição de uma das mais famosas desse ofício", que disse: "'Uma vez prostituta, sempre prostituta, e sei disso por experiência própria'".

A atividade sexual devia restringir-se à instituição do casamento e fora ordenada por Deus com a única finalidade de dar continuidade à espécie. O centro do universo da mulher era o útero, e os ciclos menstruais provocavam distúrbios tempestuosos — desejo intenso, histeria e insanidade. As mulheres pertenciam a uma categoria inferior e eram incapazes de pensamento racional e abstrato, visão com a qual Walter Sickert concordava. Ele gostava muito de afirmar que as mulheres eram incapazes de compreender a arte, que só se interessavam por arte quando "atende à vaidade delas" ou as eleva "naquelas classificações sociais que elas estudam com tanta ansiedade". As mulheres de gênio, as raríssimas que existiam, "contam como homens", dizia Sickert.

As opiniões dele não eram excepcionais para a época. As mulheres constituíam uma "raça" diferente. Contracepção era uma blasfêmia contra Deus e a sociedade, e a pobreza ia aumentando, enquanto a taxa de natalidade se elevava a um índice alarmante. A mulher devia sentir prazer no sexo pela única razão de que o orgasmo era considerado fisiologicamente essencial para a secreção dos fluidos necessários à concepção. Para a mulher solteira, sentir o "frêmito", sozinha ou acompanhada, era uma perversão e uma séria ameaça à sanidade, à salvação e à saúde. Alguns médicos ingleses do século XIX curavam masturbação com clitorectomia. O "frêmito" pelo "frêmito", especialmente na mulher, era socialmente execrável. Pecaminoso. Uma barbaridade.

As histórias eram conhecidas de todos os cristãos. Nos dias de Heródoto, as egípcias eram tão devassas e blasfemas que ousavam zombar de Deus entregando-se a uma luxúria desenfreada e alardeando os prazeres da carne. Naqueles tempos primitivos, satisfazer a luxúria por dinheiro era aceitável, não vergonhoso. Ter um apetite sexual voraz era bom, não ruim. Quando uma jovem bonita morria, não havia nada de errado em homens impetuosos desfrutarem de seu corpo até que começasse a ficar um pouco passado e pronto para o embalsamador. Essas histórias não eram repetidas em salões elegantes, mas as famílias decentes do século XIX e do tempo de Sickert sabiam que a Bíblia não tinha uma única coisa boa a dizer sobre rameiras.

A noção de que só a pessoa sem culpa atira a primeira pedra fora esquecida. Isso ficava patente com as multidões que se juntavam para assistir a uma decapitação ou enforcamento. Em algum momento a crença de que os pecados do pai recaem sobre os filhos se traduziu na crença de que os pecados da mãe recaem sobre os filhos. Thomas Heywoode escreveu que "a violação da virtude de uma mulher traz infâmia e desonra". Os venenos do pecado da mulher transgressora, garantia ele, se estenderão "à posteridade que resultará de semente tão corrupta, gerada por cópula ilegal e espúria".

Duzentos e cinqüenta anos depois, a língua inglesa era um pouco mais fácil de entender, mas as crenças dos vitorianos sobre as mulheres e a imoralidade eram as mesmas: a relação sexual se destinava a procriar e o "frêmito" era o catalisador da concepção. A charlatanice perpetuada por médicos dava como fato clínico que o "frêmito" era essencial para que uma mulher engravidasse. Se uma mulher violentada engravidasse, tinha tido um orgasmo durante o ato sexual e a relação não podia ter ocorrido contra a sua vontade. Se não engravidasse, não podia ter tido um orgasmo, o que indicava que suas alegações de estupro talvez fossem verdadeiras.

Os homens do século XIX se preocupavam muito com o orgasmo feminino. O "frêmito" era tão importante que é de se perguntar com que freqüência não seria simulado. O truque era útil, pois assim a esterilidade podia ser atribuída ao homem. Se a mulher não conseguisse ter um orgasmo e admitisse isso, seu problema podia ser diagnosticado como impotência feminina. Fazia-se necessário um minucioso exame médico, e o simples tratamento de manipulação digital do clitóris e dos seios geralmente bastava para determinar se a paciente era impotente. Se os mamilos se enrijecessem durante o exame, o prognóstico era promissor. Se a paciente sentisse o "frêmito", o marido ficava muito satisfeito em saber que a esposa era saudável.

As Infelizes de Londres, como a imprensa, a polícia e o público chamavam as prostitutas, não vagavam pelas ruas frias, sujas e escuras em busca de "frêmito", apesar da crença de muitos vitorianos de que a prostituta se prostituía por causa de seu apetite sexual insaciável. Se desistisse de seus hábitos perniciosos e se voltasse para Deus, seria abençoada com pão e abrigo. Deus cuidava dos seus, dizia o Exército de Salvação quando suas voluntárias se aventuravam pelos cortiços do East End, distribuindo bolinhos e promessas do Senhor. Infelizes como Martha Tabran aceitavam o bolinho, agradeciam e voltavam para as ruas.

Sem um homem para sustentá-la, uma mulher tinha parcos meios de manter a si mesma ou aos filhos. Um emprego — se ela conseguisse achar — significava trabalhar doze horas por dia, seis dias por semana, fazendo casacos em oficinas, pelo equivalente a 25 centavos de libra por semana. Se tivesse sorte, podia ganhar 75 centavos por semana, por sete dias de catorze horas cada, colando caixas de fósforos. A maior parte dos salários ia para gananciosos proprietários de cortiços, e às vezes, para se alimentar, mãe e filhos tinham de procurar restos de comida nas ruas ou remexer o lixo à cata de frutas e legumes em decomposição.

Marinheiros de navios estrangeiros ancorados no cais nas proximidades, militares e homens de alta classe clandestinamente em busca de uma presa tornavam muito fácil para uma mulher desesperada alugar-se por algumas moedas até que seu corpo ficasse tão dilapidado quanto as ruínas infestadas de parasitas onde as pessoas do East End residiam. Subnutrição, alcoolismo e maus-tratos físicos reduziam rapidamente uma mulher a destroços, e a Infeliz decaía ainda mais. Procurava as ruas mais escuras e afastadas, as escadas, os pátios, geralmente caindo de bêbada, assim como o cliente.

O álcool era a fuga mais fácil, e uma quantidade desproporcionada de pessoas do "Abismo", como o escritor Jack London chamou o East End, era alcoólatra. É provável que todas as Infelizes o fossem. Eram doentes, envelheciam prematuramente, eram abandonadas por maridos e filhos e não aceitavam a caridade cristã porque não incluía álcool. Essas mulheres lamentáveis freqüentavam pubs e pediam a homens que lhes pagassem bebidas. Depois disso, geralmente faziam negócio.

Fizesse o tempo que fizesse, as Infelizes vagavam pela noite como animais noturnos, à espera de qualquer homem, por mais grosseiro ou asqueroso, que pudesse ser persuadido a gastar alguns *pennies* por prazer. De preferência, fazia-se sexo em pé: a prostituta levantava suas inúmeras camadas de roupa e punha-se de costas para o cliente. Se tivesse sorte, ele estaria bêbado demais para notar que estava introduzindo o pênis entre as coxas dela e não em algum orifício.

Martha Tabran atrasou o pagamento do aluguel depois que Henry Turner a deixou. Não se sabe ao certo para onde foi, mas pode-se supor que tenha perambulado por casas de cômodos, ou, caso tivesse escolha entre uma cama e uma bebida, que optasse pela bebida e cochilasse em desvãos de portas, em parques e na rua, continuamente escorraçada pela polícia. Martha passou as noites de 4 e 5 de agosto numa casa de cômodos na rua Dorset, logo ao sul de um teatro de variedades na rua Commercial.

Às onze da noite do feriado de 6 de agosto, Martha se encontrou com Mary Ann Connolly, que usava o apelido de Pearly Poll. O tempo estivera ruim o dia todo, nublado e instável, e a temperatura caíra para uns 10 °C, o que era excepcional naquela estação. O nevoeiro da tarde foi seguido por uma densa neblina que obscureceu a lua nova e que, segundo as previsões, duraria até as sete horas da manhã seguinte. Mas as duas mulheres estavam acostumadas com condições de tempo desagradáveis e talvez se sentissem muito desconfortáveis, mas raramente vulneráveis à hipotermia. As Infelizes tinham o hábito de levar no corpo tudo que possuíam. Quando não se tinha residência fixa, deixar pertences numa casa de cômodos era perdê-los para um ladrão.

A hora tardia estava animada e o álcool fluía livremente, enquanto os londrinos prolongavam o que restava de seu dia de folga no trabalho. A maioria das peças e musicais tinha começado às 20h15 e já tinha terminado, e muitos espectadores e outros aventureiros em táxis puxados a cavalo ou a pé enfrentavam as ruas envoltas em neblina em busca de bebida, refeição e outros entretenimentos. A visibilidade no East End era ruim, mesmo nas melhores condições. Os lampiões de gás eram poucos e bem distantes uns dos outros. Emitiam borrões de claridade, e as sombras eram impenetráveis. Era o mundo das Infelizes, uma rotina de dormir durante o dia, acordar e beber antes de sair para mais uma noite entorpecente de trabalho sórdido e perigoso.

A neblina não fazia diferença, a menos que a poluição estivesse especialmente alta, quando então a acridez do ar fazia arder olhos e pulmões. Pelo menos, quando havia neblina, não se notava se o cliente tinha aparência agradável, nem sequer via-se o rosto dele. Em todo caso, nada no cliente importava, a menos que ele manifestasse um interesse pessoal pela Infeliz e lhe oferecesse comida e um quarto. Aí ele ganhava importância, mas praticamente nenhum cliente era importante quando a Infeliz já tinha deixado seus melhores anos para trás, era suja, vestia-se como uma mendiga e tinha cicatrizes ou a boca desdentada. Martha Tabran preferia dissolver-se na neblina e resolver tudo logo por um quarto de *penny*, outro drinque e talvez outro quarto de *penny* e uma cama.

Os eventos que levaram ao seu assassinato estão bem documentados e são considerados confiáveis, a menos que alguém se sinta inclinado a achar, como eu me sinto, que as lembranças de uma prostituta beberrona chamada Pearly Poll podem carecer de clareza e veracidade. Se não mentiu inteiramente ao ser entrevistada pela polícia e, mais tarde, ao depor perante o magistrado encarregado de investigar o caso em 23 de agosto, ela provavelmente estava confusa e sofrendo de amnésia induzida pelo álcool. Pearly Poll estava com medo. Disse à polícia que se sentia tão transtornada que poderia simplesmente se atirar no Tâmisa.

Durante o inquérito, Pearly Poll foi várias vezes lembrada de que se encontrava sob juramento quando depôs que, em 6 de agosto, às dez da noite, ela e Martha Tabran começaram a beber com dois soldados em Whitechapel. Os casais tomaram rumos diferentes às 23h45. Pearly Poll disse ao magistrado e aos jurados que fora para Angel Court com o "cabo", enquanto Martha seguira para George Yard com o "soldado raso", e que os dois soldados tinham uma faixa branca no quepe. Na última vez em que Pearly Poll os viu, Martha e o soldado raso estavam indo na direção da dilapidada casa de cômodos de George Yard Buildings, na rua Commercial, bem no meio da escuridão dos cortiços do East End. Pearly Poll alegou que enquanto estivera com Martha naquela noite não acontecera nada de extraordinário. O encontro das duas com os soldados fora bem agradável. Não tinha havido briga nem discussões, absolutamente nada que pudesse ter provocado o mais leve alarme em Pearly

Poll ou em Martha, que certamente já vira de tudo e que por bons motivos sobrevivia pelas ruas havia tanto tempo.

Pearly Poll afirmou não saber nada sobre o que aconteceu a Martha depois das 23h45, e também não há registro do que a própria Pearly Poll fez depois de acompanhar o cabo para "fins imorais". Ao ser informada de que Martha fora assassinada, ela pode ter tido motivo para se preocupar com a própria segurança e pensado duas vezes antes de dar informação demais aos tiras. Na sua opinião, os rapazes de uniforme azul não seriam incapazes de ouvir a sua história e depois mandá-la para a prisão como "um bode expiatório para cinco mil de sua categoria". Pearly Poll não mudaria sua história: tinha ido para Angel Court, a um bom quilômetro e meio a pé do ponto onde se separara de Martha, e dentro da City de Londres. A City não ficava sob a jurisdição da Polícia Metropolitana.

Para uma prostituta esperta e com experiência das ruas, pôr-se fora do alcance legal da Polícia Metropolitana era encorajar os policiais e investigadores a evitar transformar o caso numa complicada e competitiva investigação em mais de uma jurisdição. A City de Londres — mais conhecida como Square Mile, ou Milha Quadrada — é uma singularidade que remonta ao ano 1 d. C., quando os romanos fundaram a cidade às margens do Tâmisa. Continua sendo uma cidade à parte, com governo e serviços municipais próprios, inclusive uma força policial que hoje serve uma população de 6 mil residentes e, durante o horário comercial, de mais de 250 mil pessoas.

Historicamente a City nunca se interessou pelas preocupações do resto de Londres, a menos que um problema londrino tivesse algum impacto sobre sua autonomia e qualidade de vida. Sempre foi um obstinado oásis de riqueza em meio a uma metrópole em expansão, e quando as pessoas mencionam Londres geralmente se referem à Grande Metrópole. Muitos turistas desconhecem a existência da City. Não sei se Pearly Poll levou o cliente para a City, deserta àquela hora da noite, para evitar a Polícia Metropolitana ou por algum outro motivo. Talvez nem tenha chegado perto da City, mas concluído seu negócio rapidamente, recebido o minguado pagamento e rumado para o pub mais próximo ou voltado para a rua Dorset, para achar uma cama.

Duas horas e quinze minutos depois do momento em que Pearly Poll disse que viu Martha pela última vez, o policial Barrett, agente 226 da Divisão H da Polícia Metropolitana, estava em patrulha de rotina na rua Wentworth, que cruza a rua Commercial e corre ao longo do lado norte dos George Yard Buildings. Às duas da manhã, Barrett notou um militar sozinho na rua. Parecia pertencer a um dos regimentos de infantaria que usavam uma faixa branca no quepe. Barrett calculou que o militar, um soldado raso, tinha entre 22 e 26 anos, e altura entre 1,80 e 1,85 metro. O rapaz, de farda asseada, era claro, tinha um bigodinho castanho-escuro, com as pontas viradas para cima, e não estava usando medalhas, só um distintivo por bom comportamento. Disse ao policial que estava "esperando um amigo, que tinha saído com uma garota".

Na mesma hora em que se travava esse breve diálogo, um casal — o sr. e a sra. Mahoney — de moradores de George Yard Buildings passava pelo patamar onde o corpo de Martha seria encontrado mais tarde e não viu nem ouviu nada de especial, nem sinal de ninguém. Martha ainda não fora assassinada. Talvez estivesse nas proximidades, no escuro, esperando que o policial prosseguisse na ronda, para que ela pudesse continuar com seu negócio com o soldado. Talvez o soldado não tivesse absolutamente nada que ver com Martha e tenha sido apenas uma fonte de confusão. Seja qual for a verdade, é evidente que a atenção do policial Barrett foi despertada por um soldado sozinho na rua às duas da manhã, diante dos George Yard Buildings, e se o interrogou ou não, o fato é que o soldado se sentiu obrigado a dar uma explicação para estar ali.

A identidade do soldado e de quaisquer outros soldados associados com Pearly Poll e Martha na noite de 6 de agosto e na madrugada do dia 7 permanecem desconhecidas. Pearly Poll, Barrett e outras testemunhas que notaram Martha na rua nunca foram capazes de identificar positivamente nenhum soldado na sala da guarda da Torre de Londres ou no quartel Wellington. Todos os homens que pareciam ainda que remotamente familiares tinham um álibi digno de crédito. A busca realizada nos pertences de soldados não encontrou sangue nem prova alguma, e o assassino de Martha Tabran estaria coberto de sangue.

O inspetor-chefe Donald Swanson, do Departamento de Investigação Criminal (CID) da Scotland Yard, admitiu em seu relatório especial que não havia razão para se pensar que Martha Tabran tivesse estado com outra pessoa que não o soldado com quem saíra antes da meia-noite, embora fosse possível, devido ao "lapso de tempo", que tivesse estado com outro cliente. Podia ter estado com vários. O enigma do "soldado raso" visto com Martha às 23h45 e do "soldado raso" visto pelo policial Barrett às duas da manhã preocupava a Scotland Yard porque ele fora visto muito perto do lugar e da hora em que Martha fora assassinada. Talvez fosse ele o assassino. Talvez fosse mesmo um soldado.

Ou talvez fosse um assassino disfarçado de soldado. Que estratagema magnífico teria sido. Havia muitos soldados pelas ruas naquela noite de feriado, e abordar prostitutas não era atividade incomum entre militares. Pode parecer forçado achar que Jack, o Estripador, tenha vestido uma farda de soldado e colado um bigode falso na cara para cometer seu primeiro crime, mas não seria a última vez que um misterioso homem fardado seria associado com um assassinato no East End de Londres.

Walter Sickert estava familiarizado com fardas. Mais tarde, durante a Primeira Guerra Mundial, quando pintava cenas de batalha, admitiria que ficava especialmente "encantado" com as fardas francesas. "Consegui meu uniforme belga hoje", escreveu em 1914. "O barrete de artilheiro, com uma pequena borla dourada, é a coisa mais elegante do mundo." Quando era menino, Sickert costumava desenhar homens de uniforme e armadura. Como Mr. Nemo, o ator, seu desempenho mais aplaudido pela crítica foi o de um soldado francês em *Henrique V*, de Shakespeare, em 1880. Em algum momento entre 1887 e 1889, ele terminou a tela a que chamou de *It all comes from sticking to a soldier* [Tudo decorre de ser fiel a um soldado] — o quadro que mostra Ada Lundberg, a artista de teatro de variedades, cantando rodeada de homens lúbricos.

Ao longo de toda sua vida, Sickert nunca perdeu o interesse por coisas militares, e era hábito seu pedir à Cruz Vermelha que lhe desse os uniformes de soldados que tivessem ficado aleijados ou que estivessem morrendo. Dizia que era para vestir modelos para seus esboços e pinturas com temas militares. Segundo um conhecido, a certa altura havia pilhas de fardas e rifles no estúdio dele.

"Estou fazendo o retrato de um homenzinho morto, um coronel", escreveu ele. Pediu a um amigo que o ajudasse a "tomar emprestadas algumas fardas de belgas no hospital. Tem-se certa aversão por usar o infortúnio alheio para promover os próprios fins". Na verdade ele não tinha aversão. Admitiu mais de uma vez que sua "prática de vida" era "puramente egoísta". Como ele próprio afirmava, "vivo inteiramente para meu trabalho — ou, como dizem alguns, para mim mesmo".

É surpreendente que não se tenha enfatizado mais nem explorado a possibilidade de um Estripador que usasse disfarces, pois isso certamente ajudaria a explicar por que ele parecia desaparecer sem deixar nenhuma pista depois dos crimes. Um Estripador usando disfarces também explicaria a diversidade das descrições feitas por testemunhas dos homens supostamente vistos pela última vez com as vítimas. O uso de disfarces por criminosos violentos não é raro. Homens que se vestiam como policiais, soldados, encarregados de manutenção, entregadores, militares, paramédicos e até palhaços já foram condenados por crimes em série violentos, inclusive homicídios sexuais. Um disfarce é um meio simples e eficaz de ter acesso à vítima e atraí-la sem resistência nem suspeita, e de o indivíduo se safar de roubo, estupro ou assassinato. Os disfarces permitem ao perpetrador retornar ao local do crime e assistir ao drama da investigação, ou comparecer ao funeral da vítima.

Um psicopata decidido a cometer assassinato se vale de todos os meios para ludibriar a vítima. Conquistar confiança antes do ataque faz parte do roteiro do psicopata, e isso requer encenação, independentemente de ele ter pisado um palco algum dia. Depois de ver as vítimas de um psicopata, vivas ou mortas, é difícil chamar um criminoso desses de *ser humano*. Para começar a entender Jack, o Estripador, é preciso entender os psicopatas, e entender não é necessariamente aceitar. O que essas pessoas fazem escapa a todas as fantasias e emoções que a maioria de nós já experimentou. Todos nós temos a capacidade para o mal, mas os psicopatas não são como todos nós.

A comunidade psiquiátrica define a psicopatia como um distúrbio de comportamento anti-social, mais predominante em homens do que em mulheres e, estatisticamente, com cinco vezes mais probabilidade de ocorrer nos filhos homens de um pai que sofra do distúrbio. Os sintomas da psicopatia, segundo o *Diagnostic and statistical manual of mental disorders* [Manual estatístico e de diagnóstico de distúrbios mentais], incluem roubar, mentir, abuso de álcool e drogas, irresponsabilidade financeira, incapacidade de lidar com o tédio, crueldade, fugir de casa, promiscuidade, brigas, incapacidade de sentir remorso.

Os psicopatas são diferentes uns dos outros da mesmíssima maneira como os indivíduos diferem entre si. Um psicopata pode ser promíscuo e mentiroso, mas ser financeiramente responsável. Outro pode brigar e ser promíscuo, mas não roubar; pode torturar animais, mas não consumir álcool nem drogas; pode torturar pessoas e não animais. Um psicopata pode cometer múltiplos assassinatos, mas não ser promíscuo. É incontável a combinação de comportamentos anti-sociais, mas a característica mais distinta e profunda de *todos* os psicopatas é que não sentem remorso. Não têm conceito de culpa. Não têm consciência.

Eu tinha ouvido falar e lido sobre um assassino perverso chamado John Royster meses antes de o ver em pessoa durante o seu julgamento por assassinato em Nova York, no inverno de 1997. Fiquei chocada com seu ar cortês e tranqüilo. A aparência agradável, a roupa limpa, a constituição delgada e o aparelho nos dentes me surpreenderam quando lhe tiraram as algemas e ele se sentou à mesa do advogado de defesa. Se o tivesse visto no Central Park e ele me tivesse exibido seu sorriso prateado enquanto eu fazia o meu jogging, eu não teria sentido nem um pingo de medo.

Entre 4 e 11 de junho de 1996, John Royster destruiu a vida de quatro mulheres, agarrando-as por trás, atirando-as no chão e batendo-lhes a cabeça repetidamente na calçada, em concreto ou nas pedras do calçamento até achar que estivessem mortas. Era frio e calculista o suficiente para pousar a mochila e tirar o casaco antes de cada ataque. Enquanto as vítimas estavam caídas no chão, sangrando e espancadas ao ponto de já não serem reconhecíveis, ele as violentava, se podia. Depois, calmamente, pegava suas coisas e ia embora. Esmagar a cabeça de uma mulher o excitava sexualmente, e ele admitiu para a polícia que não sentia remorso algum.

No final da década de 1880, esse tipo de distúrbio de comportamento anti-social — uma expressão insípida — era diagnosticado como "insanidade moral". Em seu livro de 1893 sobre criminologia, Arthur MacDonald definiu o que chamaríamos de psicopata como um "assassino puro". Esses indivíduos são "honestos", escreveu MacDonald, porque não são ladrões "por natureza" e muitos são "castos de caráter". Mas nenhum tem consciência de "qualquer repulsa" pelos próprios atos violentos. Geralmente, o assassino puro começa a demonstrar "sinais de uma tendência homicida" na infância.

O psicopata pode ser homem ou mulher, criança ou adulto. Nem sempre é violento, mas é sempre perigoso, porque não respeita normas e não tem consideração por nenhuma vida que não seja a sua. O psicopata tem um fator X que é estranho, quando não incompreensível, à maioria de nós, e no momento em que escrevo ninguém tem certeza se esse fator X é genético, patológico (devido a um ferimento na cabeça, por exemplo) ou causado por uma corrupção espiritual que escapa ao nosso entendimento. Pesquisas sobre o cérebro criminoso começam a indicar que a matéria cinzenta do psicopata não é necessariamente normal. Demonstrou-se que, entre a população de assassinos das prisões em geral, mais de 80% sofreram maus-tratos na infância e que 50% têm anomalias no lobo frontal do cérebro.

O lobo frontal é o principal controlador do comportamento humano civilizado e, como indica o nome, está localizado na parte anterior do cérebro. Lesões como tumores ou danos causados por um ferimento na cabeça podem transformar uma pessoa bem-comportada num estranho com pouco autocontrole e tendências agressivas ou violentas. Em meados do século XX, corrigia-se o comportamento anti-social grave com a notória lobotomia préfrontal, procedimento executado por cirurgia ou pela introdução de um instrumento através da parte superior de uma órbita ocular para cortar os vínculos entre a parte frontal e o resto do cérebro.

O cérebro psicopático, porém, não pode ser inteiramente explicado por infância traumática ou lesões cerebrais. Estudos feitos com tomografias por emissão de pósitron, que mostram imagens do cérebro vivo em funcionamento, revelam que no lobo frontal de um psicopata ocorre bem menos atividade neural do que no de uma pessoa "normal". Isso sugere que as inibições e constrangimentos que impedem a maioria das pessoas de praticar atos violentos ou de ceder a impulsos assassinos não se registram no lobo frontal do cérebro do psicopata. Pensamentos e situações que fariam a maioria das pessoas hesitar, que causariam angústia ou medo, e inibiriam impulsos cruéis, violentos ou ilegais, não se registram no lobo frontal do psicopata. O conceito de que é errado roubar, violentar, atacar, mentir ou fazer qualquer outra coisa que degrade, defraude o outro ou o prive de suas características humanas não é assimilado pelo psicopata.

Calcula-se que até 25% da população de criminosos e 4% de toda a população sejam psicopatas. Atualmente a Organização Mundial da Saúde (OMS) classifica como doença o "distúrbio de personalidade dissocial", distúrbio de personalidade anti-social ou sociopatia. Seja qual for o nome, os psicopatas não exibem emoções humanas normais e constituem uma pequena porcentagem da população que é responsável por uma alta porcentagem dos crimes. São pessoas extraordinariamente astutas que levam uma vida dupla. Os que lhes são próximos geralmente não têm idéia de que por trás da más-

cara de simpatia existe um monstro que só se revela — como o Estripador —
um pouco antes de atacar.

O psicopata é incapaz de amar. Quando demonstra o que parece remorso, tristeza ou pesar, está manipulando, e a expressão dessas emoções se origi-
na de suas próprias necessidades e não de consideração autêntica por outra
criatura. Ele costuma ser atraente, carismático e de inteligência acima da
média. Embora seja dado a impulsos, é organizado no planejamento e na execução de seus crimes. Não há cura. Não se pode reabilitá-lo nem "preservá-lo
da desventura criminosa", como escreveu em 1883 o pai da classificação das
impressões digitais, Francis Galton.

É comum o psicopata espreitar a vítima antes de fazer contato, entregando-se o tempo todo a fantasias violentas. Pode fazer ensaios para praticar seu
modus operandi, enquanto planeja meticulosamente suas ações de um modo
que garanta o sucesso e a fuga em segurança. Os ensaios podem se prolongar
durante anos, até a violenta noite de estréia, mas, por mais que ele pratique e
por mais atenção que dê à estratégia, não há como garantir que o desempenho será impecável. Ocorrem enganos, especialmente na noite de estréia, e
quando Jack, o Estripador, praticou seu primeiro assassinato, cometeu um
erro de amador.

4. Por algum desconhecido

Quando Martha Tabran levou seu assassino ao escuro patamar do primeiro andar de George Yard Buildings, 37, ele lhe cedeu o controle e inadvertidamente introduziu o risco de que algo pudesse dar errado no seu plano.

O local escolhido por ela talvez não fosse o que ele tinha em mente. Talvez tenha acontecido alguma outra coisa que ele não esperava, tal como um insulto, uma zombaria. As prostitutas, especialmente as velhas, veteranas e bêbadas, não eram do tipo delicado, e tudo que Martha tinha que fazer era pôr a mão entre as pernas dele e dizer: "Cadê, meu bem?". Numa carta, Sickert usou a expressão "fúria impotente". Mais de um século depois, não posso reconstituir o que aconteceu de fato naquela escada fétida e escura como breu, mas o assassino se enfureceu. Perdeu o controle.

Esfaquear alguém 39 vezes é exagero, e um ataque desenfreado costuma ser motivado por um acontecimento ou uma palavra que leva o assassino a agir de maneira imprevista. Essa observação não sugere nem supõe que o assassino de Martha não tenha premeditado o crime e que não tivesse toda a intenção de assassiná-la ou a qualquer outra que lhe aparecesse pela frente naquela noite ou madrugada. Quando a acompanhou até a escada, ele tinha a intenção de matá-la a facadas. Carregava uma faca ou adaga forte e afiada, que levou embora consigo. Talvez estivesse disfarçado de soldado.

Sabia ir e vir sem ser notado e ter cuidado para não deixar pistas óbvias —
um botão perdido, um quepe, um lápis. As formas de homicídio mais pessoais são o esfaqueamento e o estrangulamento. Ambas requerem que o
agressor tenha contato físico com a vítima. As cometidas com arma de fogo
são menos pessoais. Golpear alguém na cabeça, especialmente por trás, também é menos pessoal.

Esfaquear alguém dezenas de vezes é algo muito pessoal. Quando casos
assim chegam ao necrotério, a polícia e o médico-legista partem rotineiramente do pressuposto de que vítima e agressor se conheciam. É improvável que
Martha conhecesse seu assassino, mas provocou nele uma reação muito pessoal quando fez ou disse alguma coisa que não seguiu o roteiro dele. Ela pode
ter resistido. Martha era conhecida por ter acessos de raiva e por ser muito
difícil quando estava bêbada, e mais cedo tomara rum e cerveja com Pearly
Poll. Mais tarde os residentes de George Yard Buildings declararam que não
ouviram "nada" na hora em que Martha morreu, mas esse testemunho não
conta muito, quando se pensa no estado de exaustão e embriaguez daquela
gente miserável, acostumada ao comportamento de beberrões, a brigas e violência doméstica. Era melhor a pessoa não se envolver, caso contrário podia
acabar se machucando ou arrumando problemas com a polícia.

Às 3h30, uma hora e meia depois de o policial Barrett ter visto o soldado parado diante de George Yard Buildings, um morador chamado Alfred
Crow voltava do trabalho para casa. Era cocheiro de aluguel e sempre trabalhava muito e até tarde em feriados. Devia estar cansado. É até possível que
tenha ido tomar algumas cervejas depois de deixar o último passageiro. Ao
passar pelo patamar do primeiro andar, notou "alguma coisa" no chão que
poderia ser um corpo, mas não examinou e foi para a cama. A regra básica do
East End, como disse a economista e reformista social vitoriana Beatrice Webb,
era não "se meter" com os vizinhos. Mais tarde, em seu depoimento no inquérito, Crow explicou que não era raro ver bêbados inconscientes no East End.
Na certa os via o tempo todo.

Parece que ninguém se deu conta de que a "coisa" no patamar era um
cadáver até as 4h50, quando um operário do cais chamado John S. Reeves saiu
do prédio e notou uma mulher deitada de costas numa poça de sangue. Reeves lembrou que a roupa estava em desalinho, como se ela tivesse lutado, mas
não viu pegadas na escada, nem encontrou faca ou qualquer outro tipo de

arma. Disse que não tocou no corpo e foi imediatamente procurar o policial Barrett, que mandou chamar o dr. T. R. Killeen. Não se registrou a hora em que o médico chegou, mas não podia haver muita claridade quando ele examinou o corpo.

No local, ele deduziu que a vítima, cuja identidade permaneceria desconhecida por vários dias, estava morta havia cerca de três horas. Tinha "36 anos", conjecturou o médico, e era "muito bem nutrida", o que quer dizer que era gorda. Esse detalhe é significativo, porque praticamente todas as vítimas do Estripador, inclusive outras mulheres que a polícia não achou que tivessem sido assassinadas por ele, eram ou muito magras ou muito gordas. Com raras exceções, tinham trinta e muitos ou quarenta e poucos anos.

Walter Sickert preferia modelos de estúdio que fossem obesas ou descarnadas, e quanto mais feias e de mais baixa classe social, melhor. Isso se torna evidente nas suas freqüentes referências a mulheres "esqueléticas" ou "a mais magra das magras, como uma pequena enguia", e nas mulheres grandes, de ancas largas e seios grotescamente pendentes que ele retratou inúmeras vezes. Os outros podiam ficar com as "coristas", ele escreveu certa vez, mas que lhe deixassem as "bruxas".

Ele não possuía interesse artístico algum por mulheres que tivessem o corpo atraente. Costumava comentar que toda mulher que não fosse gorda ou magra demais era enfadonha, e numa carta que escreveu às amigas americanas Ethel Sands e Ann Hudson ele se disse encantado com suas modelos mais recentes e "entusiasmado" com a "suntuosa pobreza da classe a que elas pertenciam". Adorava suas "roupas de todo dia, gastas, velhas e sujas". Em outra carta acrescentou que se tivesse vinte anos "não olharia para nenhuma mulher com menos de quarenta".

Martha Tabran era baixa, gorda, feia e de meia-idade. Quando foi assassinada, usava saia verde, anágua marrom, jaqueta preta comprida, touca preta e botas — "tudo velho", de acordo com a polícia. Martha se adequaria ao gosto de Sickert, mas vitimologia é um indicador, não uma ciência. Embora seja comum as vítimas de um *serial killer* terem um mesmo traço que é importante para o homicida, nem por isso o psicopata violento é inflexível quanto ao tipo de pessoa a que visa. Não se pode saber por que Jack, o Estripador, se concentrou em Martha Tabran e não em outra prostituta de descrição semelhante, a menos que a explicação seja banal: senso de oportunidade.

Seja qual for a razão, ele deve ter aprendido uma lição valiosa com o assassinato desenfreado de Martha Tabran: perder o controle e esfaquear a vítima 39 vezes era fazer sujeira com muito sangue. Ainda que não tenha deixado marcas no patamar ou em outro lugar — supondo-se que as testemunhas tenham sido precisas ao descrever a cena do crime —, ele teria sangue nas mãos, na roupa, na gáspea das botas ou sapatos, o que tornaria mais difícil a fuga. E para um homem instruído como Sickert, que sabia que não se pega doença em miasma, mas por meio de germes, ver-se salpicado ou ensopado com o sangue de uma prostituta devia ser repugnante.

A causa da morte de Martha Tabran deve ter sido a perda de sangue devida a facadas múltiplas. Não havia necrotério adequado no East End e o dr. Killeen realizou o exame *post-mortem* num barracão improvisado nas proximidades. Ele qualificou um único ferimento no coração como "suficiente para causar morte". Uma facada no coração que não corte uma artéria pode certamente causar a morte se a pessoa não for operada imediatamente. Mas há casos de pessoas que sobreviveram a golpes no coração com facas, furadores de gelo e outros instrumentos. O que faz o coração parar de bombear não é o ferimento, mas o vazamento do sangue que enche a membrana que envolve o coração, o pericárdio.

Saber se o pericárdio de Martha estava cheio de sangue não só satisfaria a curiosidade médica, como também daria uma indicação do tempo que ela sobreviveu enquanto sangrava dos outros ferimentos. Todo detalhe ajuda os mortos a falar, e a descrição do dr. Killeen revela tão pouco que não sabemos se a arma tinha uma ou duas lâminas. Não sabemos qual foi o ângulo da trajetória, o que ajudaria a posicionar o assassino em relação a Martha no momento de cada ferimento. Ela estava em pé ou deitada? Algum ferimento era grande ou irregular? Isso poderia ter sido resultado de a arma ter sido torcida ao ser retirada, porque a vítima ainda estava se movendo. A arma tinha cabo — chamado, comum e erroneamente, de punho (espada é que tem punho)? O cabo de uma faca deixa contusões ou escoriações na pele.

A reconstituição da maneira como uma vítima morreu e a determinação do tipo de arma utilizado delineiam os primeiros traços do retrato de um assassino. Os detalhes dão indícios de sua intenção, de suas emoções, atividades, fantasias, e até de sua ocupação ou profissão. Também se pode fazer uma suposição sobre a altura do assassino. Martha tinha 1,67 metro. Se o assassino fosse mais alto e os dois estivessem em pé quando ele começou a esfaqueá-la, seria de esperar que os ferimentos iniciais fossem na parte superior do corpo e em ângulo para baixo. Se ambos estivessem de pé, teria sido difícil para ele esfaqueá-la no estômago e na genitália, a menos que fosse muito baixo. O mais provável é que esses ferimentos tenham sido infligidos quando ela estava no chão.

O dr. Killeen supôs que o assassino fosse muito forte. Adrenalina e fúria dão uma energia terrível e podem gerar muita força. Mas o Estripador não necessitava de um vigor sobrenatural. Se sua arma fosse pontuda, forte e afiada, ele não precisaria de muita força para penetrar pele, órgãos e até osso. O dr. Killeen também supôs erroneamente que um ferimento que penetrasse o esterno, ou "osso do peito", não poderia ter sido causado por uma "faca". Dessa conclusão ele saltou para a próxima: que foram utilizadas duas armas, possivelmente uma "adaga" e uma "faca", o que levou a uma teoria inicial de que o homicida fosse ambidestro.

Ainda que fosse, a imagem de um homem esfaqueando Martha simultaneamente com uma adaga numa mão e uma faca na outra, no escuro, é estranha e absurda, e é bem provável que ele tivesse esfaqueado a si mesmo algumas vezes. O que os médicos apuraram não aponta para um ataque ambidestro. O pulmão esquerdo de Martha foi perfurado cinco vezes. O coração, que fica do lado esquerdo do corpo, foi esfaqueado uma vez. Uma pessoa destra tem mais probabilidade de infligir ferimentos no lado esquerdo do corpo da vítima, caso as duas estejam frente a frente.

Uma perfuração do esterno não merece a ênfase que o dr. Killeen lhe deu. Uma faca de ponta afiada consegue penetrar em osso, inclusive no crânio. Num caso ocorrido na Alemanha, décadas antes de o Estripador começar a agir, um homem assassinou a esposa esfaqueando-a no esterno e depois confessou ao legista forense que a "faca de mesa" penetrou no osso tão facilmente como se ele fosse "manteiga". As bordas do ferimento mostraram que a faca de mesa perfurou o osso uma vez e atravessou o pulmão direito, o pericárdio e a aorta.

Foi numa diferença no tamanho das facadas que o dr. Killeen sustentou sua teoria de que foram usadas duas armas no assassinato de Martha Tabran. Mas uma lâmina mais larga no cabo do que na ponta explicaria a discrepância. Ferimentos com faca podem ter larguras diferentes, dependendo de sua profundidade, da torção da lâmina e da elasticidade do tecido ou da parte do corpo penetrados. É difícil saber ao certo o que o dr. Killeen quis dizer com faca ou adaga, mas uma faca geralmente é uma lâmina com fio de um lado só, enquanto a adaga é estreita, tem gume dos dois lados e ponta afilada. Os termos "faca" e "adaga" costumam ser usados como sinônimos, assim como "revólver" e "pistola".

Enquanto pesquisava os casos do Estripador, examinei os tipos de instrumentos cortantes que ele poderia ter à sua disposição. A diversidade e a disponibilidade são desnorteantes, se não forem deprimentes. Os britânicos que viajavam à Ásia voltavam com todo tipo de suvenir, alguns mais adequados do que outros para esfaquear ou cortar. A *pesh kabz* indiana é um belo exemplo de arma que poderia deixar ferimentos de várias larguras, dependendo de sua profundidade. A forte lâmina de aço dessa "adaga", como era chamada, podia causar uma série de ferimentos que deixariam perplexo qualquer médico-legista, mesmo atualmente.

A lâmina curva tem quase quatro centímetros de largura junto ao cabo de marfim e, a dois terços do comprimento, quando começa a se estreitar para formar uma ponta fina como uma agulha, tem gume dos dois lados. A que comprei num antiquário foi feita em 1830 e caberia facilmente, inclusive a bainha, no cinto, na bota, ou no bolso fundo de um casaco — ou até enfiada na manga. A lâmina curva da adaga oriental chamada *djambia* (de 1840, aproximadamente) também deixaria ferimentos de larguras diferentes, embora a lâmina inteira corte dos dois lados.

Os vitorianos gostavam de armas bonitas feitas para matar seres humanos e que eram displicentemente colecionadas durante viagens ao exterior ou compradas por uma ninharia em bazares. Num único dia, descobri as seguintes armas vitorianas numa feira de antigüidades em Londres e em dois antiquários em Sussex: adagas, *kukris*,* uma adaga disfarçada de galho de árvore polido, adagas disfarçadas de bengalas, revólveres minúsculos de seis balas — concebidos para caber perfeitamente no bolso do colete de um cavalheiro ou na bolsa de uma senhora —, "navalhas para cortar a garganta", facões de mato do tipo usado pelos pioneiros americanos, espadas, rifles e cassetetes

---

* Faca curva, que se alarga na ponta, usada pelos soldados nepaleses que serviam no Exército britânico. (N. T.)

lindamente decorados, inclusive um com a ponta cheia de chumbo. Quando Jack, o Estripador, saía à procura de armas, não lhe faltavam opções.

Não se encontrou a arma do crime de Martha Tabran, e como o relatório da autópsia do dr. Killeen parece ter desaparecido — assim como muitos outros registros relacionados com Jack, o Estripador —, tudo que eu tinha para investigar eram os vagos detalhes do inquérito. É claro que não posso determinar com certeza absoluta qual foi a arma que tirou a vida de Martha, mas posso refletir a respeito: com base no ataque desenfreado e nos ferimentos subseqüentes, pode muito bem ter sido o que os vitorianos chamavam de adaga — ou uma arma com lâmina forte, ponta afiada e cabo sólido, para que o perpetrador pudesse esfaquear sem correr o risco de a arma lhe escapar da mão e o cortar.

É verdade que não houve ferimentos de defesa, tais como cortes ou esfoladuras nas mãos ou nos braços de Martha, e isso leva a crer que ela não ofereceu muita resistência, ainda que sua roupa estivesse "em desalinho". Sem mais detalhes sobre esse "desalinho", não posso conjecturar se ela tinha começado a se despir quando foi atacada; se o assassino tornou a arrumar, desabotoou, cortou ou rasgou a roupa dela; se fez isso antes ou depois da morte. Nos processos criminais daquela época, a roupa era importante sobretudo para identificar a vítima. Não era necessariamente examinada para ver se havia lágrimas, cortes, líquido seminal ou qualquer outro tipo de prova. Depois de a vítima ser identificada, a roupa geralmente era jogada num beco qualquer perto do necrotério. Quando o número de vítimas do Estripador começou a aumentar, algumas pessoas com preocupação social acharam que seria boa idéia juntar as roupas das mortas e dá-las aos pobres.

Em 1888 pouco se sabia sobre o comportamento do sangue, que tem um caráter muito particular e um comportamento que se conforma às leis da física. Não é como nenhum outro líquido. Quando está sendo bombeado em alta pressão pelas artérias de uma pessoa e uma dessas artérias é cortada, não vai simplesmente pingar ou escorrer lentamente. No local onde Martha foi assassinada, dentro da caixa da escada, um padrão de jorro arterial alto numa parede indicaria que a facada no pescoço cortou uma artéria e ocorreu enquanto ela estava de pé e ainda tinha pressão sangüínea. O padrão arterial aumenta e diminui, acompanhando o ritmo do coração, e também indicaria se a vítima estava no chão quando uma artéria foi cortada. O exame do padrão ajuda a estabelecer a seqüência de eventos durante o ataque. Se uma artéria importante é cortada e não há salpicos arteriais, é altamente provável que a vítima já tenha morrido de outros ferimentos.

As facadas e os cortes na genitália de Martha Tabran indicam a presença de um componente sexual no crime. No entanto, se é verdade — como parece ter sido em todos os alegados assassinatos do Estripador — que não havia sinais de "conexão", como os vitorianos chamavam o ato sexual, existe aí um padrão que deveria ter sido tratado com muita seriedade, mas não foi. Não tenho certeza de como se determinava uma "conexão". O problema com uma prostituta é que ela talvez se "conectasse" muitas vezes numa noite, e raramente limpava, se é que limpava, os muitos resíduos que levava no corpo.

Além disso, não se podiam examinar os fluidos do corpo para apurar o tipo de sangue ou o DNA, e nos inquéritos criminais também não se tentava estabelecer distinção entre sangue humano e de animais. Se tivesse havido sinais de atividade sexual recente, o líquido seminal não teria tido valor forense. Mas uma sistemática ausência de líquido seminal ou de sinal de tentativa de ato sexual — como ocorreu em todos os assassinatos do Estripador — sugere que o assassino não manteve atividade sexual com a vítima antes nem depois da morte. Esse padrão não é inédito, mas é incomum com psicopatas violentos, que podem estuprar enquanto matam, atingir o orgasmo no momento em que a vítima morre ou masturbar-se sobre o cadáver. A ausência de líquido seminal nos crimes sexuais do Estripador é coerente com a suposição de que Sickert era incapaz de fazer sexo.

Pelos padrões modernos, o assassinato de Martha Tabran foi tão mal investigado que dificilmente se poderia dizer que tenha sido submetido a um inquérito. O crime não despertou grande interesse da polícia nem da imprensa. Praticamente não houve menção pública da morte brutal dela até a primeira audiência do inquérito, em 10 de agosto. O tempo foi passando e houve pouco acompanhamento do caso. Martha Tabran não era importante para ninguém em particular. Presumiu-se, como dizíamos quando eu trabalhava no necrotério, que ela simplesmente morrera da maneira como vivera.

Seu assassinato foi selvagem, mas não foi visto como o ataque inicial de uma força maligna que tinha invadido a Grande Metrópole. Martha era uma prostituta imunda e bastante "rodada", que se colocara deliberadamente em grande risco ao optar pela vida que levava. Como se salientou na imprensa, ela exercia voluntariamente um ofício que exigia que se esquivasse da polícia tanto quanto o seu assassino teve de fazer. Era difícil sentir muita pena de gente como ela, e na época o sentimento do público não era realmente diferente do que é hoje: a culpa é da vítima. As desculpas apresentadas em tribunais modernos são igualmente desalentadoras e enfurecedoras. Se ela não se vestisse daquele jeito; se ele não tivesse ido àquela parte da cidade; se ela não freqüentasse bares à procura de homem; eu disse a ela que não fosse fazer jogging naquela área do parque; o que é que você espera quando deixa seu filho andar sozinho do ponto do ônibus até em casa? Como diz a minha mestra, dra. Marcella Fierro, médica-legista chefe da Virgínia, "uma mulher tem o direito de andar nua pela rua sem ser violentada nem assassinada". Martha Tabran tinha o direito de viver.

"O inquérito", resumiu em seu relatório o inspetor-chefe Donald Swanson, "limitou-se a pessoas da classe da falecida no East End, sem nenhum sucesso."

5. Um menino magnífico

Walter Richard Sickert nasceu em 31 de maio de 1860 em Munique, na Alemanha.

Um dos pintores mais importantes da Inglaterra não era inglês. O "totalmente inglês" Walter, como o qualificavam com freqüência, era filho de um artista totalmente dinamarquês chamado Oswald Adalbert Sickert e de uma beldade não tão totalmente anglo-irlandesa chamada Eleanor Louisa Moravia Henry. Na infância, Walter foi totalmente alemão.

A mãe de Sickert tinha o apelido de "Nelly", a irmã mais nova, Helena, era "Nellie", e a primeira mulher de Sickert, Ellen Cobden, também era "Nelly", assim como Ellen Terry. Por uma questão de clareza, só usarei o nome "Nelly" ao me referir à mãe, e vou resistir à tentação de recorrer a jargão edipiano pelo fato de as quatro mulheres mais fortes na vida de Sickert terem todas o mesmo apelido.

Walter foi o primogênito de seis filhos — cinco meninos e uma menina. Inusitadamente, parece que nenhum deles teve filhos e que eram todos meio complicados, exceto, talvez, Oswald Valentine, sobre quem só se sabe que foi um vendedor bem-sucedido. Robert se tornou um recluso e morreu dos ferimentos em decorrência de um atropelamento por um caminhão. Leonard sempre pareceu estranhamente distante da realidade e morreu depois de uma longa batalha com as drogas. Bernhard foi um pintor fracassado que sofria de depressão e alcoolismo. Um comentário poético escrito pelo pai deles, Oswald, parece tragicamente profético:

Onde há liberdade, tem de haver, claro,
o que é mau também, mas isto morre,
pois traz em si o germe da destruição
e morre de sua própria conseqüência/lógica.

A única filha dos Sickert, Helena, tinha a mente brilhante e o espírito ardoroso, mas um corpo com que não pôde contar a vida inteira. Era a única pessoa da família que parecia interessada em causas humanitárias e nas outras pessoas. Em sua autobiografia, explicou que o sofrimento na infância lhe deu compaixão e sensibilidade em relação aos outros. Foi mandada para um internato onde comia uma comida terrível e era humilhada pelas outras meninas porque era doente e desajeitada. Os homens em casa faziam-na acreditar que era feia. Era inferior por não ser menino.

Walter foi a terceira geração de artistas. O avô, Johann Jurgen Sickert, era tão talentoso como pintor que ganhou o patrocínio do rei Cristiano VIII, da Dinamarca. O pai, Oswald, foi um pintor e artista gráfico de talento que não conseguiu fazer nome nem ganhar a vida. Uma fotografia antiga o mostra com uma barba longa e cerrada e olhos frios que brilham de raiva. Os detalhes sobre ele desapareceram gradualmente, como um daguerreótipo malfeito, assim como os detalhes sobre a maior parte da família. Uma busca de registros levou a uma pequena coleção de textos e desenhos seus, que se encontram incluídos entre os papéis de seu filho nas Bibliotecas Públicas de Islington. O alto-alemão manuscrito de Oswald teve de ser traduzido para baixo-alemão e depois para inglês, um processo que levou cerca de seis meses e produziu apenas sessenta fragmentos de páginas, porque muito do que ele escreveu era impossível de ler e não pôde ser decifrado.

Mas o que se pôde entender me deu um vislumbre de um homem extraordinariamente talentoso, complexo e de grande força de vontade, que escreveu música, peças e poesia. Seu dom para as palavras e seu talento teatral o tornavam favorito para fazer discursos em casamentos, festas e outros eventos sociais. Foi politicamente ativo durante a guerra germano-dinamarquesa de 1864 e viajou muito a inúmeras cidades, encorajando os trabalhadores a lutar por uma Alemanha unificada.

"Quero sua ajuda", disse num discurso sem data. "Cada um de vocês tem de fazer a sua parte [...] Também cabe àqueles dentre vocês que lidam com os operários, aos grandes comerciantes, aos donos das fábricas, cabe a vocês cuidar do operário honesto." Oswald sabia animar os oprimidos. Também sabia compor música bela e escrever versos cheios de ternura e amor. Criava ilustrações em estilo de cartum que revelam um senso de humor cruel e perverso. Páginas de seus diários mostram que Oswald, quando não estava desenhando, perambulava, prática imitada pelo filho mais velho.

Oswald estava sempre em movimento, tanto que é de se perguntar quando é que conseguia trabalhar. Suas caminhadas podiam consumir a maior parte do dia, ou ele podia estar num trem, indo para algum lugar, tarde da noite. Uma rápida olhada em suas atividades revela um homem que mal conseguia permanecer parado e que fazia constantemente o que lhe dava prazer. As páginas de diário são incompletas e sem data, mas as palavras o retratam como um homem absorto em si mesmo, mal-humorado e desassossegado.

Numa quarta-feira, Oswald viajou de trem de Echkenförde para Flensburg, no norte da Alemanha, passando por Schleswig e Echen. No dia seguinte, foi dar uma olhada "na estrada nova ao longo da ferrovia" e caminhou "pela enseada até o Nordertor [Portão Norte]" e através de um campo "até o regato e a casa". Almoçou e passou a tarde na "cervejaria Notke". Depois visitou uma fazenda e voltou para casa. Na sexta-feira, "fui sozinho" visitar Allenslob, Nobbe, Jantz, Stropatil e Möller. Encontrou-se com um grupo, jantou com essas pessoas e voltou para casa às dez da noite. Sábado: "Fui dar uma caminhada sozinho pela cidade".

No domingo, passou o dia todo fora, jantou, e depois houve música e canto em casa até as dez. Na segunda-feira, andou até Gottorf e voltou "pela propriedade/fazendas e a turfeira...". Na terça-feira, foi a cavalo até Mugner, pescou até as três da tarde e pegou "trinta percas". Visitou um pub com conhecidos. "Bebeu e almoçou." "Retorno às onze da noite."

O que Oswald escrevia deixa claro que odiava autoridade, particularmente a polícia, e suas palavras iradas e zombeteiras são um lúgubre presságio das zombarias que Jack, o Estripador, enviava à polícia: "Peguem-me, se puderem", ele escreveu inúmeras vezes.

"Oba! O vigia está dormindo!", escreveu o pai de Walter Sickert. "Quando a gente o vê assim, não dá para acreditar que é um vigia. Devo lhe dar um cutucão por amor à humanidade e dizer a ele por que o sino tocou [ou em que apuro se meteu]... Ah, não, ele que durma. Talvez esteja sonhando que me pegou. Ele que se apegue a essa ilusão."

Oswald devia expressar em casa esses seus sentimentos em relação à autoridade e Walter devia ter conhecimento deles. Assim como nem ele nem a mãe podiam ignorar as freqüentes visitas de Oswald a cervejarias e bares e o fato de ele "suprir-se de ponche".

"Gastei tudo em bebida", escreveu Oswald. "Devo isso ao meu estômago. Durmo nas horas de lazer, e tenho muitas."

Custavam dinheiro as caminhadas obsessivas, as viagens freqüentes e as visitas regulares a bares e cervejarias, fosse qual fosse a sua motivação. E Oswald não era capaz de ganhar a vida. Sem o dinheiro da mulher, a família não teria sobrevivido. Talvez não seja coincidência que, num roteiro para *Punch e Judy** que Oswald escreveu (provavelmente no início da década de 1860), o marido sádico gaste o dinheiro em bebida, sem se importar em absoluto com a mulher e o filho de colo:

PUNCH APARECE NA CAIXA:
[...] Ah, sim, acho que vocês não me conhecem [...] meu nome é Punch. Meu pai também tinha esse nome, e o meu avô.
[...] Eu gosto de roupas bonitas. Aliás, eu sou casado. Tenho mulher e filho. Mas isso não quer dizer nada [...]

ESPOSA (JUDY):
Não, eu não agüento mais isto! Ainda é de manhã, tão cedo, e esse homem horroroso já bebeu conhaque! [...] Oh, como sou infeliz! Tudo que se ganha é gasto em bebida. Não tenho pão para as crianças...

Se Walter Sickert herdou do pai o descuido com dinheiro e o desassossego, foi da mãe que herdou a simpatia e a bela aparência. Ela também pode ter

---

* Personagens de um teatro de fantoches tradicional da Inglaterra, encenado numa caixa de lona listrada em parques de diversões e à beira-mar. (N. T.)

legado a ele alguns de seus atributos menos atraentes. A história da infância estranha da sra. Sickert tem uma semelhança extraordinária com *Casa desolada*, de Charles Dickens — o romance predileto de Walter. Nesse livro, uma menina órfã chamada Esther é misteriosamente mandada para viver na mansão do generoso e abastado sr. Jarndyce, que mais tarde quer se casar com ela.

Nascida em 1830, Nelly era filha ilegítima de uma bela dançarina irlandesa que não tinha interesse algum por ser mãe. Negligenciava Nelly, bebia muito e, finalmente, quando Nelly tinha doze anos, fugiu para a Austrália para se casar. Foi então que Nelly se viu de repente sob a tutela de um homem solteiro, anônimo e rico, que a mandou para uma escola em Neuville-les-Dieppe, às margens do canal da Mancha, no norte da França. Ao longo dos seis anos seguintes ele lhe escreveu cartas afetuosas, que assinava enigmaticamente como "R".

Quando Nelly fez dezoito anos e finalmente conheceu o protetor, ele se identificou como Richard Sheepshanks, um ex-sacerdote que se tornara um astrônomo muito aclamado. Era espirituoso, cheio de energia — tudo que uma jovem poderia evocar em seus sonhos —, e ela, inteligente e muito bonita. Sheepshanks mimava Nelly e a adorava, mais ainda do que ela a ele. Apresentou-a às pessoas certas e introduziu-a nos ambientes apropriados. Logo ela se viu indo a festas, ao teatro, à ópera, e viajando ao exterior. Aprendeu vários idiomas e tornou-se uma jovem culta, tudo sob os olhos atentos do extremoso benfeitor de conto de fadas, que, em algum momento, finalmente lhe confessou que era seu pai biológico.

Sheepshanks a fez prometer que destruiria todas as cartas que ele lhe escrevera, e não é possível determinar se o amor de pai não tinha algo da paixão de um amante. Ela talvez soubesse muito bem o que ele sentia e tenha preferido negar, ou talvez fosse crédula e ingênua. Mas, para ele, deve ter sido um choque a notícia que Nelly lhe deu alegremente, em Paris, de que estava apaixonada e noiva de um estudante de arte chamado Oswald Sickert.

A reação do pai foi uma explosão de raiva. Acusou-a ferozmente de ser ingrata, desonesta e desleal e exigiu que rompesse o noivado imediatamente. Nelly se recusou. O pai retirou sua generosidade e voltou para a Inglaterra. Escreveu várias cartas rancorosas para ela, teve um derrame e morreu de repente. Nelly nunca se refez dessa morte e responsabilizava-se por ela. Destruiu todas as cartas de Sheepshanks, menos uma, que escondeu dentro de um velho cronômetro dele: "Ama-me, Nelly, ama-me ternamente, como eu te amo".

Richard Sheepshanks não deixou nada para Nelly. Felizmente a bondosa irmã dele, Anne Sheepshanks, foi em seu socorro e passou a lhe dar uma generosa mesada, que lhe tornou possível sustentar marido e seis filhos. A infância infeliz e a traição e o abandono do pai certamente deixaram suas marcas em Nelly. Embora não haja registro de como ela se sentia em relação à mãe dançarina irresponsável ou ao amor aparentemente incestuoso de um pai que fora pouco mais do que um segredo romântico na maior parte de sua juventude, é de supor que sofresse de desgosto, raiva e vergonha profundos.

Se Helena Sickert não tivesse se tornado uma sufragista e personalidade política famosa e não tivesse escrito suas memórias, é seguro afirmar que teria restado muito pouco para nos contar sobre a família Sickert e sobre Walter quando era menino. Quase todas as referências à infância de Walter que foram publicadas remontam às memórias de Helena. Se algum outro membro da família deixou algum registro, esse documento ou já não existe ou está guardado em segurança em algum lugar.

A descrição que Helena faz da mãe revela uma mulher inteligente e complexa, que podia ser divertida, simpática e independente e, outras vezes, severa, emocionalmente ausente, manipuladora e submissa.

O lar que Nelly construiu para a família era incoerente — rigoroso e rígido, e, de repente, cheio de brincadeiras e música. À noite ela costumava cantar, acompanhada por Oswald ao piano. Cantava enquanto bordava e quando levava as crianças para brincar no bosque ou para nadar. Ensinava-lhes canções deliciosas e absurdas, como "O galho de visco" e "Ela usava uma coroa de rosas", e a favorita das crianças:

Sou Jack Saltador, o mais novo, menos um
Posso brincar no meu próprio polegar...

Desde tenra idade Walter foi nadador destemido, com a cabeça cheia de imagens e música. Tinha olhos azuis e longos cachos louros, e a mãe, segundo uma amiga da família, costumava vesti-lo em "trajes de veludo à pequeno lorde Fauntleroy". Helena, quatro anos mais nova, lembra-se da mãe a elogiar incessantemente a "beleza" e o "comportamento perfeito" dele — uma opinião que não correspondia exatamente à da irmã. Walter pode ter sido adorável de se olhar, mas estava longe de ser dócil ou meigo. Helena lembra que ele era um garotinho simpático, ativo e briguento, que fazia amigos à vontade, mas se tornava indiferente a eles uma vez que já não o divertissem nem servissem a uma finalidade prática. Era freqüente a mãe ter de consolar os amiguinhos que Walter abandonara e dar desculpas esfarrapadas para o fato de o filho ter desaparecido de repente da vida deles.

A frieza de Walter e seu autocentramento bem cedo se tornaram óbvios, e é de supor que a mãe nunca tenha considerado que o relacionamento entre eles pode ter contribuído para as sombras cada vez mais escuras do caráter dele. Nelly talvez adorasse o filho de aparência angelical, mas não necessariamente por razões saudáveis. É possível que ele não fosse mais do que uma extensão de seu próprio ego e que seu comportamento carinhoso fosse uma projeção de suas necessidades profundamente enraizadas e não atendidas. Provavelmente ela o tratava da única maneira que sabia, ou seja, distanciando-se emocionalmente, do modo como a sua mãe fizera com ela, e sentindo por ele a intensidade egoísta e inadequada que ela tivera do próprio pai. Quando Walter ainda era de colo, um pintor chamado Fuseli insistiu em pintar o "magnífico" garotinho. Nelly manteve o retrato em tamanho natural pendurado na sala de estar até o dia em que morreu, com 92 anos.

A presunção de Oswald Sickert de que era o chefe da família era uma fraude, e Walter devia saber disso. Um ritual que as crianças testemunhavam com muita freqüência era o da "mamãe" implorando ao marido que lhe desse dinheiro, enquanto ele enfiava a mão no bolso e perguntava: "Quanto é que eu devo lhe dar, mulher extravagante?".

"Quinze xelins seria demais?", dizia ela, depois de examinar a lista de coisas necessárias na casa.

Oswald, então, com toda a magnanimidade dava-lhe o dinheiro, que pertencia a ela, pois Nelly, diligentemente, entregava a ele o dinheiro que recebia anualmente. A suposta generosidade dele era sempre recompensada com beijos e manifestações de prazer da esposa, numa encenação que recriava de maneira esquisita o relacionamento dela com Richard Sheepshanks, o pai onipotente e controlador. Walter aprendeu de cor o drama dos pais. Adotaria os piores traços do pai e sempre procuraria mulheres que fossem complacentes com sua megalomania e atendessem suas necessidades.

Oswald Sickert trabalhava no jornal humorístico alemão *Die Fliegende Blatter*, mas em casa não era nada engraçado. Não tinha paciência com crianças e não criou laços com nenhum dos filhos. A filha, Helena, lembra que ele só conversava com Walter, que mais tarde alegaria recordar-se de "tudo" que o pai lhe dizia. Não havia muito que Walter não aprendesse depressa e não lembrasse com exatidão. Aprendeu a ler e a escrever sozinho quando era criança na Alemanha, e ao longo de toda a sua vida os conhecidos se maravilhavam com sua memória fotográfica.

Diz a lenda que, um dia, Walter estava dando uma caminhada com o pai e passou por uma igreja, onde Oswald chamou a atenção do filho para um memorial fúnebre. "Este é um nome de que você nunca vai se lembrar", comentou, sem se deter. Walter parou e leu:

MARAJÁ MEERZARAM
GUAHAHAPAJE RAZ
PAREA MANERAMAPAM
MUCHER
L.C.S.K.

Aos oitenta anos, Walter Sickert ainda era capaz de se lembrar da inscrição e de escrevê-la sem nenhum erro.

Oswald não incentivou nenhum dos filhos a seguir a carreira artística, mas cedo Walter demonstrou um interesse irresistível por desenho, pintura e modelos de cera. Alegava que o que sabia de teoria da arte aprendera com o pai, que nos anos 1870 costumava levá-lo à Royal Academy, em Burlington House, para estudar as telas do "Antigos Mestres". Uma pesquisa nos arquivos de Sickert leva a crer que Oswald também pode ter tido influência no desenvolvimento de Walter como desenhista. Nas Bibliotecas Públicas de Islington, na Zona Norte de Londres, há uma coleção de esboços atribuídos a Oswald, entre os quais historiadores e especialistas em arte acreditam que haja alguns feitos pelo filho talentoso. É possível que Oswald tenha examinado e discutido criticamente os primeiros esforços artísticos de Walter.

Muitos dos desenhos são, claramente, o trabalho da mão inexperiente, mas dotada, de alguém que estava aprendendo a esboçar cenas de rua, prédios e figuras humanas. Entretanto a mente criativa que conduz a mão é perturbada, violenta e mórbida, uma mente que sente prazer em dar forma a um caldeirão de homens sendo cozidos vivos e personagens demoníacas de rosto longo e pontudo, rabo e sorriso maligno. Um de seus temas favoritos é o de soldados atacando castelos e travando combate. Um cavaleiro rapta uma donzela roliça e dispara a galope com ela, que implora para não ser violentada, assassinada, ou ambas as coisas. Sickert poderia estar descrevendo seus próprios trabalhos de juventude quando, referindo-se a um esboço de 1652 de Karel du Jardin, disse que era uma cena medonha de um "cavaleiro" em sua montaria, detendo-se para olhar um "cadáver sem roupa e retalhado", enquanto soldados "com lanças e estandartes" galopam ao longe.

O mais violento desenho amadorístico dessa coleção mostra uma mulher de seios grandes e vestido decotado, sentada numa cadeira, com as mãos amarradas às costas e a cabeça atirada para trás, enquanto um homem destro lhe crava uma faca no centro do peito, na altura do esterno. Ela tem outros ferimentos no lado esquerdo do peito, no lado esquerdo do pescoço — na altura da carótida — e possivelmente mais um, abaixo do olho esquerdo. O único traço facial do assassino, que está de terno, é um leve sorriso. Ao lado desse esboço, na mesma tira de papel retangular, há um homem agachado e de aparência assustadora, prestes a pular sobre uma mulher de vestido comprido, xale e touca.

Embora eu não tenha encontrado nenhuma indicação de que Oswald Sickert fosse sexualmente violento, ele podia ser frio e cruel. Seu alvo favorito era a filha. Helena sentia tanto medo dele que tremia na sua presença. Ele não demonstrou um mínimo de pena quando ela passou dois anos de cama com febre reumática. Quando se recuperou, aos sete anos, estava muito fraca e tinha pouco controle sobre as pernas. Ficou apavorada quando o pai começou a obrigá-la a sair para caminhar com ele. Durante esses passeios, ele nunca falava. Para ela, o silêncio era mais assustador do que suas palavras duras.

Quando ela, desajeitada, corria para acompanhar o passo implacável do pai, ou se esbarrasse nele, escreveu Helena: "Ele, em silêncio, me segurava pelo ombro e, sempre em silêncio, me virava na direção oposta, na qual eu provavelmente daria contra um muro ou cairia na sarjeta". A mãe nunca intervinha a favor de Helena. Nelly preferia seus "homenzinhos bonitos" de cabelo louro e traje de marinheiro, à filha feiosa e ruiva.

Walter era de longe o mais bonito dos homenzinhos louros e "o mais inteligente". Geralmente conseguia o que queria por meio de manipulação, logro ou simpatia. Era o líder, e as outras crianças faziam o que ele mandava, mesmo que as "brincadeiras" de Walter fossem injustas ou desagradáveis. Ao jogar xadrez, ele não hesitava em mudar as regras conforme lhe conviesse, como levar xeque sem conseqüências. Quando estava um pouco mais velho, depois de a família ter se mudado para a Inglaterra, em 1868, ele começou a recrutar amigos e irmãos para representar cenas de Shakespeare. Sua direção podia ser cruel e degradante. Num rascunho não publicado das memórias de Helena, ela escreveu:

> Eu devia ser pequena quando [Walter] nos reuniu para ensaiar as três feiticeiras de Macbeth numa pedreira abandonada perto de Newquay, que eu, inocentemente, achava que se chamava mesmo "o inferno do Aqueronte". Ali ele nos fez praticar com muito rigor. Eu (sendo adequadamente magra e ruiva) fui obrigada a tirar o vestido & os sapatos & as meias, para ficar ruminando sobre o caldeirão das bruxas ou andar em torno dele, apesar dos espinhos e pedras pontudas, e da fumaça acre da fogueira de algas marinhas ardendo-me os olhos.

Esse relato e outros reveladores foram atenuados ou excluídos na época em que as memórias de Helena foram publicadas, e não fosse por seis páginas manuscritas que restaram e foram doadas à Biblioteca Nacional de Arte do Victoria and Albert Museum, pouco se saberia sobre as tendências juvenis de Walter. Desconfio que muita coisa foi censurada.

Na era vitoriana e no início dos anos 1900, era inaudito contar tudo, especialmente sobre a família. A própria rainha Vitória poderia ter incendiado um de seus palácios com a fogueira que fez com papéis particulares. Quando Helena publicou suas memórias, o irmão tinha 75 anos e era um ícone britânico, saudado por jovens artistas como *roi*, ou rei. A irmã pode ter mudado de idéia quanto a perturbá-lo com seu livro. Ela foi uma das poucas pessoas que ele jamais conseguiu dominar, e os dois nunca foram íntimos.

Nem fica claro se ela sabia o que concluir em relação a ele, que era "[...] ao mesmo tempo a mais volúvel e constante das criaturas [...] desarrazoado, mas sempre racional. Totalmente negligente com amigos e parentes em tempos normais, e, em crises, capaz da maior gentileza e generosidade e cheio de recursos — nunca se entediava, a não ser com pessoas".

Estudiosos de Sickert concordam em que ele era "complicado". Era "brilhante", tinha um "temperamento volátil" e, quando ele tinha três anos, a mãe disse a um amigo da família que era "perverso e desobediente" — um menino fisicamente forte cuja "ternura" se transformava facilmente em "mau gênio". Era um mestre da persuasão e, como o pai, desdenhava a religião. Autoridade e Deus não existiam. Na escola, era ativo e intelectualmente vivo, mas não respeitava as regras. Os que escreveram sobre a vida dele são vagos sobre suas "irregularidades", como as chamou o biógrafo Denys Sutton.

Aos dez anos, foi "removido" de um internato em Reading, onde, diria ele mais tarde, achava intolerável a "diretora velha e horrorosa". Foi expulso da University College School por razões desconhecidas. Por volta de 1870, freqüentou a Bayswater Collegiate School e estudou dois anos na Kings College School. Em 1878, foi aprovado com distinção no exame de acesso à universidade (um exame que todos os alunos faziam no último ano), mas não cursou nenhuma.

A arrogância, a ausência de emoção e o poder de manipulação extraordinário de Sickert são típicos de psicopatas. O que não é óbvio — embora se revele nos seus acessos de mau gênio e nos jogos sádicos — é a raiva que fervilhava sob sua superfície cativante. Some-se raiva a distanciamento emocional e uma ausência total de compaixão ou remorso, e a alquimia resultante transforma o Dr. Jekyll em Mr. Hyde. A química exata dessa transformação é um misto de físico e de espírito que talvez nunca compreendamos na íntegra. Um lobo frontal anormal leva uma pessoa a se tornar psicopata? Ou o lobo frontal se torna anormal porque a pessoa é psicopata? Ainda não sabemos qual é a causa.

O que conhecemos é o comportamento, e sabemos que o psicopata age sem temer as conseqüências. Não se preocupa com o sofrimento que deixa no rastro de sua violência. O psicopata violento não se importa se, ao assassinar um presidente, pode prejudicar uma nação inteira, se seus crimes podem partir o coração de mulheres de quem tirou o marido e de crianças a quem deixou sem pai. Sirhan Sirhan* gabava-se na prisão de que se tornara tão famoso quanto Bobby Kennedy. O malogrado atentado contra a vida de Reagan praticado por John Hinckley Jr. transformou o fracassado gorducho e impopular em capa de todas as revistas importantes.

O único medo manifesto do psicopata é o de ser apanhado. O estuprador desiste do ataque sexual ao ouvir alguém abrindo a porta da frente. Ou

---

* O assassino do senador Robert Kennedy. (N. T.)

talvez a violência se intensifique e ele mate tanto a vítima quanto quem esteja entrando na casa. Não pode haver testemunhas. Por mais que o psicopata violento zombe da polícia, a idéia da prisão o enche de terror, e ele fará de tudo para evitá-la. É irônico que uma pessoa que sente tanto desprezo pela vida humana se apegue com tanto desespero à sua própria. Mesmo no corredor da morte ele vai continuar com seus jogos. Decidido a viver, vai acreditar até o último momento ser capaz de se esquivar da morte por injeção letal ou cadeira elétrica.

No que diz respeito a jogos de fundo psicológico, o Estripador era o maior jogador de todos. Seus crimes, seus indícios, as zombarias que fazia da imprensa e da polícia, suas tolices — era tudo muito divertido. Sua maior decepção deve ter ocorrido quando ele percebeu, logo cedo, que seus adversários eram idiotas inábeis. Na maior parte das vezes, Jack, o Estripador, jogava seus jogos sozinho. Não tinha rivais à altura, gabava-se e fazia provocações quase ao ponto de se identificar. Escreveu centenas de cartas à polícia e à imprensa. Uma de suas palavras prediletas era "imbecis" — também uma palavra favorita de Oswald Sickert. As cartas do Estripador contêm dezenas de rá-rás — a mesma risada americana irritante de James McNeill Whistler, que Sickert devia ouvir o tempo todo quando trabalhava para o grande mestre.

Não há dúvida de que, de 1888 até hoje, os milhões de pessoas que associaram Jack, o Estripador, com mistério e assassinato não têm idéia de que, mais que tudo, o infame homicida era um homem zombeteiro, arrogante, rancoroso e sarcástico, que considerava praticamente todo mundo "idiota" ou "imbecil". Ele odiava a polícia, detestava "prostitutas imundas" e, em seus "recadinhos divertidos" e sarcásticos, era obcecado com aqueles que estavam desesperados por apanhá-lo.

As troças do Estripador e sua completa indiferença à destruição de vidas humanas são evidentes em suas cartas, que, pelo que sabemos, ele enviou entre 1888 e 1896. Enquanto eu lia e relia — mais vezes do que sou capaz de contar — as cerca de 250 cartas que sobrevivem no Public Record Office [PRO — Departamento de Registros Públicos] e no Corporation of London Records Office [Departamento de Registros da Corporação de Londres], comecei a formar a imagem bastante horripilante de uma criança furiosa, rancorosa e astuta que exercia controle sobre um adulto brilhante e talentoso. Jack, o

Estripador, sentia-se poderoso somente quando atacava pessoas com ferocidade e atormentava as autoridades, e safou-se de tudo por mais de 114 anos.

Quando comecei a examinar as cartas do Estripador, concordei com o que a polícia e a maioria das pessoas achavam: quase todas são logros ou mensagens de pessoas mentalmente desequilibradas. Entretanto, durante a extensa pesquisa que fiz sobre Sickert e sobre a maneira como ele se expressava — e como o Estripador se expressou em tantas das cartas alegadamente suas —, mudei de opinião. Agora acredito que a maioria das cartas foi escrita pelo assassino. As provocações infantis e odiosas do Estripador e os comentários zombeteiros em suas cartas incluem:

"Rá, rá, rá"
"Peguem-me, se puderem"
"É uma piadinha ótima"
"Quanta confusão estou criando"
"Com amor, Jack, o Estripador"
"Só para lhe dar um pequeno indício"
"Eu disse a ela que era Jack, o Estripador, e tirei o chapéu"
"Agüentem firmes, seus tiras espertos"
"adeus, por ora. Do Estripador e fujão"
"Não será agradável, caro chefe, ter de novo os bons tempos de antigamente"
"Você talvez se lembre de mim se tentar pensar um pouco. Rá. Rá"
"Sinto grande prazer em lhe informar meu paradeiro para benefício dos rapazes da Scotland Yard"
"A polícia se considera espertíssima"
"seus jumentos, seus asnos hipócritas"
"Tenha a gentileza de mandar até aqui alguns de seus espertos policiais"
"A polícia passa perto de mim todos os dias, e vou passar perto de um policial quando for pôr esta carta no correio"
"Rá! Rá!"
"você se enganou, se achou que eu não o vi..."
"os bons e velhos tempos novamente"
"Eu estava com muita vontade de pregar uma pequena peça em vocês, mas não me resta muito tempo para deixar vocês brincarem de gato e rato comigo"
"Au revoir, chefe"

"que bela peça eu preguei neles"
"adeusinho"
"Só uma linha para informar que adoro meu trabalho"
"Eles parecem muito espertos e dizem que estão na pista certa"
"P. S.: Vocês não conseguem me localizar por esta mensagem, portanto é perda de tempo"
"Penso que vocês da Scotland Yard estão todos dormindo"
"Sou Jack, o Estripador, peguem-me se puderem"
"Agora vou viajar para Paris e tentar meus joguinhos"
"Ah, foi um trabalho tão agradável o último"
"Beijos"
"Ainda estou em liberdade... Rá, rá, rá!"
"não riam"
"Acho que até agora fui muito bom"
"Sinceramente, Mathematicus"
"Caro chefe… Estive conversando com dois ou três dos seus homens ontem à noite"
"Que imbecil que a polícia é"
"Mas eles não deram uma busca naquele onde eu estava, eu estava olhando para a polícia o tempo todo"
"por que passei por um policial ontem & ele não prestou atenção em mim?"
"A polícia agora acha que o meu trabalho é uma piada, bem, bem, Jacky é um grande piadista, rá rá rá"
"Estou me divertindo muitíssimo"
"Sou considerado um cavalheiro de muito boa aparência"
"Estão vendo que continuo atacando e vagando. Rá. Rá"
"vocês terão um trabalho e tanto para me apanhar"
"Não adianta quererem me pegar porque não vai dar certo"
"Vocês nunca me pegaram e jamais me pegarão. Rá. Rá"

Meu pai, advogado, costumava afirmar que se pode dizer muito a partir do que enfurece uma pessoa. Um exame das 211 cartas do Estripador que estão no Departamento de Registros Públicos de Kew revela que ele era intelectualmente arrogante. Mesmo quando disfarçava o estilo para parecer ignorante, analfabeto ou louco, não gostava de ser considerado assim. Não conseguia resistir e ocasionalmente lembrava as pessoas de que era instruído, enviando uma carta com ortografia perfeita, letra bem-feita ou bonita e vocabulário excelente. Como protestou mais de uma vez em mensagens que foram sendo cada vez mais ignoradas pela polícia e pela imprensa: "Não sou um louco, como vocês dizem que eu sou, sou esperto demais para vocês" e "Acham que sou doido? Como se enganam".

É altamente improvável que um *cockney** usasse a palavra "*conumdrum*"** ou assinasse sua carta como "Mathematicus". É altamente improvável que um brutamontes ignorante se referisse às pessoas que matava como "vítimas" ou, ao mencionar a mutilação de uma mulher, dissesse que lhe tinha feito "uma cesariana". O Estripador também usava vulgaridades, como "boceta", e se esforçava muito para cometer erros de ortografia, estropiar as frases ou escrever de maneira confusa. Mandava suas cartas mal redigidas — "Não tenho selo" — de Whitechapel, como se para sugerir que era um morador do submundo dos cortiços. Poucos miseráveis de Whitechapel sabiam ler ou escrever, e uma grande porcentagem deles era estrangeira e não falava inglês. A maioria das pessoas que cometem erros de ortografia faz isso foneticamente e de maneira sistemática: é sempre o mesmo erro. O Estripador, em algumas cartas, erra na mesma palavra, mas de maneiras diferentes.

A repetição da palavra "jogos" e os "rá rá" muito freqüentes eram favoritos do americano James McNeill Whistler, cujos "rá!, rá!", ou "casquinadas", como Sickert os chamava, eram famosos e geralmente descritos como uma risada muito temida que arranhava os ouvidos dos ingleses. Os "rá rá" de Whistler conseguiam interromper a conversa num jantar. Bastavam para anunciar sua presença e enregelar seus inimigos ou fazer com que se levantassem e saíssem. "Rá rá" era muito mais americano do que inglês, e só se pode imaginar quantas vezes por dia Sickert devia ouvir esse som irritante quando estava com Whistler ou no estúdio do mestre. É possível ler centenas de cartas escritas por vitorianos sem encontrar um único "rá rá", mas as do Estripador estão cheias deles.

Gerações inteiras foram levadas a crer que as cartas do Estripador eram gracejos, ou obra de um jornalista decidido a criar uma história sensacionalista, ou asneiras de lunáticos, porque era isso o que a imprensa e a polícia

---

* Nativo da Zona Leste de Londres. (N. T.)
** "Enigma". Uma forma mais comum seria *riddle*. (N. T.)

achavam. Os investigadores e a maioria dos estudiosos dos crimes do Estripador se concentraram na letra, mais do que na linguagem. É fácil disfarçar a letra, especialmente quando se é um artista brilhante, mas o uso único e repetido de combinações lingüísticas em textos múltiplos é a impressão digital da mente de uma pessoa.

Um dos insultos favoritos de Walter Sickert era "imbecil". O Estripador gostava muito dessa palavra. Para o Estripador, todo mundo era imbecil, menos ele. O psicopata tende a achar que é mais esperto e inteligente do que todos. Tende a acreditar que é capaz de levar a melhor sobre quem tenta pegálo. Adora jogos, molestar e zombar. Que divertido criar tamanho caos, sentar e ficar observando. Walter Sickert não foi o primeiro psicopata a jogar, troçar, achar que era mais esperto do que todo mundo e escapar de punição por assassinato. Mas talvez tenha sido o homicida mais original e criativo que já existiu.

Sickert era um homem instruído que talvez tivesse o QI de um gênio. Era artista talentoso cuja obra é respeitada, mas não necessariamente apreciada. Sua arte não revela fantasia, toques ternos, sonhos. Ele nunca pretendeu retratar "beleza", e como desenhista era melhor do que a maioria. Sickert "Mathematicus" era um técnico. "Todas as linhas na natureza [...] estão localizadas em algum ponto em radiantes dentro dos 360 graus de quatro ângulos retos", ele escreveu. "Todas as linhas retas [...] e todas as curvas podem ser consideradas tangentes dessas linhas."

Ele ensinava a seus alunos que "a base do desenho é uma sensibilidade altamente cultivada para a direção exata de linhas [...] dentro dos 180 graus de ângulos retos". Vamos deixá-lo simplificar: "Pode-se dizer que a arte é [...] o coeficiente individual de erro [...] no esforço [do desenhista] de atingir a expressão da forma". Whistler e Degas não definiam sua arte nesses termos. Não tenho certeza de que eles entendessem uma palavra do que Sickert dizia.

A maneira precisa de Sickert pensar e calcular era evidente não só na descrição que fazia do próprio trabalho, mas também no modo como o executava. Seu método para pintar era "quadricular" os esboços, ampliando-os geometricamente para manter as perspectivas e proporções exatas. Em alguns de seus quadros, vê-se vagamente a grade de seu método matemático por trás da pintura. Nos jogos e crimes violentos do Estripador, a grade de quem ele era está vagamente visível por trás de suas maquinações.

6. Walter e os meninos

Aos cinco anos de idade, Sickert já tinha feito três operações medonhas de fístula.

Em todas as suas biografias que li, faz-se apenas uma breve menção a essas operações, e não tenho certeza se há registro de alguém dizendo o que era essa fístula ou por que foram necessárias três operações com risco de vida para corrigi-la. Além disso, não existe até hoje um livro objetivo e erudito que exponha em detalhes os 81 anos de vida de Sickert.

Embora haja muito a aprender na biografia escrita por Denys Sutton em 1976, pois ele fez uma pesquisa minuciosa e se valeu de conversas com pessoas que conheceram o "velho mestre", Sutton ficou um pouco comprometido por ter precisado da permissão do Sickert Trust, que administra o espólio de Sickert, para usar material, como cartas, que tinha direitos registrados. As restrições legais à reprodução de material de Sickert, inclusive de seu trabalho artístico, são as agourentas montanhas que é preciso escalar para enxergar todo o panorama da personalidade complicada e intensamente conflituosa do homem. Numa anotação de pesquisa que se encontra nos arquivos de Sutton na Universidade de Glasgow, parece haver uma referência a um quadro do "Estripador" que Sickert teria feito na década de 1930. Se esse quadro existe, não encontrei menção a ele em nenhum outro lugar.

Há outras referências ao comportamento peculiar do pintor que deveriam ter despertado no mínimo um pouco de curiosidade em qualquer pessoa que o estudasse com cuidado. Numa carta enviada de Paris em 16 de novembro de 1968, André Dunoyer de Segonzac, artista conhecido, ligado ao grupo de Bloomsbury, escreveu a Sutton que conheceu Walter Sickert por volta de 1930 e que se lembrava muito claramente de ele afirmar que tinha "morado" em Whitechapel, na mesma casa onde tinha morado Jack, o Estripador, e que lhe falara "animadamente sobre a vida discreta e edificante desse assassino monstruoso".

A historiadora de arte e estudiosa de Sickert dra. Anna Gruetzner Robins, da Universidade de Reading, diz que não vê como é possível estudar Sickert extensivamente e não começar a desconfiar de que ele foi Jack, o Estripador. Alguns dos estudos que ela publicou sobre a arte de Sickert incluíram observações que são um tanto penetrantes demais para os admiradores do pintor. Parece que as verdades sobre ele se cercam de nevoeiro, da mesma forma como o Estripador se cercava, e que trazer à luz qualquer detalhe que possa revelar algo de ignóbil sobre o homem é uma blasfêmia.

No início de 2002, Howard Smith, curador da Galeria de Arte da Cidade de Manchester, entrou em contato comigo para perguntar se eu tinha conhecimento de que em 1908 Walter Sickert pintara uma tela muito sombria e melancólica, intitulada *Jack the Ripper's bedroom* [O quarto de Jack, o Estripador]. A obra foi doada em 1980, e o curador na época informou sobre essa descoberta notável à dra. Wendy Baron — que fez sua tese de doutoramento sobre Sickert e escreveu sobre ele mais do que qualquer outra pessoa. "Acabamos de receber a doação de dois óleos de Sickert", escreveu Julian Treuherz à dra. Baron em 2 de setembro de 1980. Uma, disse ele, era "*Jack the Ripper's bedroom*, óleo sobre tela, 50 × 40 cm".

A dra. Baron respondeu ao sr. Treuherz em 12 de outubro e confirmou que o quarto que se via no quadro era de fato o quarto de uma residência em Camden Town (no número 6 da rua Mornington Crescent), onde Sickert alugou os dois andares superiores quando se mudou da França de volta para Londres, em 1906. A dra. Baron observou também que "Sickert acreditava que Jack, o Estripador, tivesse se alojado" nessa casa em Camden Town nos anos 1880. Não encontrei nenhuma referência ao endereço em Mornington Crescent como o lugar onde Sickert achava que o Estripador tinha morado um dia, mas Sickert pode ter mantido um quarto secreto lá, durante os assassinatos em série de 1888. E em cartas que escreveu, o Estripador disse que ia se mudar para uma casa de cômodos, que poderia ser a de número 6 em Mornington Crescent — onde Sickert morava, em 1907, quando cortaram a garganta de mais uma prostituta, a um quilômetro e meio, se tanto, da casa dele.

Sickert costumava contar aos amigos que vivera algum tempo numa casa cuja proprietária alegava que Jack, o Estripador, tinha morado lá na época dos crimes, e que ela conhecia a identidade dele: era um estudante de veterinária doentio que acabou sendo levado para um asilo. Ela dissera a Sickert o nome do *serial killer* doentio e ele anotara num exemplar das memórias de Casanova que por acaso estava lendo. Infelizmente, porém, apesar de sua memória fotográfica, ele não conseguia lembrar-se do nome, e o livro fora destruído durante a Segunda Guerra Mundial.

O quadro *Jack the Ripper's bedroom* foi ignorado e ficou 22 anos guardado. Parece que é uma das poucas telas que a dra. Baron não mencionou em suas publicações. Eu, certamente, nunca ouvi falar nela. Nem o dr. Robins, da Tate Gallery, nem nenhuma outra pessoa com quem me encontrei durante minha pesquisa. Evidentemente, nem todo mundo está interessado em divulgar essa tela. A idéia de que Sickert fosse Jack, o Estripador, é "asneira", disse o sobrinho de Sickert, John Lessore, que é parente por afinidade, através da terceira esposa de Sickert, Thérèse Lessore.

Enquanto escrevia este livro, não tive contato com o Sickert Trust. Ninguém — nem as pessoas que o controlam, nem qualquer outra — tentou me dissuadir de publicar o que acredito ser a pura verdade. Vali-me das recordações de contemporâneos de Walter Sickert, como as duas primeiras esposas de Whistler e de Sickert, que não tinham nenhuma obrigação legal com o Sickert Trust.

Evitei as imprecisões recicladas que se transferiram de um livro para outro. Concluí que as informações citadas desde a morte de Sickert omitem de maneira sistemática tudo que seja intencionalmente censurável ou humilhante sobre sua vida ou seu caráter. A fístula não foi considerada importante porque, aparentemente, quem a mencionou não entendeu bem o que era nem que ela poderia ter causado repercussões devastadoras na psique de Sickert. Tenho de admitir que fiquei chocada quando perguntei a John Lessore sobre a fístula do tio e ele me respondeu — como se fosse de conhecimento geral — que era "um buraco no pênis".

Acho que Lessore não tinha idéia da importância do que estava dizendo, e eu ficaria surpresa se Denys Sutton também soubesse muito sobre essa fístula. A referência de Sutton ao problema diz apenas que ele fez duas operações malsucedidas "de fístula, em Munique" e que em 1865, quando a família estava em Dieppe, Anne Sheepshanks, tia-avó dele, sugeriu que se fizesse uma terceira com um cirurgião proeminente de Londres.

Helena não menciona o problema médico do irmão em suas memórias, mas é de se perguntar quanto ela saberia. É improvável que a genitália do irmão mais velho fosse tema de conversa na família. Helena era um bebê quando Sickert fez as operações, e é pouco provável que, na época em que ela estava com idade suficiente para pensar em órgãos sexuais, Sickert se sentisse inclinado a andar nu na sua frente — ou na frente de qualquer pessoa. Ele aludia indiretamente à fístula quando dizia, em tom de pilhéria, que foi para Londres para ser "circuncidado".

No século XIX fístulas no ânus, no reto e na vagina eram tão comuns que havia em Londres um hospital especializado em tratá-las, o St. Mark's Hospital. Não há referência a fístulas no pênis na literatura médica que consultei, mas o termo talvez fosse usado de maneira genérica para descrever deformações como as que Sickert sofria. A palavra "fístula" — o termo em latim para "cálamo" ou "tubo" — costuma ser usada para designar uma abertura, ou sínus, anormal, que pode causar anomalias como o reto ligado à bexiga, à uretra ou à vagina.

A fístula pode ser congênita, mas freqüentemente é causada por um abscesso que toma o caminho de menor resistência e segue através de tecido ou da pele, formando uma nova abertura por onde urina, fezes e pus possam ser expelidos. As fístulas podiam ser extremamente desconfortáveis, constrangedoras e até fatais. Publicações médicas antigas citam casos angustiantes de úlceras lancinantemente doloridas, intestinos esvaziando-se na bexiga, intestinos ou bexiga esvaziando-se na vagina ou no útero e menstruação através do reto.

Em meados do século XIX, os médicos atribuíam a causa de uma fístula a todo tipo de coisa: sentar em assentos úmidos, sentar na parte descoberta do ônibus de dois andares depois de fazer esforço físico, engolir ossinhos ou alfinetes, comida "errada", álcool, roupa inadequada, o uso "luxuoso" de almofadas, ou hábitos sedentários associados com certas profissões. O dr. Frederick

Salmon, fundador do St. Mark's Hospital, tratou uma fístula de Charles Dickens, causada, disse ele, pelo fato de o grande escritor passar tempo demais sentado à sua escrivaninha.

O St. Mark's foi fundado em 1835 para aliviar os pobres de doenças no reto e suas "calamitosas variedades", e em 1864 mudou para a City Road, em Islington. Em 1865, sofreu uma devastação financeira quando seu secretário fugiu de Londres depois de se apropriar de quatrocentas libras, ou um quarto da renda anual do hospital. Propôs-se realizar um jantar para arrecadar fundos, do qual Dickens, livre de sua fístula, seria o anfitrião, mas ele declinou da honra. No outono do mesmo ano, Walter Sickert chegou ao St. Mark's para ser "curado" pelo cirurgião recém-nomeado para o hospital, dr. Alfred Duff Cooper, que mais tarde se casou com a filha do duque de Fife e recebeu do rei Eduardo VII o título de *Sir*.

O dr. Cooper tinha 27 anos e era um astro em rápida ascensão na profissão. Sua especialidade era o tratamento de doenças venéreas e retais, mas a pesquisa nos textos publicados por ele ou por outros não revelou nenhuma menção de que ele tratasse as chamadas fístulas do pênis. A de Sickert seria de leve a terrível, dependendo da explicação que se leia. A natureza pode ter-lhe agraciado com uma deformação genética da genitália chamada hipospadia, na qual a uretra termina logo abaixo da extremidade do pênis. A literatura médica alemã publicada na época em que Sickert nasceu indica que um caso de hipospadia simples era "banal" e mais comum do que se sabia de modo geral. "Banal" queria dizer que a fístula não interferiria na procriação e não justificava o risco de uma operação, que poderia causar infecção e morte.

Como a deformação de Sickert exigiu três operações, seu problema não devia ser "banal". Em 1864, o dr. Johann Ludwig Casper, professor de medicina legal na Universidade de Berlim, publicou uma descrição de uma forma mais grave de hipospadia: nela, há uma abertura na uretra na "raiz", ou base, do pênis. Ainda pior é a epispadia, que ocorre quando a uretra é dividida e corre como uma "calha rasa" ao longo de um pênis rudimentar ou desenvolvido de modo incompleto. Na Alemanha de meados do século XIX, esses casos eram considerados um tipo de hermafroditismo ou "sexo duvidoso".

Ao nascer, Sickert talvez tivesse sido considerado como de sexo ambíguo, ou seja, talvez seu pênis fosse pequeno, possivelmente malformado e sem perfuração (sem uretra). A bexiga estaria ligada a um canal que se abria na base do pênis — ou perto do ânus — e talvez houvesse uma fenda no escroto que se assemelhasse ao clitóris, à vagina e aos lábios vaginais. É possível que o sexo de Sickert só tenha sido claramente determinado quando se descobriram testículos nas dobras dos supostos lábios vaginais e se apurou que ele não tinha útero. Nos casos de genitália ambígua, se o sexo da criança se comprova masculino, o menino geralmente cresce viril e saudável em todos os aspectos, com exceção do pênis, que pode ser aceitavelmente funcional mas certamente não é normal. Nos primeiros tempos da cirurgia, as tentativas de reparar órgãos genitais gravemente deformados geralmente resultavam em mutilação.

Sem registros médicos, não posso dizer exatamente qual era a anomalia no pênis de Sickert, mas se seu problema era apenas uma hipospadia "banal", por que os pais recorreram a uma operação arriscada? Por que esperaram tanto tempo para tentar corrigir o que devia ser uma condição de saúde muito desagradável? Sickert tinha cinco anos quando fez a terceira operação, e não se sabe quanto tempo antes as duas primeiras foram feitas. Sabemos que sua tia-avó intercedeu para levá-lo para Londres, o que sugere que a deformação era grave e que as duas cirurgias anteriores talvez fossem recentes e tivessem resultado em complicações. Se ele tinha três ou quatro anos quando seu pesadelo médico começou, pode ser que os pais tenham adiado os procedimentos corretivos até terem certeza de seu sexo. Não sei quando Sickert recebeu o nome de Walter Richard. Até hoje não se encontrou sua certidão de nascimento nem registro de batismo.

Em suas memórias, Helena escreve que, quando era criança, "nós" sempre "nos referíamos" a Walter e seus irmãos como "Walter e os meninos". Quem é *nós*? Duvido que os irmãos se referissem a si mesmos como "Walter e os meninos", e tampouco imagino que a pequena Helena tenha criado a expressão por conta própria. Sinto-me inclinada a suspeitar que a referência a "Walter e os meninos" tenha vindo de um dos pais ou de ambos.

Dada a imagem apresentada por Helena de um pequeno Walter precoce e dominador, tão independente que não era colocado na mesma categoria dos outros filhos, pode ser que a expressão "Walter e os meninos" fosse um modo de reconhecer a precocidade dele. Também pode ser que ele fosse fisicamente diferente dos irmãos — ou de todos os meninos. Se a explicação é que ele era diferente de todos os meninos, o uso repetido da expressão poderia ter sido humilhante e desvirilizante para o jovem Walter.

Os primeiros anos de Sickert foram traumatizados pela violência médica. Quando ocorre depois dos dezoito meses de idade, a cirurgia para corrigir hipospadia pode criar o medo da castração. As operações de Sickert teriam deixado estreitamentos e cicatrizes que tornariam uma ereção dolorida ou impossível. Ele pode ter sofrido uma amputação parcial. Sua obra não inclui nus masculinos, com exceção de dois esboços que encontrei, que parecem ter sido feitos quando ele era adolescente ou estava na escola de arte. Em ambos a figura masculina tem um vago toco de pênis que parece qualquer coisa, menos normal.

Uma das características mais distintivas das cartas do Estripador é que muitas foram escritas com canetas de desenho e borradas ou lambuzadas com tintas de cor forte. Revelam a mão hábil de um artista profissional ou altamente treinado. Mais de uma dúzia inclui desenhos fálicos de facas — todas longas e semelhantes a adagas, com exceção de duas lâminas estranhas, curtas e truncadas, em cartas descaradamente zombeteiras. Uma das cartas ilustradas com uma faca curta, enviada em 22 de julho de 1889, foi escrita em tinta preta em duas folhas de papel barato sem marca-d'água.

Oeste de Londres

Caro Chefe,
Mais uma vez de volta & praticando os velhos truques. Gostaria de me pegar? Acho que sim, bem, olhe aqui — deixo meu endereço — perto da Conduit St. hoje à noite, por volta das 10h30, vigie a Conduit St. & bem perto dali — Rá, Rá. Eu o desafio com mais quatro vidas, mais quatro bocetas para aumentar minha pequena coleção & descansarei contente. Faça o que fizer jamais poderá cochilar [...] Não uma lâmina grande mas afiada [anotou Jack, o Estripador, ao lado do seu desenho da faca]

Depois da assinatura há um pós-escrito no qual se vêem nitidamente as letras "R. St. w.". À primeira vista essa abreviação pode parecer um endereço, principalmente porque "St." é usado duas vezes na carta para indicar "Street" [rua], e "W" poderia significar "West" [Oeste]. Não existe em Londres o endereço "R Street West", mas suponho que se possa interpretar "R. St." como uma estranha abreviação de rua Regent, que faz esquina com a rua Conduit. É possível, porém, que as iniciais enigmáticas sejam um *double entendre* — mais um "peguem-me se puderem". Poderiam dar indícios da identidade do assassino e do lugar onde ele passava parte do tempo.

Em alguns de seus quadros, desenhos e esboços, Sickert abrevia seu nome para St. Em anos posteriores, ele intrigou o mundo artístico ao decidir que já não era Walter, mas Richard Sickert, e passou a assinar sua obra como R. S. ou R. St. Em outra carta que o Estripador escreveu à polícia, em 30 de setembro de 1889 — apenas dois meses depois da que acabei de descrever —, há outra lâmina de faca truncada, desenhada de modo semelhante, e o que parece ser um bisturi ou navalha com as iniciais R (talvez W) S levemente riscadas na lâmina. Não sei se as vagas iniciais nessas cartas de 1889 foram notadas antes, e Sickert deve ter se divertido com isso. Ele não queria ser apanhado, mas deve ter achado hilariante que suas pistas enigmáticas escapassem completamente à polícia.

Walter Sickert devia estar familiarizado com as ruas Regent e New Bond. Em 1881, ele acompanhou Ellen Terry quando ela visitou as lojas da rua Regent à procura de vestidos para seu papel de Ofélia no Lyceum. Na New Bond, 148, ficava a Sociedade de Belas-Artes, onde os quadros de James McNeill Whistler eram expostos e vendidos. Na carta de julho de 1889, o Estripador usou no sentido de "endereço" a palavra "*diggings*", que é gíria americana para "casa" ou "residência", e que também pode se referir ao escritório de uma pessoa. A atividade profissional de Sickert teria incluído a Sociedade de Belas-Artes, que ficava "bem perto" da rua Conduit.

As especulações sobre o que o Estripador quis dizer nessa carta são instigantes. Mas não são de modo algum um relato confiável do que passava pela cabeça de Sickert. Existem muitas razões, contudo, para pensar que Sickert leu *The strange case of Dr. Jekyll and Mr. Hyde*, romance de Robert Louis Stevenson publicado em 1885. Ele não teria perdido as encenações teatrais da obra que estrearam no verão de 1888. O livro de Stevenson talvez o tenha ajudado a definir sua própria dualidade.

Há muitos paralelos entre Jack, o Estripador, e Mr. Hyde: desaparecimentos inexplicáveis; letras diferentes ao escrever; nevoeiro; disfarces; habitações secretas onde ficavam guardadas mudas de roupa; dissimulação da compleição, da altura e do jeito de andar. Através do simbolismo no romance, Stevenson nos dá uma descrição notável da psicopatia. O bom Dr. Jekyll é "escravizado" ao misterioso Mr. Hyde, "um espírito permanentemente maligno". Depois de cometer um crime, Hyde foge pelas ruas escuras, eufórico com o ato sanguinolento e já criando fantasias sobre o próximo.

O lado mau do Dr. Jekyll é o "animal" que vive dentro dele, que não sente medo e se deleita com o perigo. É na "segunda natureza" de Hyde que a mente do Dr. Jekyll se torna mais ágil, que suas faculdades "se aguçam". Quando se transforma em Hyde, o médico é dominado pela raiva e pela ânsia de torturar e matar quem lhe apareça pela frente e que ele possa dominar. "Aquele filho do inferno não tinha nada de humano", escreveu Stevenson. Tampouco Sickert tinha, quando seu outro eu "do inferno" substituía com uma lâmina sua masculinidade arruinada.

Como se as operações na infância e as disfunções subseqüentes não bastassem, Sickert tinha o que chamavam no século XIX de "depravação do sangue". Cartas escritas por ele mais tarde indicam que sofria periodicamente de abscessos e furúnculos que o punham de cama. Ele se recusava a procurar um médico. Um diagnóstico da deformidade congênita de Sickert e de quaisquer outros problemas de saúde associados com ela talvez permaneça impreciso para sempre, embora, em 1889, ele mencione que seus "órgãos de geração sofreram a vida toda" e se refira à sua "agonia física". Não há registros de pacientes do St. Mark's anteriores a 1900 e também não parece que sir Alfred Duff Cooper tenha guardado nenhum papel que pudesse dar informações sobre a operação de Sickert em 1865. Os registros do cirurgião não foram legados à família, de acordo com seu neto, o historiador e escritor John Julius Norwich.

Do início a meados do século XIX, uma operação não era uma experiência agradável, especialmente no pênis. O éter anestésico, o óxido nitroso (gás hilariante) e o clorofórmio tinham sido descobertos uns trinta anos antes, mas foi só em 1847 que se começou a usar clorofórmio na Grã-Bretanha, o que não deve ter ajudado muito o jovem Walter. O dr. Salmon, diretor do St. Mark's, não acreditava em anestesia e não permitia o uso de clorofórmio em seu hospital porque se a dose não fosse correta, causava a morte.

Não se sabe se foi usado clorofórmio nas duas operações de Walter na Alemanha, embora ele mencione numa carta a Jacques-Emile Blanche que se lembrava de lhe darem clorofórmio enquanto o pai, Oswald Sickert, olhava. É difícil saber exatamente a que Sickert estava se referindo, a quando ou a quantas vezes — ou mesmo se estava dizendo a verdade. Sickert pode ou não ter tomado anestesia em Londres quando o dr. Cooper o operou em 1865. O mais surpreendente é que não tenha morrido.

Fazia só um ano que Louis Pasteur havia concluído que germes causam doenças. Três anos depois, em 1867, Joseph Lister argumentaria que é possível combater os germes usando-se ácido carbólico como antisséptico. Infecção era uma causa tão comum de morte hospitalar que muita gente se recusava a ser operada, preferindo correr os riscos de câncer, gangrena, infecções fulminantes ocasionadas por ferimentos como queimaduras e fraturas, ou outras doenças potencialmente fatais. Walter sobreviveu, mas não é provável que recordasse com prazer a experiência no hospital.

Só se pode imaginar o terror que ele sentiu quando, aos cinco anos de idade, foi levado pelo pai para a cidade estrangeira de Londres. O menino deixou mãe e irmãos, para ficar sob os cuidados de um pai que não era conhecido pela compaixão nem pela afetividade. Oswald Sickert não era do tipo que seguraria a mão do pequeno Walter e lhe ofereceria palavras de carinho e consolo ao ajudá-lo a subir no táxi puxado a cavalo que os levou ao hospital St. Mark's. É bem possível que não tenha dito absolutamente nada.

No hospital, Walter e sua maleta foram deixados com a enfermeira-chefe, muito provavelmente Elizabeth Wilson, uma viúva de 72 anos que acreditava em higiene e disciplina. Ela lhe designou uma cama, colocou suas coisas num armário, tirou-lhe os piolhos, deu-lhe um banho e depois leu para ele as regras do hospital. Nessa época a sra. Wilson tinha só uma enfermeira assistente, e não havia enfermeira de plantão durante a noite.

Quanto tempo Walter ficou no hospital antes de o dr. Cooper fazer a operação, eu não sei, e não posso afirmar que se usou clorofórmio ou uma injeção de uma solução de 5% de cocaína ou qualquer outro tipo de anestésico. Como foi só em 1882 que anestesiar os pacientes se tornou prática-padrão no St. Mark's, pode-se suspeitar o pior.

Na sala de operação ardia uma lareira a carvão para aquecer o aposento e os ferros utilizados para cauterizar sangramento. Somente os instrumentos de aço eram esterilizados; aventais e toalhas não eram. Muitos cirurgiões usavam sobrecasacas pretas, semelhantes às usadas pelos açougueiros em matadouros. Quanto mais endurecida e imunda de sangue, mais a sobrecasaca alardeava a experiência e a competência do cirurgião. A limpeza era considerada uma afetação, e um cirurgião do Hospital de Londres da época comparou lavar uma sobrecasaca a um carrasco ir à manicure antes de cortar a cabeça de uma pessoa.

A mesa de operação do St. Mark's era um estrado — com toda a certeza de ferro — cuja cabeceira e cujos pés tinham sido removidos. Que impressão medonha um menino devia ter de um estrado de ferro. Na enfermaria, ele estava confinado a um estrado de ferro, e foi operado em outro. Seria compreensível se associasse estrado de ferro com pavor, sangue, dor — e raiva. Walter estava sozinho. O pai talvez fosse muito tranqüilizador e talvez sentisse vergonha ou nojo da deformação do filho. Walter era alemão. Era a primeira vez que ia a Londres. Estava abandonado e impotente numa prisão onde se falava inglês e onde estava cercado de sofrimento e submetido a ordens, exames, esfregaduras e remédios amargos de uma enfermeira velha e séria.

A sra. Wilson — supondo-se que estivesse de plantão no momento da operação — teria ajudado no procedimento, deitando Walter de costas e abrindo-lhe as pernas. De modo geral, em operações do reto ou dos órgãos genitais, dobravam-se os joelhos do paciente, estendiam-se os braços e atavam-se os pulsos aos tornozelos. Walter pode ter sido amarrado com ataduras e, como precaução extra, a enfermeira talvez lhe tenha segurado as pernas com firmeza, enquanto o dr. Cooper empunhava um bisturi e cortava ao longo de toda a fístula, segundo o procedimento-padrão do hospital.

Se Walter foi um garoto de sorte, a experiência terrível começou com uma sensação de sufocamento quando lhe cobriram o nariz e a boca com um pano encharcado de clorofórmio que lhe daria náuseas violentas mais tarde. Se não teve sorte, estava completamente desperto e sentiu cada horror que lhe acontecia. Não admira que pelo resto da vida não sentisse amor algum por "aquelas horríveis enfermeiras de hospital, seus manômetros, enemas & navalhas", como escreveu mais de cinqüenta anos depois.

O dr. Cooper pode ter usado uma faca sem gume para separar o tecido, um "orientador curvo" (uma sonda de aço) para passar pela abertura do pênis, ou um trocarte para perfurar a carne tenra. Pode ter passado um pedaço de "fio reforçado" pela nova abertura e dado um "nó firme" na extremidade, para estrangular o tecido, de maneira muito semelhante à de um fio que impede de fechar o furo recém-aberto numa orelha. Tudo depende do que havia realmente de errado com o pênis de Walter, mas os procedimentos corretivos do dr. Cooper teriam sido necessariamente mais extensos e doloridos, devido às duas operações anteriores que Walter tinha feito na Alemanha. Haveria tecido de cicatrizes e podia haver outras seqüelas desastrosas, como estreitamentos e amputação parcial — ou quase completa.

Os procedimentos médicos que o dr. Cooper publicou não mencionam fístulas do pênis — ou hipospadias —, mas seu método, ao realizar uma operação típica de fístula numa criança, era operar o mais depressa possível para impedir choque e garantir que "o pequeno paciente", escreveu ele, não ficasse "exposto" nem com ferimentos abertos "mais do que o absolutamente necessário". Ao final dessa provação, o dr. Cooper fechava as incisões com suturas de seda e enfiava chumaços de algodão nos ferimentos. Enquanto Walter passava por tudo isso e sabe-se lá o que mais, a idosa sra. Wilson em seu uniforme engomado teria ajudado conforme o necessário, fazendo o melhor possível para segurar-lhe os membros e acalmar-lhe os gritos, caso Walter não tivesse sido anestesiado. Se foi anestesiado, o rosto dela pode ter sido o último que ele viu antes de o clorofórmio de cheiro enjoativamente doce o desacordar. E talvez tenha sido a primeira pessoa que ele viu ao acordar, latejando de dor e com ânsias de vômito.

Em 1841, Charles Dickens foi operado sem anestesia. "Sofri agonias, e foi com muito esforço que consegui me manter no meu assento", escreveu numa carta a um amigo. "Mal consegui suportar." Uma operação no pênis deve ter sido mais dolorida do que qualquer procedimento retal ou anal, sobretudo quando o paciente era um estrangeiro de cinco anos que não sabia lidar com a situação nem podia ter a compreensão ou talvez fluência suficiente em inglês para entender o que lhe acontecia quando a sra. Wilson lhe trocava os curativos, ministrava-lhe remédios ou aparecia ao lado de sua cama com um suprimento de sanguessugas, caso ele tivesse alguma inflamação que se considerasse resultante de excesso de sangue.

A sra. Wilson talvez tivesse uma atitude carinhosa. Ou talvez fosse seca e rigorosa. Naquele tempo, exigia-se que as enfermeiras fossem solteiras ou viúvas, para que pudessem dedicar todo o seu tempo ao hospital. Eram mal pagas, tinham uma jornada de trabalho longa e estafante e eram expostas a condições e riscos extraordinariamente desagradáveis. Não era raro serem "dadas a beber" um tanto demais, dar uma corrida até em casa para tomar um trago e aparecerem para trabalhar um pouco altas. No caso da sra. Wilson, não sei. Talvez fosse abstêmia.

A estada de Walter no hospital deve ter lhe parecido uma seqüência interminável de dias tristes e assustadores, com café-da-manhã às oito, leite e sopa às 11h30, outra refeição no final da tarde e luzes apagadas às 21h30. Lá ficava ele, dia após dia, sentindo dor, sem ninguém de plantão durante a noite para ouvi-lo chorar, consolá-lo na sua língua ou segurar-lhe a mão. Se odiou a enfermeira Wilson em segredo, ninguém poderia censurá-lo. Se imaginou que foi ela quem lhe destruiu o pênis e lhe causou tanto sofrimento, é compreensível. Se odiou a mãe, tão longe dele durante esse martírio, não seria de surpreender.

No século XIX, ser filho ilegítimo ou filho de um genitor ilegítimo era um estigma terrível. Quando fazia sexo sem ser casada, a avó materna de Sickert, de acordo com os padrões vitorianos, sentia prazer, o que pressupunha que sofria do mesmo distúrbio genético das prostitutas. A crença generalizada era que esse defeito congênito era transmitido para os descendentes e que era um "veneno contagioso no sangue", rotineiramente descrito nos jornais como "uma doença que é a maldição da humanidade desde um período inicial da história da raça, deixando seus efeitos perniciosos para a posteridade até a terceira ou quarta geração".

Sickert talvez tenha atribuído seus sofrimentos na infância, suas humilhações e sua masculinidade mutilada a um defeito genético ou "veneno no sangue", herdado da avó, dançarina imoral, e da mãe, filha ilegítima. É trágico contemplar os efeitos psicológicos da desgraça física do jovem Walter. Ele foi danificado, e sua linguagem quando adulto revela uma significativa preocupação com "coisas médicas" quando escrevia sobre coisas que não eram médicas.

Em todas as suas cartas e resenhas de arte há metáforas como mesa de operação, operação, diagnóstico, dissecação, cirurgião, médicos, fatídica sala de operação, castrado, eviscerado, *todos* os seus órgãos removidos, anestesiado, anatomia, ossificar, deformação, inoculado, vacinação. Algumas dessas imagens são bastante chocantes, até repelentes, quando surgem de repente no meio de um parágrafo sobre arte ou sobre a vida cotidiana, exatamente como o uso inesperado que Sickert faz de metáforas violentas. Quando ele está falando de arte, não se espera topar com horror mórbido, horrores, mortal, morto, morte, corações de senhoras mortas, retalhar-se, aterrorizar, medo, violento, violência, presa, canibalismo, pesadelo, natimorto, obra morta, desenhos mortos, sangue, levar uma navalha à garganta, fechar caixões com pregos, putrefato, navalha, faca, cortar.

Num artigo de 1912 para a *English Review*, ele escreveu: "Devia haver fotos ampliadas de cadáveres nus em toda escola de arte como um padrão para se desenhar do nu".

7. O cavalheiro freqüentador de cortiços

A chuva mais forte do ano caiu na última semana de agosto de 1888. O sol não conseguiu atravessar a neblina mais do que uma hora por dia em média.

A temperatura permaneceu excepcionalmente baixa, e no interior das casas queimava-se carvão, que lançava fumaça preta na atmosfera e contribuía para a pior poluição da história da grande cidade. Na era vitoriana, não havia monitoramento de poluição e o termo "smog" ainda não fora cunhado. Mas os problemas criados pelo carvão não eram novidade.

Desde quando os ingleses deixaram de usar a lenha como combustível, no século XVII, sabia-se que a fumaça do carvão era nociva à saúde e aos prédios, mas nem por isso as pessoas paravam de usá-lo. No século XVII, estima-se que houvesse 40 mil casas com 360 mil chaminés na metrópole. No final do século XIX, o consumo de carvão tinha aumentado, especialmente entre os pobres. O visitante que se aproximava de Londres sentia o cheiro da cidade muitos quilômetros antes de avistá-la.

O céu era carregado e cheio de manchas escuras, as ruas eram recobertas de fuligem e as construções de calcário e grades de ferro estavam sendo corroídas. A névoa densa e poluída durava mais tempo e se tornava mais densa à medida que adquiria uma coloração diferente. Cursos de água que datavam dos tempos dos romanos ficaram tão imundos que foram aterrados. Um relatório sobre saúde pública redigido em 1889 declarou que Londres se poluía a um índice tal que logo os engenheiros seriam obrigados a aterrar o Tâmisa, que era emporcalhado pelo excremento de milhões de pessoas toda vez que a maré enchia. Havia bons motivos para usar roupa escura, e em alguns dias o ar enfumaçado e sulfuroso era tão infernal e o mau cheiro de esgoto não tratado tão repugnante que os londrinos andavam pelas ruas com os olhos e os pulmões ardendo, e um lenço cobrindo o rosto.

Em 1890 o Exército de Salvação informou que, de uma população de aproximadamente 5,6 milhões de habitantes na Grande Metrópole, 30 mil mulheres eram prostitutas e havia 32 mil homens, mulheres e jovens na prisão. Em 1889, 160 mil pessoas tinham sido condenadas por embriaguez, 2297 cometeram suicídio e 2157 foram encontradas mortas nas ruas, nos parques e em casebres. Pouco menos de um quinto da população não tinha onde morar, vivia em albergues ou asilos, em hospitais, ou era assolada pela miséria e quase inanição. Para o fundador do Exército de Salvação, general William Booth, a maior parte do "mar furioso" da miséria estava localizada no East End de Londres, onde um predador astuto, como Jack, o Estripador, podia facilmente assassinar prostitutas embriagadas e sem teto.

Quando o Estripador aterrorizava o East End, a população da sua área de caça era estimada em 1 milhão de pessoas. Se incluirmos os arredores, a população dobra. A Zona Leste de Londres, que incluía as docas e as áreas abandonadas de Whitechapel, Spitalfields e Bethnal Green, limitava-se ao sul pelo rio Tâmisa, a oeste pela City de Londres, a norte por Hackney e Shoreditch, com o rio Lea a leste. O crescimento do East End fora intenso porque a rua que levava de Aldgate para Whitechapel e Mile End era uma importante via de saída da cidade, e era fácil construir no terreno, que era plano.

O esteio do East End era o Hospital de Londres para os pobres, que ainda se localiza em Whitechapel Road, mas que agora se chama Royal London Hospital. Quando John Grieve, da Scotland Yard, me levou para uma de várias visitas ao que restou dos locais onde o Estripador cometeu seus crimes, nós nos encontramos no Royal London Hospital, um sinistro prédio vitoriano de tijolos que não parece ter sido muito modernizado. Se ele é deprimente hoje, não transmite mais do que uma leve impressão do lugar lastimável que deve ter sido no final do século XIX, quando Joseph Carey Merrick — erroneamente chamado de John Merrick pelo organizador de espetáculos que foi seu último "dono" — ganhou abrigo em dois dos quartos dos fundos no primeiro andar do hospital.

Merrick, condenado a ficar conhecido como o "Homem Elefante", foi salvo de tormento e morte certeira por sir Frederick Treves, um médico corajoso e generoso. O dr. Treves era um dos funcionários do Hospital de Londres em novembro de 1884, quando Merrick era escravo do circo que tinha se instalado do outro lado da rua, numa quitanda abandonada. Diante do local havia uma tela imensa anunciando "uma criatura assustadora", em tamanho natural, "que só poderia existir num pesadelo", como o dr. Treves descreveu anos depois, quando era cirurgião do rei Eduardo VII.

Com dois *pennies*, comprava-se um ingresso para esse espetáculo brutal. Crianças e adultos faziam fila dentro do prédio frio e desocupado e amontoavam-se em torno de uma toalha de mesa vermelha que pendia do teto. O dono do circo puxava a cortina, para "ohs!" e "ahs!" e gritos de choque, diante da figura recurvada de Merrick, agachado sobre um banco, vestido apenas com uma calça imunda, rota e grande demais para ele. O dr. Treves era professor de anatomia e já tinha visto praticamente toda forma concebível de deformação e imundície, mas nunca encontrara nem sentira o cheiro de uma criatura tão repugnante.

Merrick sofria de doença de Von Recklinghausen, causada por mutações nos genes que promovem e inibem o desenvolvimento das células. Entre suas aberrações físicas havia deformações ósseas tão grotescas que sua cabeça tinha quase um metro de circunferência, com uma massa que se projetava do supercílio como um "pão" e tapava um olho. O maxilar superior era semelhante a uma presa de elefante e o lábio superior era revirado para fora, o que tornava muito difícil para Merrick falar. "Massas de carne, semelhantes a sacos e cobertas por [...] uma repugnante pele de couve-flor" pendiam de suas costas, do braço direito e de outras partes do corpo, e o rosto era paralisado numa máscara inumana, incapaz de expressão. Até a intervenção do dr. Treves, acreditava-se que Merrick fosse obtuso e mentalmente retardado. Na verdade era um ser humano extremamente inteligente, imaginativo e afetuoso.

O dr. Treves observou que seria de esperar que Merrick fosse um homem amargo e rancoroso, devido à maneira abominável como fora tratado a vida toda. Como podia ser amável e sensível, quando só conhecera zombaria e maus-tratos cruéis? Poderia alguém nascer em maior desvantagem? Como salientou o dr. Treves, teria sido melhor para Merrick não ter sensibilidade nem conhecimento de sua aparência medonha. Num mundo que idolatra a beleza, que angústia maior pode haver do que sofrer de uma feiúra tão repulsiva? Penso que ninguém discutiria a noção de que a deformidade de Merrick era mais trágica do que a de Walter Sickert.

É bem possível que em dado momento Sickert tenha pagado dois *pennies* e ido dar uma espiada em Merrick. Ele morava em Londres em 1884 e estava noivo. Era aprendiz de Whistler, que conhecia as lojas de andrajos do East End, nos cortiços de Shoreditch e Petticoat Lane, e os desenharia em 1887. Sickert ia aonde o mestre ia. Davam caminhadas juntos. Às vezes Sickert perambulava sozinho por aquela sórdida esqualidez. O "Homem Elefante" era bem o tipo de exibição cruel e degradante que Sickert acharia divertido, e talvez, por um instante, Merrick e Sickert tenham se mirado olho no olho. Teria sido uma cena repleta de simbolismo, pois um era o avesso do outro.

Em 1888, Joseph Merrick e Walter Sickert levavam, simultaneamente, uma vida secreta no East End. Merrick era leitor voraz e avidamente curioso. Devia estar perfeitamente ciente dos crimes horríveis que ocorriam do outro lado dos muros do hospital. Começou a correr o boato de que era ele que, à noite, saía de capa e capuz pretos e matava as Infelizes. Era Merrick, o monstro, que assassinava mulheres porque elas o recusavam. Ser privado de sexo deixaria qualquer homem enlouquecido, sobretudo um animal como aquela aberração de circo que só se aventurava até o jardim do hospital depois que escurecia. Felizmente nenhuma pessoa sensata levou esse absurdo a sério.

A cabeça de Merrick era tão pesada que ele mal conseguia movê-la, e se tombasse para trás, quebraria o pescoço. Ele não sabia o que era acomodar-se num travesseiro à noite, e em suas fantasias antes de dormir pedia a Deus que um dia o abençoasse com as carícias e os beijos de uma mulher — de preferência, cega. O dr. Treves considerava uma ironia trágica que os órgãos sexuais de Merrick não fossem em absoluto como o resto do seu corpo e que ele, infelizmente, fosse perfeitamente capaz do amor sexual que jamais conheceria. Merrick dormia sentado, com a cabeça enorme pendendo para a frente, e não podia andar sem a ajuda de uma bengala.

Não se sabe se os rumores infundados de que ele era o assassino de Whitechapel chegaram aos cômodos pequenos e seguros que ele ocupava, apinhados de fotografias assinadas de celebridades e membros da realeza, alguns dos quais tinham ido vê-lo. Que grande ato de benevolência e tolerância visitar indivíduos como ele e não demonstrar horror. Que história para contar aos amigos, a duques e duquesas, lordes e ladies, ou à própria rainha Vitória. Sua Majestade era fascinada com os mistérios e curiosidades da vida e gostara muito de Tom Thumb,* um anão americano chamado Charles Sherwood Stratton, que tinha apenas um metro de altura. Era mais fácil entrar no mundo à parte de mutantes inofensivos e divertidos do que patinhar no "poço sem fundo de vida em deterioração", como Beatrice Webb descreveu o East End, onde os aluguéis eram caros porque o excesso de população deixava os proprietários dos cortiços em posição vantajosa.

Um aluguel semanal equivalente a US$ 1,00 ou a US$ 1,50 era, às vezes, um quinto do salário de um trabalhador, e quando um desses donos de cortiço à Ebenezer Scrooge** decidia aumentá-lo, uma família inteira podia se ver na rua, sem nada mais do que um carrinho de mão para levar todos os seus pertences. Uma década depois Jack London*** visitou disfarçado o East End para ver pessoalmente como era, e relatou histórias terríveis de pobreza e imundície. Descreveu uma mulher idosa encontrada morta num quarto tão infestado de parasitos que a roupa dela estava "cinza de insetos". A mulher era pele e ossos, coberta de feridas, o cabelo emplastrado de "sujeira" e um "ninho de animais nocivos", escreveu London. No East End, ele informou, a tentativa de manter-se limpo era uma "farsa ululante" e quando chovia a chuva era "mais óleo do que água".

Essa chuva grodurosa caiu em gotas e chuviscos no East End durante a maior parte da quinta-feira, 30 de agosto. Carroças e carretas puxadas a cavalo passavam espirrando a água lamacenta e cheia de lixo de ruas estreitas e aglomeradas, onde zumbiam nuvens de moscas e as pessoas lutavam pelo próximo *penny*. A maioria dos moradores dessa área miserável da Grande Metrópole nunca tinha provado café, chá ou chocolate de verdade. Eles nunca

---

* Tom Polegar. (N. T.)

** O vilão de *Um conto de Natal*, de Charles Dickens, que passou a ser sinônimo de "avarento". (N. T.)

*** Escritor americano (1876-1916), cuja obra combina um realismo vigoroso com sentimento humanitário. De estilo brutal, vívido e estimulante, fez muito sucesso fora dos Estados Unidos. Autor de mais de cinqüenta livros, em 1903 publicou *O povo do abismo*, sobre os pobres de Londres. (N. T.)

comiam frutas ou carne, a menos que estivessem passadas. Não existia livraria nem um café decente. Não havia hotéis, pelo menos não do tipo onde gente civilizada pudesse ficar. Uma Infeliz não podia sair da rua e achar alguma coisa para comer se não conseguisse convencer um homem a levá-la consigo ou a lhe dar uns trocados para que ela pudesse pagar uma cama por uma noite numa casa de cômodos, ou *doss-house*.

"Doss" era gíria para "cama", e uma *doss-house* típica era uma habitação decadente abominável onde homens e mulheres pagavam quatro ou cinco *pennies* para dormir em quartos comunitários, cheios de estrados de ferro cobertos com mantas cinzentas. Supostamente os lençóis eram lavados uma vez por semana. O pobre ocasional, como eram chamados os hóspedes, sentava-se em dormitórios lotados, fumando, remendando, às vezes conversando, pilheriando se ainda fosse um otimista que achasse que a vida podia melhorar, ou contando uma história sombria, se tivesse caído numa entorpecida desesperança. Na cozinha, homens e mulheres se reuniam para cozinhar o que tivessem conseguido achar ou roubar durante o dia. Bêbados entravam e estendiam uma mão entrevada, gratos por um osso ou naco que lhes dessem entre gargalhadas cruéis e que eles mastigavam como animais sob os olhares dos hóspedes. Crianças pediam com insistência, e eram espancadas por chegar perto demais do fogo.

No interior desses estabelecimentos desumanos, obedecia-se a normas rigorosas e degradantes afixadas nas paredes e que o porteiro ou administrador fazia respeitar. Mau comportamento era punido com expulsão, e de manhã cedo os hóspedes eram postos porta afora, a menos que pagassem adiantado por outra noite. As *doss-houses* geralmente pertenciam a pessoas de uma classe melhor, que moravam em outro lugar, não supervisionavam as propriedades e talvez nunca as tivessem visto. Com um pequeno capital, podia-se possuir um asilo de indigentes e não ter idéia — talvez por opção — de que o "alojamento-modelo" em que se investia era uma abominação dirigida por "caseiros" que freqüentemente se valiam de meios desonestos e abusivos para manter o controle sobre os desesperados residentes.

Muitas dessas *doss-houses* abrigavam criminosos, aí incluídas as Infelizes, que, numa noite boa, podiam ter dinheiro para alojamento. Talvez a Infeliz conseguisse convencer um cliente a levá-la para a cama, o que certamente era preferível a fazer sexo na rua quando ela estava exausta, bêbada e com fome.

Outra categoria de hóspede era o "cavalheiro freqüentador de cortiços", que, como homens de todas as épocas à procura de diversão, deixava o lar e a família respeitáveis para entrar num submundo proibido de pubs, teatros de variedades e sexo barato e anônimo. Alguns homens das áreas melhores da cidade viciavam-se nesse entretenimento secreto, e Walter Sickert era um deles.

O seu *leitmotiv* artístico mais conhecido é um estrado de ferro, sobre o qual há uma prostituta nua, com um homem inclinado agressivamente sobre ela. Às vezes o homem e a mulher nua estão sentados, mas o homem está sempre vestido. Era hábito de Sickert ter um estrado de ferro em todo estúdio que estivesse usando e nesse estrado ele fazia muitos modelos posarem. Ocasionalmente ele próprio posava na cama, com um manequim de madeira que teria pertencido a um de seus ídolos artísticos, o pintor William Hogarth.

Sickert gostava de chocar seus convidados para o chá com bolo, e numa ocasião, não muito tempo depois do assassinato de uma prostituta em Camden Town, em 1907, os convidados chegaram ao estúdio parcamente iluminado, também em Camden Town, e encontraram o manequim numa posição lasciva na cama com Sickert, que fazia pilhéria sobre o crime recente. Ninguém parecia pensar muito sobre aquela exibição nem sobre nenhuma outra esquisitice que Sickert fizesse. Afinal de contas, ele era Sickert. Assim como muitos dos críticos e acadêmicos que o estudam atualmente, nenhum de seus contemporâneos se perguntava por que ele encenava violência e era obcecado com crimes célebres, inclusive os de Jack, o Estripador.

Sickert se encontrava numa posição superior e intocável, caso quisesse se safar do assassinato das Infelizes. Pertencia a uma classe acima de suspeitas, e era um gênio na arte de se transformar numa grande diversidade de personagens, em todos os sentidos da palavra. Teria sido fácil e estimulante para ele disfarçar-se de homem do East End ou de cavalheiro freqüentador de cortiços e rondar como *voyeur* os pubs e as *doss-houses* de Whitechapel e os antros das proximidades. Ele era um artista capaz de mudar a letra e criar cartas zombeteiras que são a marca de um desenhista brilhante. Mas ninguém notou a natureza excepcional desses documentos até que a historiadora da arte dra. Anna Gruetzner Robins e a conservadora de documentos Anne Kennett examinaram os originais no Departamento de Registros Públicos (PRO), em junho de 2002.

O que sempre se supusera ser sangue humano ou de animal nas cartas do Estripador revelou ser base para água-forte, marrom e pegajosa — ou talvez uma mistura de tinta excepcionalmente semelhante a sangue velho. Esses pingos, manchas e borrões com aparência de sangue eram aplicados com um pincel de pintor, ou são marcas deixadas por tecidos ou dedos. Algumas cartas do Estripador foram escritas em velino ou em outros papéis com marca-d'água. Parece que a polícia, enquanto investigava os crimes do Estripador, nunca prestou atenção em pinceladas nem em tipos de papel. Parece que ninguém nunca notou as cerca de trinta marcas-d'água diferentes encontradas em cartas consideradas logros de algum brincalhão inculto ou desequilibrado. Parece que ninguém perguntou sobre a probabilidade de esse brincalhão possuir canetas de desenho, tintas coloridas, creions para litografia ou pintura em porcelana, base para água-forte e tintas e papel de pintor.

Se alguma parte da anatomia de Sickert simbolizava todo o seu ser, não era o pênis deformado. Eram os olhos. Ele observava. Observar — espiar, seguir com os olhos e com os pés — é um traço dominante do assassino psicopata, ao contrário do criminoso desorganizado, que cede a um impulso ou obedece a mensagens vindas do espaço ou de Deus. O psicopata observa as pessoas. E observa pornografia, principalmente pornografia violenta. É um *voyeur* muito assustador.

A tecnologia moderna tornou possível para o psicopata assistir a vídeos dele próprio estuprando, torturando e matando suas vítimas. Ele revive incessantemente seus crimes horríveis e se masturba. Para alguns deles, a única maneira de atingir o orgasmo é observar, seguir, fantasiar e repassar mentalmente seus atos de violência mais recentes. Segundo Bill Hagmaier, ex-delineador de perfis do FBI, Ted Bundy estrangulava e violentava suas vítimas por trás e sua excitação aumentava ao ver a língua sair da boca e os olhos se arregalarem. Ele alcançava o clímax no momento em que a vítima alcançava a morte.

Depois vêm as fantasias, o reviver da experiência. A tensão erótico-violenta se torna insuportável e o assassino ataca de novo. O desenlace é o corpo moribundo ou morto. O período de calmaria que segue é o refúgio que permite ao homicida encontrar alívio e reviver o crime. Mas as fantasias recomeçam. A tensão se acumula de novo. Ele encontra outra vítima. E introduz mais uma cena no roteiro, para acrescentar ousadia e excitação: amarra a presa, tortura, mutila, desmembra, faz exibições grotescas da carnificina e pratica canibalismo.

Na qualidade de ex-instrutor e delineador de perfis da Academia do FBI, Edward Sulzbach me lembrou ao longo dos anos: "O assassinato efetivo é incidental às fantasias". Na primeira vez em que o ouvi dizer isso, em 1984, fiquei desconcertada e não acreditei. Na minha ingênua maneira de pensar, eu supunha que a grande sensação fosse o ato de matar. Eu tinha sido repórter policial do *Charlotte Observer*, na Carolina do Norte, e não era nenhuma covarde na hora de correr para o local de um crime. Tudo girava em torno do *evento* terrível, pensava eu. Sem o evento, não havia história. Hoje, ao me dar conta de como era ingênua, fico envergonhada. Achava que entendia o mal, mas não entendia.

Eu me considerava uma investigadora de horrores veterana e não sabia nada. Não compreendia que o psicopata segue os mesmos padrões humanos das pessoas "normais", mas que o psicopata violento se desvia do padrão de maneiras que jamais se registrariam no sistema de conduta da pessoa mediana. Muitas pessoas têm fantasias eróticas que excitam mais do que a sua concretização, e a expectativa de um evento costuma dar mais prazer do que a experiência do evento. Assim é com o psicopata violento quando antegoza seus crimes.

Sulzbach também gosta de dizer: "Nunca procure unicórnios antes de esgotar os pôneis".

Os crimes violentos costumam ser triviais. Um amante ciumento mata um rival ou a companheira que o traiu. Um jogo de cartas degenera e alguém é baleado. Um bandido na rua quer dinheiro para comprar droga e esfaqueia a vítima. Um narcotraficante é alvejado porque vendeu drogas de má qualidade. Esses são os pôneis. Jack, o Estripador, não era um pônei. Era um unicórnio. Nas décadas de 1880 e 1890, Sickert era esperto demais para pintar quadros de homicídios e divertir os amigos encenando um crime real que tinha acontecido pouco adiante da sua porta. O comportamento que lança suspeitas sobre ele agora não era evidente em 1888, quando ele era jovem e misterioso e tinha medo de ser apanhado. Somente as cartas que escrevia como o Estripador aos jornais e à polícia ofereciam indícios, mas eram lidas sem que se fizesse muito caso delas, se não com completa indiferença e talvez uma risadinha.

Havia dois vícios que Sickert odiava, ou assim dizia aos conhecidos. Um era o roubo. O outro era o alcoolismo, que existia na família dele. Não há motivo para suspeitar de que Sickert bebesse, pelo menos não em excesso, até uma idade bem mais avançada. Segundo todos os relatos, ele mantinha distância de drogas, mesmo para fins terapêuticos. Apesar de suas excentricidades ou desvios emocionais, era lúcido e calculista. Tinha intensa curiosidade por tudo que pudesse lhe chamar a atenção de pintor ou surgir no seu radar para violência. Houve muito para atraí-lo na noite da quinta-feira, 30 de agosto de 1888, quando um depósito de conhaque nas docas de Londres pegou fogo, por volta das 21 horas, e iluminou todo o East End.

Veio gente de quilômetros de distância para espiar através de portões de ferro trancados um incêndio que desafiou os galões de água lançados pelos bombeiros. Inúmeras Infelizes foram caminhando na direção do fogo, curiosas e ansiosas por aproveitar uma oportunidade não planejada de comércio sexual. Nas áreas melhores de Londres, outro entretenimento iluminava a noite, pois o famoso Richard Mansfield eletrizava os espectadores com seu brilhante desempenho como Dr. Jekyll e Mr. Hyde no Lyceum. A comédia *Uncles and aunts* tinha acabado de estrear e recebera uma crítica excelente no *Times*, e *The Paper Chase* e *The Union Jack* tinham casa lotada. As peças tinham começado às 20h15, 20h30 ou 21 horas, e quando terminaram as docas continuavam em chamas. Armazéns e navios ao longo do Tâmisa estavam iluminados por um brilho alaranjado que se avistava de muitos quilômetros. Estivesse Sickert em casa ou num dos teatros, provavelmente não teria perdido o drama que atraía uma multidão tão agitada para o cais South and Spirit.

É claro que é pura especulação afirmar que ele caminhou até a água para olhar. Talvez ele não estivesse em Londres naquela noite, embora não haja registro algum para provar que não estivesse. Não há cartas, documentos, notícias nem obras de arte que possam dar um indício que seja de que Sickert não estivesse em Londres. Adivinhar o que ele estava fazendo freqüentemente significa descobrir o que ele não estava fazendo.

Sickert não tinha interesse em que as pessoas soubessem onde ele se encontrava. Era famoso pelo hábito que teve a vida inteira de alugar no mínimo três "estúdios" secretos ao mesmo tempo. Esses esconderijos se espalhavam por locais tão retirados, inesperados e imprevisíveis que a esposa, os colegas e os amigos não tinham idéia de onde ficavam. Seus estúdios conhecidos, que chegaram a um total de quase vinte durante a vida dele, costumavam ser "quartinhos" desmazelados, mantidos num caos que o "inspirava". Sickert trabalhava sozinho a portas trancadas. Era raro ver alguém, e uma visita a esses buracos de rato exigia um telegrama ou uma batida especial na porta. Na velhice, ele mandou instalar portões altos e pretos diante de sua porta e acorrentou um cão de guarda a uma das barras de ferro.

Como todo bom ator, Sickert sabia como fazer uma entrada e uma saída. Tinha o hábito de sumir durante dias ou semanas sem dizer onde estava, nem por quê, a Ellen, à segunda e à terceira esposas, ou aos conhecidos. Era capaz de convidar amigos para jantar e não dar as caras. Reaparecia quando tivesse vontade, geralmente sem dar explicação alguma. Era comum suas saídas se transformarem em sumiços, pois ele gostava de ir ao teatro sozinho e, depois, perambular noite adentro, até a nevoenta madrugada.

Seus trajetos eram estranhos e ilógicos, sobretudo se estivesse voltando para casa dos teatros no Strand, no centro de Londres. Denys Sutton escreve que ele freqüentemente caminhava na direção norte, até Hoxton, e depois refazia o percurso para terminar em Shoreditch, na divisa oeste de Whitechapel. Dali tinha de andar para o oeste e para o norte para voltar para Broadhurst Gardens, 54, na Zona Noroeste de Londres, onde morava. De acordo com Sutton, a razão para essas estranhas peregrinações e desvios por uma parte perigosa da Zona Leste de Londres é que Sickert precisava "de uma longa caminhada em silêncio para meditar sobre o que acabara de ver" numa peça ou num espetáculo de variedades. O artista refletindo. O artista observando um mundo escuro e agourento e as pessoas que nele moravam. O artista que gostava que suas mulheres fossem feias.

8. Um pedaço de espelho quebrado

Mary Ann Nichols tinha cerca de 42 anos e lhe faltavam cinco dentes.

Media 1,65 ou 1,67 metro, era gorducha, com o rosto cheio e feioso, tinha olhos castanhos e cabelo castanho-escuro ficando grisalho. Do casamento com um tipógrafo chamado William Nichols, teve cinco filhos. Quando foi assassinada, o mais velho estava com 21 anos e o mais novo, com oito ou nove.

Fazia mais ou menos sete anos que o casal estava separado, porque ela bebia e era briguenta. Mais tarde William contou à polícia que suspendeu a pensão de cinco xelins por semana ao saber que ela estava se prostituindo. Mary Ann não tinha mais nada de seu, nem mesmo os filhos. Perdera a custódia deles anos antes, quando o ex-marido informou ao tribunal que ela estava vivendo em pecado com um ferreiro chamado Drew, que logo também a abandonou. A última vez que o ex-marido a viu com vida foi em junho de 1886, no enterro de um filho que morreu queimado quando uma lâmpada a querosene explodiu.

Durante seus anos de miséria, Mary Ann morou em inúmeros albergues, galpões enormes e medonhos, lotados com até mil homens e mulheres que não tinham outro lugar para onde ir. Os pobres desprezavam os albergues, mas às suas portas, em manhãs frias, havia sempre longas filas de gente sem um tostão e com a esperança de ser admitida no que era chamado de "abrigo ocasional". Se o albergue não estivesse cheio e a pessoa fosse aceita pelo porteiro, era cuidadosamente interrogada e revistada para ver se tinha dinheiro. Se o porteiro descobrisse um *penny* que fosse, ela era posta na rua de novo. Tabaco era confiscado; facas e fósforos eram proibidos. Todos os hóspedes se despiam, lavavam-se na mesma tina e enxugavam-se com as mesmas toalhas. Recebiam roupa de asilo e eram dirigidos para alas fedorentas e infestadas de ratos, onde as camas eram de lona, presas em estacas, como redes.

O café-da-manhã, servido às seis, podia ser pão e um mingau chamado "skilly", feito de farinha de aveia e carne mofada. Em seguida o hóspede era posto a trabalhar, executando as mesmas tarefas cruéis que durante séculos tinham sido usadas para punir criminosos: quebrar pedras, lavar o chão, catar estopa (desenrolar corda velha para que a fibra fosse reutilizada). Também podia ser mandado para limpar a enfermaria ou cuidar dos mortos no necrotério. Comentava-se entre os moradores que os doentes incuráveis da enfermaria eram "despachados" com veneno. O jantar era às oito, e os hóspedes comiam as sobras dos pacientes da enfermaria. Dedos imundos atacavam montes de restos e os enfiavam em bocas sôfregas. Às vezes havia sopa de sebo.

Exigia-se que os ocupantes passassem no mínimo duas noites e um dia nos abrigos ocasionais, e quem se recusasse a trabalhar via-se sem teto de novo. Encontram-se descrições mais agradáveis desses lugares degradantes em publicações que douravam a pílula e tendiam a mencionar somente "lares" para os pobres, que forneciam camas desconfortáveis, mas limpas, e uma "boa sopa de carne" e pão. Essa caridade civilizada não se encontrava no East End de Londres, a não ser em asilos do Exército de Salvação, que os escolados que tinham se tornado cínicos geralmente evitavam. As senhoras do Exército de Salvação visitavam regularmente as *doss-houses* para pregar a generosidade de Deus aos indigentes que se emendassem. A esperança não era para uma decaída como Mary Ann Nichols. A Bíblia não podia salvá-la.

Ela estivera várias vezes no Albergue de Lambeth entre o Natal de 1887 e abril de 1888. Em maio jurou mudar de vida e arrumou um cobiçado emprego de doméstica numa respeitável casa de família. O juramento não durou muito: em julho, perdeu o emprego, desacreditada, por roubar roupas no valor de três libras e dez xelins. Ela então mergulhou ainda mais no álcool e voltou à vida de Infeliz. Durante algum tempo, dividiu uma cama com outra prostituta chamada Nelly Holland numa *doss-house* que ficava num labirinto de construções decadentes na rua Thrawl, que se estendia por vários quarteirões de leste para oeste entre a rua Commercial e Brick Lane, em Whitechapel.

Algum tempo depois, Mary Ann se mudou para White House, na rua Flower and Dean ali perto, e lá morou até se ver sem dinheiro e ser despejada, em 29 de agosto. Na noite seguinte, andou pelas ruas levando no corpo tudo que possuía: um casacão marrom, preso com grandes botões de metal estampados com as figuras de um homem e de um cavalo; um vestido de baetilha marrom; duas anáguas de lã cinza, com as marcas em estêncil do Albergue de Lambeth; dois espartilhos marrons (corpetes rijos, feitos de osso de baleia); roupa de baixo de flanela; meias de lã preta canelada; botinas de homem que tinham sido cortadas nas gáspeas, nas pontas e nos calcanhares para calçar melhor; e um chapéu de palha preta enfeitado com veludo preto. Num bolso, tinha enfiado um lenço branco, um pente e um pedaço de espelho quebrado.

Mary Ann foi vista várias vezes entre as 23 horas e as 2h30 da manhã seguinte, sozinha em cada uma dessas ocasiões. Foi vista na Whitechapel Road e depois no pub Frying Pan. Por volta de 1h40, estava na cozinha da sua antiga moradia na rua Thrawl, 18, onde disse que não tinha dinheiro algum e pediu que lhe reservassem sua cama, dizendo que voltaria logo com dinheiro para pagar. Segundo testemunhas, estava bêbada e, a caminho da porta, gabando-se do chapéu "de festa", que parecia ter sido adquirido recentemente, prometeu voltar logo.

Foi vista com vida pela última vez às 2h30, quando sua amiga Nelly Holland cruzou com ela na esquina da rua Osborn com a Whitechapel Road, em frente à igreja paroquial. Estava embriagada e cambaleando ao longo de uma parede. Contou a Nelly que naquela noite tinha ganhado três vezes mais do que precisava para pagar a cama na casa de cômodos, mas que gastara tudo. A amiga insistiu para que ela a acompanhasse e fosse dormir, mas Mary Ann queria ganhar mais alguns *pennies*. O relógio da igreja paroquial estava batendo quando Mary Ann seguiu tropegamente pela Whitechapel Road sem iluminação e desapareceu na escuridão.

Aproximadamente uma hora e quinze minutos depois e a uns 750 metros de uma rua chamada Buck's Row, que dava no Cemitério dos Judeus de Whitechapel, Charles Cross, um condutor de bonde, caminhava pela Buck's Row indo para o trabalho e passou por uma forma escura encostada a um portão numa passagem perto de uma estrebaria. De início pensou que a forma fosse um pedaço de lona, mas deu-se conta de que era uma mulher, deitada e imóvel, com a mão esquerda levantada e apoiada no portão fechado. Quando tentou olhar melhor para ver o que havia de errado com a mulher, ouviu passos, virou-se e viu outro condutor de bonde, Robert Paul, aparecer na rua.

"Dê uma olhada", disse Cross, tocando a mão da mulher. "Acho que ela está morta." Robert Paul se agachou e pôs uma mão sobre o peito dela. Teve a impressão de sentir um leve movimento e disse: "Acho que ainda está respirando".

A roupa estava em desalinho e a saia, levantada acima dos quadris, por isso os homens concluíram que ela fora "ultrajada" ou violentada. Ajeitaram a roupa para cobri-la e não notaram sangue algum, porque estava escuro demais. Correram à procura do policial mais próximo e toparam com G. Mizen, agente 55 da Divisão H, que fazia sua ronda ali perto, na esquina da rua Hanbury com a rua Old Montague, no lado oeste do Cemitério dos Judeus. Informaram ao policial que havia uma mulher caída na calçada, morta ou "completamente bêbada".

Quando Mizen e os dois homens chegaram à estrebaria na Buck's Row, o policial John Neil tinha achado o corpo e estava alertando outros policiais da área, chamando e piscando sua lanterna com olho-de-boi. A garganta da mulher fora severamente cortada, e o dr. Rees Ralph Llewellyn, que morava na Whitechapel Road, 152, foi imediatamente tirado da cama e convocado ao local. Naquele momento a identidade de Mary Ann Nichols era desconhecida e, segundo o dr. Llewellyn, ela estava "completamente morta". Os pulsos estavam frios, mas o corpo e as extremidades inferiores ainda estavam bastante quentes. O médico se disse convencido de que a mulher tinha morrido fazia menos de meia hora e que os ferimentos não tinham sido infligidos por ela própria. Também observou que havia pouco sangue em torno do pescoço ou no chão.

Ordenou que o corpo fosse levado para o necrotério do Albergue de Whitechapel, que ficava nas proximidades — um necrotério particular, para ocupantes do albergue, que não se destinava a nenhum tipo de exame *post-mortem* forense adequado. Llewellyn disse que logo iria até lá para dar uma olhada melhor no corpo e o policial Mizen mandou um homem buscar uma ambulância na delegacia de polícia de Bethnal Green. Os hospitais da Londres vitoriana não tinham ambulâncias e não havia equipes de resgate.

O meio habitual de correr para o hospital mais próximo com uma pessoa desesperadamente doente ou ferida era amigos ou algum bom samaritano de passagem carregarem o paciente pelos braços e pernas. Às vezes se ouvia o grito "Procurem uma janela!", e o doente era levado sobre uma folha de janela, como numa maca. As ambulâncias eram utilizadas pela polícia, e a maioria das delegacias tinha uma dessas carrocinhas de mão, desajeitadas, com laterais de madeira, base resistente de couro preto, amarrada com grossas tiras de couro. Havia uma capota conversível de couro marrom que se podia desdobrar, mas ela não devia oferecer muito mais do que uma proteção parcial contra os olhos dos curiosos ou o mau tempo.

Na maioria dos casos, a ambulância era usada para remover um bêbado de algum local público, mas ocasionalmente a carga era um morto. Manobrar uma carrocinha à noite por ruas cheias de sulcos, estreitas e sem iluminação devia ser bem trabalhoso para um policial. Uma ambulância desse tipo é pesadíssima, mesmo sem um paciente a bordo, e é muito difícil de virar. Com base na que encontrei guardada na Polícia Metropolitana, imagino que pesava várias centenas de quilos e encontraria muita dificuldade em subir a mais suave das ladeiras, a menos que o policial a manobrá-la fosse bem forte.

Walter Sickert teria visto esse mórbido meio de transporte, caso tivesse ficado ali num canto escuro, olhando suas vítimas serem levadas embora. Deve ter sido excitante espiar um policial bufando e fazendo força, enquanto a cabeça quase decepada de Mary Ann Nichols balançava de um lado para o outro, as grandes rodas avançavam aos trancos e o sangue dela ia pingando e salpicando a rua.

Sabe-se que Sickert desenhava e pintava só o que via, e isso é verdade, sem exceção. Ele pintou uma carrocinha quase idêntica à que vi no depósito da polícia. O quadro não tem assinatura nem data e foi intitulado *The hand cart, rue St. Jean, Dieppe* [A carrocinha, rua St. Jean, Dieppe]. Alguns catálogos se referem a ele como *The basket shop* [A loja de cestas], e o que se vê na tela é a traseira de uma carrocinha com o que se assemelha muito a uma capota marrom, conversível e dobrada. Do outro lado da rua estreita e deserta, vê-se, formando uma pilha na frente de uma loja, o que parecem ser cestos grandes e compridos, semelhantes às macas que os franceses usavam para o transporte de mortos. Uma figura que mal se distingue, talvez um homem com uma espécie de chapéu, anda por uma calçada, olhando para ver o que está dentro da carrocinha. Aos pés dele há uma forma quadrada e preta, inexplicável, que poderia ser uma mala, mas também poderia ser parte da calçada, como um bueiro de ferro, aberto. Quando do assassinato de Mary Ann Nichols, os jornais informaram que a polícia não acreditava que o "alçapão" na rua tivesse sido aberto, querendo dizer que o assassino não fugira pelo labirinto de esgotos de tijolo abobadados que passa por baixo da Grande Metrópole.

Alçapão também é uma abertura no piso do palco, que dá aos atores acesso rápido e fácil a uma cena em andamento, geralmente para surpresa e prazer da audiência. Em muitas produções de *Hamlet*, de Shakespeare, o fantasma entra e sai pelo alçapão. É provável que Sickert soubesse muito mais sobre alçapões de palco do que sobre bueiros. Em 1881 ele encenou o fantasma no *Hamlet* de Henry Irving no Teatro Lyceum. A forma escura aos pés da figura no quadro dele poderia ser um alçapão de teatro. Poderia ser um bueiro. Ou poderia ser um detalhe que Sickert criou para provocar quem vê a tela.

O corpo de Mary Ann Nichols foi tirado da rua e posto num caixão grosseiro, amarrado dentro da ambulância. Foi acompanhado por dois policiais até o necrotério, onde ficou na ambulância, no pátio dianteiro. A essa altura passava das 4h30. Enquanto os dois homens esperavam o inspetor John Spratling, um menino que morava em George Yard Buildings ajudava a polícia a limpar o local do crime. Eles jogaram baldes de água no chão e o sangue escorreu para a sarjeta, deixando apenas um vestígio entre as pedras.

Mais tarde o policial John Phail depôs que, enquanto via a calçada ser lavada, notou uma "massa de sangue coagulado", com uns quinze centímetros de diâmetro, que estivera embaixo do corpo. Contrariando o que o dr. Llewellyn dissera, a impressão do policial foi que tinha havido muito sangue, que escorrera do pescoço da mulher assassinada pelas costas, chegando até a cintura. Se tivesse virado o corpo, o médico talvez tivesse notado os mesmos detalhes.

O inspetor Spratling chegou ao necrotério e esperou impacientemente, no escuro, até que o zelador trouxesse as chaves. Quando o corpo foi carregado para dentro, devia passar das cinco da manhã e Mary Ann Nichols estava morta havia no mínimo duas horas. Ainda no caixão, o corpo foi colocado sobre um banco de madeira, do tipo que se usava em necrotérios na época. Algumas vezes esses bancos ou mesas eram comprados de segunda mão de açougueiros nos matadouros locais. O inspetor Spratling levantou o vestido da morta para uma inspeção mais atenta à luz escassa da lâmpada a gás e descobriu que o abdome fora retalhado, expondo os intestinos. Na manhã seguinte, 1º de setembro, o dr. Llewellyn realizou a autópsia e Wynne Edwin Baxter, magistrado da Divisão Sudeste de Middlesex, abriu o inquérito sobre a morte.

Ao contrário do que ocorre num tribunal do júri nos Estados Unidos, que é aberto apenas aos intimados a comparecer, os inquéritos de morte na Grã-Bretanha são abertos ao público. Numa obra de 1854 sobre o cargo e os deveres dos magistrados encarregados de investigar mortes suspeitas, observou-se que, embora fosse ilegal divulgar provas que poderiam se revelar importantes no julgamento, isso acontecia rotineiramente e beneficiava o público. Os detalhes podiam servir de dissuasão, e, ao conhecer os fatos — especialmente quando não havia suspeitos —, o público se tornava parte da equipe de investigação. Alguém podia ler sobre o caso e perceber que tinha uma informação útil a dar.

Válido ou não esse raciocínio, as investigações feitas pelos magistrados e até os procedimentos que interessassem a uma única parte costumavam ser legitimamente explorados pelos jornalistas em 1888, com a condição de que informassem de maneira fidedigna e equilibrada. Por mais assombroso que possa parecer a quem não esteja acostumado com a divulgação de provas e depoimentos antes do julgamento, não fosse a política aberta da Grã-Bretanha, praticamente não haveria nenhum registro detalhado dos inquéritos sobre os crimes de Jack, o Estripador. Com exceção de algumas páginas aqui e ali, os relatórios das autópsias não sobreviveram. Muitos se perderam durante a Segunda Guerra Mundial e outros talvez tenham desaparecido num Triângulo das Bermudas burocrático negligente ou desonesto.

É lamentável que tantos documentos tenham desaparecido, pois seria possível saber muito mais, caso tivéssemos acesso aos originais dos relatórios policiais, fotografias, memorandos e tudo o mais que sumiu. Mas não creio que tenha havido acobertamento. Não houve um "Estripadorgate" instigado por autoridades policiais e políticos tentando resguardar o público de uma verdade chocante. Ainda assim os céticos continuam a defender suas teorias: a Scotland Yard sempre soube quem era o Estripador, mas o protegeu; a Scotland Yard o deixou escapar por acidente ou o enfiou num asilo e não informou o público; a família real estava envolvida; a Scotland Yard não se importava com prostitutas assassinadas e quis ocultar que a polícia fez muito pouco para solucionar os homicídios.

Isso é falso. Por pior que tenha sido a investigação sobre o Estripador feita pela Polícia Metropolitana, não houve mentiras nem desinformação deliberadas que eu fosse capaz de apurar. O maçante é que muito do que deu errado se deveu à pura ignorância. Jack, o Estripador, foi um homicida moderno, nascido cem anos antes de poder ser apanhado, e ao longo das décadas os registros, inclusive o relatório original da autópsia de Mary Ann Nichols, se perderam, se extraviaram ou foram roubados. Alguns acabaram nas mãos de colecionadores. Eu mesma comprei uma carta do Estripador, supostamente original, por US$ 1500.

Suspeito que o documento seja autêntico e talvez tenha até sido escrito por Sickert. Se, em 2001, um negociante de documentos raros encontrou à venda uma carta do Estripador é porque em algum momento a carta desapareceu dos arquivos do processo. Quantas outras desapareceram? Funcionários da Scotland Yard me disseram que a principal razão de eles finalmente terem transferido todos os arquivos sobre o Estripador para o Departamento de Registros Públicos de Kew foi o sumiço de tanta coisa. Recearam que acabasse não sobrando nada além de números de referência associados a pastas vazias.

O fato de o Ministério do Interior haver lacrado por cem anos os registros dos processos do Estripador só aumentou a suspeita dos adeptos da teoria da conspiração. Maggie Bird, arquivista do Setor de Gestão de Registros da Scotland Yard, oferece uma perspectiva histórica do assunto. Segundo ela, no final do século XIX, era rotina destruir todos os arquivos sobre um policial no departamento de pessoal quando ele completava 61 anos, o que explica a ausência de informações significativas sobre os policiais envolvidos nos processos do Estripador. Os arquivos do inspetor Frederick Abberline, que dirigiu a investigação, e de seu supervisor, o inspetor-chefe Donald Swanson, não existem mais.

Diz Maggie Bird que, mesmo hoje, é rotina lacrar por 25, cinqüenta ou 75 anos os autos de assassinatos que tenham merecido muita publicidade, dependendo da natureza do crime e de haver alguma questão de privacidade envolvendo a família da vítima ou das vítimas. Se os registros sobre os processos do Estripador não tivessem sido lacrados por um século, talvez não restasse absolutamente nada deles. De acordo com Maggie Bird, bastaram dois anos, depois de os registros terem sido abertos, para que "metade deles" desaparecesse ou fosse roubada.

Atualmente os arquivos da Scotland Yard são guardados num depósito imenso, onde as caixas são rotuladas, numeradas e registradas num sistema de computação. Maggie Bird afirma, "com a mão no coração", que não há arquivos sobre o Estripador escondidos ou perdidos nessas caixas. Pelo que sabe, foram todos transferidos para o Departamento de Registros Públicos, e ela atribui as lacunas nos registros "a mau manuseio, à natureza humana ou a furto, e aos bombardeios da Segunda Guerra Mundial", quando a sede, onde os registros ficavam guardados na época, foi parcialmente destruída por um ataque aéreo.

Embora talvez tenha sido apropriado impedir durante algum tempo que se divulgassem os detalhes mais cruentos e as fotografias de necrotério de corpos nus e mutilados, suspeito que discrição e sensibilidade não foram os únicos motivos para trancar os arquivos e esconder a chave. Não podia haver benefício algum em lembrar ao mundo que a Scotland Yard nunca apanhara o homem e não havia sentido em ficar repisando um capítulo feio da história inglesa, quando o Departamento de Polícia Metropolitana foi desacreditado por um de seus piores comissários.

A rainha Vitória devia estar sofrendo de alguma perturbação quando decidiu arrancar da África um general tirânico e colocá-lo no comando da polícia civil, numa cidade que já odiava tiras.

Charles Warren era um homem brusco e arrogante, que usava fardas esmeradas. Quando os crimes do Estripador tiveram início, em 1888, fazia dois anos que Warren fora nomeado, e sua resposta a tudo era subterfúgio político e força, como provou em 13 de novembro do ano anterior, o Domingo Sangrento, quando proibiu uma manifestação socialista pacífica na Trafalgar Square. A ordem de Warren era ilegal e foi ignorada por reformistas socialistas, como Annie Besant, e pelo membro do Parlamento Charles Bradlaugh, e a manifestação pacífica seria realizada conforme planejada.

Seguindo as ordens de Warren, a polícia atacou os manifestantes, que estavam desprevenidos e desarmados. A polícia montada investiu, "derrubando homens e mulheres como se fossem pinos de boliche", escreveu Annie Besant. Chegaram soldados, prontos para atirar e brandindo cassetetes, e homens e mulheres pacíficos, respeitadores da lei e trabalhadores tiveram braços e pernas estraçalhados. Dois morreram, muitos ficaram feridos, pessoas foram presas sem direito a representação legal, e formou-se a Liga da Lei e da Liberdade para defender todas as vítimas de brutalidade policial.

Para aumentar o abuso de poder, quando o funeral de um dos mortos foi marcado, Warren proibiu o carro fúnebre de passar por qualquer uma das ruas principais a oeste da ponte de Waterloo. O enorme cortejo seguiu lentamente por Aldgate, atravessou Whitechapel e terminou num cemitério na Bow Road, passando exatamente pela área da Grande Metrópole onde, um ano depois, o Estripador começaria a assassinar as Infelizes a quem Annie Besant, Charles Bradlaugh e outros estavam tentando ajudar. O cunhado de Sickert, T. Fisher Unwin, publicou a autobiografia de Annie Besant, e Sickert pintou duas vezes o retrato de Charles Bradlaugh. Nada disso foi coincidência. Sickert conhecia essas pessoas porque Ellen e a família dela eram militantes do Partido Liberal e freqüentavam esses círculos políticos. Nos primeiros tempos da carreira de Sickert, Ellen o ajudou profissionalmente, apresentando-o a personalidades conhecidas cujo retrato ele poderia pintar.

Annie Besant e Charles Bradlaugh deram a vida pelos pobres. Walter Sickert tirou a vida dos pobres, e foi vergonhoso que alguns jornais insinuassem que os crimes do Estripador eram uma declaração socialista, destinada a expor visualmente e de maneira cruel o nível mais baixo do sistema de classes e os segredos sórdidos da maior cidade do mundo. Sickert assassinou prostitutas doentes e miseráveis, envelhecidas muito precocemente. Assassinou-as porque era fácil.

O que o motivava era sua ânsia de violência sexual, seu ódio e uma insaciável carência de atenção. Seus crimes não tinham nada a ver com declarações políticas socialistas. Ele matava para satisfazer suas incontroláveis necessidades de psicopata violento. Quando os jornais e o público faziam insinuações sobre um motivo — especialmente um motivo social ou ético —, Sickert na certa sentia um prazer secreto e um ímpeto de poder. "Rá! rá! rá!", escreveu o Estripador. "Para dizer a verdade, vocês deviam é me agradecer por matar essa ralé dos diabos, porque elas são dez vezes piores do que os homens."

9. A lanterna escura

Durante o reinado de Jorge III, os assaltantes controlavam as estradas e a maioria dos bandidos conseguia se safar da lei com um suborno.

Londres era protegida por vigias noturnos, armados com porretes, lanternas e matracas de madeira, que faziam um som alarmante ao serem sacudidas. Foi só em 1750 que as coisas começaram a mudar. Henry Fielding, mais conhecido como escritor do que como magistrado, reuniu sob seu comando um grupo de policiais leais. Com uma verba de quatrocentas libras concedida pelo governo, formou o primeiro esquadrão de "captores de ladrões".

Eles dissolveram gangues e puseram para correr outros patifes que aterrorizavam a vida dos londrinos. Quando assumiu outro cargo, Henry Fielding foi sucedido pelo irmão, John, para quem a justiça era realmente cega. Sir John Fielding tinha perdido a visão e era famoso por usar uma venda sobre os olhos ao confrontar prisioneiros. Diziam que era capaz de reconhecer os criminosos pela voz.

Sob a supervisão de sir John Fielding, os captores de ladrões estabeleceram sua sede na rua Bow e ficaram conhecidos como Patrulha da Rua Bow e, depois, Policiais da Rua Bow. Nessa época a polícia foi parcialmente privatizada e um policial da rua Bow podia investigar o assalto a uma casa na cidade em troca de pagamento ou simplesmente encontrar o assaltante e convencê-lo a chegar a um acordo com a vítima. Curiosamente, direito criminal e direito civil se combinavam, porque, embora se tratasse de atos ilegais, era possível restaurar a ordem, e por meio desses acordos se evitava muito trabalho e amolação.

Para o assaltado, era melhor ter a metade de seus pertences devolvida do que perder tudo. Para o assaltante, era melhor devolver metade do que roubara do que ficar sem nada e acabar na prisão. Alguns policiais da rua Bow se aposentaram ricos. Não se podia fazer muita coisa em relação a tumultos de rua e assassinatos, que eram generalizados, assim como a outras perversidades. Roubavam-se e matavam-se cães por causa da pele. O gado era torturado açulando-se cães contra novilhos, que, enlouquecidos de dor, eram perseguidos por multidões que se divertiam com o "esporte", até cair e morrer. Do final do século XVIII até 1868, as execuções eram públicas e atraíam platéias enormes.

Dia de enforcamento era feriado, e o espetáculo hediondo era considerado dissuasão do crime. Nos tempos dos captores de ladrões e dos Policiais da Rua Bow, as violações da lei puníveis com a pena de morte incluíam o roubo de cavalos, as falsificações e o furto de lojas. Em 1788, milhares de pessoas se reuniram em Newgate para ver Phoebe Harris, de trinta anos, ser queimada na fogueira por falsificar moedas. Os salteadores de estrada eram heróis, aplaudidos na forca pelos admiradores, mas os condenados da classe alta eram ridicularizados, fosse qual fosse o crime cometido.

Depois que o governador Joseph Wall foi enforcado, em 1802, a corda foi disputada pelos presentes, que a compraram por um xelim a polegada. Em 1807, juntou-se uma multidão de 40 mil pessoas para assistir à execução de dois assassinos; homens, mulheres e crianças morreram pisoteados na ocasião. Nem todo prisioneiro morria logo ou de acordo com o plano, e algumas das cenas de agonia eram medonhas. O nó escorregava ou não pegava no lugar certo e, em vez de a compressão da carótida levar logo à inconsciência, o condenado ficava se debatendo violentamente enquanto homens lhe agarravam as pernas que se agitavam no ar e o puxavam com força para apressar a morte. Geralmente o homem enforcado perdia a calça e girava e se contorcia nu diante da turba aos berros. Nos velhos tempos do machado, não colocar algumas moedas na mão do carrasco podia resultar em má pontaria e algumas machadadas a mais.

Em 1829, sir Robert Peel convenceu o governo e o público de que tinham o direito de dormir em segurança em casa e andar pelas ruas sem se preocupar. Criou-se a Polícia Metropolitana, com sede na Whitehall Place, 4. A porta dos fundos dava para Scotland Yard, local onde antes se erguera um palácio saxão que servira de residência a reis da Escócia em visita a Londres. No final do século XVII, a maior parte do palácio tinha ruído e fora demolida; o que restava da construção era utilizado como escritórios pelo governo britânico. Muitas personalidades conhecidas serviram a Coroa em Scotland Yard, inclusive os arquitetos Inigo Jones e Christopher Wren, e o grande poeta John Milton, que, a certa altura, foi secretário de latim de Oliver Cromwell. O arquiteto e escritor cômico sir John Vanbrugh construiu no terreno do antigo palácio uma casa que Jonathan Swift comparou a uma "torta de ganso".

Poucas pessoas se dão conta de que Scotland Yard sempre foi um lugar e não uma organização policial. A partir de 1829, "Scotland Yard" passou a designar a sede da Polícia Metropolitana, como ainda se diz hoje, embora o nome oficial agora seja "New Scotland Yard". Desconfio de que o público vai continuar acreditando que Scotland Yard é um grupo de detetives como Sherlock Holmes e que o policial fardado de Londres é um "bobby".* Talvez vá sempre haver livros e filmes com policiais do interior que ficam desnorteados com um crime e proferem a frase deliciosamente banalizada: "Acho que isto é um trabalho para a Scotland Yard".

Desde os primeiros tempos o público se ressentiu contra Scotland Yard e suas divisões fardadas. Policiamento era considerado uma afronta aos direitos civis dos ingleses, e associado com lei marcial, espionagem e intimidação por parte do governo. Logo que foi organizada, a Polícia Metropolitana fez o melhor que pôde para evitar uma aparência militar, envergando calça e casaco azul e chapéu de pele de coelho de copa alta, reforçado com estrutura de aço, para o caso de um criminoso apreendido decidir agredir um oficial na cabeça. O chapéu também era útil como apoio para os pés quando o policial tinha de pular cercas e muros ou chegar até janelas.

A princípio a Polícia Metropolitana não tinha detetives. Já era mau haver "bobbies" fardados de azul, mas a idéia de haver homens em trajes comuns espreitando as pessoas para agarrá-las de surpresa pelo colarinho topou com uma violenta oposição por parte dos cidadãos e até da polícia uniformizada,

---

* Coloquialismo para "policial"; "tira". Diminutivo de Robert, do nome de sir Robert Peel, fundador da Força Policial Metropolitana de Londres. (N. T.)

que se ressentia do fato de que os detetives receberiam um salário melhor e achava que a verdadeira finalidade desses homens à paisana talvez fosse mexericar sobre os policiais regulares. A criação de uma sólida divisão de detetives, completada em 1842, e a introdução de oficiais à paisana em meados da década de 1840 acarretaram algumas trapalhadas, inclusive a decisão nada inteligente de contratar cavalheiros instruídos sem formação policial. É difícil imaginar um homem desses entrevistando no East End um marido bêbado que tinha acabado de arrebentar a cabeça da mulher com um martelo ou retalhado a garganta dela com uma navalha.

O Departamento de Investigação Criminal [Criminal Investigation Department — CID] só foi formalmente organizado em 1878, meros dez anos antes de Jack, o Estripador, começar a aterrorizar Londres. Em 1888 os sentimentos do público em relação aos detetives não tinham mudado muito. A polícia continuava sendo objeto de desconfiança por se vestir à paisana ou se valer de estratagemas para efetuar detenções. A força policial não devia montar armadilhas para cidadãos, e a Scotland Yard aplicava rigorosamente a regra de que o policiamento à paisana só podia ocorrer quando havia provas suficientes de que em determinada área estavam ocorrendo crimes repetidamente. Era uma abordagem de aplicação da lei, não de prevenção do crime, e retardou a decisão da Scotland Yard de ordenar a ação de agentes secretos quando o Estripador começou a cometer seus assassinatos no East End.

A Scotland Yard estava completamente despreparada para um *serial killer* como o Estripador. Depois da morte de Mary Ann Nichols o público começou, mais do que nunca, a ficar de olho na polícia, a criticar, menosprezar e acusar. Todos os grandes jornais ingleses cobriram obsessivamente o assassinato e as audiências do inquérito. O caso rendeu capa de tablóides como *The Illustrated Police News* e das edições baratas de *Famous Crimes*, que se compravam por um *penny*. As notícias sobre os homicídios eram ilustradas com imagens sensacionalistas e lúbricas, e ninguém — funcionários do Ministério do Interior, policiais, detetives e altos funcionários da Scotland Yard; nem mesmo a rainha Vitória — tinha a menor compreensão do problema ou de sua solução.

Quando o Estripador começou a agir, só havia homens uniformizados em patrulha, todos trabalhando excessivamente e sendo mal pagos. Recebiam o equipamento-padrão, que consistia em apito, cassetete, talvez uma matraca, e uma lanterna com olho-de-boi, apelidada de "lanterna escura" porque tudo que fazia de fato era iluminar vagamente a pessoa que a segurava. Uma lanterna com olho-de-boi era um objeto perigoso e incômodo, feito de um cilindro de aço com 22 centímetros de altura, que incluía uma manga de lampião na forma de uma tampa de proteção contra a poeira, mas franzida. A lente de aumento tinha sete centímetros de diâmetro e era feita de vidro grosso, fosco e arredondado; dentro da lâmpada havia um pequeno recipiente de óleo com um pavio.

Podia-se controlar a intensidade da chama girando a manga. O tubo interno de metal rodava e bloqueava a chama na medida do necessário, permitindo ao policial piscar a lanterna e enviar sinal para outro guarda na rua. Acho que, depois de ter visto uma lanterna com olho-de-boi acesa, dizer "piscar" é exagerar um pouco. Encontrei várias, enferrujadas mas autênticas, fabricadas em meados do século XIX por Hiatt & Co., de Birmingham, exatamente do tipo que a polícia utilizava durante a investigação do Estripador. Uma noite saí com uma para o pátio e acendi o óleo. A lente se transformou num tremeluzente olho vermelho-alaranjado. Mas a convexidade do vidro faz com que a luz desapareça, quando se olha de outros ângulos.

Levantei a mão diante da lanterna e, a uma distância de quinze centímetros, mal consegui enxergá-la. Saía fumaça pela manga e o cilindro esquentou — o suficiente, de acordo com a tradição policial, para fazer chá. Imaginei o coitado de um policial na sua ronda, segurando uma coisa dessas pelas alças de metal ou levando-a pendurada ao cinto de couro. Admira que não ateasse fogo a si mesmo.

O vitoriano típico talvez não tivesse idéia alguma da inadequação das lanternas com olho-de-boi. Revistas e tablóides de um *penny* mostravam policiais apontando fachos de luz para esquinas e vielas escuras, e suspeitos assustados recuando do clarão ofuscante. Se essas imagens em estilo de cartum não foram deliberadamente exageradas, sou levada a crer que a maioria das pessoas nunca viu essa lanterna em uso. Mas isso não seria de surpreender. Os policiais que patrulhavam as áreas mais seguras e menos infestadas de crimes da metrópole tinham pouca ou nenhuma necessidade de acender a lanterna. Era nos locais proibidos que as lanternas abriam seu olho injetado de sangue, perscrutando vagamente a ronda dos policiais, e a maioria dos londrinos que se deslocava a pé ou em táxis puxados a cavalo não freqüentava essas áreas.

Walter Sickert era homem da noite e dos cortiços. Teria bons motivos para conhecer exatamente a aparência de uma lanterna com olho-de-boi porque tinha o hábito de vagar por locais proibidos depois de suas visitas aos teatros de variedades. Em seu período em Camden Town, quando produziu algumas de suas obras mais gritantemente violentas, costumava pintar cenas de assassinato à luz fantasmagórica de uma lanterna com olho-de-boi. A pintora Marjorie Lilly, que dividiu casa e estúdio com ele, observou-o fazendo isso em mais de uma ocasião, e mais tarde descreveu a cena como "Dr. Jekyll" assumindo o "manto de Mr. Hyde".

O uniforme e a capa de lã azul-escura que o policial usava não o mantinham aquecido e seco quando fazia mau tempo, e no calor o desconforto devia ser grande. Ele não podia afrouxar o cinto ou a túnica, nem tirar o capacete de formato militar, com uma reluzente estrela de Brunswick. Se as botas de couro que lhe tinham dado e que não serviam direito lhe machucassem os pés, ele podia comprar outro par com o próprio dinheiro ou sofrer em silêncio.

Em 1887 um policial metropolitano deu ao público um vislumbre de como era a vida do policial médio. Num artigo anônimo publicado na *Police Review and Parade Gossip*, ele contou a história de sua mulher e do filho moribundo de quatro anos, que tinham de morar em dois quartos numa casa de cômodos na rua Bow. Do salário de 24 xelins que o policial recebia por semana, dez iam para o aluguel. Era uma época de muita agitação civil, escreveu ele, e era grande a animosidade em relação à polícia.

Sem nada mais do que um pequeno cassetete enfiado num bolso especial na perna da calça, esses oficiais saíam dia após dia e noite após noite, "quase exaustos pelo [nosso] contato constante com infelizes violentos, enlouquecidos pela necessidade e pela cobiça". Cidadãos furiosos berravam insultos obscenos e acusavam a polícia de estar "contra o povo e os pobres", dizia o artigo não assinado. Outras vezes, londrinos mais abastados esperavam de quatro a seis horas para chamar a polícia depois de um roubo, e se queixavam publicamente de que a polícia era incapaz de levar os criminosos à justiça.

O policiamento era um trabalho não só ingrato, como também impossível: todo dia um sexto da força, constituída de 15 mil homens, estava licenciado por motivos de saúde, de férias ou suspenso. A suposta proporção de um policial para 450 cidadãos era ilusória. O número de homens que realmente se encontrava nas ruas dependia do turno. Como o número de policiais trabalhando sempre dobrava durante a noite (das 22h00 às 6h00), nos turnos do dia (das 6h00 às 14h00 e das 14h00 às 22h00) havia somente cerca de 2 mil guardas fazendo a ronda. Isso dá uma proporção de um policial para 4 mil cidadãos, ou um policial para cada dez quilômetros de ruas. Em agosto a proporção se tornava ainda menor, pois até 2 mil homens tiravam férias nesse mês.

Durante o turno da noite, esperava-se que o policial fizesse sua ronda a pé num intervalo de dez a quinze minutos, a uma velocidade média de 6,5 quilômetros por hora. Na época em que o Estripador começou a cometer seus crimes, essa exigência já não existia, mas o hábito estava profundamente arraigado. Os criminosos, sobretudo, eram capazes de distinguir a uma boa distância a batida dos saltos de couro de um policial caminhando.

A área da Grande Londres era de cerca de 1800 quilômetros quadrados, e mesmo que de madrugada o número de policiais dobrasse, o Estripador seria capaz de percorrer furtivamente as passagens, becos, pátios e ruas escondidas do East End sem ver uma única estrela de Brunswick. Se um policial se aproximasse, seu andar inconfundível advertia o Estripador. Depois do ataque, ele podia se esgueirar para as sombras e esperar que o corpo fosse descoberto. Podia escutar às escondidas a conversa agitada de testemunhas, médico e policiais. Podia ver o olho alaranjado da lanterna em movimento, sem risco algum de ser visto.

O psicopata adora assistir ao drama cujo roteiro ele escreve. É comum o *serial killer* retornar ao local do crime ou se meter na investigação. É tão freqüente o assassino comparecer ao enterro de sua vítima que hoje em dia a polícia costuma ter oficiais à paisana filmando secretamente os presentes. Incendiários adoram ver arder os incêndios que iniciaram. Estupradores adoram trabalhar para os serviços de assistência social. Ted Bundy trabalhava como voluntário numa clínica de assistência a pessoas em crise.

Quando estrangulou Jennifer Levin no Central Park de Nova York, Robert Chambers sentou-se num muro do outro lado da rua, em frente ao local do crime, e esperou duas horas para ver o corpo ser descoberto, a polícia chegar e os funcionários do necrotério enfiarem o cadáver no saco de plástico e o colocarem numa ambulância. "Ele achou divertido", lembrou Linda Fairstein, a promotora que mandou Chambers para a prisão.

Sickert era um ator. Também era um psicopata violento. Observar a polícia e os médicos examinando os cadáveres no local do crime devia obcecá-lo, e ele talvez se demorasse no escuro por tempo suficiente para ver as vítimas sendo levadas na ambulância de mão. Talvez seguisse a alguma distância, para dar uma olhada de relance nos corpos sendo trancados no necrotério, e talvez até comparecesse aos enterros. No início da década de 1900, ele pintou um quadro de duas mulheres espiando de uma janela e, inexplicavelmente, deu ao quadro o título de *A passing funeral* [Um funeral passando]. Várias cartas do Estripador fazem referências trocistas ao fato de ele observar a polícia no local do crime ou de estar presente ao enterro da vítima.

"Eu os vejo e eles não conseguem me ver", ele escreveu.

O comissário da Polícia Metropolitana sir Charles Warren não se importava muito com crimes e também não sabia muito a respeito deles. Era alvo fácil para um psicopata com a inteligência e a criatividade de Walter Sickert, que teria sentido prazer em fazer Warren de tolo e arruinar-lhe a carreira. E o fracasso de Warren ao não conseguir capturar o Estripador, entre outros, acabou por levá-lo a pedir demissão, em 8 de novembro de 1888.

Chamar a atenção do público para as condições lamentáveis do East End e livrar Londres de Warren talvez tenham sido as únicas coisas boas que Jack, o Estripador, fez, ainda que sua motivação não tenha sido exatamente altruística.

10. A medicina dos tribunais

No inquérito sobre a morte de Mary Ann Nichols, o dr. Llewellyn depôs que a vítima apresentava um leve ferimento na língua e uma escoriação no lado direito do maxilar inferior, resultante de um soco ou da "pressão de um polegar". No lado esquerdo do rosto tinha uma contusão circular, que podia ter sido causada pelo aperto de um dedo.

O pescoço fora cortado em dois lugares. Uma incisão tinha dez centímetros de comprimento, começando cerca de 2,5 centímetros abaixo do lado esquerdo do maxilar, logo abaixo da orelha. A segunda incisão também começava do lado esquerdo, mas estava cerca de 2,5 centímetros abaixo da primeira e um pouco adiante da orelha. Era "circular", declarou o dr. Llewellyn. Não sei o que ele entendia por "circular", a menos que estivesse tentando dizer que o corte era curvo e não reto — ou simplesmente que dava a volta no pescoço. Tinha vinte centímetros de comprimento, cortou todos os vasos sanguíneos, tecido muscular e cartilagens, e arranhou as vértebras antes de terminar 7,5 centímetros abaixo do lado direito do maxilar.

O relato do dr. Llewellyn sobre os ferimentos no abdome de Mary Ann foi tão pouco específico quanto as suas outras conclusões. Do lado esquerdo havia uma incisão denteada, "mais ou menos na parte inferior do abdome", e "três ou quatro" cortes semelhantes, para baixo, do lado direito do abdome. Além disso, havia vários "cortes" de atravessado no abdome e pequenas punhaladas nas "partes íntimas". Ao concluir, o médico afirmou que os ferimentos abdominais tinham sido suficientes para causar a morte e que, na sua opinião, foram infligidos antes de a garganta da vítima ter sido cortada. Baseou a conclusão na ausência de sangue em torno do pescoço no local do crime, mas não revelou ao magistrado nem aos jurados que não se dera o trabalho de virar o corpo. É possível que ainda não soubesse que havia negligenciado — ou deixado de ver — uma grande quantidade de sangue e um coágulo de quinze centímetros.

Todos os ferimentos iam da esquerda para a direita, depôs o dr. Llewellyn, o que o levou à conclusão de que o assassino era "canhoto". A arma — e, dessa vez, tinha havido apenas uma, disse ele — era uma faca de lâmina comprida, "moderadamente" afiada, usada com "grande violência". As contusões no maxilar e no rosto, ele declarou, também eram coerentes com o ataque de um canhoto, e ele teorizou que o assassino cobrira a boca de Mary Ann com a mão direita para impedi-la de gritar, enquanto usava a esquerda para esfaquear o abdome repetidamente. Na seqüência de eventos descrita pelo dr. Llewellyn, o assassino estava de frente para Mary Ann quando a atacara de repente. Estavam ambos de pé, ou o assassino já a tinha derrubado no chão e de algum modo conseguira impedi-la de gritar e se debater enquanto ele lhe levantava a roupa e enfiava a faca através de pele e gordura até atingir os intestinos.

Não há nenhum sentido em um assassino calculista, lógico e inteligente como Jack, o Estripador, esfaquear primeiro o abdome da vítima, dando-lhe ampla oportunidade de lutar ferozmente enquanto sentia terror, pânico e dor inimagináveis. Se o magistrado tivesse interrogado com cuidado o dr. Llewellyn sobre os detalhes médicos relevantes, poderia ter sido feita uma reconstituição muito diferente do assassinato de Mary Ann Nichols. Talvez o assassino não a tenha abordado de frente. Talvez nunca lhe tenha dito uma palavra. Talvez ela nem o tenha visto.

Uma teoria predominante é que Jack, o Estripador, aproximava-se de suas vítimas e conversava com elas antes de caminharem juntos para uma área escura e isolada onde ele as matava de repente e com rapidez. Durante um bom tempo supus que fosse esse o *modus operandi* dele em todos os casos. Assim como inúmeras outras pessoas, imaginei o Estripador valendo-se da astúcia de solicitar sexo para que a mulher o acompanhasse. Era comum a prostituta fazer sexo de costas para o cliente, o que parecia dar a oportunidade perfeita para o Estripador lhe cortar a garganta antes que ela tivesse qualquer idéia do que estava acontecendo.

Não descarto a possibilidade de esse ter sido o *modus operandi* do Estripador — pelo menos em alguns crimes. Nunca tinha me ocorrido que podia não ter sido em nenhum deles, até um estalo que tive durante os feriados do Natal de 2001, quando eu estava em Aspen com minha família. Estava sozinha uma noite num condomínio ao pé do monte Ajax e, como de costume, tinha comigo várias malas cheias de material de pesquisa. Por acaso estava folheando, provavelmente pela vigésima vez, um livro sobre a arte de Sickert, quando parei no seu célebre *Ennui* [Tédio]. Que estranho, pensei, que esta obra fosse considerada extraordinária ao ponto de a rainha Elizabeth, a rainha-mãe, ter comprado uma das cinco versões para pendurá-la em Clarence House, sua residência em Londres. As outras versões são de propriedade particular ou estão expostas em vários museus de prestígio, como a Tate Gallery.

Nas cinco versões de *Ennui*, um homem mais velho e entediado está sentado a uma mesa, com um charuto aceso e um copo alto à sua frente, contendo o que suponho seja cerveja. Tem o olhar fixo e vago, está imerso em pensamentos e completamente desinteressado na mulher atrás dele, que está encostada num aparador, com a cabeça apoiada numa mão e olhando com ar de enfado para algumas pombas empalhadas dentro de uma redoma de vidro. Central no quadro é o retrato de uma mulher, uma prima-dona, na parede atrás da cabeça do casal entediado. Como vi várias versões de *Ennui*, eu sabia que em cada uma delas a prima-dona tem uma aparência ligeiramente diferente.

Em três, ela tem o que parece um grosso boá de plumas em torno dos ombros nus. Mas na versão da falecida rainha-mãe e na que está na Tate Gallery, não há boá de plumas, somente uma forma marrom-avermelhada indistinguível que lhe cobre o ombro esquerdo e se estende pelo braço até o seio esquerdo. Foi só quando também eu comecei a me sentir entediada no condomínio em Aspen que notei um crescente vertical, de um branco cor-de-carne, acima do ombro esquerdo da prima-dona. A forma branca cor de carne tem o que parece uma pequena saliência do lado esquerdo, muito semelhante a uma orelha.

Examinando com mais atenção, vê-se que a forma é o rosto de um homem, parcialmente no escuro. Está vindo por trás da mulher. Ela, sentindo a aproximação dele, está virando levemente o rosto. Sob uma lente de aumento de poucos graus, o rosto parcialmente encoberto do homem se torna mais visível e o da mulher começa a parecer uma caveira. Mas, com uma lente mais forte, a pintura se dissolve nas pinceladas de Sickert. Fui a Londres, olhei a tela original na Tate e não mudei de idéia. Enviei uma transparência do quadro ao Instituto de Medicina e Ciência Forense da Virgínia para ver se a tecnologia poderia nos dar uma imagem mais nítida.

A ampliação de imagens por computador detecta centenas de tons de cinza que o olho humano não consegue ver e torna visível ou discernível uma fotografia indistinta ou um texto apagado. A ampliação forense de imagens pode dar certo com videoteipes de bancos ou fotos ruins, mas não funciona em telas. Com *Ennui*, tudo o que nossos esforços conseguiram fazer foi separar as pinceladas de Sickert até chegarmos ao reverso do que ele estava fazendo quando foi juntando as pinceladas. Fui lembrada, como seria repetidamente no caso do Estripador, de que a ciência forense não substitui e jamais substituirá detecção, dedução, experiência e senso comum do ser humano — e um trabalho muito árduo.

Muito antes de eu pensar no assunto, *Ennui* de Sickert foi mencionado na investigação do Estripador, mas de maneira muito diferente da que acabei de descrever. Numa versão do quadro, a prima-dona envolta no boá de plumas tem no ombro esquerdo uma mancha branca que lembra ligeiramente uma das pombas empalhadas na redoma de vidro em cima do aparador. Alguns entusiastas de Sickert insistem que a "ave" é uma "gaivota" e que o pintor, espertamente, introduziu a "gaivota" na tela para dar a pista de que Jack, o Estripador, era sir William Gull,* cirurgião da rainha Vitória. Os defensores dessa interpretação geralmente concordam com a idéia da chamada conspiração da família real, que implica o dr. Gull e o duque de Clarence em cinco assassinatos cometidos pelo Estripador.

A teoria fez progressos na década de 1970. Embora não tenha a intenção de me concentrar neste livro em quem não era o Estripador, vou afirmar categoricamente que não era o dr. Gull nem o duque de Clarence. Em 1888, o dr. Gull tinha 71 anos e já havia sofrido um derrame. O duque de Clarence não usava armas brancas afiadas, nem era bom com elas. Eddy, como o chama-

---

* "Gaivota", em inglês, é *seagull*. (N. T.)

vam, nasceu prematuro de dois meses, depois de a mãe ter saído para ver o marido jogar hóquei no gelo e de aparentemente ter passado tempo demais sendo "rodopiada" num trenó. Ela sentiu-se mal e foi levada de volta para Frogmore, onde havia apenas um médico local para supervisionar o inesperado nascimento de Eddy.

É provável que as dificuldades de desenvolvimento do duque de Clarence se devessem menos ao nascimento prematuro do que ao pequeno banco de genes dos príncipes que o geraram. Eddy era meigo, mas obtuso. Era sensível e delicado, mas péssimo estudante. Mal conseguia andar a cavalo, não se distinguiu durante o treinamento militar, e gostava demais de roupas. A única cura em que seu frustrado pai, o príncipe de Gales, e a avó, a rainha Vitória, conseguiram pensar foi enviá-lo de vez em quando em longas viagens a países distantes.

Até hoje correm boatos sobre suas preferências e indiscrições sexuais. Pode ser que ele se dedicasse a atividades homossexuais, como alegam alguns livros, mas também se envolveu com mulheres. Talvez fosse sexualmente imaturo e experimentasse com ambos os sexos. Não seria o primeiro membro de uma família real a jogar dos dois lados. Emocionalmente, Eddy ligava-se a mulheres, sobretudo à mãe, linda e amorosa, que não parecia se preocupar demais com o fato de ele preferir roupas à coroa.

Em 12 de julho de 1884, o frustrado pai de Eddy, príncipe de Gales e futuro rei, escreveu ao preceptor alemão de Eddy: "É com sincero pesar que somos informados pelo senhor de que nosso filho vadia de modo tão desagradável pela manhã [...] Ele terá de compensar o tempo perdido com estudos adicionais". Nessa desgostosa missiva de sete páginas que escreveu de Marlborough House, o pai afirma categoricamente — se não desesperadamente — que o filho, herdeiro do trono em linha direta, "precisa esforçar-se".

Eddy não tinha energia nem interesse para sair à caça de prostitutas, e sugerir o contrário é farsesco. Nas noites de no mínimo três dos crimes, ele pretensamente não se encontrava em Londres nem nas proximidades (não que ele necessite de um álibi), e os assassinatos continuaram depois de sua morte prematura, em 14 de janeiro de 1892. Quanto ao cirurgião da família real, dr. Gull, mesmo que não fosse idoso e enfermo, as preocupações com a saúde da rainha Vitória e a do frágil Eddy o consumiam demais para que ele tivesse interesse ou tempo para percorrer Whitechapel de madrugada numa carruagem do palácio, retalhando as prostitutas que estavam chantageando Eddy por causa do seu escandaloso "casamento secreto" com uma delas. Ou coisa assim.

É verdade, porém, que Eddy tinha sido chantageado antes, como fica evidenciado por duas cartas que escreveu a George Lewis, o temível advogado que mais tarde representaria Whistler num processo envolvendo Walter Sickert. Eddy escreveu a Lewis em 1890 e em 1891 porque tinha se colocado numa situação comprometedora com duas senhoras de baixa condição, uma delas se chamava srta. Richardson. Ele estava tentando desembaraçar-se pagando pela devolução de cartas que imprudentemente escrevera a ela e a uma amiga.

"É com satisfação que sou informado de que o senhor vai chegar a um entendimento com a srta. Richardson", escreveu Eddy a Lewis em novembro de 1890, "embora duzentas libras seja muito dinheiro para cartas." Em seguida ele diz que tinha recebido notícias da srta. Richardson "outro dia" e que ela estava exigindo outras cem libras. E promete que fará "tudo que puder para recuperar" também as cartas que escreveu "à outra senhora".

Dois meses depois, em "novembro" [riscado] "dezembro" de 1891, Eddy escreve do seu quartel da cavalaria e envia um presente a Lewis "em reconhecimento pela gentileza que o senhor demonstrou para comigo outro dia, tirando-me da dificuldade em que fui tolo o suficiente para me meter". Mas parece que "a outra senhora" não se satisfez com tanta facilidade, pois Eddy informa Lewis de que precisou mandar um amigo a seu encontro "e pedir a ela que devolvesse as duas ou três cartas que lhe escrevi [...] o senhor pode ter certeza de que no futuro tomarei cuidado para não me ver novamente em dificuldades deste tipo".

Não se sabe o que havia nas cartas que o duque de Clarence escreveu à srta. Richardson e à "outra senhora", mas pode-se deduzir que ele agiu de modo a criar problemas para a família real. Estava bem ciente de que a notícia sobre seu envolvimento com o tipo de mulher que faz chantagem não seria bem recebida pelo público nem, certamente, por sua avó. O que essa tentativa de extorsão revela é que, em situações assim, a tendência de Eddy não era assassinar e mutilar, mas pagar.

As obras de arte de Sickert podem conter "indícios", mas sobre ele próprio e sobre o que sentia e fazia. Sua arte é sobre o que ele via, filtrada por uma imaginação às vezes infantil, às vezes selvagem. Em muitos de seus quadros, o ângulo de visão indica que observava as pessoas por trás. Ele as via, mas não elas a ele. Via suas vítimas, mas elas não podiam vê-lo. Teria observado Mary Ann Nichols por algum tempo antes de atacar. Teria determinado seu nível de embriaguez e decidido qual a melhor abordagem a adotar.

Ele pode ter se aproximado no escuro, mostrado uma moeda e dito alguma coisa antes de passar para trás dela. Ou pode ter surgido da escuridão úmida e avançado de surpresa sobre ela. Os ferimentos, caso tenham sido descritos com exatidão, são coerentes com a hipótese de o assassino tê-la dominado e puxado sua cabeça para trás, enquanto passava a faca pela garganta exposta. Ela pode ter mordido a língua, o que explicaria a escoriação encontrada pelo dr. Llewellyn. Se ela se contorceu para escapar, isso poderia explicar por que a primeira incisão foi incompleta e, basicamente, uma tentativa frustrada. As contusões no maxilar e no rosto podem ter ocorrido quando o assassino a segurou com mais força e lhe cortou a garganta uma segunda vez, com tanta violência que quase a decapitou.

O fato de ele tê-la pegado por trás teria impedido que o sangue arterial esguichando da carótida esquerda rompida o atingisse. Poucos assassinos optariam por ter o rosto salpicado de sangue, sobretudo o sangue de uma vítima que provavelmente era portadora de doenças — no mínimo doenças sexualmente transmissíveis. Quando Mary Ann estava caída de costas, o assassino passou para a parte inferior do corpo e levantou-lhe a roupa. Ela não podia gritar. Talvez não tenha emitido som algum a não ser os arquejos úmidos das golfadas de ar e sangue passando pela traquéia cortada. Pode ter aspirado e se afogado com o próprio sangue, pois praticamente o perdeu todo. Tudo isso leva minutos para acontecer.

Os relatórios dos encarregados de investigar mortes suspeitas, entre eles os do dr. Llewellyn, tendem a nos garantir que ocorreu "morte instantânea". Isso não existe. Pode-se matar uma pessoa instantaneamente com um tiro na cabeça, mas, para alguém sangrar até morrer, asfixiar-se, afogar-se ou para que todas as funções corporais cessem devido a um derrame ou parada cardíaca, são necessários vários minutos. É possível que Mary Ann ainda estivesse consciente e sabendo o que acontecia quando o assassino começou a lhe cortar o abdome. Talvez ainda apresentasse alguns sinais de vida quando ele a deixou no pátio.

Robert Mann era o morador do Albergue de Whitechapel encarregado do necrotério na madrugada em que o corpo dela foi levado para lá. Durante a audiência do inquérito, em 17 de setembro, depôs que em algum momento depois das quatro da manhã a polícia chegou ao albergue e o tirou da cama. Os policiais disseram que havia um cadáver diante do necrotério e mandaram que ele se apressasse. Ele, então, os acompanhou até a ambulância estacionada no pátio. Levaram o corpo para dentro e o inspetor Spratling e o dr. Llewellyn apareceram brevemente para dar uma olhada. A polícia foi embora, e, segundo Mann, deviam ser umas cinco da manhã quando ele trancou a porta do necrotério e foi tomar o café-da-manhã.

Mais ou menos uma hora depois, Mann e outro morador, James Hatfield, voltaram ao necrotério e começaram a despir o corpo, sem a presença de nenhum policial ou qualquer outra pessoa. Mann jurou ao magistrado Baxter que ninguém o havia instruído a não tocar o corpo e que tinha certeza de que a polícia não estava presente. Tinha certeza absoluta? Sim, tinha, bem, talvez não. Podia estar enganado. Não conseguia se lembrar. Se a polícia dizia que estava lá, talvez estivesse. Mann foi ficando cada vez mais confuso durante o depoimento e "sujeito a espasmos [...] suas declarações eram pouco confiáveis", noticiou *The Times*.

Wynne Baxter era advogado e um magistrado experiente, que presidiria o inquérito sobre Joseph Merrick dois anos mais tarde. Não tolerava mentiras em seu tribunal, nem que se desrespeitasse o protocolo correto durante um processo. Ficou mais do que ligeiramente irritado com o fato de terem tirado a roupa de Mary Ann Nichols. Interrogou rigorosamente o confuso e inconstante Mann, que afirmou, categórico, que a roupa não estava rasgada nem cortada quando o corpo chegou. Tudo o que ele e Hatfield tinham feito fora despir a morta e lavá-la antes de o médico chegar, para que este não precisasse perder tempo fazendo isso.

Eles cortaram e rasgaram a roupa para acelerar as coisas e facilitar um pouco a tarefa. Ela estava usando muitas camadas, algumas rijas de sangue seco, e é difícil puxar a roupa por cima de braços e pernas de um corpo que está rígido como uma estátua. Quando subiu ao banco das testemunhas, Hatfield concordou com tudo que Mann dissera. Os dois destrancaram o necrotério depois do café-da-manhã. Estavam sozinhos quando cortaram e rasgaram a roupa da morta.

Lavaram-na, estavam sozinhos com o corpo e não viram motivo para achar que havia algo de inapropriado nisso. Os registros dos depoimentos dão a impressão de que os homens estavam assustados e confusos porque não acreditavam que tivessem feito nada de errado. Realmente não entenderam por que se estava criando tanta história. Além do mais, o necrotério não se destinava a lidar com casos de polícia; era só um ponto de parada para os hóspedes que morriam no albergue e seriam levados para a vala comum.

"Forense" vem do latim *forum*, ou praça pública, onde advogados e oradores romanos apresentavam seus casos perante os juízes. A medicina forense ou legal é a medicina dos tribunais e em 1888 quase não existia na prática. A triste verdade é que no assassinato de Mary Ann Nichols não havia muitas provas físicas que pudessem ter sido utilizadas ou arruinadas. Mas não saber ao certo se sua roupa já estava cortada ou rasgada quando o corpo chegou ao necrotério é uma perda significativa. Qualquer coisa que o homicida tivesse feito revelaria mais sobre ele e suas emoções no momento do crime.

Com base nas descrições do corpo de Mary Ann no local do crime, suspeito que sua roupa estivesse em desalinho, mas não cortada nem rasgada, e foi na madrugada de 31 de agosto que o Estripador avançou para o seu estágio seguinte de violência. Levantou-lhe o casaco, as anáguas de lã, a roupa de baixo de flanela e as saias. Deu uma facada denteada, depois "três ou quatro" rápidas e para baixo e "várias" de atravessado, quase no padrão de uma grade. Deu algumas pequenas punhaladas nos órgãos genitais e desapareceu na escuridão.

Sem examinar diagramas e fotografias de autópsia, é muito difícil reconstituir ferimentos ou o que um assassino fez e poderia estar sentindo. Ferimentos podem ser impetuosos e podem ser vacilantes. Podem indicar hesitação ou raiva. Três ou quatro cortes superficiais num pulso, além do corte profundo que cortou veias, contam uma história sobre o suicídio de uma pessoa diferente da que um talho decisivo contaria.

Os psiquiatras interpretam os estados mentais e as necessidades emocionais do paciente pelas atitudes dele e pelo que confessa sobre seus sentimentos e comportamento. Os médicos dos mortos têm de fazer as mesmas interpretações por meio do braille de ferimentos novos e antigos, detritos no cadáver, a maneira como a pessoa estava vestida e o lugar onde morreu. Ouvir os mortos falarem é um talento único e exige uma formação altamente especializada. A linguagem do silêncio é difícil de ler, mas os mortos não mentem.

Suas mensagens podem ser difíceis de entender e podemos interpretá-las mal ou não conseguir achá-las antes que comecem a se apagar. Mas, se eles ainda tiverem algo a dizer, sua veracidade é inquestionável. Algumas vezes continuam a falar por muito tempo depois de terem sido reduzidas a ossos.

Se alguém bebe demais, entra no carro ou se mete numa briga, seu cadáver vai revelar isso pelos níveis de álcool. Se um homem era viciado em heroína e cocaína, seu cadáver vai apresentar os sinais de agulhas, os metabolitos morfina e benzoilecgonina vão aparecer na urina, no humor aquoso dos olhos e no sangue. Se alguém pratica sexo anal freqüentemente ou gosta de tatuagens genitais e perfurações no corpo, ou se uma mulher raspa os pêlos púbicos porque a fantasia do amante é fazer sexo com uma criança — essa gente vai falar abertamente depois de morta. Se um adolescente tenta obter um orgasmo mais intenso masturbando-se vestido de couro e comprimindo parcialmente os vasos sanguíneos do pescoço com um laço — sem a intenção de escorregar da cadeira onde está em pé e se enforcar —, seu corpo confessará. A vergonha e as mentiras são para os que ficam.

É surpreendente o que os mortos têm a dizer. Nunca deixo de me admirar e me entristecer. Um jovem estava tão decidido a dar cabo da própria vida que, quando disparou sua balestra contra o peito e não morreu, arrancou a flecha e disparou de novo. Raiva. Desespero. Impossibilidade de voltar atrás. Quero morrer, mas vou fazer todos os planos para as férias da minha família e escrever os detalhes do meu enterro, para não dar trabalho aos parentes. Quero morrer, decide a esposa depois que o marido a deixa por uma mulher mais jovem, mas quero estar bonita, então vou me maquiar, arrumar o cabelo e dar um tiro no coração, porque não quero arruinar meu rosto.

Vou lhe dar um tiro na boca, sua puta, porque estou farto das suas aporrinhações. Vou atirar seu corpo na banheira e jogar ácido em cima, sua vagabunda. É o que você merece por estar me corneando por aí. Vou enfiar uma faca nos seus olhos, porque não agüento mais você me olhando. Vou tirar o seu sangue e beber, porque o meu está sendo todo sugado por extraterrestres. Vou esquartejar você, cozinhar cada pedaço, jogar no vaso sanitário e ninguém vai ficar sabendo. Sobe na garupa da minha moto, sua vagabunda, que eu vou te levar para um motel e te retalhar centenas de vezes com uma navalha e uma tesoura e ver você morrer devagar, porque essa é a minha iniciação para ser membro da gangue.

Os ferimentos de Mary Ann Nichols nos contam que o Estripador não quis que ela lutasse nem gritasse, e que ele estava pronto para o passo seguinte: tirar a faca da garganta dela e destruir-lhe o corpo nu. Mas ainda não era um mestre nisso e só conseguiu ir até certo ponto. Não lhe removeu o intestino nem outros órgãos. Os cortes que fez não foram profundos o suficiente. Ele não levou nenhuma parte do corpo como troféu ou talismã que pudesse lhe provocar fantasias sexuais ou fazê-lo pensar quando estivesse sozinho num dos seus quartos secretos. Creio que foi a primeira vez que o Estripador estripou, e ele precisava pensar algum tempo sobre isso, sentir como era e decidir se queria mais.

"Gosto do trabalho, mais um pouco de sangue", escreveu em 5 de outubro.

"Preciso de mais", escreveu em 2 de novembro.

Mal se passou uma semana e Jack, o Estripador, assumiu publicamente esse nome infernal. Talvez faça sentido. Antes de matar Mary Ann Nichols, ele ainda não havia "estripado". Sickert adotou o nome artístico de "Mr. Nemo" por uma razão que não foi modéstia. Também teria escolhido o nome "Jack, o Estripador" por um bom motivo. Só podemos imaginar qual tenha sido.

"Jack" era gíria de rua para marinheiro ou homem, e "Estripador" é alguém que estripa. Mas Walter Sickert nunca era óbvio. Consultei dezenas de dicionários e enciclopédias, datados de 1755 a 1906, para conferir definições. Sickert poderia ter se saído com o nome "Jack, o Estripador" lendo Shakespeare. Como disse Helena Sickert em suas memórias, ela e os irmãos, quando pequenos, eram todos "loucos por Shakespeare", e Sickert era conhecido por citar longas passagens de Shakespeare como ator. A vida toda ele adorou se levantar num jantar e declamar um monólogo de Shakespeare. A palavra "Jack" aparece em *Coriolano*, *O mercador de Veneza* e *Cimbeline*. Shakespeare não usa a palavra "estripador", mas há variações dela em *Rei João* e *Macbeth*.

Entre as definições de "Jack" incluem-se: botas; diminutivo de John usado desdenhosamente para designar um sujeito insolente; um criado que tira as botas do patrão; grito; homem; gíria americana para estranho; gíria americana para imbecil; sujeito esperto, que sabe fazer qualquer coisa — como em *"Jack of all trades"* ["Pau para toda obra"]. As definições de *"ripper"* [estripador] incluem: aquele que estripa; aquele que rasga; aquele que corta; um sujeito elegante, que se veste bem; um cavalo bom e veloz; uma peça ou um papel bons.

Jack, o Estripador, era o estranho, o sujeito esperto que sabia fazer qualquer coisa. Ele "tem a barriga cheia de briga".* Era "um galo a que ninguém pode igualar-se".** Estripou "o útero de sua cara mãe Inglaterra".*** Nos recônditos profundos de sua psique, Sickert talvez achasse que fora "estripado" no útero da mãe. O que aconteceu dentro do útero de sua mãe foi injusto e não foi sua culpa. Ele retaliaria.

---

* Da cena 1, ato II, da peça *Cimbeline*, de William Shakespeare. (N. T.)
** Idem.
*** Da cena 2, ato V, da peça *Rei João*, de William Shakespeare. (N. T.)

11. Noite de verão

Mary Ann Nichols estava de olhos arregalados quando seu corpo foi encontrado na calçada. Fitava cegamente a escuridão, um rosto sem cor à chama fraca da lanterna com olho-de-boi.

Em *A expressão das emoções no homem e nos animais*, de Charles Darwin, olhos arregalados acompanham "horror", que Darwin associa com "terror extremo" ou a "dor horrível da tortura". Uma idéia errônea que existe há séculos é que a última emoção que uma pessoa sente ao morrer permanece fixa no rosto. Mas, simbolicamente, a expressão de Mary Ann pareceu capturar a última coisa que ela viu na vida: a silhueta escura de seu assassino a cortá-la em pedaços. O fato de a polícia haver anotado em seus relatórios que ela estava de olhos arregalados pode refletir o que os policiais nas ruas começavam a pensar sobre o assassino de Whitechapel: era um monstro, um fantasma que, nas palavras do inspetor Abberline, não deixava "a menor pista".

Quem vira a imagem de uma mulher caída na calçada, com a garganta cortada e olhos arregalados, não a esqueceria facilmente. Sickert não a teria esquecido. Teria se lembrado mais do que ninguém daquele olhar fixo enquanto a vida se esvaía do corpo. Em 1903, se as datas dele merecem confiança, ele desenhou o esboço de uma mulher de olhos arregalados, fitando o vazio. Ela parece morta e tem uma inexplicável linha escura em torno da garganta. O esboço tem o título bem inofensivo de *Two studies of a Venetian woman's head* [Dois estudos da cabeça de uma mulher veneziana]. Três anos depois ele pintou um nu grotescamente esparramado sobre uma cama de ferro e chamou o quadro de *Nuit d'été* [Noite de verão]. Lembremos que Mary Ann Nichols foi assassinada numa noite de verão. A mulher no esboço se parece com a da tela. Os rostos se assemelham ao de Mary Ann Nichols, com base numa foto que tiraram dela quando estava no caixão, no necrotério, e já tinha sido "limpada" pelos residentes do albergue, Mann e Hatfield.

As fotos de necrotério eram tiradas com uma câmera que era uma grande caixa de madeira e que só conseguia fotografar diretamente à frente. Os corpos que a polícia precisasse fotografar tinham de ser levantados ou encostados na parede, porque não se podia apontar a câmera para baixo nem em ângulo. Às vezes o cadáver nu era pendurado na parede com um gancho, prego ou pino na nuca. Um exame atento da fotografia de uma vítima posterior — Catherine Eddows — mostra o corpo nu suspenso e um pé mal tocando o chão.

Essas fotos degradantes e lúgubres se destinavam apenas a fins de identificação e não eram divulgadas. A única maneira de uma pessoa saber que aparência tinha o cadáver de Mary Ann Nichols era tê-lo visto no necrotério ou no local do crime. Se o esboço feito por Sickert da chamada mulher veneziana for de fato uma representação do rosto de Mary Ann Nichols morta, ele pode muito bem ter estado no local, ou de algum modo teve acesso aos relatórios da polícia — a menos que o detalhe tenha saído numa notícia de jornal que tenha escapado à minha atenção. Mesmo que a tivesse visto no necrotério, os olhos dela já estariam fechados, exatamente como aparecem na foto. Na altura em que foi fotografada e vista por aqueles que poderiam identificá-la e pelos jurados do inquérito, seus ferimentos tinham sido suturados e seu corpo tinha sido coberto até o queixo, para esconder os cortes enormes na garganta.

Infelizmente existem poucas fotos de necrotério das vítimas do Estripador, e as que estão guardadas no Departamento de Registros Públicos são pequenas e têm resolução ruim, que piora com a ampliação. A ampliação de imagens forenses ajuda um pouco, mas não muito. Outros casos que não foram associados com o Estripador na época — ou em momento algum — talvez nunca tenham sido fotografados. Se foram, as fotos parecem haver desaparecido. De modo geral não se tiravam fotos do local do crime, a menos que o corpo da vítima fosse encontrado em ambiente fechado, e mesmo assim o caso tinha de ser excepcional para que a polícia fosse buscar a pesada câmera fotográfica.

Nos casos forenses de hoje, os corpos são fotografados inúmeras vezes, de muitos ângulos e com uma diversidade de equipamentos fotográficos, mas durante o surto de violência do Estripador era raro mandarem vir uma câmera. Teria sido ainda mais raro que houvesse uma num necrotério. A tecnologia ainda não avançara o suficiente para que fosse possível tirar fotografias à noite. Por causa dessas limitações é escasso o registro visual dos crimes de Jack, o Estripador, a menos que a se folheie um livro de arte de Walter Sickert ou se dê uma olhada nos seus quadros de "crime" e nus que se encontram em belos museus e coleções particulares. Deixando-se de lado a análise artística e acadêmica, os nus deitados de Sickert, na maioria, parecem mutilados e mortos.

Muitos dos nus e outros temas femininos têm o pescoço exposto, circundado por uma linha preta, como que para sugerir garganta cortada ou decapitação. Algumas áreas escuras em torno da garganta de uma figura são sombras e sombreado, mas as linhas escuras, cheias e pretas a que me refiro são intrigantes. Não são jóias, portanto, se Sickert desenhou e pintou o que viu, o que são essas linhas? O mistério aumenta com uma tela intitulada *Patrol* [Patrulha], datada de 1921 — o retrato de uma policial com olhos salientes e a túnica aberta no pescoço, que revela uma linha cheia preta em torno da garganta.

É vago o que se sabe sobre *Patrol*. O mais provável é que Sickert tenha pintado o quadro a partir de uma fotografia de uma policial, possivelmente Dorothy Peto, da polícia de Birmingham. Aparentemente ela comprou o quadro e mudou-se para Londres, onde se alistou na Polícia Metropolitana, à qual acabou doando o retrato em tamanho natural que Sickert fizera. A insinuação de pelo menos um arquivista da Polícia Metropolitana é que a tela pode ser valiosa, mas ninguém gosta dela, sobretudo as mulheres. Quando o vi, o quadro estava pendurado atrás de uma porta fechada e preso com uma corrente a uma parede. Ninguém parece ter certeza do que fazer com ele. Suponho que o fato de a Scotland Yard possuir uma tela do assassino mais notório que ela jamais conseguiu pegar seja outro "rá rá" do Estripador — ainda que acidental.

Patrol não é exatamente um tributo às mulheres nem à polícia, e não parece que Sickert tenha tido a intenção de que fosse outra coisa além de mais uma de suas fantasias sutis e assustadoras. A expressão amedrontada da policial contradiz o poder da profissão dela e, no estilo típico de Sickert, a tela tem um quê de morbidez e a sugestão de que algo de muito ruim está prestes a ocorrer. Numa moldura de madeira de 1,85 x 1,15 m, *Patrol* é um espelho escuro nas luminosas galerias do mundo da arte, e não é fácil encontrar referências à obra nem reproduções dela.

Algumas das telas de Sickert parecem estar tão escondidas quanto muitos dos seus estúdios, mas a decisão de mantê-las guardadas talvez não tenha sido tomada só por seus proprietários. O próprio Sickert teve muito a dizer sobre quais de suas obras seriam expostas. Mesmo quando dava um quadro a um amigo — como foi o caso de *Jack the Ripper's bedroom* —, ele podia pedir à pessoa que o emprestasse a várias exposições ou que o mantivesse longe das vistas do público. É provável que alguns de seus trabalhos fizessem parte da diversão "peguem-me se puderem". Ele era descarado o suficiente para pintar ou desenhar cenas à Estripador, mas nem sempre imprudente o suficiente para expô-las. E essas obras indecentes continuam a aparecer, agora que a busca está em andamento.

Mais recentemente se descobriu um esboço não catalogado que parece ser um *flashback* dos dias de Sickert nos teatros de variedades, em 1888. No esboço, datado de 1920, vê-se uma figura masculina de barba conversando com uma prostituta. O homem está parcialmente de costas para nós, mas tem-se a impressão de que está com o pênis exposto e segurando uma faca na mão direita. Na base do esboço há o que parece ser uma mulher estripada, com os braços desmembrados — como se Sickert estivesse mostrando o antes e o depois de um de seus assassinatos. A dra. Robins, historiadora da arte, acredita que o esboço passou despercebido porque antigamente pessoas como ela, curadores de arquivos e especialistas em Sickert, não pensavam em procurar esse tipo de violência na obra do pintor.

Mas quando se trabalha arduamente e se sabe o que procurar, o inusitado aparece, inclusive notícias. Muita gente interessada na cobertura jornalística dos crimes de Jack, o Estripador, se vale de cópias de registros públicos ou microfilmes. Quando iniciei esta investigação, escolhi *The Times* como jornal de referência e tive a sorte de encontrar exemplares dos originais de 1888-91.

Naquela época, o papel-jornal tinha um teor tão elevado de fibra de algodão que os exemplares do *Times* que achei poderiam ser passados a ferro, costurados e encadernados, ficando tão bons como se fossem novos.

Continuo a me admirar com o número de publicações noticiosas que sobreviveram por mais de cem anos e ainda são flexíveis o suficiente para que se virem as páginas sem receio. Tendo iniciado minha carreira como jornalista, sei muito bem que toda história contém muitas histórias e que, sem examinar tantas reportagens quantas encontrar, não vou nem começar a me aproximar de toda a verdade. Não são poucas as notícias sobre o Estripador nos principais jornais da época, mas o que geralmente se ignora é o silencioso testemunho de publicações menos conhecidas, como o *Sunday Dispatch*.

Um dia, meu fornecedor de uma loja de livros antigos de Chelsea, em Londres, telefonou para dizer que tinha descoberto num leilão um livro de recortes que devia conter todos os artigos do *Sunday Dispatch* escritos sobre os crimes do Estripador e outros que talvez estivessem relacionados. Os recortes, cortados sem cuidado e colados tortos no livro, cobriam o período de 12 de agosto de 1888 a 29 de setembro de 1889. A história do livro continua a me intrigar. Dezenas de páginas foram cortadas com uma navalha, o que me deixou com uma curiosidade enorme sobre o seu conteúdo. Ao lado dos recortes há anotações fascinantes em tinta preta ou azul ou a lápis cinza, azul e púrpura. Quem se deu todo esse trabalho e por quê? Onde esteve esse livro por mais de um século?

As anotações levam a crer que tenham sido escritas por alguém bem familiarizado com os crimes e muito interessado em como a polícia lidava com eles. Logo que o comprei, alimentei a fantasia de que o livro talvez tivesse pertencido ao próprio Jack, o Estripador. Parece que quem fez os recortes estava concentrado no que a polícia sabia e, nas anotações, concorda com ela ou discorda dela. Alguns detalhes estão riscados por serem inexatos. Ao lado de outros há comentários como "Sim! Creia-me", ou "insatisfatório", ou "insatisfatório — muito" ou "importante. Encontrar a mulher" e, o mais estranho de todos, "7 mulheres 4 homens". Há frases sublinhadas, sobretudo quando se relacionam com a descrição feita por testemunhas de homens com quem as vítimas foram vistas pela última vez.

Duvido que algum dia eu venha a saber se esse livro pertenceu a um detetive amador, a um policial ou a um repórter, mas a letra não é compatível com a de altos funcionários da Scotland Yard, como Abberline e outros, cujos relatórios eu li. É pequena e muito descuidada, especialmente para uma época em que a caligrafia era sistematicamente bem-feita, quando não elegante. A maioria dos policiais, por exemplo, tinha uma letra muito boa e em alguns casos bonita. A do livro de recortes me faz pensar na maneira irregular e às vezes completamente ilegível como Walter Sickert escrevia. A letra dele é nitidamente diferente da do inglês médio. Como o precoce Sickert aprendeu a ler e escrever sozinho, não foi treinado em caligrafia tradicional, embora sua irmã Helena diga que, quando lhe convinha, ele era capaz de ter uma "letra bonita".

O livro era de Sickert? Provavelmente não. Não tenho idéia de quem tenha sido o seu proprietário, mas os artigos do *Dispatch* acrescentam outra dimensão às reportagens da época. O jornalista que cobria crime para o *Dispatch* é anônimo — créditos eram tão raros quanto repórteres mulheres —, mas tinha um olho excelente e a mente muito inquisitiva. Suas deduções, indagações e percepções acrescentam facetas novas a casos como o assassinato de Mary Ann Nichols. Segundo o *Dispatch*, a polícia suspeitou que ela tivesse sido vítima de uma gangue. Em Londres, na época, bandos de jovens violentos que vagavam pela cidade perseguiam fracos e pobres. Esses vândalos ficavam vingativos quando tentavam assaltar uma Infeliz e descobriam que ela não tinha dinheiro.

Segundo a polícia, Mary Ann Nichols, assim como Martha Tabran, não foi assassinada no local onde seu corpo foi encontrado. As duas mulheres foram deixadas na "sarjeta, nas primeiras horas da manhã", e não se ouviram gritos. Portanto, deviam ter sido assassinadas em outro lugar, possivelmente por uma gangue, e abandonadas onde foram achadas. O repórter anônimo do *Dispatch* deve ter perguntado ao dr. Llewellyn se era possível que o assassino tivesse atacado Mary Ann Nichols por trás e não pela frente, o que significaria que era destro e não canhoto, como o médico alegou.

O repórter explica que, como os ferimentos mais profundos eram no lado esquerdo e enviesavam para o direito, o assassino, se estivesse em pé atrás da vítima ao lhe cortar a garganta, devia ter segurado a faca com a mão direita. O dr. Llewellyn tinha feito uma má dedução. A do repórter foi excelente. A mão dominante de Walter Sickert era a direita. Num de seus auto-retratos, ele parece estar segurando um pincel na esquerda, mas é uma ilusão de óptica criada pelo fato de estar pintando o próprio reflexo num espelho.

O dr. Llewellyn pode não ter tido muito interesse pelo ponto de vista de um repórter, mas talvez devesse ter tido. Se a especialidade do jornalista do *Dispatch* era crime, ele provavelmente tinha visto mais gargantas cortadas do que o dr. Llewellyn. Cortar a garganta não era um meio incomum de matar, especialmente em casos de violência doméstica. Também não era um meio incomum de cometer suicídio, mas a pessoa que cortava a própria garganta usava uma navalha, raramente uma faca, e quase nunca retalhava o pescoço até as vértebras.

O Royal London Hospital ainda tem seus livros de registro de entradas e saídas do século XIX, e um exame das anotações revela as doenças e os ferimentos típicos das décadas de 1880 e 1890. É preciso ter em mente que se presumia que os pacientes estivessem vivos ao chegar ao hospital, que cobria somente o East End. A maioria das pessoas que cortavam a garganta, supondo-se que rompessem um grande vaso sanguíneo, jamais ia para um hospital, mas direto para o necrotério. Elas não eram relacionadas nos livros de registro de entradas e saídas.

Só um dos homicídios citados durante o período de 1884 a 1890 acabou sendo considerado um possível crime do Estripador: o assassinato de Emma Smith, de 45 anos, residente na rua Thrawl. Em 2 de abril de 1888, ela foi atacada pelo que descreveu como uma gangue de rapazes que a espancaram, quase lhe arrancaram uma orelha e lhe enfiaram um objeto na vagina, possivelmente um pedaço de pau. Estava bêbada no momento do ataque, mas conseguiu andar até sua casa e foi ajudada por amigos a chegar ao Hospital de Londres, onde morreu dois dias depois de peritonite.

Nos estudos sobre o Estripador, há uma especulação considerável sobre a data em que ele começou a matar e quando parou. Como sua área de caça predileta parece ter sido o East End, os registros do Hospital de Londres são importantes, não porque as vítimas do Estripador que morreram no local do crime tenham sido relacionadas nos livros, mas porque os padrões de como e por que as pessoas feriam a si mesmas e aos outros podem ser instrutivos. Fiquei preocupada com a possibilidade de casos de "gargantas cortadas" terem sido erroneamente classificados como suicídios, quando na verdade foram crimes que também poderiam ter sido cometidos pelo Estripador.

Infelizmente os registros do hospital não incluem muitos detalhes além do nome do paciente, idade, endereço, em alguns casos a profissão, a doença ou ferimento, e se e quando recebeu baixa. Outro dos meus objetivos ao examinar os livros do Hospital de Londres foi ver se havia mudanças estatísticas no número e nos tipos de mortes violentas ocorridas antes, durante e depois do chamado surto de violência do Estripador no final de 1888. A resposta é que não houve. Mas os registros revelam algo sobre o período, especialmente as condições lamentáveis do East End e a miséria e a desesperança que predominavam entre as pessoas que viviam lá e morriam de causas não naturais.

Durante alguns anos envenenamento foi o meio preferido de suicídio, e havia muitas substâncias tóxicas a escolher, todas facilmente disponíveis. Entre 1884 e 1890, o que homens e mulheres do East End usavam para se envenenar era ácido oxálico, láudano, ópio, ácido clorídrico, beladona, carbonato de amônia, ácido nítrico, ácido carbólico, chumbo, álcool, terebintina, clorofórmio canforado, zinco e estricnina. Também tentavam se matar por afogamento, com tiros, enforcando-se e pulando de janelas. Em alguns casos a morte resultante do salto de uma janela foi acidental, pois havia um incêndio devorando um quarto ou uma casa de cômodos inteira.

É impossível saber quantas mortes ou quase-mortes foram mal investigadas — ou simplesmente não investigadas. Também desconfio de que algumas mortes consideradas suicídios podem ter sido homicídios. Em 12 de setembro de 1886, Esther Goldstein, de 23 anos, residente na rua Mulberry, em Whitechapel, foi admitida no Hospital de Londres como suicida com a garganta cortada. Desconhece-se o fundamento para essa conclusão, mas é difícil imaginar que ela tenha cortado o próprio pescoço até a "cartilagem da tireóide". Um corte num grande vaso sanguíneo próximo da superfície da pele é suficiente para dar cabo da vida; cortar músculos e cartilagem do pescoço é mais típico de um homicídio, porque requer mais força.

Se Esther Goldstein foi assassinada, nem por isso foi vítima de Jack, o Estripador, e duvido que tenha sido. É improvável que ele ocasionalmente matasse uma ou duas mulheres do East End. Quando começou, ele fez uma dramática entrada em cena e manteve seu desempenho por muitos anos. Queria que o mundo soubesse de seus crimes. Mas não sou capaz de dizer com certeza quando foi que matou pela última vez.

No mesmo ano em que tiveram início os crimes do Estripador, 1888, quatro outras mulheres do East End morreram com a garganta cortada — todas consideradas suicidas. Quando comecei a examinar as bolorentas páginas dos registros do Royal London Hospital e notei o número de mulheres admitidas com a garganta cortada, imaginei que se tratasse de vítimas do Estripador tidas como suicidas. Mas mais tempo e pesquisa revelaram que cortar a garganta não era incomum numa época em que a maioria dos pobres não tinha acesso a armas de fogo.

12. O jovem e belo

As pessoas do East End se livravam do sofrimento adquirindo infecções e doenças como tuberculose, pleurisia, enfisema e pneumoconiose. Homens, mulheres e crianças morriam queimados em acidentes em casa e no trabalho.

A fome matava, assim como o cólera, a coqueluche e o câncer. Pais e filhos, enfraquecidos pela subnutrição e cercados de imundície e parasitos, não tinham um sistema imunológico que pudesse combater doenças não letais. Resfriados e gripes tornavam-se bronquites, pneumonias e mortes. Muitos bebês tinham vida curta no East End, e as pessoas que moravam e sofriam lá odiavam o Hospital de Londres e o evitavam ao máximo. Ir para o hospital era piorar. Deixar que um médico as tocasse significava morrer, o que geralmente era verdade. Um artelho com um abscesso que exigisse amputação podia levar a osteomielite — e morte. Um corte que necessitasse de suturas podia levar a uma infecção — e morte.

Uma amostra de hospitalizações por supostos suicídios revela que em 1884 cinco homens tentaram se matar cortando a garganta, quatro mulheres cortaram a garganta e duas, os pulsos. Em 1885, cinco mulheres aparecem relacionadas por suicídio, ou tentativa de suicídio, por envenenamento e uma por afogamento. Oito homens cortaram a garganta, um usou uma arma de fogo e outro, um laço. Em 1886, cinco mulheres tentaram suicídio cortando a garganta. Doze mulheres e sete homens tentaram se envenenar, e outros doze homens cortaram a garganta, esfaquearam-se ou se balearam.

Simplesmente não é possível distinguir quem de fato cometeu suicídio de quem pode ter sido assassinado. Se a pessoa viesse do imundo East End e a morte ou tentativa de morte tivesse sido testemunhada, a polícia tendia a aceitar o que as testemunhas diziam. Quando o marido violento e bêbado de uma mulher jogou duas lâmpadas de óleo acesas em cima dela e a incendiou, ela, antes de morrer, declarou à polícia que a culpa era inteiramente sua. O marido não foi acusado. A morte foi catalogada como acidental.

A menos que um caso fosse óbvio, não havia como se certificar quanto à maneira ou mesmo quanto à causa da morte. Se a garganta de uma mulher fosse cortada em ambiente fechado e a arma fosse encontrada nas proximidades, a polícia supunha que ela se matara. Essas suposições, inclusive as do bem-intencionado dr. Llewellyn, não só punham a polícia numa pista falsa — caso ela ao menos se desse o trabalho de segui-la —, como também levavam a erros no diagnóstico e nas conclusões sobre ferimentos e morte que podiam destruir um processo em tribunal. A medicina forense não era sofisticada no tempo do dr. Llewellyn, e essa, mais do que negligência, é a explicação mais provável para suas deduções apressadas e infundadas.

Se tivesse examinado a calçada depois de o corpo de Mary Ann Nichols ter sido retirado e colocado na ambulância, o médico teria notado o sangue e o coágulo que o policial Phail viu. Poderia ter notado sangue ou um líquido corporal escorrendo para a sarjeta. A visibilidade era ruim, portanto ele talvez pudesse ter pensado em recolher um pouco daquele líquido para determinar, primeiro, se era sangue e, segundo, se o soro estava se separando, como ocorre durante a coagulação, o que teria fornecido outra pista sobre a hora da morte.

Embora não fosse padrão em inquéritos de morte medir a temperatura no local do crime e a temperatura do corpo, o dr. Llewellyn deveria ter notado o estágio de *rigor mortis*, que ocorre quando o corpo deixa de produzir o trifosfato de adenosina (ATP) necessário para a contração dos músculos. Devia ter examinado o *livor mortis*, que ocorre quando o sangue deixa de circular e se acumula em certas partes do corpo, devido à gravidade. Num enforcamento, por exemplo, basta que a vítima seja suspensa pelo pescoço por meia hora para que a parte inferior do corpo fique vermelho-arroxeada. Depois de cerca de oito horas o *livor mortis* se torna permanente. O *livor mortis* poderia não só ter dado uma indicação da hora da morte de Mary Ann Nichols, como também informado ao dr. Llewellyn se o corpo fora mudado de lugar em algum momento depois do assassinato.

Lembro-me de um caso, anos atrás, em que a polícia chegou ao local e descobriu um corpo rijo como uma tábua de passar roupa, encostado numa poltrona. As pessoas da casa não queriam que ninguém soubesse que o homem morrera na cama, no meio da noite, e tentaram colocá-lo numa cadeira. O *rigor mortis* desmascarou a mentira. Em outro caso, ocorrido quando comecei a trabalhar no gabinete do médico-legista, chegou ao necrotério o corpo de um homem completamente vestido, com a história de que ele fora encontrado morto no chão. O *rigor mortis* revelou a verdade. O sangue se instalara na parte inferior do corpo, e nas nádegas ele tinha o desenho perfeito do assento do vaso sanitário onde passara horas sentado depois de ter sofrido uma arritmia cardíaca.

Determinar a hora da morte a partir de uma única informação *post-mortem* é o mesmo que diagnosticar uma doença a partir de um único sintoma. A hora da morte é apurada por um conjunto de muitos detalhes. O *rigor mortis* é acelerado pela massa muscular da vítima, pela temperatura do ar, pela perda de sangue e até pela atividade que precedeu a morte. O corpo nu de uma mulher magra que morreu de uma hemorragia ao ar livre, a uma temperatura de 10 °C vai esfriar mais depressa e enrijecer mais lentamente do que se ela estivesse vestida, num aposento aquecido, e tivesse morrido estrangulada.

Temperatura ambiente, tamanho do corpo, vestuário, local, causa da morte e muitas outras minúcias *post-mortem* podem ser linguarudos travessos, que enganam até o perito e o deixam completamente confuso acerca do que aconteceu de fato. Pode-se confundir *livor mortis* — especialmente na época do dr. Llewellyn — com escoriações recentes. Um objeto que faça pressão contra o corpo, como uma parte de uma cadeira virada que seja enfiada com força embaixo do pulso da vítima, deixa uma área pálida com a sua forma. Se isso for erroneamente interpretado como "marcas de pressão", um caso de morte não violenta pode, de repente, tornar-se um caso de crime.

Não há como dizer quanta coisa foi irremediavelmente adulterada nos assassinatos do Estripador e quantas provas podem ter sido perdidas, mas pode-se ter certeza de que o homicida deixou vestígios de sua identidade e de sua vida cotidiana. Esses vestígios se teriam aderido ao sangue no corpo e no chão. E ele levou provas consigo, como cabelos, fibras e sangue da vítima. Em 1888, não era prática-padrão a polícia ou os médicos procurarem cabelos, fibras ou outras provas minúsculas que pudessem requerer exame microscópico. As impressões digitais eram chamadas de "marcas dos dedos", e simplesmente significavam que um ser humano havia tocado um objeto como uma vidraça. Não fazia diferença se descobrissem uma impressão digital patente, ou visível, com detalhes de sulcos bem definidos. Foi só em 1901 que a Scotland Yard criou seu primeiro Departamento Central de Impressões Digitais.

Cinco anos antes, em 1896, duas impressões digitais em tinta vermelha foram deixadas numa carta do Estripador que a polícia recebeu em 14 de outubro. A carta foi escrita em tinta vermelha e as impressões parecem ter sido feitas pelo indicador e pelo dedo médio da mão esquerda. Os detalhes dos sulcos são suficientemente bons para serem comparados. Talvez tenham sido deixadas de propósito: Sickert era do tipo que estaria informado sobre a tecnologia mais recente de investigação criminal, e deixá-las seria outro "rá rá".

A polícia não as teria associado com ele. Pelo que sou capaz de dizer, a polícia nunca as notou e, cerca de sessenta anos depois da morte de Sickert, continua sendo improvável que um dia essas impressões digitais venham a ser comparadas com as dele. Não temos impressões digitais de Sickert. Elas foram queimadas quando ele foi cremado. O melhor que pude fazer até agora foi encontrar uma impressão a tinta, quase invisível, no verso de uma de suas placas de cobre para água-forte. A impressão ainda tem de revelar detalhes de sulcos suficientes para permitir uma comparação, e é preciso considerar a possibilidade de não ter sido deixada por Sickert, mas sim por um impressor.

Impressões digitais eram conhecidas muito antes de o Estripador começar a cometer seus crimes. Os sulcos nas saliências na parte interna de nossos dedos permitem segurar melhor as coisas e são exclusivos de cada indivíduo, não se repetem nem mesmo entre gêmeos idênticos. Acredita-se que os chineses utilizavam impressões digitais 3 mil anos atrás para "assinar" documentos legais, mas não se sabe se era um gesto cerimonial ou se tinha finalidade de identificação. Na Índia, já em 1870 impressões digitais eram usadas para "assinar contratos". Sete anos mais tarde, um microscopista americano publicou um artigo de jornal sugerindo que elas fossem usadas como meio de identificação; a mesma sugestão foi feita em 1880 por um médico escocês que trabalhava num hospital no Japão. Mas, como ocorre com todo grande avanço científico — inclusive com o DNA —, as impressões digitais não foram compreendidas nem utilizadas de imediato, nem prontamente aceitas em tribunal.

Na era vitoriana, o principal meio de identificar uma pessoa e associá-la a um crime era uma "ciência" chamada antropometria, desenvolvida em 1879 pelo criminologista francês Alphonse Bertillon. O criminologista acreditava que era possível identificar e classificar as pessoas mediante uma descrição detalhada de características faciais e uma série de onze medidas do corpo, que incluía altura, extensão dos braços, circunferência da cabeça e comprimento do pé esquerdo. Bertillon afirmava que os esqueletos são altamente individualizados, e a antropometria continuou a ser utilizada para classificar criminosos e suspeitos até a virada do século XX.

A antropometria era não só imperfeita como também perigosa. Dependia de atributos físicos que não são tão individualizados quanto se acreditava. Essa pseudociência dava ênfase demais à aparência da pessoa, e levou a polícia a aceitar como fatos, consciente ou subconscientemente, as superstições de outra pseudociência: a fisiognomonia, segundo a qual criminalidade, moralidade e intelecto se refletem no corpo e no rosto da pessoa. Os ladrões geralmente são "frágeis", enquanto homens violentos costumam ser "fortes" e ter "boa saúde". Todos os criminosos têm um "alcance de dedos" superior, e quase todas as criminosas são "feias, quando não repelentes". Os estupradores tendem a ser "louros", e os pedófilos freqüentemente são "delicados" e parecem "infantis".

Se no século XXI as pessoas encontram dificuldade em aceitar o fato de que um psicopata assassino pode ser atraente, simpático e inteligente, imagine-se a dificuldade na era vitoriana, quando os livros-padrão de criminologia incluíam longas descrições de antropometria e fisiognomonia. A polícia vitoriana era programada para identificar suspeitos pela estrutura do esqueleto e por características faciais e para supor que determinada "aparência" podia ser associada com determinado tipo de comportamento.

Walter Sickert não teria sido rotulado como suspeito na época dos crimes do Estripador. O "jovem e belo" Sickert, com sua "conhecida simpatia", como Degas o descreveu certa vez, não poderia ser capaz de cortar a garganta de uma mulher e retalhar-lhe o abdome. Em anos recentes até ouvi dizer que, se tivesse tendências violentas, um artista como Sickert as teria sublimado em seu trabalho criativo e não as teria posto em prática.

Quando saía à procura de Jack, o Estripador, a polícia dava muita importância à descrição feita por testemunhas de homens que tinham sido vistos por último com as vítimas. Os relatórios das investigações revelam que se prestava muita atenção à cor do cabelo, à pele e à altura, sem que a polícia levasse em conta que todas essas características podem ser disfarçadas. A altura de um indivíduo não só varia dependendo da postura, de chapéus e de calçados, como também pode ser alterada por truques. Os atores podem usar chapéus altos e tacões especiais nos sapatos. Podem curvar-se e dobrar ligeiramente os joelhos sob casacos ou capas volumosos, podem usar boinas enterradas na cabeça, e parecer vários centímetros mais altos ou mais baixos do que são.

As primeiras publicações sobre jurisprudência médica e medicina legal revelam que se sabia muito mais do que realmente se aplicava em casos de crimes. Mas em 1888 continuava-se a ganhar ou perder processos com base em descrições de testemunhas e não em provas concretas. Se a polícia sabia algo sobre ciência forense, não havia meios práticos de testar provas. Na época o Ministério do Interior — o departamento do governo que supervisiona a Scotland Yard — não possuía laboratórios forenses.

Um médico como o dr. Llewellyn talvez nunca tivesse visto um microscópio ou soubesse que cabelo, ossos e sangue podem ser identificados como humanos. Mais de duzentos anos antes Robert Hooke tinha escrito sobre as propriedades microscópicas de pêlos, fibras e até detritos vegetais e picadas de abelha, mas para investigadores de mortes e para o médico mediano a microscopia era tão vaga quanto devia parecer a ciência dos foguetes ou a astronomia.

O dr. Llewellyn freqüentou a faculdade de medicina do Hospital de Londres e era médico licenciado havia treze anos. Seu consultório não ficava a mais do que trezentos metros do local onde Mary Ann Nichols foi assassinada. Era médico particular. Embora a polícia o conhecesse o suficiente para solicitá-lo pelo nome quando o corpo de Mary Ann Nichols foi encontrado, não há motivo para supor que fosse um funcionário da Scotland Yard, ou seja, não era um médico que prestasse serviços em período parcial a uma divisão em particular, neste caso, a Divisão H, que cobria Whitechapel.

O trabalho de um médico da polícia era cuidar das tropas. Assistência médica gratuita era uma vantagem de se trabalhar para a Polícia Metropolitana, e tinha de haver um médico disponível para examinar prisioneiros ou ir à cadeia local para determinar se um cidadão estava bêbado, doente ou "possuído por espíritos animais", o que eu suponho que se refira a excitação ou histeria. No final da década de 1880, o médico da polícia também comparecia a locais de morte pelo pagamento de uma libra e um xelim por caso; se realizasse uma autópsia, recebia duas libras e dois xelins. Mas não se esperava de maneira alguma que estivesse bem familiarizado com o microscópio, com as nuances de ferimentos e envenenamentos e com as revelações que o corpo pode fazer após a morte.

O mais provável é que o dr. Llewellyn fosse um médico local que a polícia se sentia à vontade para mandar chamar, e é possível que trabalhasse em Whitechapel por razões humanitárias. Era membro da Sociedade Ginecológica Britânica e devia estar acostumado a ser convocado a qualquer hora da noite. Quando a polícia bateu à sua porta na madrugada fria e nublada de 31 de agosto, ele provavelmente seguiu para o local o mais depressa possível. Não tinha formação para fazer muito mais do que determinar que a vítima estava realmente morta e, com base em experiência, fornecer à polícia uma suposição quanto à hora em que a morte tinha ocorrido.

Se o corpo já não estivesse ficando verde em torno do abdome, o que indicaria os estágios iniciais da decomposição, a tradição era esperar no mínimo 24 horas para se realizar o *post-mortem*, devido à remota possibilidade de a pessoa ainda estar viva e "voltar a si" no momento em que se abrisse o corpo. Durante séculos prevaleceu o medo de que se pudesse ser dado por morto e enterrado vivo. Circulavam histórias grotescas sobre pessoas no caixão que, de repente, tentaram sentar-se, motivando alguns que se apavoravam o suficiente com essa possibilidade a instalar em seu túmulo um sino preso a uma corda que ia até o caixão. Algumas histórias talvez fossem referências veladas a casos de necrofilia. Houve um caso em que uma mulher não estava realmente morta quando um homem fez sexo com ela no caixão. Estava paralisada, mas consciente o bastante para consentir com a fraqueza da carne.

Os relatórios da polícia sobre o assassinato de Mary Ann Nichols quase não deixam dúvidas de que o dr. Llewellyn não parecia particularmente interessado na roupa da vítima, especialmente nos andrajos imundos de uma prostituta. Roupa não era fonte de provas, mas meio de identificação. Alguém talvez pudesse reconhecer uma vítima pelo que estivesse usando. No final da década de 1800, as pessoas não portavam documentos, a não ser um passaporte ou visto. Mas isso era raro. O cidadão britânico não precisava nem de uma coisa nem da outra para viajar para o continente europeu. Quando um corpo era recolhido da rua e levado para o necrotério, não tinha identificação, a menos que a pessoa fosse conhecida pelos moradores locais ou pela polícia.

Com freqüência me peguei pensando em quantos infelizes não foram para o túmulo sem terem sido identificados ou sob um nome falso. Não seria difícil assassinar alguém e ocultar a identidade da vítima, ou simular a própria morte. Durante as investigações sobre os crimes do Estripador, não se fez tentativa alguma no sentido de distinguir sangue humano de sangue de aves, peixes ou mamíferos. Se o sangue não estivesse no corpo ou perto dele, nem numa arma encontrada no local, a polícia não era capaz de dizer se tinha relação com o crime ou se vinha de um cavalo, ovelha ou vaca. No final da década de 1880, as ruas de Whitechapel perto de matadouros eram cobertas de sangue e entranhas em putrefação, e os homens andavam com sangue na roupa e nas mãos.

O dr. Llewellyn interpretou erroneamente quase todos os detalhes do assassinato de Mary Ann Nichols. Mas é provável que tenha feito o melhor que pôde com o seu treinamento limitado e com o que estava disponível na época. Seria interessante imaginar como esse assassinato seria investigado hoje. Eu situaria o local na Virgínia — não porque foi onde trabalhei e continuei a me informar, mas porque possui um dos melhores sistemas estaduais de médicos-legistas dos Estados Unidos.

Na Virgínia, cada um dos quatro gabinetes distritais tem patologistas forenses, que são médicos especializados em patologia e na subespecialidade de patologia forense, um treinamento que requer dez anos de pós-graduação, sem contar três anos adicionais, caso o patologista forense também queira um diploma em direito. Os patologistas forenses realizam a autópsia, mas é o médico-legista — um médico de qualquer especialidade que trabalha em período parcial prestando assistência ao patologista e à polícia — que é chamado ao local de uma morte súbita, inesperada ou violenta.

Se trabalhasse na Virgínia, o dr. Rees Ralph Llewellyn teria um consultório particular e trabalharia em período parcial como médico-legista para um dos quatro distritos, dependendo de onde morasse. Se Mary Ann Nichols tivesse sido assassinada no momento em que escrevo, a polícia chamaria o dr. Llewellyn ao local, que teria sido isolado e protegido do público e do mau tempo. Se necessário, teriam erguido uma barraca, haveria um perímetro de luzes fortes e sinais piscando, e os policiais estariam na rua, para manter os curiosos à distância e desviar o trânsito.

O dr. Llewellyn usaria um termômetro químico limpo e o introduziria no reto da vítima — desde que não apresentasse ferimentos — para medir a temperatura do corpo; em seguida mediria a temperatura do ar. Um cálculo rápido lhe daria uma idéia bem aproximada de quando Mary Ann tinha sido morta, porque um corpo em circunstâncias relativamente normais, supondo-se uma temperatura ambiente de cerca de 20 °C, esfriaria cerca de 0,2 grau por hora nas primeiras doze horas. O dr. Llewellyn examinaria os estágios do *livor mortis* e do *rigor mortis* e faria um cuidadoso exame externo do corpo e do que houvesse em torno e embaixo dele. Tiraria fotos e recolheria qualquer prova óbvia no corpo que pudesse ser deslocada ou contaminada durante o traslado. Faria muitas perguntas à polícia e tomaria notas. Depois encaminharia o corpo para o gabinete do médico-legista do distrito ou para o necrotério, onde um patologista forense faria a autópsia. Todas as outras fotografias e provas coletadas no local ficariam por conta de detetives da polícia ou de uma equipe forense da polícia.

Fundamentalmente, isso não é muito diferente da maneira como se lida hoje com um homicídio na Inglaterra, a não ser pelo fato de que o tribunal de um *coroner** conduziria um inquérito ao se concluir a investigação no local do crime e o exame do corpo. Informações e testemunhas seriam apresentados ao *coroner* e a um júri, e seria emitido um veredicto sobre a morte, considerando-a natural, acidental, suicídio ou homicídio. Na Virgínia, o tipo de morte seria conclusão exclusiva do patologista forense que executasse a autópsia. Na Inglaterra, essa decisão dependeria dos jurados, o que pode ser desastroso, se a maioria deles não compreender os fatos médico-legais do caso, especialmente quando esses fatos são fracos.

No entanto, os jurados podem ir um passo adiante do patologista forense e encaminhar a julgamento um caso "indeterminado". Penso no caso de uma mulher "afogada", cujo marido tinha acabado de fazer um vultoso segu-

---

* Funcionário cuja função é descobrir a causa de qualquer morte repentina, violenta ou suspeita por meio de um inquérito. A origem da palavra é explicada pela autora no capítulo 13 a seguir. (N. E.)

ro de vida em nome dela. A função do perito médico não é fazer deduções, não importa o que ele possa pensar. Mas os jurados podem fazer isso. Podem reunir-se em sala fechada e suspeitar que a mulher foi assassinada pelo marido ganancioso e encaminhar o caso a um tribunal.

O modo americano de investigar circunstâncias de morte foi importado da Inglaterra. Mas, ao longo das décadas, estados, condados e cidades dos Estados Unidos foram lentamente se distanciando da noção de "*coroner*", geralmente uma pessoa sem formação médica, eleita e investida do poder para decidir como foi que uma pessoa morreu e se houve crime. Quando comecei a trabalhar no gabinete do Médico-Legista Chefe, em Richmond, imaginei que as outras jurisdições tivessem o mesmo sistema de médicos-legistas que a Virgínia. Fiquei consternada ao saber que isso não era verdade. Muitos *coroners* eleitos em outros estados eram diretores de casas funerárias, o que, na melhor das hipóteses, constitui um conflito de interesses e, na pior, uma oportunidade para incompetência médico-legal e abuso financeiro de pessoas enlutadas.

Os Estados Unidos nunca tiveram um padrão nacional de investigação de mortes, e estamos longe de possuir um no momento. Algumas cidades ou estados continuam tendo *coroners* eleitos que comparecem ao local, mas que não fazem autópsias, porque não são patologistas forenses e nem sequer médicos. Há departamentos — como o de Los Angeles — onde o legista chefe é chamado de *coroner*, embora não seja eleito e seja patologista forense.

Também há estados que têm médicos-legistas em algumas cidades e *coroners* em outras. Algumas localidades não têm nem um nem outro, e a prefeitura paga, de má vontade, uma pequena remuneração para que o que chamo de "um patologista forense do circuito" lide com um caso médico-legal, geralmente num lugar inadequado — quando não pavoroso — como uma casa funerária. A pior instalação de que me lembro ficava na Pensilvânia. A autópsia era feita num "necrotério" de hospital que era usado como abrigo temporário de bebês natimortos e partes de corpos amputados.

13. Alvoroço

O sistema inglês de investigação de mortes remonta ao reinado de Ricardo I, cerca de oitocentos anos atrás, quando se decretou que em todos os condados do reino as "demandas da Coroa" seriam asseguradas por oficiais. Esses homens eram chamados de "*crowners*" [de *crown*, coroa], nome que acabou evoluindo para "*coroner*".

Os *coroners* eram eleitos pelos senhores de propriedades no condado e tinham de ser cavaleiros, o que garantia que tivessem segurança financeira, boa posição e, claro, que fossem objetivos e honestos ao arrecadar receitas devidas à Coroa. Uma morte súbita era fonte potencial de renda para o rei, caso se comprovasse crime ou suicídio ou mesmo se não houvesse uma reação adequada por parte de quem encontrasse o morto — como não ter reação alguma ou fingir que não tinha visto.

É natural se fazer muito alvoroço quando se topa com um cadáver, mas, na Idade Média, não fazer isso era correr o risco de punição e penalidade financeira. Quando uma pessoa morria de repente, o *coroner* tinha de ser notificado imediatamente. Ele agia o mais depressa possível e reunia um júri para o que mais tarde seria chamado de inquérito. Assusta pensar em quantas mortes devem ter sido rotuladas de atos maldosos quando a verdade pode ter sido que o infeliz simplesmente engasgou com o pedaço de carneiro que estava comendo, teve um derrame ou caiu morto ainda jovem devido a uma insuficiência cardíaca congênita ou a um aneurisma. Suicídio e homicídio eram pecados contra Deus e contra o rei. Se alguém desse cabo da própria vida ou da alheia, o *coroner* e o júri determinavam que o falecido ou o perpetrador tinha cometido delito, e todo o espólio do infrator podia acabar nos cofres da Coroa. Isso colocava o *coroner* na tentadora posição de talvez negociar um pouco e demonstrar alguma compaixão antes de partir com as moedas retinindo nos bolsos.

O poder do *coroner* acabou por lhe atribuir a capacidade de julgar e por transformá-lo em executor da lei. O suspeito que buscasse refúgio na igreja logo se via face a face com ele, que exigia uma confissão e providenciava, em nome da Coroa, o confisco dos bens do homem. Os *coroners* participavam da prática hedionda do ordálio, ou juízo de Deus, que exigia que uma pessoa provasse a própria inocência não demonstrando dor nem ferimento depois de colocar a mão no fogo ou suportar outras torturas medonhas enquanto, de seu assento, o *coroner* acompanhava a cena, carrancudo. Antes de existirem autópsias médico-legais e investigações policiais profissionais, o marido que não conseguisse suportar torturas terríveis e escapar incólume podia ser responsabilizado pela morte da esposa que tinha rolado pela escadaria do castelo.

Os *coroners* de antigamente eram o equivalente a um patologista forense de hoje sem formação médica, que dirigisse a perua do necrotério até o local de uma morte, desse uma olhada no corpo, ouvisse testemunhas, descobrisse quanto dinheiro o morto possuía, decidisse que a morte repentina provocada por uma picada de abelha era um envenenamento homicida, e testasse a inocência da esposa segurando-lhe a cabeça na água, concluindo que ela era inocente se não se afogasse depois de uns cinco ou dez minutos. Caso ela se afogasse, o veredicto seria de delito, e o espólio da família seria confiscado para a rainha ou para o presidente dos Estados Unidos, dependendo de onde a morte tivesse ocorrido. No sistema de *coroner* dos velhos tempos, os jurados podiam ser subornados, os *coroners* podiam enriquecer e pessoas inocentes podiam perder tudo que possuíam ou ser enforcadas. Era preferível, se possível, não morrer de repente.

Os tempos mudaram para melhor. No século XVI, o *coroner* passou a concentrar-se apenas na investigação de mortes repentinas e perdeu a função de executor da lei e de julgar pelo ordálio. Em 1860 — ano em que Walter Sickert nasceu —, uma comissão recomendou que o processo de eleição de um *coroner* fosse tratado com a mesma seriedade com que se elegiam os membros do Parlamento. Uma consciência cada vez maior da importância da competência nos exames *post-mortem* e no manuseio de provas aumentou o valor e o prestígio do cargo de *coroner*, e em 1888 — quando tiveram início os crimes do Estripador — uma lei determinou que as conclusões dos inquéritos de morte conduzidos por *coroners* não mais acarretariam nenhum tipo de benefício financeiro para a Coroa.

Essas leis importantes raramente são mencionadas em relação aos crimes do Estripador, se é que o são. Tornou-se prioritário haver objetividade no inquérito de uma morte, e foi eliminada a possibilidade de ganhos materiais para a Coroa. A mudança da lei significou uma mudança de mentalidade, que permitiu e encorajou os *coroners* a se concentrarem na justiça e não na traiçoeira pressão de membros da família real. A Coroa não tinha nada a ganhar interferindo nos inquéritos sobre Martha Tabran, Mary Ann Nichols e as outras vítimas do Estripador — mesmo que as mulheres fossem de classe alta, influentes e ricas. O *coroner* não tinha nada a ganhar, mas muito a perder, se a imprensa com liberdade de expressão o descrevesse como um imbecil incompetente e mentiroso ou um tiranete ganancioso. Homens como Wynne Baxter sustentavam-se com práticas legais respeitáveis. Não aumentavam muito os próprios rendimentos presidindo inquéritos, mas punham em risco seu meio de vida se sua integridade e suas qualificações fossem impugnadas.

Em 1888 a evolução do sistema de *coroner* tinha atingido um novo nível de objetividade e seriedade, reforçando minha crença de que não houve uma conspiração política ou investigativa para "acobertar" algum segredo execrável durante os assassinatos do Estripador ou depois que se acreditou que tivessem terminado. Houve, é claro, as tentativas burocráticas habituais no sentido de impedir novos constrangimentos, desestimulando a publicação de memórias de policiais e classificando como secretos memorandos oficiais que não tinham sido escritos para serem divulgados ao público. Discrição e não-divulgação podem não ser populares, mas nem sempre implicam escândalo. Gente honesta apaga e-mails e usa máquinas de picar papel. Mas, por mais que eu tentasse, por muito tempo não consegui encontrar uma desculpa para o silêncio do esquivo inspetor Abberline. Muita importância se dá a ele, muito pouco se sabe a seu respeito e ele parece muito desatento da investigação que dirigiu sobre o Estripador.

Frederick George Abberline era um homem modesto, cortês e de elevados princípios morais, tão confiável e metódico quanto os relógios que consertava antes de ingressar na Polícia Metropolitana, em 1863. Durante os trinta anos em que serviu na força, mereceu 84 elogios e prêmios de juízes, *coroners* e do comissário de polícia. Como disse o próprio Abberline, prosaicamente: "Acho que me consideravam muito excepcional".

Ele era admirado, quando não querido, pelos colegas e pelo público a que servia, e não parece ter sido do tipo que ofuscava alguém deliberadamente, mas sentia grande orgulho de um trabalho bem-feito. Acho significativo que não exista uma única fotografia dele de que alguém tenha conhecimento, e não acredito que isso se deva ao fato de todas terem "sumido" dos arquivos e pastas da Scotland Yard. Fotos "roubadas" estariam circulando de novo há anos, e seu preço teria aumentado a cada revenda. E também me parece que qualquer foto existente teria sido publicada pelo menos uma vez em algum lugar.

Mas não sei se existe sequer uma foto de Abberline. As únicas indicações sobre sua aparência se encontram em alguns esboços publicados por revistas que nem sempre registram seu nome corretamente. As versões artísticas do lendário inspetor mostram um homem sem nada de especial, com suíças, orelhas pequenas, nariz reto e testa alta. Parece que em 1885 estava perdendo o cabelo. Talvez tenha ficado um pouco recurvado e não me dá a impressão de ter sido muito alto. Assim como o mítico monstro do East End que Abberline perseguiu mas nunca pegou, o detetive era capaz de desaparecer quando queria e se esconder no meio de uma multidão.

Seu amor por relojoaria e jardinagem revela muito a seu respeito. Essas atividades são solitárias e calmas, requerem paciência, concentração, tenacidade, meticulosidade, toque leve, e amor à vida e à maneira como as coisas funcionam. Não sou capaz de pensar em qualidades melhores para um detetive, a não ser, é claro, honestidade, e não tenho dúvida de que, nesse sentido, Frederick Abberline era exemplar. Embora nunca tenha escrito sua autobiografia nem permitido que alguém contasse sua história, ele fez um diário que não merece propriamente esse nome, um livro com cem páginas de recortes sobre crimes em que trabalhou, entremeados com comentários na sua letra elegante e ampla.

Baseada na maneira como organizou seu livro de recortes, eu diria que Abberline só se ocupou dele depois de se aposentar. Após sua morte, em 1929, essa coleção de textos sobre sua carreira brilhante passou a seus descendentes, que acabaram por doá-la a um desconhecido ou desconhecidos. Eu não sabia nada a respeito dele até o começo de 2002, quando estava fazendo novas pesquisas em Londres e um funcionário da Yard me mostrou o livro de 20 x 27 cm, encadernado em preto. Não sei se tinha acabado de ser doado ou de aparecer. Não sei se pertence à Scotland Yard ou a alguém que trabalha lá. Não sou capaz de dizer onde exatamente esse livro de recortes pouco conhecido esteve desde que Abberline o organizou, nem quando apareceu na Scotland Yard. Abberline permanece tipicamente misterioso e mesmo agora oferece poucas respostas.

Seu diário não encerra confidências nem é cheio de detalhes sobre sua vida, mas revela a personalidade dele na maneira como trabalhava e nos comentários que escreveu. Era homem corajoso e inteligente que cumpria a palavra dada e respeitava as regras, que incluíam não divulgar detalhes exatamente sobre os tipos de caso que eu tinha a esperança de encontrar escondidos entre as capas de seu livro de recortes. As anotações de Abberline cessam abruptamente em outubro de 1887, com um caso do que ele chamou de "combustão espontânea", e só são reiniciadas em março de 1891, com um caso de tráfico de bebês.

Não há nem sequer um indício sobre Jack, o Estripador. Não se encontra uma única palavra sobre o escândalo de 1889 em torno do bordel masculino na rua Cleveland, que deve ter sido um vespeiro para Abberline, pois entre os acusados havia homens próximos ao trono. Lendo-se o diário de Abberline, seria de pensar que os crimes do Estripador e o escândalo da rua Cleveland nunca aconteceram, e não tenho motivo para suspeitar que alguém tenha removido páginas do livro de recortes. Parece que Abberline decidiu não incluir o que sabia que seriam os detalhes mais procurados e controvertidos de sua carreira de investigador.

Nas páginas 44 e 45 do diário, ele oferece uma explicação para seu silêncio:

Penso que é apropriado registrar aqui a razão pela qual, tendo em vista os vários recortes de jornais e as muitas outras questões que fui chamado a investigar e que nunca se tornaram de domínio público, deve ficar evidente que eu poderia escrever muitas coisas que seriam interessantes de ler.

Na época em que me aposentei, as autoridades faziam forte oposição a que oficiais aposentados escrevessem qualquer coisa para a imprensa, pois alguns tinham sido muito indiscretos no que publicaram uma vez ou outra e, que eu saiba, foram chamados a explicar sua conduta e, de fato, ameaçados com processo por calúnia e difamação.

Além disso, não há como duvidar de que, ao se descrever o que se fez ao investigar certos crimes, deixam-se os criminosos mais alertas, ensinando-os, em alguns casos, a cometer crimes.

Na investigação de impressões digitais, por exemplo, agora temos o ladrão especializado, que usa luvas.

A oposição a que ex-oficiais escrevessem suas memórias não dissuadiu a todos, fossem da Scotland Yard, fossem da Polícia da City de Londres. Tenho três exemplos na minha escrivaninha: *Days of y years* [Dias de minha época] de sir Melville Macnaghten, *From constable to commissioner* [De guarda a comissário] de sir Henry Smith, e *Lost London: the memoirs of an East End detective* [Londres perdida: memórias de um detetive do East End] de Benjamin Leeson. Os três incluem anedotas e análises sobre Jack, o Estripador, sem as quais, na minha opinião, o mundo estaria melhor. É triste que homens que tiveram a vida e a carreira tocadas pelos casos do Estripador tenham elaborado teorias quase tão infundadas quanto algumas de pessoas que não tinham nem mesmo nascido na época dos crimes.

Henry Smith era o comissário interino da Polícia da City de Londres durante os crimes de 1888, e modestamente escreve que "não existe homem vivo que saiba tanto quanto eu sobre esses crimes". Afirma que, depois do "segundo crime" — que pode ter sido a morte de Mary Ann Nichols, que não foi assassinada na jurisdição de Smith —, ele "descobriu" um suspeito e ficou razoavelmente seguro de que era o assassino. Smith o descreveu como um ex-estudante de medicina que estivera internado num asilo de loucos e que passava "o tempo todo" com prostitutas, a quem enganava pagando com moedas de um quarto de *penny* polidas para parecerem soberanos.

Smith transmitiu essa informação a sir Charles Warren, que, segundo Smith, não encontrou o suspeito. Ainda bem. Apurou-se que o ex-lunático era o homem errado. Sinto-me forçada a acrescentar que um soberano teria sido um pagamento excepcionalmente generoso para uma Infeliz, que estava mais do que acostumada a trocar favores por moedas de um quarto de *penny*. O dano causado por Smith durante a investigação sobre o Estripador foi perpetuar a noção de que o assassino era um médico, um estudante de medicina ou alguém envolvido num campo relacionado com a medicina.

Não sei por que Smith fez essa suposição já no "segundo caso", quando nenhuma vítima ainda tinha sido estripada e nenhum órgão removido. Depois do assassinato de Mary Ann Nichols, não havia indicação alguma de que a arma fosse um bisturi ou de que o assassino tivesse qualificações cirúrgicas, ainda que remotas. A menos que, em suas lembranças, Smith tenha simplesmente se enganado em relação ao momento, naquele estágio inicial das investigações a polícia não tinha motivo algum para suspeitar de um indivíduo com formação médica.

Parece que as comunicações de Smith a Charles Warren não tiveram resposta, e Smith tomou a iniciativa de vestir à paisana "quase um terço" de sua força policial e, diz ele em suas memórias, de instruir os homens a "fazerem tudo que, em circunstâncias normais, um policial não deveria fazer". Algumas dessas atividades clandestinas eram sentar em soleiras de portas fumando cachimbo e ficar à toa em pubs, tagarelando com moradores das redondezas. O próprio Smith não escapou disso. Visitou "cada açougueiro da cidade", o que me parece quase cômico, pois imagino o comissário — talvez disfarçado, ou de terno e gravata — aparecendo nos matadouros para indagar sobre homens do ofício que tivessem aparência suspeita e que talvez estivessem andando pelas ruas a retalhar mulheres. Tenho certeza de que a Polícia Metropolitana não deve ter apreciado o entusiasmo dele nem essa violação de limites.

Sir Melville Macnaghten provavelmente causou um desvio permanente, se é que não as tirou dos trilhos, nas investigações sobre o Estripador com as suas certezas que não se baseavam em informações de primeira mão nem nas deduções razoáveis de um traquejado Abberline. Em 1889, Macnaghten ingressou na Polícia Metropolitana como comissário assistente do Departamento de Investigação Criminal (CID). Não tinha nada para recomendá-lo além dos doze anos que passara trabalhando nas plantações de chá de sua família em Bengala, onde, toda manhã, saía para caçar gatos selvagens, raposas, jacarés, ou talvez tentar matar javalis a chuço.

Nas memórias que publicou em 1914, quatro anos depois de Smith publicar as suas, Macnaghten se contém até a página 55, onde começa a se dedicar a um pouco de caça a javalis literária, seguida de investigações e pomposidade de amador. Diz que Henry Smith estava "cheio de expectativa" e que tinha uma "alma profética", pois — segundo Macnaghten — estava na cola do assassino semanas antes de o primeiro crime sequer ter ocorrido. Smith considerou o assassinato de Martha Tabran em 7 de agosto como o *début* do Estripador, enquanto Macnaghten tinha certeza de que a primeira vítima fora Mary Ann Nichols, morta em 31 de agosto.

Em seguida Macnaghten lembra aquelas noites terríveis de neblina e os "gritos estridentes" dos meninos jornaleiros, berrando que tinha havido "outro crime medonho...!". A cena que ele descreve vai se tornando mais dramática a cada página, até o ponto de irritar e dar vontade de que sua autobiografia tivesse sido uma das que o Ministério do Interior censurou. Suponho que seja possível que Macnaghten tenha ouvido aqueles gritos estridentes e vivido aquelas noites fatais de neblina, mas duvido que tenha sequer chegado perto do East End.

Ele acabara de retornar da Índia e ainda trabalhava para a família. Só começou na Scotland Yard cerca de oito meses depois de os crimes do Estripador terem supostamente terminado, quando já não eram prioritários para a Yard, mas isso não o impediu de concluir não só quem devia ser Jack, o Estripador, como também que ele estava morto e fizera cinco vítimas, "& somente cinco vítimas": Mary Ann Nichols, Annie Chapman, Elizabeth Stride, Catherine Eddows e Mary Kelly. A "teoria racional" de Melville Macnaghten era que, depois do "quinto" crime, em 9 de novembro de 1888, "o cérebro" do Estripador "parou de funcionar completamente" e o mais provável era que o homem tivesse cometido suicídio.

Quando se atirou no Tâmisa, no final de 1888, o jovem e deprimido advogado Montague John Druitt inadvertidamente se tornou um dos três principais suspeitos que Macnaghten citou no drama sangrento de Jack, o Estripador. Os outros dois, menos importantes na lista de Macnaghten, eram um judeu polonês chamado Aaron Kosminski, "insano" e com um "grande ódio por mulheres", e Michael Ostrog, um médico russo que foi internado num "asilo de lunáticos".

Por alguma razão, Macnaghten achou que Montague Druitt fosse médico. Essa suposição errônea persistiu por muito tempo e acho que algumas pessoas ainda pensam assim. Não sei onde foi que Macnaghten obteve essa informação, mas talvez se tenha confundido, pois o tio de Montague, Robert Druitt, era um médico ilustre que também escrevia sobre medicina, e o pai,

William, era cirurgião. Receio que Montague, ou "Monty", permanecerá para sempre um pouco nebuloso, porque não parece haver muita informação a seu respeito.

Em 1876, quando tinha dezenove anos e era moreno, bonito e atlético, Druitt se matriculou no New College, na Universidade de Oxford; cinco anos depois foi admitido no Inner Temple, em Londres, para fazer carreira como advogado. Foi bom aluno, jogador de críquete excepcionalmente talentoso, e teve um emprego em meio período como assistente na Valentine's School, um internato de meninos em Blackheath, na Zona Sudeste de Londres. Insinua-se que Druitt, que tinha 31 anos e era solteiro quando morreu, foi demitido da Valentine's School, no outono de 1888, por homossexualidade ou molestamento de crianças, ou ambas as coisas. Macnaghten alegou que Druitt era "sexualmente insano", o que, na era vitoriana, podia ser uma referência a homossexualismo. Mas só respalda a acusação com informações ditas confiáveis que ele supostamente destruiu.

A família de Druitt tinha um histórico de doenças mentais. A mãe foi internada num asilo no verão de 1888 e tentou suicídio no mínimo uma vez. Uma das irmãs cometeu suicídio mais tarde. Quando se afogou no Tâmisa, no começo do inverno de 1888, Druitt deixou uma nota dizendo que tinha medo de acabar como a mãe e achou melhor se matar. Nos arquivos da família, que se encontram no Departamento de Registros Públicos de Dorset e no de West Sussex, existe apenas uma carta sua, escrita ao tio, Robert, em setembro de 1876. A letra e a linguagem de Druitt não se assemelham a nada encontrado nas supostas cartas do Estripador, mas, mesmo assim, a simples idéia de fazer um julgamento com base nisso não é justa e não significa nada. Em 1876, Druitt ainda não tinha vinte anos. A letra e a linguagem podem não só ser disfarçadas, como também tendem a mudar à medida que a pessoa envelhece.

Druitt se tornou um suspeito dos crimes do Estripador pela conveniente razão de haver cometido suicídio não muito tempo depois do que Macnaghten considera o último ataque do Estripador, em 9 de novembro de 1888. É provável que o jovem advogado não fosse culpado de nada além de uma doença mental hereditária, e talvez o que levou a balança a pender de modo fatal contra ele tenha sido uma profunda angústia resultante do que fez para ser demitido da Valentine's School. Não temos como saber o que pensava ou sentia naquele momento da vida, mas seu desespero foi suficiente para fazê-lo pôr pedras nos bolsos do casaco e pular no Tâmisa gelado e poluído. O corpo foi retirado da água no último dia de 1888 e, com base no grau de decomposição, calculou-se que ele tivesse morrido havia cerca de um mês. No inquérito conduzido em Chiswick, o júri proferiu um veredicto de "suicídio cometido em estado de desequilíbrio mental".

Médicos e lunáticos eram os suspeitos mais populares da identidade do Estripador. B. Leeson, policial na época dos crimes do Estripador, afirma em suas memórias que, quando iniciou a carreira, o treinamento consistia em dez dias de comparecimento a uma delegacia e "algumas horas" de instrução com um inspetor-chefe. O resto, o oficial tinha de aprender com a experiência. "Infelizmente", escreveu Leeson, "não sou capaz de dar nenhum esclarecimento sobre o problema da identidade do Estripador." No entanto, acrescentou, havia determinado médico que nunca estava muito longe quando os crimes eram cometidos. Suponho que também Leeson nunca estivesse muito longe quando os crimes eram cometidos, caso contrário não poderia ter notado esse "mesmo" médico.

Talvez Frederick Abberline tenha evitado escrever sobre os casos do Estripador porque foi inteligente o suficiente para não falar sobre o que não sabia. Todos os casos que incluiu em seu livro de recortes foram investigados e solucionados por ele. As notícias de jornais que colou nas páginas e sublinhou (com linhas retas e precisas) e seus comentários não são profusos nem especialmente entusiasmados. Deixou claro que trabalhava arduamente e nem sempre ficava satisfeito com isso. Em 24 de janeiro de 1885, por exemplo, quando uma bomba explodiu na Torre de Londres, ele se viu "com um excesso de trabalho excepcional, porque o então ministro do Interior, sir Wm. Harcourt, queria ser informado todas as manhãs sobre o andamento do caso, e muitas noites, depois de trabalhar duro o dia inteiro, eu tinha de ficar acordado até as quatro ou cinco da manhã, fazendo relatórios para ele".

Se Abberline precisou fazer isso no caso da bomba na Torre de Londres, pode-se ter certeza de que, durante os crimes do Estripador, era freqüente ele passar a noite toda em claro e estar logo cedo no gabinete do ministro do Interior para receber instruções. Quando ocorreu o atentado na Torre, Abberline chegou "imediatamente depois da explosão" e pediu a todas as pessoas no local que permanecessem ali para serem entrevistadas pela polícia. Ele próprio fez muitas das entrevistas, e foi durante esse processo que "descobriu" um dos perpetradores, devido à "hesitação nas respostas e à sua atitude em geral". O atentado e o excelente trabalho de detetive de Abberline receberam muita cobertura da imprensa, e se, quatro anos depois, ele pareceu sair gradualmente de cena, deve ter sido por causa de sua posição de supervisor e da sua discrição. Era um homem que trabalhava implacavelmente e sem aplauso, o relojoeiro silencioso que não queria atenção mas estava decidido a consertar o que houvesse de errado.

Suspeito que ele se angustiasse com os crimes do Estripador e tenha passado muito tempo caminhando pelas ruas à noite, especulando, deduzindo, tentando achar pistas no ar imundo e nevoento. Quando os colegas, amigos, parentes e comerciantes do East End lhe ofereceram um jantar de aposentadoria, em 1892, deram-lhe de presente um serviço de chá e café de prata e elogiaram seu trabalho extraordinário e louvável na detecção do crime. Segundo o relato do jantar no *East London Observer*, o superintendente Arnold, da Divisão H, disse às pessoas reunidas para celebrar a carreira de Abberline que, durante os crimes do Estripador, "Abberline veio ao East End e dedicou todo o seu tempo a desvendar aqueles crimes. Infelizmente, porém, as circunstâncias eram tais que foi impossível ter sucesso".

Para Abberline, ser obrigado a confessar à imprensa, no outono de 1888, que "no momento não se pode obter a menor pista" deve ter sido doloroso e de enfurecer. Ele estava acostumado a levar a melhor sobre criminosos. Noticiou-se que trabalhou tanto para solucionar os crimes do Estripador que "quase sucumbiu sob a pressão". Era freqüente ele passar dias inteiros sem dormir. Não era raro vestir-se à paisana e ficar até as primeiras horas da manhã na companhia de "gente duvidosa" nas cozinhas de *doss-houses*. Mas não importa aonde Abberline fosse, o "canalha" não estava lá. Será que algum dia ele cruzou com Walter Sickert? Eu não ficaria surpresa se os dois tivessem conversado uma vez ou outra e se Sickert tivesse feito sugestões. Que "divertido" teria sido.

"Teorias!", bradaria Abberline mais tarde, quando alguém mencionava os crimes do Estripador. "Nós nos perdemos em teorias, havia teorias demais." Segundo todas as indicações, em anos posteriores, quando ele havia passado para outros casos, esse não era um assunto agradável de mencionar a ele. Melhor deixá-lo falar sobre a melhora do saneamento do East End ou de como ele solucionara uma longa série de roubos de ações seguindo pistas que levaram a uma caixa de chapéu abandonada numa estação ferroviária.

Apesar de toda a sua experiência e de seu talento, Abberline não solucionou o maior crime de sua vida. Seria uma pena se esse fracasso lhe tivesse causado algum pesar enquanto ele trabalhava em seu jardim durante os anos de aposentadoria. Frederick Abberline foi para o túmulo sem ter idéia do que havia enfrentado. Walter Sickert foi um assassino diferente de qualquer outro.

14. Trabalho de crochê e flores

O cadáver de Mary Ann Nichols permaneceu no necrotério em Whitechapel até a quinta-feira 6 de setembro, quando, já em decomposição, teve afinal direito a privacidade e repouso.

Foi encerrado num caixão de madeira "de aparência sólida" e posto num coche fúnebre, que o transportou até o cemitério de Ilford, a cerca de dez quilômetros, onde foi enterrado. Naquele dia, nublado e chuvoso, fez sol por apenas cinco minutos.

No dia seguinte, sexta-feira, a qüinquagésima oitava reunião anual da Associação Britânica examinou assuntos importantes como a necessidade de instalar e examinar pára-raios corretamente, os caprichos dos relâmpagos e os grandes danos que raios e gansos selvagens podiam causar aos fios do telégrafo. Expuseram-se as qualidades higiênicas da iluminação elétrica, e um físico e um engenheiro debateram se a eletricidade era uma forma de matéria ou de energia. Anunciou-se que era possível eliminar a pobreza e a miséria, desde que "se pudessem evitar fraqueza, doença, preguiça e estupidez". Uma boa notícia foi que Thomas Edson tinha acabado de abrir uma fábrica, que começaria a produzir 18 mil fonógrafos por ano, a vinte ou 25 libras a unidade.

Naquele dia o tempo foi pior do que na véspera, não fez sol em momento algum e sopraram pés-de-vento do norte. Caiu uma chuva pesada, misturada com neve, e foi em meio a uma neblina fria que os londrinos foram ao trabalho e, mais tarde, aos teatros. *Dr. Jekyll and Mr. Hyde* ainda atraía grande público ao Lyceum, e no Royalty Theatre tinha estreado uma paródia chamada *Hide and seekyll*. Nos jornais daquele dia, a crítica da peça *She*, encenada no Gaiety, qualificava-a de "um experimento pavoroso em dramatização", com assassinato e canibais. No Alhambra, um dos teatros de variedades prediletos de Walter Sickert, as portas se abriram às 22h30 com um elenco de dançarinas e o capitão Clives e "seu cão maravilhoso".

Enquanto a vida noturna começava em Londres, Annie Chapman dormia para curar-se da bebedeira. A semana fora ruim, pior do que de costume. Annie tinha 47 anos e faltavam-lhe os dois dentes da frente. Media 1,60 metro, era gorda, tinha olhos azuis e cabelo curto, castanho-escuro e ondulado. Como disse a polícia mais tarde, "ela conhecera melhores dias". Na rua, era conhecida "Annie Morena". De acordo com alguns relatos, o marido de quem estava separada era veterinário, mas na maioria deles o homem aparece como cocheiro de um cavalheiro que morava em Windsor.

Annie e o marido não mantiveram contato depois da separação e ela não se interessou pela vida dele até que, no final de 1886, parou de receber a pensão semanal de dez xelins. Um dia, uma mulher de aparência miserável, com jeito de mendiga, apareceu no pub Merry Wives of Windsor, perguntando sobre Chapman. Disse que tinha feito a pé o trajeto de trinta quilômetros desde Londres, hospedando-se numa casa de cômodos no caminho, e vinha se informar se o marido estava doente ou se isso era um pretexto para não mandar dinheiro. A mulher à porta do Merry Wives of Windsor informou à mendiga que o sr. Chapman tinha morrido no dia de Natal. Não deixara nada a Annie, a não ser dois filhos que não queriam saber dela: um garoto internado num asilo de aleijados e uma filha que recebera boa educação e morava na França.

Annie foi viver por um tempo com um fabricante de peneiras, e quando este a deixou, passou a pedir pequenos empréstimos ao irmão, que acabou por romper relações com ela. Annie não tinha contato com nenhum outro membro da família e, quando a saúde permitia, ganhava uns centavos vendendo trabalhos de crochê e flores. Segundo conhecidos, era "esperta" e laboriosa por natureza, mas, quanto mais dependente se tornava do álcool, menos lhe importava o que fazia para ganhar a vida.

Durante os quatro meses que precederam sua morte, esteve internada várias vezes em enfermaria. Passava as noites em *doss-houses* em Spitalfields, a mais recente das quais ficava na rua Dorset, 35, uma rua que unia a Commercial e a Crispin como um pequeno degrau de escada. Estimava-se em 5 mil o número de leitos em casas de cômodos nos antros infernais de Spitalfields, e mais tarde *The Times* comentou que, no inquérito sobre a morte de Annie, "o relance de vida [...] foi suficiente para fazer [os jurados] sentirem que havia muito na civilização do século XIX de que eles tinham poucos motivos para se orgulhar". No mundo de Annie Chapman, os pobres eram "arrebanhados como gado" e estavam "à beira da inanição". A violência permanecia latente dia e noite, alimentada pela miséria, pelo álcool e pela raiva.

Quatro noites antes de morrer, Annie teve uma altercação com outra inquilina, Eliza Cooper, que a interpelou na cozinha da casa de cômodos, exigindo a devolução de um pedaço de sabão que Annie tomara emprestado. Enfurecida, Annie jogou uma moeda de meio *penny* em cima da mesa e disse a outra que fosse comprar o sabão. As duas mulheres começaram uma briga que continuou no pub Ringer, nas proximidades, onde Annie esbofeteou Eliza e esta a esmurrou no olho esquerdo e no peito.

Logo cedo na manhã do sábado 8 de setembro, as escoriações de Annie ainda eram visíveis quando John Donovan, o administrador da casa de cômodos na rua Dorset, exigiu o pagamento de oito *pennies* por uma cama, caso ela pretendesse ficar. Ela respondeu: "Não tenho dinheiro. Estou fraca e doente, e estive internada". Donovan a lembrou de que ela conhecia as regras. Ela replicou que sairia para arranjar o dinheiro e que ele fizesse o favor de não alugar sua cama para outra pessoa. Mais tarde Donovan diria à polícia que ela "estava sob o efeito de álcool" quando o guarda-noturno a escoltou para fora da propriedade.

Annie virou à direita na Little Paternoster Road, e quando o vigia a viu pela última vez, estava na rua Brushfield, que vai de leste para oeste entre o que na época se chamava Bishopsgate Without Norton Folgate e a rua Commercial. Se tivesse seguido alguns quarteirões em direção ao norte pela rua Commercial, teria chegado a Shoreditch, onde havia diversos teatros de variedades (o Shoreditch Olympia, o Harwood e o Griffin). Um pouco mais ao norte ficava Hoxton — o próprio trajeto que Walter Sickert percorria às vezes quando voltava a pé para casa em Broadhurst Gardens, 54, depois de estar em teatros de variedades, teatros ou fosse lá aonde ele ia em suas caminhadas obsessivas tarde da noite e madrugada adentro.

Às duas da manhã, quando Annie apareceu nas ruas do East End, fazia 10 °C e estava tudo encharcado. Ela estava usando uma saia preta, uma jaqueta preta comprida e presa ao pescoço, um avental, meias pretas e botas. Ao pescoço levava um cachecol de lã preta, amarrado na frente com um nó, e embaixo do cachecol um lenço que comprara recentemente de outra inquilina. No anular da mão esquerda, tinha três anéis de metal barato. Num bolso interno da saia havia um pequeno estojo de pente, um pedaço de musselina grosseira e um pedaço de um envelope rasgado que ela fora vista pegando do chão da casa de cômodos para embrulhar dois comprimidos que lhe tinham dado na enfermaria. O envelope rasgado tinha um carimbo postal vermelho.

Se nas três horas e meia depois disso alguém viu Annie viva, nenhuma testemunha se apresentou. Às 4h45, John Richardson, de 37 anos, carregador no mercado de Spitalfields, seguia para a rua Hanbury, 29, uma casa de cômodos para os pobres, que, como tantas outras residências dilapidadas em Spitalfields, antes fora uma oficina, semelhante a um celeiro, onde tecelães labutavam em teares manuais até que a energia a vapor os deixou sem trabalho. A mãe de Richardson alugava essa casa e sublocava metade dos cômodos a dezessete pessoas. Ele, sendo filho consciencioso, ia dar uma passada, como sempre fazia quando se levantava cedo, para conferir a segurança do porão. Dois meses antes alguém tinha entrado e roubado duas serras e dois martelos. Sua mãe também tinha um negócio de caixotes para embalagem e o roubo de ferramentas fazia diferença.

Convencido de que o porão estava trancado e seguro, Richardson atravessou uma passagem que levava ao quintal e sentou-se na escada para cortar da bota um pedaço de couro que estava incomodando. Sua faca era "uma faca velha de cozinha", ele depôs mais tarde no inquérito, "com cerca de doze centímetros de comprimento", que ele tinha usado antes para cortar "um pedaço de cenoura" e depois, por distração, enfiara no bolso. Na sua estimativa, não esteve mais do que alguns minutos sentado na escada, com os pés apoiados na laje a poucos centímetros do local onde o corpo mutilado de Annie Chapman seria encontrado. Não ouviu nem viu ninguém. Amarrou a bota e tomou o rumo do mercado quando o sol começava a nascer.

Albert Cadosch morava na casa ao lado, no número 25 da mesma rua, e seu quintal era separado do do número 29 por uma cerca provisória de madeira com aproximadamente 1,75 metro de altura. Mais tarde ele contou à polícia que às 5h25 saiu até o quintal e ouviu uma voz dizer "Não", do outro lado da cerca. Vários minutos depois alguma coisa pesada caiu contra as ripas. Ele não foi ver o que tinha causado o barulho nem quem tinha dito "Não".

Cinco minutos mais tarde, às 5h30, Elisabeth Long caminhava pela rua Hanbury, indo em direção ao mercado de Spitalfields, quando notou um homem conversando com uma mulher a poucos metros da cerca em torno do quintal do número 29 da Hanbury, do outro lado da qual, meia hora depois, se tanto, o corpo de Annie Chapman seria encontrado. A sra. Long depôs no inquérito que tinha "certeza" de que a mulher era Annie Chapman. Annie e o homem falavam alto, mas, lembrou a sra. Long, pareciam estar se entendendo. O único fragmento da conversa que ouviu, ao passar pela rua, foi o homem perguntando "Você vai?" e a mulher identificada como Annie respondendo "Sim".

Obviamente, as horas dadas pelas testemunhas conflitam, e elas não disseram no inquérito como sabiam que horas eram ao passarem por gente na rua ou toparem com cadáveres. Naquela época, a maioria das pessoas calculava a hora pela sua rotina, pela posição do Sol no céu e pelos relógios das igrejas, que batiam a cada hora ou meia hora. Harriet Hardiman, da rua Hanbury, 29, depôs no inquérito que tinha certeza de que eram seis da manhã quando foi despertada por uma agitação sob a sua janela. Ela vendia comida para gato e tinha uma loja dentro da casa de cômodos; ganhava a vida saindo com um carrinho de mão cheio de peixe podre ou restos fedorentos dos matadouros para vender a donos de gatos, seguida pelas ruas por longas filas de felinos.

Harriet estava ferrada no sono no andar térreo quando vozes acaloradas a despertaram com um sobressalto. Temendo que a casa estivesse pegando fogo, acordou o filho e lhe disse que saísse para olhar. O filho, ao voltar, contou que uma mulher tinha sido assassinada no quintal. Mãe e filho tinham dormido pesadamente a noite toda, e mais tarde Harriet Hardiman depôs que costumava ouvir gente na escada e na passagem que levava ao quintal, mas que naquela noite estivera tudo silencioso. A mãe de John Richardson, Amelia, passara a metade da noite acordada e certamente teria ouvido alguém discutindo ou gritando. Mas também ela afirmou que não ouvira som algum.

Os moradores do número 29 entravam e saíam continuamente, e a porta da frente e a dos fundos estavam sempre destrancadas, bem como a da passagem que levava ao quintal cercado no fundo da casa. Seria fácil para alguém abrir o portão fechado só com o trinco e entrar no quintal, que é o que Annie Chapman deve ter feito, pouco antes de ter sido assassinada. Às 5h55, John Davis, um carregador que morava na casa de cômodos, saiu para o mercado e teve o azar de descobrir o corpo no quintal, entre a casa e a cerca, muito perto do local onde Richardson estivera sentado na escada de pedra, cerca de uma hora antes, consertando a bota.

Annie Chapman estava deitada de costas, a mão esquerda sobre o seio esquerdo, o braço direito estendido ao longo do corpo, as pernas dobradas. A roupa, em desalinho, estava levantada até os joelhos, e havia um corte tão profundo na garganta que a cabeça estava quase separada do corpo. O assassino lhe abrira o abdome a facadas e removera o intestino e parte da carne da barriga, que estavam numa poça de sangue no chão, acima do ombro esquerdo, num arranjo que pode ou não ser simbólico.

É bem provável que o órgão e o pedaço de carne tenham sido colocados da maneira como o foram por razões utilitárias: para não ficarem no caminho do Estripador. Iria tornar-se claro que ele estava atrás dos rins, do útero e da vagina, mas não se pode descartar a hipótese de que também pretendesse chocar as pessoas. Conseguiu. John Davis disparou para o seu quarto lá em cima e esvaziou um copo de conhaque. Depois correu freneticamente até sua oficina, trouxe uma lona para cobrir o corpo e saiu voando à procura do policial mais próximo.

Momentos depois chegou o inspetor Joseph Chandler, da delegacia da rua Commercial. Quando viu com que estava lidando, mandou chamar o dr. George Phillips, médico da polícia. Estava se juntando uma multidão, e vozes gritaram: "Outra mulher assassinada!". Com pouco mais de uma olhada, o dr. Phillips concluiu que a garganta da vítima fora cortada antes de o "estômago" ser mutilado, e que fazia duas horas que ela estava morta. Notou que o rosto parecia inchado e que a língua se projetava entre os dentes da frente. Disse que ela tinha sido estrangulada ou que o assassino a deixara no mínimo inconsciente antes de lhe cortar a garganta. O corpo começava a se enrijecer e o médico notou "seis manchas" de sangue na parede dos fundos, uns 45 centímetros acima da cabeça de Annie.

O tamanho das gotas variava do muito pequeno ao de uma moeda de seis *pennies*, e cada "mancha" era um aglomerado delas. Além disso, havia "marcas" de sangue na cerca nos fundos da casa. Arrumados com todo o cuidado aos pés de Annie, havia um pedaço de musselina grosseira, um pente e um pedaço ensangüentado de um envelope rasgado, com o brasão de armas do Regimento de Sussex, e um carimbo do Correio de Londres com a data de 20 de agosto de 1888. Ao lado havia dois comprimidos. Os anéis de metal barato tinham desaparecido, e uma escoriação no dedo indicava que tinham sido tirados à força. Mais tarde, num cartão-postal sem data nem assinatura, que se acredita tenha sido enviado pelo Estripador à Polícia da City, o remetente desenhou habilidosamente uma figura de cartum com a garganta cortada. Escreveu "coitada da Annie" e alegou "estar de posse" dos anéis dela.

Nenhuma peça do vestuário de Annie estava rasgada, ela estava com as botas nos pés, e com o casaco preto ainda abotoado e preso ao pescoço. A gola do casaco estava manchada de sangue por dentro e por fora. O dr. Phillips também notou gotas de sangue nas meias e na manga esquerda. Nem os jornais nem os relatórios policiais mencionaram, mas o dr. Phillips deve ter recolhido o intestino e outros tecidos do corpo e recolocado tudo na cavidade abdominal do cadáver antes de cobri-lo com aniagem. A polícia ajudou a colocá-la no mesmo caixão que encerrara o corpo de Mary Ann Nichols até a véspera, quando finalmente fora enterrado, e levou-a de ambulância de mão para o necrotério de Whitechapel.

Era dia claro agora. Centenas de pessoas agitadas estavam acorrendo para o quintal cercado do número 29. Os vizinhos dos dois lados da casa de cômodos começaram a cobrar ingresso de quem quisesse ter uma vista melhor da área ensangüentada onde Annie fora assassinada.

VOCÊ VIU O "DIABO"?
Se não viu
pague um penny & entre

escreveu Jack, o Estripador, em 10 de outubro.

No mesmo cartão-postal, o Estripador acrescentou: "Estou toda noite à espera dos tiras em Hampstead Heath", um parque enorme, famoso pelas fontes, pelos lagos para natação e pela atração que exercia sobre escritores, poetas e pintores, entre os quais Dickens, Shelley, Pope, Keats e Constable. Em feriados, até 100 mil pessoas visitavam o parque com terreno ondulado e bosques densos. A casa de Walter Sickert em South Hampstead ficava a não mais de vinte minutos a pé de Hampstead Heath.

Cartas supostamente escritas pelo Estripador não só dão indícios — como o postal "Você viu o 'Diabo'?", que poderia ser uma alusão ao fato de moradores do East End estarem cobrando por uma espiada nos locais dos crimes do Estripador — como também revelam um perfil geográfico que começa a aparecer. Muitos dos lugares mencionados — alguns repetidamente — eram bem conhecidos de Walter Sickert: o Teatro de Variedades Bedford, em Camden Town, que ele pintou muitas vezes; sua casa em Broadhurst Gardens, 54; e zonas comerciais, artísticas e teatrais de Londres, que Sickert teria freqüentado.

Os carimbos postais e as menções a locais bem próximos do Teatro de Variedades Bedford incluem Hampstead Road, King's Cross, Tottenham Court, Somers Town, a rua Albany, a igreja de St. Pancras.

Os que ficam próximos a Broadhurst Gardens, 54, são Kilburn, Parlmerston Road (a poucos quarteirões de sua casa), Princess Road, Kentish Town, a rua Alma, Finchley Road (que atravessa Broadhurst Gardens).

Os carimbos postais e locais próximos a teatros, galerias de artes e lugares de possível interesse profissional ou pessoal de Sickert incluem Piccadilly Circus, Haymarket, Charing Cross Road, Battersea (perto do estúdio de Whistler), a rua Regent North, Mayfair, Paddington (onde está localizada a estação de Paddington), a rua York (perto de Paddington), Islington (onde fica o Hospital St. Mark's), Worcester (lugar favorito de pintores), Greenwich, Gipsy Hill (perto de Crystal Palace), a praça Portman (não longe da Sociedade de Belas-Artes e também endereço da Galeria Heinz, que reúne desenhos arquitetônicos), a rua Conduit (perto da Sociedade de Belas-Artes e, na era vitoriana, endereço da Sociedade de Arte do Século XIX e do Instituto Real de Arquitetos Britânicos).

Os esboços de Sickert são notavelmente detalhados; seu lápis registrava o que seus olhos viam, para que depois ele pudesse pintar o quadro. Seu procedimento matemático de "quadricular" pinturas, ou usar uma fórmula geométrica para ampliar seus desenhos sem perder dimensão nem perspectiva, revela mente organizada e científica. Durante sua carreira, Sickert pintou muitos prédios de aparência complexa, sobretudo telas inusitadamente detalhadas de igrejas em Dieppe e Veneza. Seria possível supor que ele se interessasse por arquitetura e visitasse a Galeria Heinz, que possuía a maior coleção de desenhos arquitetônicos do mundo.

A primeira carreira de Sickert foi a de ator, que ele teria iniciado em 1879. Numa de suas cartas mais antigas ainda existentes, que enviou em 1880 ao historiador e biógrafo T. E. Pemberton, ele descreveu sua encenação de um "velho" em *Henrique V* em Birmingham: "É o papel de que mais gosto". Apesar das histórias recicladas de que Sickert desistiu da carreira de ator porque sua verdadeira ambição era ser pintor, as cartas reunidas por Denys Sutton revelam uma história diferente. "Walter estava ansioso por fazer carreira no palco", diz uma delas. Mas, escreveu outro conhecido de Sickert, "não teve muito sucesso, então se dedicou à pintura".

Com vinte e poucos anos, ele ainda era ator e viajava com a companhia de Henry Irving. Conhecia o famoso arquiteto Edward W. Godwin, entusiasta do teatro, figurinista e bom amigo de Whistler. Godwin morava com Ellen Terry no início da carreira teatral de Sickert e tinha construído a casa de Whistler — a White House, na rua Tite, em Chelsea. A viúva de Godwin, Beatrice, tinha acabado de se casar com Whistler, em 11 de agosto de 1888. Embora eu não possa provar que detalhes biográficos e geográficos como esses estivessem relacionados na psique de Sickert quando o Estripador postava ou supostamente escrevia cartas dos lugares em Londres citados, posso especular que essas áreas da metrópole lhe eram no mínimo familiares. Não eram lugares onde "lunáticos homicidas" nem "miseráveis das classes inferiores" do East End devessem passar muito tempo.

Ainda que seja verdade que muitas das cartas do Estripador foram postadas no East End, também é verdade que muitas não foram. Mas Sickert passava um tempo razoável no East End e provavelmente conhecia melhor do que a polícia aquela zona empobrecida de Londres. Os regulamentos da época não permitiam que homens da Polícia Metropolitana entrassem em pubs ou se misturassem com os moradores. O policial da ronda devia permanecer na ronda, e corria o risco de reprimenda ou suspensão se entrasse em casas de cômodos ou pubs sem motivo ou simplesmente se desviasse das caminhadas compassadas em torno de quarteirões designados. Sickert, porém, podia se misturar como e com quem quisesse. Não havia lugar proibido para ele.

A polícia parecia sofrer de miopia do East End. Por mais que tentasse atraí-la para investigar em outros locais prováveis, o Estripador geralmente era ignorado. Não parece haver registro de que a polícia tenha investigado com minúcia os carimbos postais nem os lugares de onde o Estripador escreveu cartas não enviadas do East End, ou pensado duas vezes em outras cartas pretensamente escritas ou postadas em outras cidades da Grã-Bretanha. Nem todos os envelopes sobreviveram, e, sem o carimbo postal, só se tem o nome do lugar que o Estripador escreveu na carta, que podia ser ou não o local onde ele realmente se encontrava no momento.

De acordo com os carimbos, entre os locais onde o Estripador supostamente estava ou para onde dizia estar indo incluem-se Birmingham, Liverpool, Manchester, Leeds, Bradford, Dublin, Belfast, Limerick, Edimburgo, Plymouth, Leicester, Bristol, Clapham, Woolwich, Notthingham, Portsmouth, Croydon, Folkestone, Gloucester, Leith, Lille (na França), Lisboa e Filadélfia.

Vários desses lugares parecem extremamente improváveis, sobretudo Portugal e Estados Unidos. Pelo que se sabe, Walter Sickert nunca esteve em nenhum desses países. Outras cartas e suas supostas datas tornam quase impossível acreditar que, por exemplo, ele pudesse ter escrito e expedido cartas de Londres, Lille, Birmingham e Dublin, todas no mesmo dia, 8 de outubro. Mas, novamente, o que não está claro, 114 anos depois do ocorrido — quando tantos envelopes e carimbos postais desapareceram, quando as provas estão frias e as testemunhas morreram —, é se as cartas foram realmente escritas numa determinada data e onde foram escritas. Somente carimbos postais e testemunhas oculares poderiam confirmar isso.

É claro que nem todas as cartas do Estripador foram escritas por Sickert, mas ele sabia disfarçar a letra de um modo que uma pessoa mediana não sabe, e ainda não surgiu documentação para provar que ele não se encontrava em determinada cidade em determinado dia. Outubro de 1888 foi um mês em que o Estripador esteve muito ocupado escrevendo cartas. Ainda existem cerca de oitenta delas, e faria sentido que o assassino estivesse fugindo depois de múltiplos crimes cometidos a breves intervalos. Como o próprio Estripador escreveu em várias cartas, Whitechapel estava ficando quente demais para ele, que ia procurar paz e sossego em portos distantes.

Sabemos, por casos modernos, que os *serial killers* tendem a se deslocar. Alguns praticamente moram em seu carro. Outubro teria sido uma época conveniente para Sickert desaparecer de Londres. Sua mulher, Ellen, fazia parte de uma delegação do Partido Liberal que estava realizando reuniões na Irlanda em apoio à autonomia e ao livre-comércio. Esteve ausente da Inglaterra durante quase todo o mês de outubro. Se ela e Sickert tiveram algum contato durante essa separação, não parece haver restado nenhuma carta ou telegrama de um para o outro.

Sickert adorava escrever cartas e às vezes pedia desculpas aos amigos por escrever a eles com tanta freqüência. Tinha o hábito de escrever a jornais. Era tamanho o seu talento para gerar notícia que num único ano chegaram a seiscentas as cartas dele e artigos sobre ele. É desalentador examinar seus arquivos nas Bibliotecas Públicas de Islington e olhar as várias resmas de recortes. Ele começou a juntá-los pessoalmente por volta da virada do século, e depois usou firmas especializadas em reunir recortes para se manter em dia com sua publicidade aparentemente interminável. No entanto, ao longo de toda a vida foi conhecido como homem que se recusava a dar entrevistas. Conseguiu criar o mito de que era "tímido" e odiava publicidade.

A obsessão de Sickert por escrever cartas ao editor tornou-se um constrangimento para certos jornais. Os editores não sabiam o que fazer quando recebiam mais uma carta de Sickert sobre arte, a qualidade estética dos postes telefônicos, por que todos os ingleses deviam usar *kilt* ou as desvantagens da água clorada. A maioria dos editores não tinha vontade de insultar o conhecido pintor ignorando-o ou relegando-o a um espaço pequeno e pouco visível.

De 25 de janeiro a 25 de maio de 1924, Sickert fez uma série de palestras e artigos que foram publicados no *Southport Visiter*, em Southport, no litoral ao norte de Liverpool. Esses artigos somaram mais de 130 mil palavras, mas isso não bastou. Em 6, 12, 15, 19 e 22 de maio, Sickert escreveu ou telegrafou a W. H. Stephenson, do *Visiter*: "Eu me pergunto se o *Visiter* aceitaria mais um artigo imediatamente [...] Em caso afirmativo, o senhor deverá recebê-lo imediatamente"; "o prazer de escrever"; "queira pedir à gráfica que envie seis exemplares por correio expresso"; "Permita-me enviar-lhe só mais um artigo"; "se souber de algum jornal do interior interessado em publicar a série no verão, queira me informar".

A prolixidade literária de Sickert ao longo da vida foi espantosa. Seu livro de recortes nas Bibliotecas Públicas de Islington contém mais de 12 mil notícias sobre ele e cartas que enviou a editores só na Grã-Bretanha, a maioria escrita entre 1911 e o final da década de 1930. Ele publicou cerca de quatrocentas palestras e artigos, e creio que esses textos conhecidos não representam a íntegra da sua produção literária. Era um escritor compulsivo que gostava de persuadir, manipular e impressionar as pessoas com palavras. Ansiava por platéia. Ansiava por ver o próprio nome impresso. Teria sido característico dele escrever um número surpreendente das cartas do Estripador, inclusive algumas das que foram enviadas de tudo quanto foi lugar.

Ele pode ter escrito muitas mais do que alguns pesquisadores estariam inclinados a crer, porque se comete o erro de julgar Walter Sickert pelos padrões habituais de comparação de caligrafia. Ele era um artista com talentos múltiplos e memória espantosa. Era poliglota. Era leitor voraz e mímico habilidoso. Existiam vários livros sobre grafologia na época, e em muitas cartas do Estripador a letra é semelhante a exemplos de estilos que grafologistas vitorianos associavam com várias ocupações e personalidades. Sickert poderia ter consultado inúmeros desses livros e imitado os estilos que encontrasse ali. E deve ter achado muito divertido que grafologistas estudassem as cartas do Estripador.

É método científico usar produtos químicos e instrumentos altamente sensíveis para analisar tinta de escrever e de pintar e papel. Comparar letras não é. Trata-se de um instrumento de investigação que pode ser muito útil e convincente, especialmente para a detecção de falsificações. Mas se um suspeito souber disfarçar a própria letra, a comparação pode ser frustrante ou impossível. A polícia que investigou os casos do Estripador estava tão ávida por identificar semelhanças na letra que não explorou a possibilidade de o assassino usar estilos diferentes. Outras pistas, como as cidades que o Estripador mencionou e carimbos postais nos envelopes, não foram seguidas. Caso tivessem sido, talvez se tivesse descoberto que muitas das cidades distantes tinham pontos em comum, entre eles teatros e pistas de corridas. Muitos desses locais apareceriam num mapa das viagens de Sickert.

Comecemos com Manchester. Havia no mínimo três razões para Sickert visitar aquela cidade e estar bem familiarizado com ela. A família de sua mulher, os Cobden, tinha propriedades em Manchester. A irmã de Sickert, Helena, morava em Manchester. Sickert tinha amigos em Manchester, além de contatos profissionais. Várias cartas do Estripador mencionam Manchester.

Uma que o Estripador alega ter escrito de Manchester em 22 de novembro de 1888 tem uma marca-d'água parcial de A Pirie & Sons. Outra que o Estripador alega ter escrito da Zona Leste de Londres, também em 22 de novembro, tem uma marca-d'água parcial de A Pirie & Sons. O papel de carta que Walter e Ellen Sickert começaram a usar depois que se casaram, em 10 de junho de 1885, tinha a marca-d'água de A Pirie & Sons.

Quando examinamos cartas originais do Estripador e de Sickert em Londres e Glasgow, o dr. Paul Ferrara, diretor do Instituto de Medicina e Ciência Forense da Virgínia, fez a primeira associação entre as marcas-d'água. Transparências das cartas e das marcas-d'água foram submetidas ao instituto, e quando a marca d'água parcial do Estripador e a marca d'água completa de Sickert foram escaneadas num computador forense de ampliação de imagens e sobrepostas na tela do vídeo, constatou-se que eram idênticas.

Em setembro de 2001, o Instituto de Medicina e Ciência Forense da Virgínia recebeu permissão do governo britânico para realizar testes forenses não destrutivos nos originais das cartas do Estripador arquivados no Departamento de Registros Públicos de Kew. O dr. Ferrara, a analista de DNA Lisa Schiermeier, o especialista forense em ampliação de imagens Chuck Pruitt e outros viajaram a Londres, e examinamos as cartas do Estripador. Alguns dos envelopes que pareciam mais promissores — ainda com abas e selos intactos — foram umedecidos e laboriosamente escamados para coleta de material. Tiraram-se fotografias e comparou-se a letra.

De Londres, fomos a outros arquivos, examinamos o papel e tomamos amostras de DNA das cartas, envelopes e selos de Walter Richard Sickert; de sua primeira mulher, Ellen Cobden Sickert; de James McNeill Whistler; e de John Druitt, suspeito de ser o Estripador. Alguns desses exames foram excludentes. É óbvio que nem Ellen Sickert nem Whistler jamais foram suspeitos, mas Walter Sickert trabalhou no estúdio de Whistler, despachava cartas para ele e estava em estreito contato físico com o mestre e seus pertences. É possível que o DNA de Whistler — e certamente o de Ellen — tenha contaminado provas de Sickert.

Coletamos material de envelopes e selos de Whistler na Universidade de Glasgow, onde se encontra arquivada a sua considerável coleção de documentos. Recolhemos material de envelopes e selos no Departamento de Registros Públicos de West Sussex, onde estão os arquivos da família de Ellen Cobden

Ellen Cobden, filha de um político famoso e primeira mulher de Jack, o Estripador. Em 1899, ela se divorciou de Sickert, cujos retratos, desenhos e cartas não puderam ser reproduzidos neste livro por proibição do Espólio Walter Sickert. Por cortesia dos gestores do Espólio Cobden, com agradecimentos ao Departamento de Registros Públicos de West Sussex.

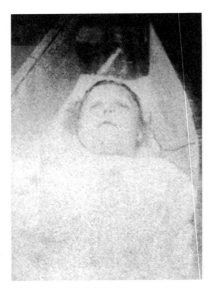 

Mary Ann Nichols, a segunda vítima, no necrotério depois da autópsia, com os ferimentos discretamente cobertos. © Departamento de Registros Públicos, Londres.

Annie Chapman no necrotério. Os ferimentos brutais não estão expostos. Seu assassinato foi o terceiro dos crimes famosos do Estripador. (Digo "crimes famosos" porque os cinco crimes não foram os únicos que ele cometeu.) © Departamento de Registros Públicos, Londres.

A mutilação de Elizabeth Stride, a quarta vítima do Estripador, foi interrompida por uma carroça que entrou no pátio. © Departamento de Registros Públicos, Londres.

A violência se intensifica. Menos de uma hora depois do assassinato de Stride, o Estripador retalhou Catherine Eddows até deixá-la quase irreconhecível e retirou-lhe o útero. © Departamento de Registros Públicos, Londres.

As mutilações faciais feitas em Catherine Eddows incluíam cortes nas pálpebras inferiores, um nariz quase decepado e um lobo de orelha cortado.
© Departamento de Registros Públicos, Londres.

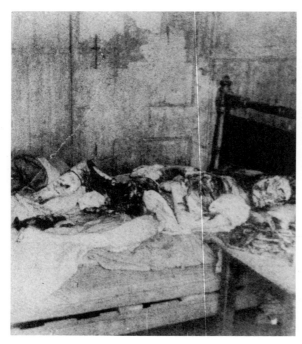

Com o assassinato de Mary Kelly, a violência do Estripador se torna desenfreada. O rosto da jovem e atraente Mary Kelly foi destruído; os seios, a genitália e os órgãos removidos, inclusive o coração. © Departamento de Registros Públicos, Londres.

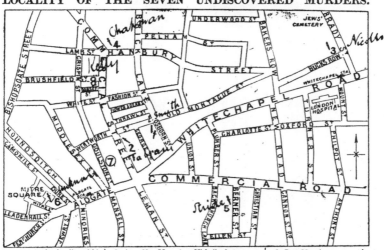

Mapa da área de Whitechapel, no East End, onde o Estripador matou durante o verão, o outono e o começo do inverno de 1888. © Departamento de Registros Públicos, Londres.

POLICE NOTICE.

TO THE OCCUPIER.

On the mornings of Friday, 31st August, Saturday 8th, and Sunday, 30th September, 1888, Women were murdered in or near Whitechapel, supposed by some one residing in the immediate neighbourhood. Should you know of any person to whom suspicion is attached, you are earnestly requested to communicate at once with the nearest Police Station.

Metropolitan Police Office,
30th September, 1888.

Aviso da Polícia Metropolitana, de 30 de setembro de 1888. Depois do duplo assassinato de Elizabeth Stride e Catherine Eddows, a polícia, cada vez mais frustrada, espalhou avisos por Londres inteira. Com a gentil permissão do Serviço da Polícia Metropolitana.

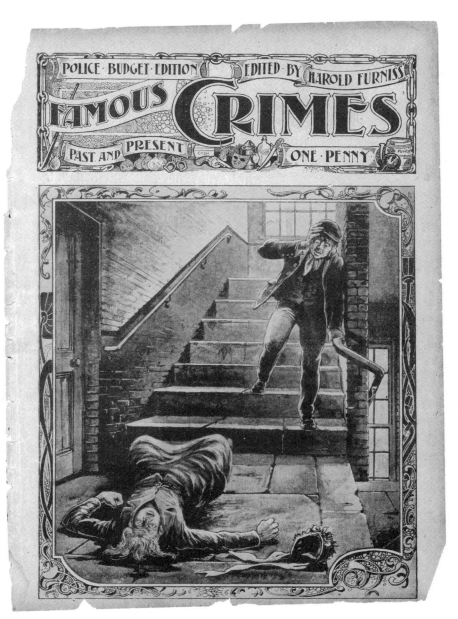

Capa de Crimes famosos *e o início da lenda sensacionalista do Estripador, que perduraria por mais de um século.* Coleção de Patricia Cornwell.

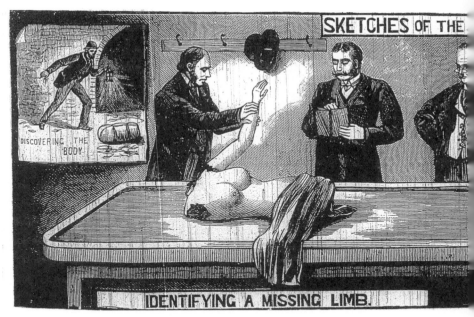

Em outubro de 1888, foi encontrado um torso feminino no local onde se construía a nova sede da Scotland Yard. Com a gentil permissão do Serviço da Polícia Metropolitana.

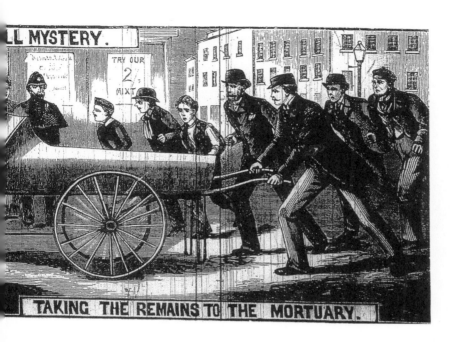

Punch or the London Charivari,
*22 de setembro de 1888, p. 130.
Os londrinos criticavam e culpavam
a polícia por não pegar o Estripador.*
Coleção de Patricia Cornwell.

"*Caro Chefe.*" *Muitas das cartas do Estripador eram dirigidas a Charles Warren, comissário da Polícia Metropolitana.* Coleção de Patricia Cornwell.

O duque de Clarence, falsamente acusado. Ele respondia a chantagem com dinheiro, e não matando. Coleção de Patricia Cornwell.

Telegrama do Estripador ao inspetor Abberline. Sickert gostava muitíssimo de mandar telegramas, assim como o Estripador. © Departamento de Registros Públicos, Londres.

O Livro de Registro de Pacientes do Royal London Hospital, o único no East End. Creio que nenhuma das vítimas do Estripador sobreviveu por tempo suficiente para ser internada. © Departamento de Registros Públicos, Londres.

44

Why I did not write my
Reminiscences when I retired from
the Metropolitan Police.

I think it is just as well
to record here the reason why as
from the various cuttings from the
newspapers as well as the many
other matters that I was called upon
to investigate — that never became
public property — it must be apparent
that I could write many things
that would be very interesting
to read.

At the time I retired from
the service the authorities were very
much opposed to retired Officers
writing anything for the press as
previously some retired Officers had
from time to time been very indiscreet
in what they had caused to be published
and to my knowledge had been called
upon

45

upon to explain their conduct and in fact they had been threatened with actions for libel.

Apart from that there is no doubt the fact that in describing what you did in detecting certain crimes you are putting the Criminal Classes on their guard and in some cases you may be absolutely telling them how to commit crime

As an example in the Finger Print detection you find now the expert thief wears gloves.

F.G.Abberline

Páginas 44 e 45 do caderno de anotações do inspetor Abberline. Abberline chefiou a investigação sobre o Estripador, mas nunca revelou como conduziu os casos nem como se sentiu por não ter conseguido solucionar os crimes mais notórios de sua carreira. Com a gentil permissão do Serviço de Polícia Metropolitana.

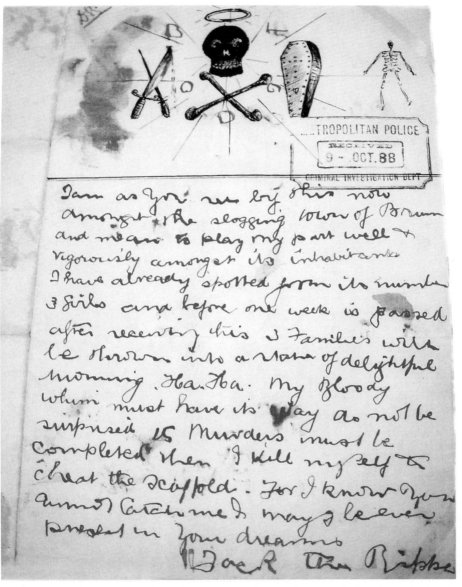

Alguns especialistas em arte reconhecem a mão de um pintor profissional e a técnica de Sickert no que, à primeira vista, pode parecer desenhos grosseiros nestas cartas do Estripador. © Departamento de Registros Públicos, Londres.

up at Hull before

to Poland,

Silly looking in lou

houses for me do not i

them description poste

Ploice stations nothing

me look out for 6 A

at Brum will give the

ripper,

Jack a poland few

Better known as Jack A

253

Especialistas em arte e papéis agora acreditam que, em cartas do Estripador, o que antes se supunha fosse sangue é, na verdade, base para água-forte, aplicada com dedo ou pincel. © Departamento de Registros Públicos, Londres.

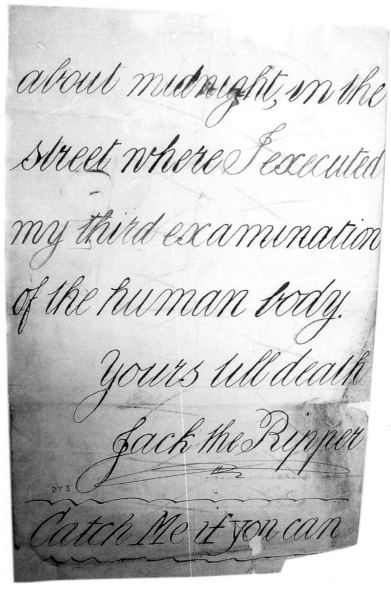

Carta do Estripador escrita com pincel. © Departamento de Registros Públicos, Londres.

A marca-d'água desta carta do Estripador é idêntica à de uma carta enviada por Sickert a Whistler. Arquivos do Royal London Hospital.

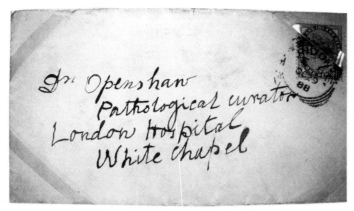

A seqüência do DNA mitocondrial encontrado no verso dos selos no envelope da carta ao dr. Openshaw é um componente de seqüências mitocondriais do DNA encontrado em outro envelope do Estripador e em dois envelopes de Sickert. Esse foi o DNA mais antigo já testado num inquérito criminal. Arquivos do Royal London Hospital.

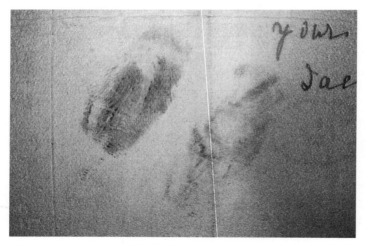

Impressões digitais do Estripador numa carta enviada à Polícia Metropolitana em 1896. © Departamento de Registros Públicos, Londres.

Carta do Estripador, num pedaço de papel barato rasgado, com a observação de que ele está sem dinheiro para comprar papel de carta. © Departamento de Registros Públicos, Londres.

O pseudônimo de ator de Sickert era "Mr. Nemo" ou "Sr. Ninguém". Neste telegrama do Estripador à polícia, "Sr. Ninguém" (Mr. Nobody) está riscado. © Departamento de Registros Públicos, Londres.

Carta do Estripador com as iniciais "R St. W" embaixo. Sickert às vezes usava as iniciais "W", "R" ou "St.". Às vezes ele era W. St. (Walter Sickert), às vezes W (Walter), às vezes R (Richard). Zombaria? © Departamento de Registros Públicos, Londres.

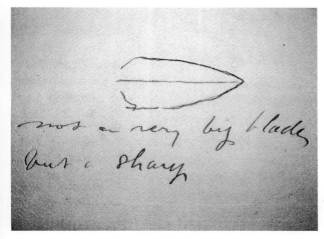

Carta do Estripador com o desenho da lâmina de uma faca. Pequena, mas afiada. © Departamento de Registros Públicos, Londres.

O Estripador exibe conhecimentos de latim nesta nota, assinada "Mathematicus". Sickert também era fluente em latim e conhecido pela mente matemática e científica.
© Departamento de Registros Públicos, Londres.

> (Ha-Ha-Ha) I can see better
> specimens in garison town.
> look out in a day or two
> yours (not yet) jack the
> Ripper
> (Ha-Ha)

A famosa risada do Estripador, ("Ha ha ha"), aparece em dezenas de suas cartas. © Departamento de Registros Públicos, Londres.

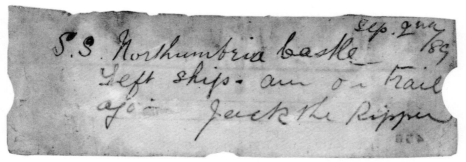

Bilhete achado numa garrafa encontrada na praia entre Deal e Sandwich, duas cidades no estreito de Dover, do outro lado da França, país que Sickert amava. © Departamento de Registros Públicos, Londres.

A pensão Lizard, na Cornualha, hoje. © Irene Shulgin.

Anotações e desenhos no antigo livro de hóspedes da pensão Lizard, que se acredita tenham sido feitos por Sickert, possivelmente em outubro de 1889. Sickert era muito familiarizado com a Cornualha, e o hotel Lizard era um refúgio para artistas e a alta classe de Londres. Coleção de Patricia Cornwell.

Compare este desenho numa carta do Estripador com o desenho no livro de hóspedes. © Departamento de Registros Públicos, Londres.

Desenhos, no livro de hóspedes da pensão Lizard, que se acredita sejam de Sickert. Coleção de Patricia Cornwell.

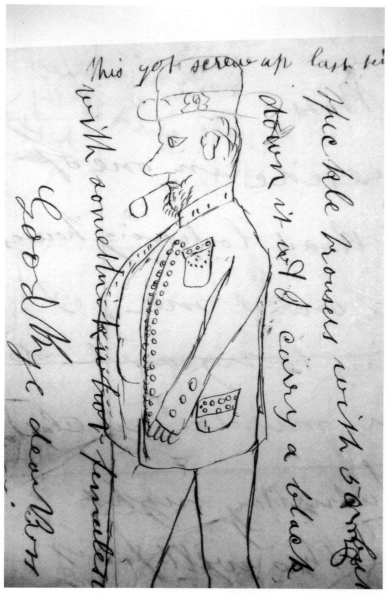

Desenho numa carta do Estripador de um "Pearly King", símbolo de uma instituição criada por um varredor de ruas para ajudar os pobres, em Londres, no século XIX. Para chamar a atenção enquanto coletava fundos, ele prendia contas — "pérolas"— na roupa. © Departamento de Registros Públicos, Londres.

Acima: livro de hóspedes da pensão Lizard. À direita: carta do Estripador. Alguns especialistas em arte acreditam que os dois desenhos foram feitos pela mesma pessoa e sugerem a técnica de Sickert. Sickert fazia rabiscos, às vezes desenhando o que parecem ser cartuns infantis e figuras esquematizadas. Seu pai fazia esquetes e roteiros para Punch e Judy. Acima, Coleção de Patricia Cornwell; à direita, © Departamento de Registros Públicos, Londres.

a I cannot

present b

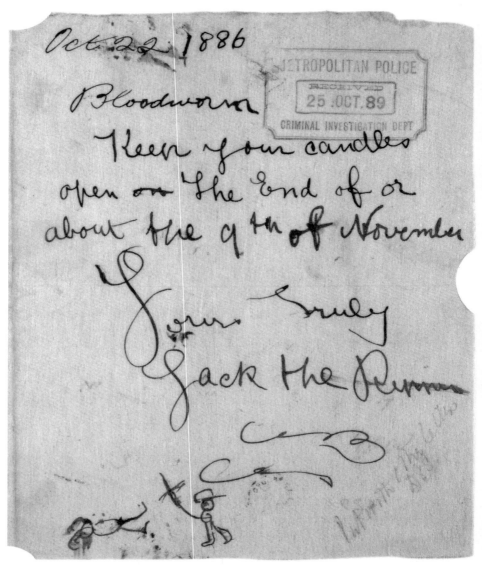

As figuras esquematizadas nesta carta do Estripador lembram a violência de Punch e Judy. Em outra carta do Estripador, o endereço do remetente é "Punch and Judy St.". © Departamento de Registros Públicos, Londres.

Sickert — e, por coincidência, parte dos arquivos da família de Montague John Druitt. Infelizmente, a única amostra de Druitt à nossa disposição foi a carta que ele escreveu em 1876, quando estudava na Universidade de Oxford. Os resultados do DNA da aba e do selo do envelope estão contaminados, mas o material será testado novamente.

Outros documentos ainda a testar são dois envelopes que acredito terem sido sobrescritados e selados pelo duque de Clarence, e um do médico da rainha Vitória, dr. William Gull. Não creio que Druitt ou nenhum outro desses ditos suspeitos tivesse alguma coisa a ver com assassinato e mutilação, e gostaria de poder inocentá-los. Os testes de DNA continuarão a ser feitos até que se esgotem todos os meios práticos. A importância deles vai muito além da investigação sobre o Estripador.

Não resta mais ninguém a quem indiciar e condenar. Jack, o Estripador, e todos que o conheceram estão mortos há décadas. Mas para homicídio não existe prescrição e as vítimas do Estripador merecem justiça. Tudo que pudermos aprender que amplie nosso conhecimento de ciência e medicina legais justifica o trabalho e a despesa. Eu não estava otimista sobre a obtenção de DNA correspondente, mas fiquei surpresa e bem desanimada quando a primeira rodada de testes não revelou um único sinal de vida humana nas 55 amostras. Decidi tentar de novo, desta vez coletando material de áreas diferentes dos mesmos envelopes e selos.

Novamente não encontramos nada. Há inúmeras possibilidades de explicação para esses resultados decepcionantes: o bilionésimo de um grama de células na saliva humana que teria sido depositado num selo ou envelope não sobreviveu aos anos; o calor usado para laminar as cartas do Estripador para conservação destruiu o DNA nuclear; a armazenagem em condições aquém do ideal durante cem anos causou degradação e destruição do DNA; ou talvez a culpa fosse dos adesivos.

O "líquido viscoso", como eram chamados os adesivos em meados do século XIX, era derivado de extratos de plantas, tais como a casca da acácia. Durante a era vitoriana, o sistema postal passou por uma revolução industrial, e em 2 de maio de 1840 foi enviado, da cidade de Bath, o primeiro selo, o Penny Black. Em 1845 patenteou-se a máquina para dobrar envelopes. Muita gente não gostava da idéia de lamber envelopes e selos por razões "sanitárias" e usava uma esponja. Para aumentar as probabilidades científicas contra nós, quando coletamos material de envelopes e selos, não tínhamos como saber quem tinha e quem não tinha passado a língua neles. A última opção genética que nos restava era uma terceira rodada de testes, agora com DNA mitocondrial.

Quando se lê sobre os testes de DNA usados atualmente em processos criminais ou de paternidade, geralmente se está falando do DNA nuclear localizado em praticamente todas as células do corpo e transmitido pelos pais. O DNA mitocondrial é encontrado fora do núcleo da célula. Pensemos num ovo: o DNA nuclear é encontrado na gema, por assim dizer, e o DNA mitocondrial estaria na clara. O DNA mitocondrial é transmitido apenas pela mãe. Embora a região mitocondrial de uma célula contenha milhares de "cópias" de DNA a mais do que o núcleo, o teste de DNA mitocondrial é muito complexo e caro, e os resultados podem ser limitados, porque o DNA é transmitido apenas por um genitor.

Os extratos das 55 amostras de DNA foram enviados ao Bode Technology Group, um laboratório particular de DNA respeitado internacionalmente, mais conhecido por auxiliar o Instituto de Patologia das Forças Armadas (AFIP) a usar DNA mitocondrial para apurar a identidade do Soldado Americano Desconhecido na Guerra do Vietnã. Mais recentemente, o Bode vem usando DNA mitocondrial para identificar vítimas do ataque terrorista de 11 de setembro ao World Trade Center. O exame das nossas amostras levou meses, e eu estava de volta ao Departamento de Registros Públicos de Londres, com especialistas em arte e papel, quando o dr. Paul Ferrara telefonou para me dizer que o Bode tinha concluído os testes e encontrado DNA mitocondrial em quase todas as amostras. A maioria dos perfis genéticos era uma miscelânea de indivíduos. Mas seis amostras tinham o mesmo componente do perfil da seqüência de DNA mitocondrial encontrado no envelope Openshaw.

"Marcadores" são identificadores de local. Os marcadores nos testes do Estripador/Sickert indicam os locais onde estão situadas as bases de DNA na seqüência do DNA mitocondrial — o que, para a maioria das pessoas, é tão fácil de entender quanto é, para mim, compreender a equação matemática da relatividade, $E = mc^2$. Um desafio enorme para os especialistas em DNA é ajudar as massas a compreender o que é o DNA e o que significam os resultados dos testes. Cartazes mostrando impressões digitais idênticas levam os jurados a balançar a cabeça, assentindo, e a exclamar "ah, sim, entendi". Mas a análise do sangue humano — além de seu vermelho-vivo quando está fresco, ou de sua presença seca, escura e velha em roupas e armas e em locais de crimes —

sempre provoca catatonia e contração de pupilas em olhos com expressão de pânico.

A classificação do sangue em tipos A, B e O já era difícil de entender. O DNA queima transformadores mentais, e a explicação de que uma "impressão digital" ou perfil de DNA se parece com um código de barras numa embalagem no supermercado não ajuda em nada. Não consigo imaginar minha carne e meus ossos como bilhões de códigos de barras que podem ser escaneados num laboratório e dar a mim como resultado. É por isso que costumo usar analogias, porque confesso que sem elas nem sempre compreendo as abstrações da ciência e da medicina, ainda que ganhe a vida escrevendo sobre elas.

As amostras colhidas no caso de Jack, o Estripador, podem ser visualizadas como 55 folhas de papel branco, nas quais se amontoam milhares de combinações diferentes de números. A maioria das folhas de papel tem nódoas, números ilegíveis e misturas de números, que indicam que vêm de pessoas diferentes. No entanto, em duas folhas de papel há seqüências de números que vêm de um único doador — ou de uma pessoa só: uma folha é James McNeill Whistler e a outra é um pedaço de um selo no verso de uma carta que o Estripador escreveu ao dr. Thomas Openshaw, o curador do Museu do Hospital de Londres.

A seqüência Whistler não tem nada em comum com nenhuma carta do Estripador nem com nenhum outro artigo testado que não pertencesse a Whistler. Mas a seqüência Openshaw é encontrada em outras cinco amostras. Pelo que podemos afirmar a esta altura, essas cinco amostras não vêm de um único doador e apresentam uma mistura de posições ou "localizações" na região mitocondrial. Isso poderia significar que a amostra foi contaminada pelo DNA de outras pessoas. Um obstáculo ao nosso teste é que o sempre esquivo Walter Sickert ainda não nos forneceu o seu perfil de DNA. Quando foi cremado, a nossa melhor prova se desfez em chamas. A menos que acabemos por descobrir uma amostra *pre-mortem* do seu sangue, pele, cabelo, dentes ou ossos, jamais faremos Walter Sickert ressuscitar num laboratório. Mas talvez tenhamos encontrado pedaços dele.

A seqüência de doador único recuperada do pedaço de selo no verso do envelope Openshaw é a nossa melhor base de comparação. Sua seqüência são os três marcadores 16294—73—263, ou as localizações das posições do DNA nas regiões mitocondriais — de modo muito semelhante à maneira como A7,

G10, D12 e assim por diante indicam lugares num mapa. As cinco amostras que apresentam esta seqüência Openshaw de doador único 16294—73—263 são o selo colado na frente do envelope de Openshaw; um envelope de Ellen Sickert; um envelope de uma carta de Walter Sickert; um selo de um envelope de Walter Sickert; e um envelope do Estripador com uma mancha que se comprovou ser de sangue, mas que talvez esteja degradada demais para se determinar se é de sangue humano.

A explicação para os resultados da carta de Ellen Sickert poderia ser ela ter umedecido o envelope e o selo com a mesma esponja usada pelo marido, Walter — supondo-se que eles usassem uma esponja. Ou Sickert pode ter tocado ou lambido o adesivo na aba do envelope ou no selo, talvez porque tenha postado a carta para ela.

Outras amostras continham um ou dois marcadores encontrados na seqüência Openshaw de doador único. Por exemplo, um macacão branco que Sickert usava enquanto pintava tinha uma mistura de marcadores que incluía 73 e 263. O surpreendente é que tenha havido um resultado. O macacão tem cerca de oitenta anos e foi lavado, passado e engomado antes de ser doado ao Arquivo Tate. Não vi motivo para coletar material da área do colarinho, dos punhos, da entreperna e da parte que fica em contato com as axilas, mas fizemos isso assim mesmo.

A carta Openshaw que gerou os resultados de DNA mitocondrial foi escrita em papel de A Pirie & Sons. Traz o carimbo postal de 29 de outubro de 1888, foi enviada de Londres, e diz:

ENVELOPE:
Dr. Openshaw
Pathological curator
London Hospital
White chapel

CARTA:
Old boss you was rite it was the left kidny i was goin to hopperate agin close to your osptile just as i was going to dror mi nife along of er blooming throte them cusses of coppers spoilt the game but i guess i wil be on the job soon and will send you another bit of innerds   *Jack the ripper*

164

*O have you seen the devle with his mikerscope and scalpul a look-
ing at a Kidney with a slide cocked up**

Uma razão para eu acreditar que esta carta é autêntica é o fato de ser tão flagrantemente forjada. A má caligrafia parece disfarçada e é de uma incoerência gritante com a letra de alguém que tivesse acesso a caneta, tinta e papel de boa qualidade com marca-d'água. O endereço no envelope está escrito corretamente, com uma ortografia perfeita, o que difere enormemente do exagero de erros na carta e de incoerências como *"kidny"* e *"Kidney" "wil"* e *"will"*, *"of"* e *"o"*. Steward P. Evans e Keith Skinner, em seu livro extremamente útil *Jack the Ripper: letters from hell* [Jack, o Estripador: cartas do inferno], salientam que o pós-escrito na carta ao dr. Openshaw alude a um verso de um conto folclórico da Cornualha de 1871:

Here's to the devil,
With his wooden pick and shovel,
Digging tin by the bushel,
With his tail cock'd up!**

Uma alusão a um conto folclórico da Cornualha não faria sentido, se supostamente acreditarmos que esta carta a Openshaw foi escrita por um maníaco homicida e sem instrução, que arrancou um rim de uma vítima e o enviou pelo Correio. Walter Sickert visitou a Cornualha quando era menino. Pintou na Cornualha quando era aprendiz de Whistler. Conhecia a Cornualha e o povo da região. Era muito lido e familiarizado com canções folclóricas e de teatros de variedades. Não é provável que uma pessoa de Londres, pobre

---

* Em tradução aproximada, sem tentar reproduzir os erros de gramática, ortografia e pontuação: "Chefe, o senhor tinha razão, era o rim esquerdo que eu ia operar de novo perto do seu hospital. Bem quando eu ia enfiar a minha faca na maldita garganta dela, os tiras estragaram a festa, mas acho que logo estarei em ação de novo e lhe mando outro pedaço de órgão. Jack, o Estripador".

"Ah, o senhor viu o diabo com o microscópio e o bisturi dele, olhando um rim, com uma lâmina levantada?". (N. T.)

** Em tradução aproximada: "Ao diabo,/ com sua picareta e sua pá de madeira,/ desenterrando dinheiro por alqueire,/ com o rabo levantado!". (N. T.)

e sem instrução, passasse temporadas na Cornualha ou lesse contos folclóricos nos cortiços.

Poder-se-ia — e dever-se-ia — argumentar que a ausência de uma fonte de referência conhecida e confiável, neste caso o DNA de Walter Sickert, sugere que estamos supondo, sem prova científica conclusiva, que a seqüência de doador único na carta de Openshaw seja de Walter Sickert, também conhecido como Jack, o Estripador. Não podemos supor isso.

Embora estatisticamente a seqüência de doador único exclua 99% da população, nas palavras do dr. Ferrara, "as seqüências que combinam poderiam ser uma coincidência; e poderiam não ser". Na melhor das hipóteses, temos um "indicador cauteloso" de que as seqüências de DNA mitocondrial de Sickert e do Estripador podem ter vindo da mesma pessoa.

15. Uma carta pintada

Walter Sickert foi o pior adversário de um cientista forense. Foi como um redemoinho invadindo um laboratório.

Criou o caos nas investigações com sua desconcertante variedade de papéis, canetas, tintas, carimbos postais e letras disfarçadas, e com seus constantes deslocamentos sem deixar pista em diários, calendários ou datas na maioria de suas cartas e trabalhos. O soco com que ele nocauteou a ciência forense foi a decisão de ser cremado. Quando um corpo é incinerado a 982 °C, acabou-se o DNA. Se Sickert deixou amostras de sangue ou de cabelo que poderiam nos dar a certeza de terem pertencido a ele, ainda estamos por descobri-las.

Não se pode tentar nem mesmo analisar o DNA da família de Sickert, porque para isso seria necessária uma amostra de seus filhos ou irmãos. Sickert não teve filhos. Sua irmã não teve filhos. Pelo que se sabe, nenhum dos quatro irmãos teve filhos. Exumar a mãe, o pai ou os irmãos de Sickert, com base na remota possibilidade de que o DNA mitocondrial deles pudesse ter algo em comum com o que os laboratórios Bode miraculosamente conseguiram revelar a partir dos fragmentos genéticos de vidas passadas que lhes fornecemos, seria ridículo e impensável.

O caso do Estripador não pode ser solucionado de maneira conclusiva por DNA ou impressões digitais, e de certa maneira isso é bom. A sociedade, hoje, espera que a engenhosidade da ciência forense solucione todos os crimes, mas sem o elemento humano de capacidade dedutiva, trabalho em equipe, investigação muito árdua e uma promotoria inteligente, as provas não significam nada. Mesmo que tivéssemos obtido resultados de DNA irrefutáveis de uma carta de Sickert ou do Estripador, qualquer advogado de defesa perspicaz diria que o fato de Sickert ter escrito uma carta não prova que tenha assassinado alguém. Talvez ele tivesse escrito várias cartas do Estripador simplesmente por ter um senso de humor maluco e deturpado. Um bom promotor contra-argumentaria que, se tivesse escrito uma única das cartas do Estripador, Sickert estaria em apuros, porque as cartas são confissões. Nelas, o Estripador alega ter assassinado e mutilado pessoas a quem chama pelo nome, e ameaça matar funcionários do governo e policiais.

As marcas-d'água acrescentam outro elemento. Até o momento, três cartas do Estripador e oito de Sickert têm a marca-d'água de A Pirie & Sons. Parece que de 1885 a 1887, o papel de carta dos Sickert com o endereço Broadhurst Gardens, 54, era de A Pirie e era dobrado ao meio como um cartão de saudações. A frente tinha a margem em azul-claro e o endereço em relevo também era azul-claro. A marca-d'água de A Pirie & Sons fica no centro da dobra. Nas três cartas do Estripador, o papel estava rasgado ao longo da dobra e só resta metade da marca-d'água de A Pirie & Sons.

Jack, o Estripador, só não teria removido o lado do papel que tinha o endereço em relevo se fosse de uma burrice inacreditável. O que não quer dizer que não tenha havido criminosos que tenham cometido descuidos tolos, como esquecer a carta de motorista no local do crime ou escrever uma nota de "mãos ao alto" num formulário de depósito bancário com o endereço e o número de Seguridade Social do ladrão do banco. Mas Jack, o Estripador, não cometeu erros fatais, caso contrário teria sido apanhado na época dos crimes.

Jack, o Estripador, também era arrogante e acreditava que jamais o pegariam. Sickert não deve ter se preocupado com as marcas-d'água parciais nas cartas do Estripador que escreveu. Talvez isso fosse outra zombaria do tipo "peguem-me se forem capazes". As marcas-d'água de A Pirie & Sons que encontramos no papel de carta de Sickert incluem uma data de fabricação, e as três datas parciais nas cartas do Estripador com a marca-d'água A Pirie & Sons são 18, 18 e 87. O 87, obviamente, é 1887.

Em várias visitas a arquivos encontraram-se outras marcas-d'água semelhantes, que também não devem ter preocupado Sickert. Em 1887 ele escreveu cartas a Jacques-Emile Blanche em papel com o endereço em relevo em preto e a marca-d'água de Joynson Superfine. Uma pesquisa na correspondência entre Blanche e Sickert na biblioteca do Institut de France, em Paris, revela que no final do verão e no outono de 1888 e na primavera de 1889 Sickert ainda usava papel Joynson Superfine, com o endereço de remetente Broadhurst Gardens, 54, em relevo, sem cor ou em vermelho-vivo com uma borda vermelha.

Ainda em 1893 Ellen escreveu cartas a Blanche, com o endereço de remetente Glebe Place, 10, Chelsea, em papel que também tem a marca-d'água de Joynson Superfine. Na coleção Whistler, em Glasgow, há sete cartas de Sickert com a marca-d'água de Joynson Superfine, e parece que ele usava esse papel mais ou menos na mesma época em que também usava o de A Pirie & Sons.

Na coleção de sir William Rothenstein no Departamento de Manuscritos da Universidade Harvard, encontrei mais duas cartas de Sickert com a marca-d'água de Joynson Superfine. Rothenstein era pintor e escritor, e um amigo em quem Sickert tinha confiança ao ponto de se sentir à vontade para lhe pedir que mentisse sob juramento. No final da década de 1890, Sickert tinha feito amizade com uma certa Madame Villain, uma vendedora de peixe de Dieppe a quem ele se referia como "Titine". Embora não houvesse provas de que ele cometesse adultério com ela, ela lhe fornecia cama e comida e um espaço na sua pequena casa que ele usava como estúdio. Esse relacionamento, fosse de que natureza fosse, teria sido usado contra ele em tribunal, caso Sickert tivesse contestado o pedido de divórcio de Ellen, coisa que ele não fez. "Se for convocado a testemunhar", ele escreveu a Rothenstein em 1899, durante o processo de divórcio, "você poderia genuinamente permanecer, como de fato está, na ignorância do verdadeiro nome de Titine. Poderia dizer que sempre a chamo de 'Madame'."

As duas cartas que Sickert escreveu a Rothenstein em papel com a marca-d'água de Joynson Superfine não têm data. Uma delas — curiosamente escrita em alemão e italiano — foi redigida em papel que deve ter pertencido à mãe de Sickert, porque o endereço do remetente é o dela. Uma segunda carta a Rothenstein em papel com a marca-d'água de Joynson Superfine, que inclui rabiscos matemáticos, o desenho cômico de uma cara e a palavra "*ugh*", tem como endereço de remetente Glebe Place 10, Chelsea, o mesmo que consta na carta que Ellen Sickert escreveu a Blanche em 1893. Há uma carta do Estripador no Departamento de Registros Públicos (PRO) com uma marca-d'água parcial de Joynson. Parece que Sickert usou papel com a marca-d'água de Joynson Superfine do final da década de 1880 até o final da de 1890. Não encontrei nenhuma carta com essa marca-d'água com data posterior ao divórcio dele, em 1899, quando ele se mudou para a Europa continental.

Quatro cartas catalogadas no arquivo "Os Assassinatos de Whitechapel" no Departamento de Registros da Corporação de Londres foram escritas em papel Joynson Superfine: 8 de outubro de 1888; 16 de outubro de 1888; 29 de janeiro de 1889 e 16 de fevereiro de 1889. Duas delas trazem a assinatura "Nemo". Há mais três, sem marca-d'água, com a assinatura "Nemo". Em 4 de outubro de 1888 (quatro dias antes de a primeira carta "Nemo" ter sido escrita à Polícia da City de Londres), *The Times* publicou uma carta ao editor assinada "Nemo". Nela o remetente descreve "mutilações, cortar o nariz e as orelhas, estripar o corpo, e arrancar certos órgãos — o coração & cia. — ...". E continua:

> *Minha teoria seria que um homem da classe dele foi logrado e depois roubado de suas economias (freqüentemente grandes), ou, em sua opinião, de algum modo muito prejudicado por uma prostituta — talvez uma de suas primeiras vítimas; e depois foi movido por fúria e vingança a tirar a vida de tantas mulheres da classe dela quantas pudesse...*
>
> *A menos que apanhado em flagrante, esse homem, na vida cotidiana, seria bastante inofensivo, de comportamento cortês, para não dizer solícito, e praticamente o último de quem um policial britânico suspeitaria.*
>
> *Mas, munido de seu ópio, droga ou gim, e inspirado por sua ânsia de matar e de sangue, o vilão destruiria sua vítima indefesa com a ferocidade e a astúcia de um tigre; e a impunidade e o sucesso do passado só o teriam tornado mais ousado e irrequieto.*
>
>

Seu criado

>
> *2 de outubro*   *NEMO*

Já mencionei que o nome artístico de Sickert quando era ator era "Mr. Nemo".

Outras assinaturas incomuns nas cerca de cinqüenta cartas que estão no Departamento de Registros da Corporação de Londres lembram suspeitosamente as de algumas cartas do Estripador que estão no PRO: "*Justitia*", "Revelação", "Estripador", "Nêmesis", "Um Pensador", "Pode-ser", "Um amigo", "um acessório" e "um que abriu os olhos". Várias dessas cinqüenta cartas foram escritas em outubro de 1888 e também incluem desenhos e comentários semelhantes aos que se encontram nas cartas de Jack, o Estripador, que estão no PRO. Por exemplo, numa carta ao editor do *Daily News Office*, de 1º de outubro de 1888, que está no PRO, o Estripador diz: "Tenho alguém para escrever isto para mim". Numa carta sem data que está no Departamento de Registros da Corporação de Londres, o remetente anônimo diz: "Tenho alguém para escrever isto para mim".

Entre outras cartas catalogadas no Departamento de Registros da Corporação de Londres, sob o título "Assassinatos em Whitechapel" inclui-se um cartão-postal datado de 3 de outubro, em que o remetente anônimo usa muitas das mesmas ameaças, palavras e frases encontradas nas cartas do Estripador que estão no PRO: "envio-lhe as orelhas da vítima"; "Acho divertido que o senhor pense que sou louco"; "Só um cartão para lhe informar"; "Escrevo-lhe de novo em breve"; e "Estou ficando sem tinta". Em 6 de outubro de 1888, "Anônimo" sugere que o assassino poderia manter "as vítimas *em silêncio* fazendo pressão em certos nervos do pescoço", e acrescenta que um benefício adicional de subjugar a vítima é que o assassino pode "manter a si próprio e sua roupa relativamente limpos". Em outubro de 1888, uma carta anônima escrita em tinta vermelha usa as expressões "asno desprezível" e "Jacky Atrevido", e promete "enviar a Charles Warren as próximas orelhas que eu cortar".

Uma carta sem data inclui um recorte de jornal, preso por um clipe de papel enferrujado. Quando minha colaboradora Irene Shulgin retirou e virou o recorte, encontrou a expressão "autor de obras de arte". Numa carta datada de 7 de outubro de 1888, o autor se identifica como "Homo Sum", "Sou homem" em latim. Em 9 de outubro de 1888, um remetente anônimo se ofende, novamente, por ser considerado lunático: "Não se satisfaça com a voga da loucura". Outras cartas anônimas dão dicas à polícia, encorajando os oficiais a se disfarçar de mulheres e usar "cota de malha" ou "colarinhos de aço leve" embaixo da roupa. Uma carta anônima de 20 de outubro de 1888 afirma que "o motivo dos crimes é ódio e rancor pelas autoridades da Scotland Yard, uma das quais está marcada como vítima".

Numa carta de julho de 1889, o remetente se identifica como "*Qui Vir*", "Qual homem" em latim. Numa carta que escreveu a Whistler em 1897, Sickert refere-se de modo bem sarcástico a seu ex-"mestre travesso" como "*Ecce homo*", ou "Eis o homem". Na carta do "*Qui Vir*", que se encontra no Departamento de Registros da Corporação de Londres, o remetente sugere que o assassino é "capaz de escolher uma hora para cometer o crime & retornar a seu esconderijo". Numa carta anônima de 11 de setembro de 1889, o remetente provoca a polícia, dizendo que sempre viaja em "vagão de terceira classe" e "uso barba, preta e cheia". Cerca de 20% dessas cartas no Departamento de Registros da Corporação de Londres têm marca-d'água, inclusive, como mencionei, a de Joynson Superfine. Também encontrei uma de Monckton's Superfine numa carta assinada por "alguém do público". Uma carta que Sickert escreveu a Whistler entre meados e o final da década de 1880 também tem a marca-d'água de Monckton's Superfine.

Eu certamente não ousaria afirmar que essas cartas foram escritas por Sickert ou mesmo por Jack, o Estripador, mas os comunicados anônimos combinam com o perfil de um psicopata violento que escarnece da polícia e tenta inserir-se na investigação. Deixando-se de lado as marcas-d'água e a linguagem, resta o problema da letra. A diversidade surpreendente que se encontra nas cartas do Estripador tem sido motivo de um debate acalorado. Muita gente, inclusive examinadores de documentos forenses, argumenta que não é possível uma única pessoa escrever com tantas letras.

Isso não é necessariamente verdade, afirma o historiador de papéis e analista de documentos forenses Peter Bower, um dos especialistas em papel mais respeitados do mundo, e talvez mais conhecido pelo trabalho em papéis utilizados por artistas como Michelangelo, J. M. W. Turner, Constable e outros — e também por determinar que o famoso diário de Jack, o Estripador, era uma fraude. Bower colaborou no nosso exame das cartas de Sickert/Estripador. Diz ele que "bons calígrafos" conseguem escrever com várias letras, mas "isso requer uma habilidade extraordinária". Sua mulher, Sally Bower, é uma respeitada letrista — uma pessoa que concebe e faz letreiros e inscrições. Embora não seja especialista em caligrafia, ela tem uma perspectiva diferente, porque é perita na maneira como uma pessoa forma as letras que se unem em palavras. Quando examinou as cartas do Estripador com o marido, imediatamente associou várias letras por meio de singularidades e pelo modo como a mão as traçou. Não tenho dúvida de que Sickert possuía uma capacidade espantosa de escrever com muitas letras, mas à medida que a investigação avança seus disfarces na escrita vão se revelando.

O vasto conhecimento que Peter Bower tem sobre papel obviamente inclui marcas-d'água. A opinião dele sobre as que encontramos é que A Pirie & Sons e Joynson Superfine "não seriam os papéis mais comuns". Mas as marcas-d'água não seriam necessariamente incomuns no final do século XIX. A Monckton's Superfine era mais rara, e a Monckton's também fabricava papel para aquarela e desenho.

A mesma marca-d'água não quer dizer necessariamente que o papel fosse do mesmo lote, e quase nenhuma das cartas de Sickert ou das cartas de Sickert/Estripador é, diz Peter Bower, que passou dias examinando arquivos de Sickert e do Estripador e medindo o papel, usando uma lente de 30× para estudar as medidas, o teor das fibras e as distâncias entre linhas sucessivas. Quando o papel, como os de A Pirie, Joynson e Monckton's, é fabricado à máquina, vem de um lote, ou seja, do mesmo rolo. Outro lote com a mesma marca-d'água e um teor de fibras que seja relativamente igual pode apresentar ligeiras diferenças nas medidas das folhas de papel, devido à rapidez da secagem ou à maneira como a máquina o cortou.

Essas características — medidas e espaçamento da tela em que o papel foi formado — são o perfil Y do papel, e perfis Y idênticos significam que o papel veio do mesmo lote. Segundo Bower, não é raro uma pessoa ter papel de carta procedente de muitos lotes, e mesmo quando o papel é encomendado, pode haver lotes diferentes misturados, embora as marcas-d'água e o relevo ou a estampa sejam os mesmos. As discrepâncias nas cartas de Sickert e do Estripador referem-se às medidas. A carta "Caro Openshaw", com a marca-d'água A Pirie, por exemplo, é do mesmo lote que a de 22 de novembro em papel A Pirie, postada de Londres, mas não do mesmo lote que a outra de 22 de novembro em papel A Pirie, supostamente despachada de Manchester. Evidentemente o Estripador tinha papel A Pirie de vários lotes quando escreveu essas cartas datadas de 22 de novembro, a menos que se queira argumentar que havia dois indivíduos que por acaso escreveram cartas do Estripador em papel A Pirie & Sons do mesmo tipo e da mesma cor em 22 de novembro.

Em alguns casos as diferenças nas medidas podem ser atribuídas à conservação. Quando é aquecido com a aplicação de uma membrana protetora, por exemplo, o papel encolhe levemente. O mais provável é que as diferenças nas medidas se expliquem pela repetição de encomendas à papelaria. Durante o final da década de 1880, papel de carta personalizado costumava ser encomendado em maços de 24 folhas, incluindo segundas folhas sem timbre. Uma nova encomenda do mesmo papel de carta personalizado, no mesmo tipo de papel, com a mesma marca-d'água, poderia muito facilmente vir de um lote diferente. Ou talvez a papelaria usasse um padrão de tamanho diferente, como *Post quarto*, que media cerca de 17,8 x 22,9 cm, *Commercial Note*, com 20,3 x 12,7 cm, ou *Octave Note*, que media 17,8 x 11,4 cm.

Um exemplo de discrepância em tamanho de papel é uma carta do Estripador com a marca-d'água Joynson Superfine enviada à Polícia da City de Londres. A metade rasgada do papel dobrado mede 17,6 x 25,1 cm. Outra carta do Estripador no mesmo tipo de papel, com a mesma marca-d'água, foi enviada à Polícia Metropolitana, e o papel é *Commercial Note*, com 20,3 x 12,7 cm. Uma carta de Sickert escrita em Monckton's Superfine que examinamos em Glasgow mede 19,8 x 22,9 cm, enquanto uma do Estripador enviada à Polícia da City de Londres, no mesmo tipo de papel, com uma marca-d'água Monckton's Superfine, mede 18,1 x 22,61 cm. O que isso sugere, muito provavelmente, é que o papel Monckton's Superfine é de lotes diferentes, mas de modo algum indica que as cartas do Estripador tenham sido escritas por pessoas diferentes.

Só chamo a atenção para essas diferenças nos lotes de papel porque um advogado de defesa faria isso. Na verdade, papel do mesmo tipo e com a mesma marca-d'água, mas de lotes diferentes, não significa necessariamente um obstáculo num processo, e, como salientou Bower, depois de estudar o papel de outros pintores ele "esperaria encontrar variações como essas". Bower também descobriu cartas do Estripador em papel que não apresentava variações, e como também não tinham marca-d'água, ninguém mais notou essas cartas. Duas cartas do Estripador à Polícia Metropolitana e uma à Polícia da City de Londres foram escritas no mesmo papel azul-claro muito barato, e o fato de três serem em papel do mesmo lote é uma forte indicação de que foram escritas pela mesma pessoa, exatamente como é difícil descartar como coincidência marcas-d'água idênticas, especialmente três tipos diferentes de marcas-d'água idênticas.

A descoberta de marcas-d'água "idênticas" foi motivo de grande entusiasmo para todos nós que trabalhávamos no caso do Estripador, mas devo admitir que no início da investigação houve um momento não muito bom, no que se refere a marcas-d'água. O diretor de conservação do Departamento de Registros Públicos, Mario Aleppo, entrou em contato comigo e disse que seus funcionários tinham encontrado muitas outras marcas-d'água A Pirie & Sons em que eu talvez quisesse dar uma olhada. Voltei imediatamente para Londres e, para meu horror, descobri que elas não estavam em cartas do Estripador, mas no papel de carta que a Polícia Metropolitana usava na época. Fiquei chocada. Por um momento tive um abatimento enorme e a sensação de que minha vida podia se desintegrar bem diante dos meus olhos. Sempre existiu uma teoria de que Jack, o Estripador, foi um tira.

A marca-d'água A Pirie & Sons no papel de carta da Polícia Metropolitana foi a única marca-d'água A Pirie & Sons que encontrei na minha pesquisa que não estava relacionada com Sickert/Estripador, mas tenho a satisfação de informar que a que está no papel de carta da Polícia Metropolitana é bem diferente da que se encontra nas cartas do Estripador e de Sickert. A marca-d'água no papel de carta da polícia não tem data e inclui as palavras "LD" e "Register". O papel é de qualidade e cor diferentes. Mede 20,3 x 27,9 cm e não é do tamanho de um cartão de saudações. Além da diferença no texto e no desenho das marcas-d'água, o papel da polícia é velino e o de Sickert/Estripador é avergoado.

A firma Alexandre Pirie & Sons Ltda. começou a fabricar papel em 1770 em Aberdeen. O seu rápido crescimento e a boa reputação que granjeou levaram à aquisição de cotonifícios e fábricas em Londres, Glasgow, Dublin, Paris, Nova York, São Petersburgo e Bucareste. Foi só em 1864 que A Pirie se tornou uma empresa separada, e, com base nisso, pode-se supor que antes dessa data não houvesse uma marca-d'água A Pirie & Sons. No entanto, os registros que existem em Aberdeen não indicam quando foi exatamente que A Pirie começou a usar seu nome em marcas-d'água. A A Pirie se tornou empresa de responsabilidade limitada em 1882, fundiu-se com outra firma em 1922 e fechou em algum momento na década de 1950.

Os registros da A Pirie & Sons estão guardados numa caixa-forte em Stoneywood Mills, em Aberdeen. Muito ciente das minhas limitações como especialista em papel de carta ou em fabricação de papel, perguntei a Joe Jameson, pesquisador de documentos e negociante de livros antigos, se ele iria a Aberdeen para examinar milhares de registros da A Pirie. Durante dois dias frios e chuvosos, ele remexeu em caixas e conseguiu apurar detalhes atordoantes sobre detritos de cal, cozimento de trapos, máquinas para papel, toneladas de soda encomendadas, sedimento removido de água de rios, acionistas, esboços de marcas-d'água, tipos de papel manufaturado — praticamente tudo que se pudesse querer saber sobre o modo de fazer papel do final do século XVIII até a década de 1950.

Durante quase um século, toneladas de papel Alexander Pirie & Sons foram embarcadas para Londres e outras partes do mundo. Essa empresa de prestígio detinha direitos de propriedade e não hesitava em processar outro fabricante que tentasse enganar o público levando-o a crer que seu papel era da A Pirie & Sons. A pergunta óbvia neste caso era exatamente a que fiz a Peter Bower: até que ponto era comum a marca-d'água A Pirie encontrada nas três cartas do Estripador e nas oito de Sickert?

Após uma minuciosa pesquisa nos registros da empresa, só posso afirmar com certeza que, embora talvez não fosse raro, como disse Bower, o papel poderia ser um tanto incomum como papel de carta personalizado. Parece que o papel da A Pirie era usado principalmente para a impressão de livros de escrituração de bancos e de outros negócios, papel timbrado comercial e papel sem marca-d'água para impressão litográfica. Não tenho idéia de qual foi a loja em que Walter ou Ellen Sickert encomendou o papel A Pirie & Sons, timbrado e com borda azul. Talvez não ficasse em Londres e seus registros talvez não existam mais. Também não sou capaz de dizer quão exclusiva era a marca-d'água deles, mas não consta de uma lista de 56 desenhos da A Pirie & Sons, com marca registrada, que está nos arquivos de Aberdeen.

Existe uma boa chance, porém, de eu não ter visto a marca-d'água deles nos exemplos que encontrei porque os arquivos de Aberdeen podem estar incompletos. Sei que, no único catálogo da A Pirie & Sons em que consegui pôr as mãos, a lista dos produtos da firma para 1900 relaciona 23 desenhos, e a marca-d'água que interessa não é um deles.

Walter Sickert entendia de marcas-d'água. Entendia de papel. É difícil imaginá-lo escrevendo cartas do Estripador e não estar ciente da marca-d'água. É difícil imaginar que não conhecesse o tipo de papel que usava, inclusive papel bom, como o Monckton's Superfine, e papel para desenho. Ele pode ter usado seus papéis de carta personalizados A Pirie & Sons e Joynson Superfine porque supôs que, mesmo que notasse as marcas-d'água parciais no papel rasgado, a polícia provavelmente não associaria uma carta do Estripador com o simpático artista e cavalheiro Walter Sickert, que na época não era um suspeito. É de imaginar, contudo, o que teria acontecido caso a polícia tivesse publicado e imprimido em cartazes as marcas-d'água parciais.

Provavelmente nada. Se os amigos de Sickert — ou Ellen — reconhecessem uma marca-d'água parcial, dificilmente associariam o pintor com Jack, o Estripador. O que mais me surpreende é que não consigo encontrar nenhum sinal de que a polícia tenha notado as marcas-d'água, e devia ter feito isso. Mais de 10% das 211 cartas do Estripador que estão no Departamento de Registros Públicos têm uma marca-d'água completa ou parcial. Nem todo papel com marca-d'água é caro, mas não se associa esse tipo de papel com os indigentes de rua que falam gíria e que a polícia e a imprensa acreditavam estivessem escrevendo a maioria das cartas do Estripador.

Sickert não jogava papel fora, não desperdiçava nada. Se se visse sem papel, colava as sobras que achava e rabiscava uma nota numa colcha de retalhos de papel. Em várias cartas a Whistler, escreveu: "Sem papel em casa", sobretudo se estivesse escrevendo ao mestre para dizer que estava sem dinheiro.

"Desculpe pelo papel, não tenho dinheiro para comprar, caro chefe", escreveu o Estripador em 15 de novembro de 1888.

Sickert fez esboços numa diversidade de papéis, do grosseiro papel higiênico marrom ao velino. Prestar atenção em tipo de papel e em marcas-d'água nas investigações civis e criminais certamente não era tecnologia nova em 1888. É desconcertante e imperdoável que nenhum policial ou detetive tenha observado em que e com que muitas das cartas do Estripador foram escritas. Alguém deveria ter notado que a "tinta de escrever" na verdade era tinta de pintar e que as "canetas" eram pincéis ou canetas de desenhar de bico grande. Para perceber isso não era preciso haver microscopia, espectrofotometria a infravermelho, cromatografia a pirólise, espectrometria de massa, fluorescência de raios X e análise de ativação de nêutrons.

Uma explicação para esses descuidos é que até hoje a polícia e outros ignoraram as cartas por considerá-las logros. Fotocópias e fotografias não são o melhor meio de ver o toque delicado de pincéis nem as belas cores púrpura, azul, vermelha, bordô, laranja, siena e sépia usadas para escrever palavras e fazer salpicos e traços em cartas de supostos analfabetos e lunáticos. É necessário o olho de um especialista em arte para detectar que nódoas consideradas de sangue são, na verdade, de base para água-forte, e se o dr. Ferrara não tivesse usado uma fonte de luz alternada Omnichrome e vários filtros, não teríamos sido capazes de encontrar o texto escondido sob uma densa camada de tinta preta de escrever.

Numa carta, o Estripador fornece seu "nome" e "endereço" à polícia, mas, a título de "rá-rá", cobre a informação com retângulos pretos e desenhos de caixões. Sob a tinta preta, o Omnichrome revelou *ha* e a assinatura *Ripper* [Estripador], parcial e quase ilegível. Esse tipo de provocação diabólica é característico de alguém que acredita que algo "escondido" vai confundir completamente a polícia. Outra gracinha do Estripador foi colar uma tira de papel na frente de um envelope, insinuando que o envelope fora reaproveitado e que o nome do destinatário original estava sob a tira.

O dr. Ferrara realizou uma operação longa e delicada para levantar essa tira de papel. Não havia nada embaixo dela. Mas as provocações zombeteiras e maldosas do Estripador não lhe deram a satisfação pela qual ele ansiava. Não há sinal, por exemplo, de que alguém tenha se preocupado com o que havia por baixo daquela tira de papel antes de o dr. Ferrara a retirar, 114 anos depois de o Estripador ter enviado a "piada" pelo correio. Não há indício de que a polícia tenha tentado descobrir o que estava escondido sob os desenhos em densa tinta preta.

É fácil esquecer que em 1888 os investigadores não tinham Walter Sickert em mente e que a Scotland Yard não tinha acesso a gente como Peter e Sally Bower, a dra. Anna Gruetzner, historiadora da arte e especialista em Sickert, a conservadora de papel Anne Kennett e a curadora dos arquivos Sickert, Vada Hart. Foi necessário o trabalho de detetives intelectuais como esses para descobrir que muitas das cartas do Estripador contêm sinais reveladores da letra de Sickert e que em alguns casos uma única letra foi escrita e traçada em várias cores ou materiais e com no mínimo dois instrumentos, que podiam ser lápis de cor, creions litográficos e pincéis.

Uma carta do Estripador que a polícia recebeu em 18 de outubro de 1889 foi escrita numa folha de papel almaço avergoado azul-celeste, com 27,9 x 35,6 cm. As letras foram traçadas a lápis e depois lindamente pintadas em vermelho-vivo. Parece que ninguém achou inusitado que um lunático, um analfabeto ou mesmo um trocista tivesse rebuscadamente *pintado* uma carta que dizia:

Prezado Senhor,

Estarei em Whitechapel no dia 20 deste mês — e iniciarei um trabalho muito delicado por volta da meia-noite, na rua onde executei meu terceiro exame do corpo humano.
Seu, até a morte,
Jack, o Estripador

Pegue-me se puder

PS [pós-escrito no alto da página]: *Espero que consiga ler o que escrevi e que ponha tudo nos jornais, que não deixe a metade de fora. Se não conseguir enxergar as letras, informe-me e eu as escreverei maiores.*

Ele cometeu um erro de ortografia na palavra maiores,* como faria um analfabeto, e não creio que a flagrante incoerência de uma carta como essa tenha sido acidental. Sickert estava fazendo um dos seus joguinhos e mostrando como a polícia era "imbecil". Um investigador alerta certamente indagaria por que alguém soletraria corretamente "*delicate*" [delicado], "*executed*" [executei] e "*examination*" [exame], mas faria um erro numa palavra simples como "*bigger*". Mas detalhes que nos parecem tão óbvios agora gozam do benefício da retrospecção e da análise de especialistas em arte. Na época, o único artista que olhava essas cartas era o que as criava, e muitas nem são cartas, mas desenhos e obras de arte de um profissional que deveriam ser emoldurados e pendurados numa galeria.

Sickert deve ter achado que não tinha motivo para temer que a polícia notasse ou questionasse as ilustrações em suas cartas zombeteiras, violentas e obscenas. Ou talvez imaginasse que mesmo que um investigador astuto como Abberline se detivesse na singularidade de algumas das cartas, o caminho jamais levaria a Broadhurst Gardens, 54. Afinal de contas, a polícia era "idiota". Como Sickert dizia com freqüência, a maioria das pessoas era burra e chata.

Ninguém era brilhante, inteligente, astuto ou fascinante como Walter Sickert, nem mesmo Whistler ou Oscar Wilde. Sickert, aliás, não gostava de competir com nenhum desses dois em jantares e outras reuniões e se soubes-

---

* *Biger* em vez de *bigger*. [N. T.]

se que não ia ser o centro das atenções, simplesmente não aparecia. Não hesitava em admitir que era "esnobe" e dividia o mundo em duas categorias de pessoas: as que o interessavam e as que não o interessavam. Como é típico de psicopatas, não acreditava que existisse um investigador à sua altura, e como também se aplica a essa gente assustadora e sem remorsos, seu pensamento delirante o seduzia a deixar muito mais indícios incriminatórios em sua trilha do que ele provavelmente jamais imaginou.

Os locais distantes associados com inúmeras cartas do Estripador só reforçavam a suposição de que a maioria das cartas eram logros. A polícia não tinha motivo para crer que esse assassino do East End pudesse estar numa cidade num dia e noutra no dia seguinte. Ninguém pareceu interessado em considerar que talvez o Estripador realmente se deslocasse e que talvez houvesse uma ligação entre essas cidades.

Muitas estavam na programação da companhia teatral de Henry Irving, publicada diariamente nos jornais. Toda primavera e todo outono, a companhia de Irving saía em turnê por cidades importantes para o teatro, como Glasgow, Edimburgo, Manchester, Liverpool, Bradford, Leeds, Nottingham, Newcastle e Plymouth, para citar apenas algumas. Ellen Terry fazia essas viagens estafantes com freqüência. "Estarei num trem de Newcastle para Leeds", informa, abatida, numa carta escrita durante uma turnê, e quase dá para sentir a sua exaustão.

A maioria dessas cidades também tinha grandes hipódromos, e várias cartas do Estripador mencionam corridas de cavalos e dão dicas de apostas à polícia. Sickert pintou quadros sobre corridas de cavalos e era bastante entendido no esporte. No jornal literário *New Age* de 19 de março de 1914, ele publicou um artigo a que deu o título de "*A Stone Ginger*" — gíria das corridas para "uma certeza absoluta" — e, para arrematar, introduziu alguns outros termos da gíria das corridas: "*welsher*" [trapaceiro], "*racecourse thief*" [ladrão de hipódromo] e "*sporting touts*" [cambistas esportivos]. Os hipódromos eram um local onde Sickert poderia desaparecer no meio da multidão, especialmente se estivesse usando um de seus disfarces e a corrida fosse numa cidade onde não houvesse a probabilidade de ele encontrar algum conhecido. Nas corridas, havia muitas prostitutas.

Sickert interessava-se por corridas de cavalos, cassinos e lutas de boxe, embora se tenha escrito muito pouco sobre isso nos livros e artigos que vi.

Quando o Estripador usa a expressão "*Give up the sponge*" ["atirar a toalha"] numa carta que peritos em arte acreditam ter sido escrita por Sickert, isso é um vislumbre da personalidade de Sickert ou simplesmente o uso irrefletido de um clichê? Haverá algum significado oculto no sombrio auto-retrato que Sickert pintou em 1908, no qual ele aparece num estúdio, em pé atrás do que se supõe seja o torso de gesso de um boxeador, mas que se assemelha mais a uma mulher decapitada cujos membros foram cortados de modo grosseiro? Haverá algum significado na referência, em outra carta do Estripador, a "rua Bangor", um endereço que não existe em Londres, embora Bangor seja o nome de um lugar no País de Gales onde há um hipódromo?

Embora eu não possa provar que Sickert apostasse em cavalos, também não disponho de provas em contrário. O jogo podia ser um vício secreto. Isso certamente ajudaria a explicar como ele conseguia gastar dinheiro tão depressa. Na época em que ele e a parcimoniosa Ellen se divorciaram, ela estava financeiramente arruinada e jamais se recuperaria. Em se tratando de finanças, o organizado cérebro de Sickert parecia que não o ajudava. Ele não pensava duas vezes antes de alugar um táxi e deixá-lo parado à sua espera o dia inteiro. Deu de presente braçadas de quadros — às vezes a estranhos — ou deixou telas apodrecerem em seus estúdios. Nunca ganhou muito, mas tinha acesso ao dinheiro de Ellen — mesmo após o divórcio — e depois ao dinheiro das outras mulheres que cuidaram dele, inclusive de suas duas outras esposas.

Era generoso com o irmão, Bernhard, um artista fracassado. Alugava inúmeros quartos ao mesmo tempo, comprava material de pintura, lia vários jornais todos os dias, devia ter um guarda-roupa e tanto para seus muitos disfarces, era um aficionado dos dramas e dos teatros de variedades, e viajava. Mas a maior parte do que comprava e alugava era de má qualidade e barato, e ele não viajava em primeira classe nem comprava ingresso para os melhores lugares nos teatros. Não sei quanto ele simplesmente deu, mas, depois do divórcio, Ellen escreveu que "dar dinheiro a ele é como dar dinheiro a uma criança para fazer uma fogueira".

Ela o considerava tão irresponsável com dinheiro — por motivos que nunca citou — que, depois do divórcio, conspirava com Jacques-Emile Blanche para comprar quadros de Sickert. Blanche os comprava e ela, secretamente, o reembolsava. Sickert "não deve *nunca, nunca* desconfiar de que o dinheiro é meu", escreveu ela a Blanche. "Não vou contar a ninguém" — nem mesmo à irmã, Janie, em quem ela sempre confiara. Ellen sabia o que Janie pensava de Sickert e dos abusos dele. Também sabia que ajudar o ex-marido não era realmente ajudá-lo. Por mais que ele tivesse, jamais teria o suficiente. Mas parece que, quando se tratava de ajudá-lo, ela não conseguia se controlar.

"Não paro de pensar nele, dia e noite", escreveu a Blanche em 1899. "Você sabe como ele é — em relação a dinheiro, uma criança. Faria novamente a gentileza de comprar um dos quadros de Walter no momento em que seja mais útil a ele? E não se esqueça de que não servirá para nada se você não insistir em organizar a maneira como o dinheiro será gasto. Ele tomou um empréstimo de £600 do cunhado (que é um homem pobre) e deveria pagar a ele juros sobre a soma. *Mas eu não posso.*"

Dependência de drogas e álcool era um problema de família. Sickert provavelmente tinha uma predisposição a ela, o que ajudaria a explicar por que evitava álcool na juventude e mais tarde passou a abusar da bebida. Seria arriscado afirmar que tivesse um problema com jogo. Mas o dinheiro parecia desaparecer quando ele o tocava, e embora a menção nas cartas do Estripador a corridas de cavalos e às cidades onde havia hipódromos não constitua "prova", esses detalhes despertam a curiosidade.

Sickert podia muito bem fazer o que bem entendesse. Sua carreira não exigia que trabalhasse em horário regular. Não tinha que dar satisfações a ninguém, principalmente depois que o aprendizado com Whistler terminou e ele já não era obrigado a fazer o que o mestre exigia. No outono de 1888, o mestre estava em lua-de-mel e não sabia nem se importava com a maneira como Sickert passava seus dias. Ellen e Janie estavam na Irlanda — embora Ellen não precisasse estar ausente para Sickert sumir por uma noite ou uma semana. Desaparecer na Grã-Bretanha era relativamente fácil, contanto que os trens estivessem circulando. Não era grande problema atravessar o canal da Mancha de manhã e jantar na França na noite do mesmo dia.

Fosse qual fosse a causa da "confusão financeira" crônica de Sickert, para usar as palavras de Ellen, o problema era sério a ponto de ela se dar um trabalho extraordinário para lhe enviar dinheiro em segredo, depois de se divorciar dele por adultério e abandono do lar. Era tão sério que, quando Sickert morreu, em 1942, tinha somente 135 libras em seu nome.

16. Uma escuridão estígia

Cinco horas depois de o corpo de Annie Chapman ter sido levado para o necrotério de Whitechapel, o dr. George Phillips chegou e viu que a vítima fora despida e lavada. Furioso, exigiu uma explicação.

Robert Mann, o supervisor do necrotério, que causara tanto problema no caso de Mary Ann Nichols, respondeu que as autoridades do albergue tinham instruído duas enfermeiras a despir e limpar o corpo. Nenhum policial ou médico presenciara isso, e correndo os olhos pelo necrotério o furioso dr. Phillips notou a roupa de Annie empilhada no chão, a um canto. Sua recomendação anterior de que o corpo não devia ser tocado por moradores do albergue, enfermeiras ou quem quer que fosse, a menos que a polícia desse ordens em contrário, tivera pouco efeito em Mann. O homem já tinha ouvido isso tudo antes.

O necrotério não passava de um barracão atulhado, imundo e fedorento, com uma mesa de madeira cheia de marcas, escurecida por sangue velho. No verão era abafado e quente, e no inverno era tão frio que Mann mal conseguia dobrar os dedos. Que emprego o seu, ele devia pensar, e talvez o médico devesse se sentir grato por duas enfermeiras lhe terem poupado tanto trabalho. Além disso, não era preciso ser médico para ver o que havia matado a coitada da mulher. A cabeça estava quase separada do corpo e ela fora estripada como um porco pendurado num açougue. Mann não prestou muita atenção enquanto o dr. Phillips continuou a expressar seu desagrado, queixando-se de que suas condições de trabalho eram não só inadequadas, como também perigosas para a sua saúde.

O argumento do médico seria exposto mais plenamente durante o inquérito. O *coroner* Wynne Baxter anunciou aos jurados e à imprensa que era um absurdo não haver um necrotério adequado no East End. Se havia um lugar na Grande Metrópole que precisava de uma instalação apropriada para lidar com os mortos, certamente era o empobrecido East End, onde, em Wapping, nas proximidades, corpos retirados do Tâmisa tinham de "ser postos em caixas" por falta de um local para onde levá-los — disse Baxter.

Existira antes um necrotério em Whitechapel, mas ele fora demolido quando uma rua nova fora aberta. Por algum motivo, as autoridades não chegaram a construir outro prédio para abrigar os mortos, e o problema não seria solucionado em futuro próximo. Como dizíamos quando eu trabalhava no gabinete do médico-legista, "morto não vota nem paga imposto". Indigentes mortos não pressionam políticos para obter fundos. Ainda que seja o grande igualador, a morte não torna iguais todos os mortos.

O dr. Phillips começou a examinar o corpo. O cadáver agora estava em pleno *rigor mortis*, que se formara mais lentamente por causa do frio que fazia. A estimativa do dr. Phillips de que Annie Chapman estava morta havia duas ou três horas quando o corpo foi encontrado podia ser relativamente correta. Ele não acertou, porém, quando concluiu que a pequena quantidade de comida em seu estômago e a ausência de líquido indicavam que estava sóbria quando morreu.

Fluidos corporais como sangue, urina e humor aquoso dos olhos não eram testados rotineiramente para se apurar a presença de álcool ou drogas. Se tivessem sido examinados, muito provavelmente o médico teria apurado que Annie ainda estava alcoolizada quando foi assassinada. Quanto mais debilitada estivesse, melhor para o assassino.

Os cortes no pescoço eram "do lado esquerdo da espinha", paralelos e separados por cerca de um centímetro. O assassino tentou separar os ossos do pescoço, o que sugere que tentou decapitá-la. Como os cortes eram mais fundos do lado esquerdo e diminuíam do lado direito, ele provavelmente era destro, supondo-se que a tenha atacado por trás. Os pulmões e o cérebro apresentavam sinais de doença avançada, e, apesar da obesidade, ela estava subnutrida.

Durante o inquérito, o dr. Phillips apresentou sua avaliação da seqüência de eventos que levaram à morte de Annie Chapman: a respiração foi impedida e o coração parou, devido à perda de sangue. A morte, disse ele, resultou de uma "síncope", ou queda drástica da pressão sanguínea. Sou bem capaz de imaginar o que a médica-legista chefe da Virgínia, dra. Marcella Fierro, teria dito, se estivesse presente ao inquérito: a queda da pressão sanguínea foi um mecanismo da morte, não a causa. A pressão sanguínea de qualquer pessoa que esteja morrendo baixa, e quando a pessoa está morta não há pressão sanguínea.

Quando uma pessoa morre, a respiração pára, o coração pára, a digestão pára, a atividade cerebral cessa. Dizer que uma pessoa morreu de parada cardíaca ou respiratória, ou de uma síncope, é o mesmo que dizer que alguém é cego porque não enxerga. O que o dr. Phillips deveria ter dito ao júri é que a causa da morte foi perda de sangue resultante de cortes no pescoço. Nunca entendi a lógica de um médico que preenche um atestado de óbito dando como causa da morte parada cardíaca ou respiratória, independentemente de a pessoa ter sido baleada, esfaqueada, espancada, afogada, ou atropelada por um carro ou por um trem.

Durante o inquérito, um jurado interrompeu o dr. Phillips para perguntar se ele tinha tirado uma fotografia dos olhos de Annie, para a eventualidade de as retinas terem capturado a imagem do assassino. O dr. Phillips respondeu que não. Encerrou abruptamente seu depoimento, dizendo ao *coroner* Baxter que as informações apresentadas eram suficientes para explicar a morte da vítima e que entrar em mais detalhes "seria apenas doloroso para os sentimentos do júri e do público". Evidentemente, acrescentou, "eu me curvo à sua decisão".

Baxter discordou. "Por mais doloroso que seja", replicou, "é necessário, pelo bem da justiça", que os detalhes sobre o assassinato de Annie Chapman sejam relatados. O dr. Phillips insistiu: "Devo repetir minha opinião de que, no momento de falar sobre os ferimentos na parte inferior do corpo, será extremamente imprudente tornar públicos os resultados de meu exame. Esses detalhes são adequados apenas ao senhor e ao júri, mas divulgá-los ao público seria simplesmente repugnante". O *coroner* Baxter pediu a todas as senhoras e aos meninos que se retirassem da sala lotada. Acrescentou que "nunca tinha ouvido uma solicitação para se omitir qualquer prova".

O dr. Phillips não desistiu e pediu repetidamente ao *coroner* que poupasse o público de mais detalhes. Seus pedidos foram negados e o médico não teve escolha, senão revelar tudo que sabia sobre a mutilação do corpo e sobre os órgãos e o tecido que o assassino removera. Depôs que, fosse ele o assassino, não poderia ter infligido tais ferimentos à vítima em menos de quinze minutos. Se ele, na qualidade de cirurgião, tivesse causado aqueles ferimentos com cuidado e habilidade, teria levado "quase uma hora".

Quanto mais detalhes era forçado a divulgar, mais o dr. Phillips se afastava da verdade. Não só tornou a enfatizar ilogicamente que o abdome de Mary Ann Nichols fora cortado antes da garganta, como em seguida disse que o motivo do assassinato de Annie Chapman fora a remoção das "partes do corpo". Acrescentou que o assassino devia possuir conhecimentos de anatomia e possivelmente estava ligado a uma profissão que lhe dava acesso a dissecação ou cirurgia.

Sugeriu-se usar sabujos e o dr. Phillips assinalou que isso talvez não ajudasse, visto que o sangue pertencia à vítima e não ao assassino. Não lhe ocorreu — e talvez a mais ninguém no inquérito — que sabujos não são chamados *bloodhounds* por serem capazes de detectar só o cheiro de sangue.*

O conflito entre os depoimentos das testemunhas não foi resolvido durante o inquérito e em nenhuma outra ocasião. Se foi assassinada às 5h30, como depoimentos de testemunhas à polícia nos levariam a crer, Annie foi atacada pouco antes de o sol começar a nascer — segundo os boletins meteorológicos daquele dia. Seria incrivelmente arriscado agarrar alguém numa área populosa, cortar-lhe a garganta e estripá-la pouco antes do amanhecer, especialmente num dia de mercado, quando as pessoas saíam cedo de casa.

Uma seqüência plausível de eventos foi sugerida pelo primeiro jurado. Quando John Richardson sentou na escada para consertar a bota, a porta dos fundos estava aberta e bloqueava a visão do corpo de Annie, meio metro abaixo do lugar onde ele estava, porque a porta se abria para a esquerda, onde o cadáver se encontrava. Richardson meio que concordou com a sugestão, admitindo que, como não entrara no quintal, não podia dizer com certeza que o corpo não estava lá enquanto ele consertava a bota. Não achava que estivesse, mas ainda estava escuro quando deu uma passada na casa da mãe, e

---

* Um *bloodhound* é, literalmente, um "cão para sangue". (N. T.)

ele estava interessado na porta do porão e na sua bota, não no espaço entre os fundos da casa e a cerca.

As declarações de Elisabeth Long são mais problemáticas. Ela alegou ter visto uma mulher conversando com um homem às 5h30 e que tinha certeza de que a mulher era Annie Chapman. Se isso é verdade, Annie foi assassinada e mutilada ao amanhecer e fazia menos de meia hora que estava morta quando foi encontrada. Elisabeth não viu muito bem o homem e disse à polícia que não o reconheceria, caso o visse novamente. Em seguida afirmou que ele estava usando um boné marrom com abas laterais e talvez um casaco escuro, e que era um "pouco" mais alto do que Annie, o que significa que era bem baixo, pois Annie media apenas 1,60 metro. Parecia "estrangeiro", tinha uma aparência "surrada, mas elegante", e mais de quarenta anos.

É muito detalhe para Elisabeth ter notado ao passar por dois estranhos no escuro, logo antes do amanhecer. Prostitutas e seus clientes não eram estranhos na área, e é mais do que provável que Elisabeth Long não se metesse na vida alheia, de modo que não parou para olhar. Além disso, se achou que a conversa entre o homem e a mulher era amistosa, não teria se sentido inclinada a prestar muita atenção. A verdade é que não sabemos a verdade. Não temos idéia de até que ponto qualquer uma dessas testemunhas é confiável. A manhã estava fria e enevoada. Londres era poluída. O sol ainda não tinha nascido. Quão boa era a visão de Elisabeth? E a de Richardson? Para os pobres, óculos eram um luxo.

Além disso, em inquéritos policiais não é raro as pessoas ficarem agitadas porque testemunharam *alguma coisa* e se sentem ansiosas por ajudar. É comum acontecer de uma testemunha, quanto mais vezes é entrevistada, mais detalhes ir lembrando de repente, da mesma forma como as mentiras de um suspeito culpado vão ficando mais rebuscadas e conflitantes, quanto mais vezes ele for interrogado.

São poucas as afirmações que posso fazer com certeza sobre o assassinato de Annie Chapman: ela não foi posta inconsciente por "sufocamento" nem estrangulamento, ou teria manchas visíveis no pescoço; ainda estava usando o lenço quando foi assassinada, e se o pescoço tivesse sido comprimido, é provável que o lenço tivesse deixado uma marca ou escoriação; o rosto pode ter parecido "inchado" porque era cheio e balofo. Se ela morreu com a boca aberta, a língua pode ter se projetado no espaço criado pela ausência dos dentes da frente.

O *coroner* Baxter concluiu o inquérito declarando que "estamos diante de um assassino de caráter incomum, [cujos crimes são] cometidos não por ciúme, vingança ou assalto, mas por motivos menos satisfatórios do que os muitos que ainda desgraçam nossa civilização, prejudicam nosso progresso e enodoam as páginas de nosso cristianismo". O júri proferiu o veredicto de "assassinato intencional por pessoa ou pessoas desconhecidas".

Três dias depois, na tarde de terça-feira, uma menina notou "marcas" estranhas no quintal da casa 25 na rua Hanbury, dois adiante do quintal onde Annie Chapman foi assassinada. Foi procurar um policial na mesma hora. Eram marcas de sangue seco e formavam uma trilha com uns dois metros de comprimento, levando à porta dos fundos de outra casa dilapidada, lotada de inquilinos. A polícia concluiu que o Estripador deixara a mancha de sangue ao passar através ou por cima da cerca que separava os quintais e que, tentando remover parte do sangue do seu casaco, ele o tirara e batera contra a parede dos fundos da casa 25, o que explicaria um borrão e um "salpico". Em seguida a polícia encontrou um pedaço de papel amassado e saturado de sangue que acreditou que o Estripador tivesse usado para limpar as mãos. E concluiu que Jack, o Estripador, fugira do local do crime da mesma maneira como chegara a ele.

Essa conclusão faz sentido. Em crimes premeditados, o homicida planeja cuidadosamente a entrada e a saída, e alguém calculista e meticuloso como Sickert teria se familiarizado com uma saída segura. Duvido que ele tenha deixado o local subindo nas ripas bambas e perigosamente espaçadas que separavam os quintais. Se tivesse feito isso, o mais provável é que tivesse lambuzado as ripas de sangue ou até quebrado algumas. Seria mais conveniente e sensato fugir pelo quintal lateral que levava à rua.

Dali ele poderia ter se insinuado por portas e passagens de uma "escuridão estígia, onde lâmpada alguma brilhava", como um repórter descreveu a cena, um local "onde um assassino dotado de frieza poderia facilmente passar despercebido". Ao longo da rua Hanbury, as portas ficavam destrancadas e ripas velhas e gastas cercavam quintais e terrenos baldios onde casas tinham sido demolidas e os policiais temiam entrar. Mesmo que fosse visto, se não estivesse agindo de modo a despertar suspeita, Sickert teria sido simplesmente mais uma figura nebulosa, sobretudo se estivesse vestido de acordo com o ambiente. Sendo o ator que era, talvez até tivesse dito bom-dia a algum estranho.

Ele pode ter embrulhado a carne e os órgãos de Annie Chapman em papel ou tecido. Mas teria havido gotas e manchas de sangue, e uma investigação forense moderna teria descoberto uma trilha muito mais longa do que a de cerca de dois metros encontrada pela garota. As substâncias químicas e as fontes de luz alternada de hoje poderiam ter detectado sangue com facilidade, mas em 1888 foram necessários os olhos de uma criança para ver as "marcas" estranhas no quintal. Não se fez nenhum exame do sangue e não se pode dizer ao certo que fosse de Annie Chapman.

Sickert talvez tivesse o hábito de observar prostitutas com seus clientes antes de agir para matar. Podia ter observado Annie antes e saber que ela e outras usavam para fins "imorais" as passagens destrancadas e os quintais da casa 29 da rua Hanbury e das casas de cômodos vizinhas. Talvez a estivesse observando na manhã em que a assassinou. Espiar pessoas se vestindo ou se despindo, ou fazendo sexo, é coerente com a história de um assassino sexual. Psicopatas violentos são *voyeurs*. Espreitam, observam, fantasiam, depois estupram ou matam, ou ambas as coisas.

Olhar uma prostituta satisfazendo um cliente talvez fosse o preâmbulo de Sickert. Ele pode ter abordado Annie Chapman assim que o último cliente dela se afastou. Pode ter-lhe solicitado sexo, feito com que ela se virasse de costas para ele e depois atacado. Ou pode ter surgido do escuro e agarrado Annie por trás, puxado a cabeça pelo queixo, deixando as escoriações no maxilar. Os cortes na garganta rasgaram a traquéia, impedindo Annie de emitir algum som. Em segundos ele a teria jogado no chão e levantado a roupa dela para lhe abrir o abdome. Estripar uma pessoa não requer tempo nem habilidade. Não é preciso ser patologista forense nem cirurgião para encontrar o útero, os ovários e outros órgãos.

Muito se falou sobre a pretensa habilidade cirúrgica do Estripador. Arrancar um útero e parte da parede abdominal, incluindo o umbigo, a parte superior da vagina e a maior parte da bexiga não requer precisão cirúrgica, e mesmo para um cirurgião seria difícil "operar" no escuro e em estado de desvario. Mas o dr. Phillips teve certeza de que o assassino possuía algum conhecimento de anatomia ou de procedimentos cirúrgicos e que usou uma "pequena faca de amputar ou uma faca de matadouro bem amolada, estreita, fina e com lâmina de quinze a vinte centímetros de comprimento".

Sickert não precisava ter presenciado cirurgias nem a prática da medicina para ter informações úteis sobre os órgãos sexuais femininos. A extremidade superior da vagina é ligada ao útero, e acima da vagina fica a bexiga. Supondo-se que o útero fosse o troféu que procurava, ele simplesmente o removeu no escuro, levando junto o tecido circundante. Isso não é "cirurgia", é agarrar e cortar. Pode-se imaginar que ele soubesse a localização anatômica da vagina e que ela fica perto do útero. Mas, mesmo que não soubesse, havia muitos livros sobre cirurgia na época.

Já em 1872 a *Gray's anatomy* se encontrava na sexta edição, com diagramas detalhados dos "órgãos da digestão" e dos "órgãos femininos de geração". Sendo alguém que, em conseqüência de cirurgias, sofrera danos permanentes que lhe alteraram a vida, é provável que Sickert se interessasse por anatomia, especialmente pela anatomia da genitália e dos órgãos reprodutivos da mulher. Imagino que um homem com sua curiosidade, inteligência e mente obsessiva daria uma olhada no *Gray's* ou no *Bells great operations of surgery* (1821), com as ilustrações coloridas de Thomas Landseer, irmão do famoso pintor vitoriano de animais, Edwin Landseer, cuja obra Sickert teria conhecido.

Havia *A manual of pathological anatomy*, de Carl Rokitansky, volumes I-IV (1849-54), *Illustrations of dissections*, de George Viner Ellis, com ilustrações coloridas em tamanho natural (1867) e *Principles and illustrations of morbid anatomy, with its complete series of coloured Lithographic drawings*, de James Hope (1834). Se tivesse alguma dúvida sobre a localização do útero ou de qualquer outro órgão, Sickert dispunha de inúmeros meios para se informar, sem recorrer à profissão médica.

Devido ao estado desalentador da ciência forense e da medicina em 1888, havia muitos mal-entendidos sobre o sangue. O tamanho e o formato de borrifos e pingos significavam muito pouco para um investigador vitoriano, que acreditava que uma pessoa gorda tinha um volume de sangue consideravelmente maior do que uma pessoa magra. O dr. Phillips teria examinado o quintal onde o corpo de Annie Chapman foi encontrado e se concentrado na possibilidade de haver sangue suficiente para indicar que ela fora assassinada ali ou em outro local. Alguém com o pescoço cortado deve perder a maior parte do sangue — cerca de três a quatro litros. Muito sangue poderia ter sido absorvido pelas inúmeras camadas de roupa grossa e escura de Annie. O sangue arterial teria jorrado e encharcado a terra a alguma distância do corpo.

Suspeito que as "manchas" de gotículas de sangue notadas no muro não muito acima da cabeça de Annie eram borrifos da faca. Cada vez que o Estripador enfiou a faca no corpo e puxou-a para enfiá-la novamente, jorrou sangue da lâmina. Como não sabemos o número, o formato nem o tamanho dos borrifos, só podemos especular que não poderiam ter sido causados por sangramento arterial, a menos que Annie já estivesse no chão enquanto a carótida ou as artérias jorravam sangue. Suspeito que foi atacada em pé e que os cortes profundos feitos no abdome foram feitos quando ela estava de costas.

O intestino pode ter sido arrancado e jogado para o lado enquanto o Estripador tateava no escuro à procura do útero. Troféus e suvenires evocam recordações. São um catalisador de fantasias. Em crimes violentos de psicopatas, levar suvenires é típico ao ponto de ser esperado. Sickert era esperto demais para guardar alguma lembrança incriminatória em algum lugar onde alguém pudesse achá-la. Mas ele tinha quartos secretos, e eu me pergunto onde se inspirou para alugar esses quartos. Talvez alguma experiência de infância o atraísse para esses lugares medonhos. Num poema que seu pai escreveu, há um verso que faz pensar nos quartos secretos do filho:

> Que sensação lúgubre, de mistério, quando estou entre suas paredes,
> essas paredes altas, nuas, descoradas, como são terríveis,
> lembram-me as antigas salas da guarda [...]
> Não empilham, aqui e ali,
> sobretudos, casacos longos, casacos de inverno
> e não levam todo tipo
> de lixo para o quarto

Em setembro de 1889, o Estripador dá como endereço de remetente "a toca de Jack, o Estripador". Sickert podia guardar o que quisesse em seus locais secretos — ou "buracos de rato", como eu os chamo. É impossível saber o que fazia com seu "lixo", as partes de corpos que se decompunham e cheiravam, a menos que as preservasse quimicamente. Numa carta o Estripador fala em cortar a orelha de uma vítima e dá-la de comer a um cão. Em outra, fala em fritar órgãos e comê-los. Sickert talvez fosse excessivamente curioso sobre o sistema reprodutivo feminino que dera à luz sua vida arruinada. Não podia estudá-lo no escuro. Talvez levasse os órgãos para seu covil e os estudasse lá.

Depois do assassinato de Annie Chapman, os parentes que a evitavam em vida cuidaram dela na morte. Providenciaram o enterro, e às sete da manhã da sexta-feira 14 de setembro, um carro fúnebre apareceu no necrotério de Whitechapel para levá-la embora clandestinamente. Os parentes não formaram um cortejo de carruagens por medo de chamar a atenção para a última jornada de Annie. Ela foi enterrada no cemitério de Manor Park, cerca de dez quilômetros a nordeste do local onde foi morta. O tempo tinha melhorado muito. A temperatura era de 15 °C e fez sol o dia inteiro.

Na semana que se seguiu à morte de Annie, negociàntes do East End formaram um comitê de vigilância presidido por George Lusk, um pedreiro e empreiteiro local, membro da Junta de Obras Metropolitanas. O comitê de Lusk divulgou o seguinte comunicado ao público: "Constatando que, apesar dos crimes cometidos em nosso meio, nossa força policial é inadequada para descobrir o autor ou autores das ditas atrocidades, nós, abaixo assinados, formamos um comitê e pretendemos oferecer uma recompensa considerável a qualquer um, cidadão ou não, que forneça informações que permitam levar o assassino ou assassinos à Justiça".

Um membro do Parlamento prontificou-se a doar cem libras ao fundo de recompensa, e outros cidadãos manifestaram a disposição de ajudar. Documentos da Polícia Metropolitana datados de 31 de agosto e de 4 de setembro notam que a resposta à solicitação dos cidadãos deveria ser que a prática de oferecer recompensas fora abolida fazia algum tempo porque recompensas encorajavam as pessoas a "descobrir" provas enganosas ou a fabricar provas, e "dão origem a bisbilhotice e mexericos sem fim".

No East End, o ressentimento e a indisciplina atingiram novos patamares. As pessoas iam fazer farra no número 29 da rua Hanbury. Olhavam estupidamente, algumas rindo e fazendo piada, enquanto o resto de Londres caía numa "espécie de estupor", disse *The Times.* Os crimes superavam "os esforços mais hediondos da ficção" — piores até do que *Os assassinatos da rua Morgue,* de Edgar Allan Poe, e "nada, em fato ou ficção, se iguala a esses ultrajes, tanto no que diz respeito à sua natureza horrível quanto ao efeito que exerceram sobre a imaginação popular".

17. As ruas até o amanhecer

O Gatti's Hungerford Palace of Varieties era um dos teatros de variedades mais vulgares de Londres. Nos oito primeiros meses de 1888, foi o favorito de Sickert, que ia lá várias noites por semana.

Construído num arco com oitenta metros de largura embaixo da ferrovia South Eastern, perto da estação de Charing Cross, acomodava seiscentas pessoas, mas havia noites em que até mil espectadores turbulentos se amontoavam lá dentro para passar horas bebendo e fumando, e desfrutar do entretenimento de forte conotação sexual. A popular Katie Lawrence chocava a sociedade elegante usando calça curta de homem ou um vestido curto e solto que expunha mais carne feminina do que se considerava decente na época. As estrelas do teatro de variedades Kate Harvey e Florence Hayes, esta como "A Dama Patriótica", faziam regularmente parte do programa quando Sickert traçava seus rápidos esboços sob as luzes trêmulas.

Decotes e coxas expostas eram um escândalo, mas ninguém parecia se preocupar muito com a exploração de meninas que saracoteavam cantando as mesmas canções picantes que as estrelas adultas. Meninas de apenas oito anos envergavam costumes e vestidinhos e arremedavam uma consciência sexual que estimulava a excitação de pedófilos e se tornou material para vários quadros de Sickert. A historiadora da arte dra. Robins explica que "entre escritores, pintores e poetas decadentes, havia como que um culto pela suposta meiguice e inocência das crianças que atuavam nos teatros de variedades". Em seu livro *Walter Sickert: drawings* [Walter Sickert: desenhos], ela fornece uma nova interpretação para a representação artística feita por Sickert das cantoras a que ele assistia noite após noite e que seguia de teatro em teatro. Seus esboços são um vislumbre de sua psique e de como ele gostava de viver. Embora fosse capaz de dar um quadro de presente, levado pelo impulso do momento, ele não se desfazia dos desenhos que fazia nos teatros em cartões-postais e pedaços de papel barato.

Olhar esses pálidos esboços a lápis nas coleções da Tate Gallery, da Universidade de Reading, da Galeria de Arte Walker, em Liverpool, e da Galeria de Arte da Cidade de Leeds é penetrar na mente e nas emoções de Sickert. Seus traços rápidos capturam o que ele via sentado num teatro de variedades e fitando o palco. São instantâneos batidos com a câmera das fantasias dele. Enquanto outros homens cobiçavam e instigavam as cantoras seminuas, Sickert desenhava partes de corpos femininos desmembrados.

Seria possível argumentar que esses desenhos eram a tentativa de Sickert de aperfeiçoar sua técnica. Não é fácil desenhar mãos, por exemplo, e alguns dos maiores pintores tiveram suas dificuldades com elas. Mas quando se sentava no seu camarote ou a várias fileiras do palco e fazia esboços em pedacinhos de papel, Sickert não estava aperfeiçoando sua arte. Estava desenhando uma cabeça separada do pescoço, braços sem mãos, um torso sem braços, coxas roliças e nuas decepadas, um torso sem membros com os seios sobressaindo de um vestido decotado.

Também se poderia argumentar que Sickert estava pensando em novos ângulos para retratar o corpo, de um modo que não fosse afetado ou posado. Talvez estivesse experimentando novas técnicas. Devia ter visto os nus de Degas em pastel. Podia estar simplesmente seguindo o exemplo de seu ídolo, que tinha abandonado o estilo antigo e estático de usar modelos cobertos com panos no estúdio e fazia experiências com posturas e movimentos mais naturais. Mas quando desenhava só um braço, Degas estava praticando técnica, com a finalidade de usar esse braço num quadro.

As partes de corpos femininos que Sickert retratou em seus esboços nos teatros de variedades raramente foram utilizadas, se é que o foram, em seus estudos, pastéis, esboços ou pinturas. Parece que ele desenhou seus membros e torsos a lápis só por desenhar, sentado na platéia e vendo Queenie Lawrence atuar escassamente vestida com uma lingerie branca como lírio, ou o desempenho da garota Little Flossie, de nove anos. Sickert não desenhou da mesma maneira figuras masculinas nem partes do corpo masculino. Em seus esboços de homens não há nada que sugira vítimas, com exceção de um desenho a lápis intitulado *He killed his father in a fight* [Ele matou o pai numa briga], no qual um homem está matando a facadas uma figura em cima de uma cama ensangüentada.

Os torsos, cabeças decepadas e membros de mulheres desenhados por Sickert são fruto de uma imaginação violenta. Olhando-se os esboços que seu amigo, o pintor Wilson Steer, fez na mesma época em alguns dos mesmos teatros de variedades, nota-se uma acentuada diferença na representação do corpo humano e das expressões faciais. Steer pode ter desenhado uma cabeça de mulher, mas ela não parece cortada no pescoço. Pode ter desenhado os tornozelos e os pés de uma bailarina, mas eles estão obviamente vivos, apoiados sobre um artelho, os músculos da perna retesados. Nada nos esboços de Steer parece morto. As partes do corpo desenhadas por Sickert não têm a tensão da vida, são flácidas e desconectadas.

Pelos esboços que fez em teatros de variedades e pelas notas que rabiscou neles em 1888, Sickert esteve no Gatti's de 4 de fevereiro a 24 de março; em 25 de maio; de 4 a 7 de junho; em 8, 30 e 31 de julho; e em 1º e 4 de agosto. O Gatti's e outros teatros de variedades que Sickert visitou em 1888, como o Bedford, eram obrigados, por lei, a encerrar o espetáculo e as vendas de bebida à meia-noite e meia, no máximo. Supondo-se que ele ficasse até o final, houve muitas madrugadas em que Sickert esteve pelas ruas de Londres, talvez perambulando. Parece que não precisava de muito sono.

A pintora Marjorie Lilly lembra em seu livro que "ele só parecia relaxar em períodos de sono curtos e raros durante o dia, e raramente ficava na cama depois da meia-noite, quando se levantava de novo e saía pelas ruas até o amanhecer". Lilly, que em certa ocasião dividiu um estúdio e uma casa com Sickert, notou que ele tinha o hábito de caminhar depois dos espetáculos dos teatros de variedades. Segundo ela, esse comportamento peripatético continuou ao longo de toda a vida dele. Toda vez que "uma idéia o atormentava", ele "percorria as ruas até o amanhecer, imerso em meditação".

Lilly o conheceu bem, até a morte dele, em 1942, e inúmeros detalhes em seu livro revelam muito mais do que ela talvez se desse conta sobre o mentor e amigo. Ela se refere sistematicamente às caminhadas, aos hábitos noturnos, ao sigilo de Sickert, e a seu conhecido costume de ter três ou quatro estúdios cuja localização ou finalidade eram ignorados. Também tem inúmeras recordações estranhas sobre a preferência dele por porões escuros. Descreve-os como "enormes, lúgubres, com passagens sinuosas, um calabouço escuro após o outro, como numa história de terror de Edgar Allan Poe".

Um ano depois da morte dele, a negociante de arte Lillian Browse escreveu que a reservada vida profissional de Sickert "o levava a lugares esquisitos, onde ele improvisava estúdios e oficinas". Já em 1888, quando freqüentava os teatros de variedades, ele alugava obsessivamente quartos secretos que não tinha dinheiro para pagar. "Estou alugando quartos novos", dizia aos amigos. Em 1911 escreveu: "Aluguei uma casinha minúscula e sinistra aqui perto, por 45 libras por ano". O endereço era rua Harrington, 60, NW, e aparentemente ele pretendia usar a "casinha" como "estúdio".

Sickert acumulava estúdios e logo os abandonava. Todos os seus conhecidos sabiam que esses buracos de rato escondidos ficavam em ruas miseráveis. O amigo e pintor William Rothenstein, que Sickert conheceu em 1889, escreveu sobre o gosto dele "pela atmosfera da casa de cômodos suja". De acordo com Rothenstein, Sickert era um "gênio" para encontrar os quartos mais tenebrosos e repelentes onde trabalhar, e para os outros essa sua predileção era motivo de perplexidade. Rothenstein descreveu Sickert como "um aristocrata por natureza" que "tinha cultivado um estranho gosto pela vida entre as camadas inferiores".

Denys Sutton escreveu que "o desassossego de Sickert era uma característica dominante de seu caráter". Era típico dele sempre ter "estúdios em vários lugares, pois prezava sua liberdade em todos os momentos". Diz Sutton que Sickert costumava jantar sozinho e que mesmo depois de ter se casado com Ellen ele ia desacompanhado aos teatros de variedades ou se levantava no meio de um jantar em sua própria casa para ir a um espetáculo. Depois fazia uma de suas longas caminhadas de volta para casa. Ou talvez fosse a um de seus quartos secretos, vagando pelo violento East End, andando sozinho pelas ruas escuras, com um pequeno pacote ou uma maleta Gladstone na mão, na qual presumivelmente levava seu material de desenho.

Segundo Sutton, durante uma dessas caminhadas Sickert estava usando um vistoso terno xadrez e topou com várias garotas na rua Copenhagen, cerca de um quilômetro e meio a noroeste de Shoreditch. As garotas saíram correndo apavoradas, aos berros de "Jack, o Estripador! Jack, o Estripador!". Numa versão ligeiramente diferente mas mais reveladora, Sickert contou aos amigos que foi ele quem gritou "Jack, o Estripador, Jack, o Estripador".

"Eu disse a ela que era Jack, o Estripador, e tirei o chapéu", escreveu o Estripador numa carta de 19 de novembro de 1888. Três dias depois escreveu outra dizendo que estava em Liverpool e que conhecera "uma jovem na Scotland Road [...] Sorri para ela e ela gritou Jack, o Estripador. Ela não sabia que estava certa". Mais ou menos na mesma época, saiu um artigo no *Sunday Dispatch* informando que, em Liverpool, uma mulher idosa estava sentada no parque Shiel quando "um homem de aparência respeitável, de casaco preto, calça de tecido leve e chapéu de feltro" sacou de uma faca comprida e fina. Disse que pretendia matar tantas mulheres em Liverpool quantas pudesse e mandar as orelhas da primeira vítima ao editor do jornal de Liverpool.

Sickert fez seus esboços no Gatti's numa época em que o criminoso psicopata violento dispunha de poucos recursos. O estuprador, o pedófilo ou o assassino de hoje têm muitas fontes à disposição: fotografias, fitas de áudio e de vídeo de suas vítimas sendo torturadas ou mortas; e pornografia violenta em revistas, filmes, livros, software de computador e sites da internet. Em 1888 havia poucos acessórios visuais ou auditivos à disposição do psicopata para alimentar-lhe as fantasias violentas. Os de Sickert seriam os suvenires ou troféus arrancados da vítima, as pinturas e os desenhos, e o entretenimento ao vivo nos teatros e espetáculos de variedades. Ele talvez ensaiasse também: aterrorizar a mulher idosa em Liverpool pode simplesmente ter sido um de dezenas ou mesmo centenas de ensaios.

É freqüente o assassino psicopata testar seu *modus operandi* antes de executar o plano. A prática leva à perfeição, e o homicida fica excitado com o quase-ataque. O pulso se acelera, a adrenalina corre. O assassino vai repetindo o ritual e chegando cada vez um pouco mais perto do ato de violência. Já houve casos de assassinos que, fazendo-se passar por policiais, prenderam luzes pisca-pisca no teto do carro e obrigaram mulheres motoristas a parar no acostamento muitas vezes antes de realmente executarem o seqüestro e assassinato.

É bem provável que Jack, o Estripador, tenha ensaiado e seguido outros rituais antes de matar. Depois de algum tempo o ensaio não tem a ver apenas com prática e gratificação imediata: alimenta fantasias violentas e pode envolver mais do que simplesmente espreitar uma vítima, sobretudo se o perpetrador é criativo como Walter Sickert. Inúmeros acontecimentos estranhos continuaram a ocorrer em várias partes da Inglaterra. Por volta das 22 horas de 14 de setembro, em Londres, um homem entrou na passagem subterrânea da Torre e abordou o guarda. "Já pegaram algum dos assassinos de Whitechapel?", perguntou, sacando uma faca com trinta centímetros de comprimento e lâmina curva. Depois saiu correndo e arrancou "uma barba falsa". O guarda o perseguiu, mas o perdeu de vista na rua Tooley. Segundo a descrição que fez à polícia, o homem media cerca de 1,70 metro, tinha cabelo escuro, bigode e era moreno. Tinha uns trinta anos e estava usando um terno preto que parecia novo, um sobretudo leve e um chapéu de dois bicos de tecido escuro.

"Tenho uma boa quantidade de barbas e bigodes falsos", escreveu o Estripador em 27 de novembro.

Depois que a ponte da Torre de Londres foi completada, em 1894, a passagem subterrânea da Torre foi fechada para os pedestres e transformada num conduto para gás, mas em 1888 era um monstruoso tubo de ferro fundido, com uns 2,5 metros de diâmetro e cerca de 130 metros de comprimento. Começava no lado sul da Great Tower Hill, na Torre de Londres, passava por baixo do Tâmisa e saía na escadaria Pickle Herring, na margem sul do rio. Se o que disse à polícia estava correto, o guarda perseguiu o homem pelo túnel até a escadaria, que levava à rua Pickle Herring, depois até a rua Vine, que cruzava com a Tooley. A Torre de Londres fica cerca de 750 metros ao sul de Whitechapel, e a passagem subterrânea era tão desagradável que não é provável que muita gente ou mesmo policiais a usassem para atravessar o rio, especialmente se a pessoa tivesse claustrofobia ou medo de passar por um tubo sujo e escuro embaixo d'água.

Na certa a polícia considerou o homem de barba falsa um maluco. Não encontrei menção desse incidente em nenhum relatório policial. Mas este "maluco" foi racional o suficiente para escolher um lugar deserto e mal iluminado para descaradamente exibir sua faca, e não deve ter achado que o guarda fosse capaz de dominá-lo fisicamente. O homem tinha toda a intenção de causar sensação e nenhuma de ser apanhado. A sexta-feira 14 também foi o dia em que Annie Chapman foi enterrada.

Três dias depois, em 17 de setembro, a Polícia Metropolitana recebeu a primeira carta assinada por "Jack, o Estripador".

Caro chefe,

Agora então estão dizendo que sou um judeu. Quando é que vão aprender, caro chefe? Você e eu sabemos a verdade, não sabemos? Lusk pode procurar para sempre e nunca me encontrará, mas estou bem embaixo do nariz dele o tempo todo. Eu os vejo à minha procura e tenho acessos de riso. Adoro meu trabalho e só vou parar quando me amarrarem, e mesmo assim fique atento ao seu velho amigo Jacky. Pegue-me se puder.*

Faz pouco tempo que essa carta veio à luz, porque nunca foi incluída nos arquivos da Polícia Metropolitana. Originalmente foi arquivada no Ministério do Interior.

Às 22 horas de 17 de setembro — o mesmo dia em que o Estripador fez sua estréia no que conhecemos como sua primeira carta —, um homem apareceu no tribunal distrital da polícia de Westminster. Disse que era estudante de arte, de Nova York, e que estava em Londres para "estudar arte" na Galeria Nacional. Um repórter do *Times* reproduziu um diálogo tão cômico e inteligente que se lê como um roteiro de cinema.

O "americano de Nova York" disse que na noite anterior tinha tido problemas com a proprietária da casa onde morava e que queria orientação do magistrado, um certo sr. Biron, que perguntou a que tipo de problema o homem estava se referindo.

"Uma *shindy* terrível", foi a resposta.

[Risos]

Em seguida o americano disse que tinha informado a proprietária de que ia mudar da casa na rua Sloane e que desde então ela o "incomodava" de todas as

---

* Em tradução aproximada, sem tentar reproduzir os erros de gramática, ortografia e pontuação. O texto original é: "*Dear Boss, So now they say I am a Yid when will they lern Dear old Boss? You an me know the truth don't we. Lusk can look forever he'll never find me but I am rite under his nose all the time. I watch them looking for me an it gives me fits ha ha. I love my work an I shant stop untill I get buckled and even then watch out for your old pál Jacky. Catch me if you can*". (N. T.)

maneiras. Empurrou-o contra a parede e quando ele perguntou sobre o jantar, ela quase lhe cuspiu no rosto com "a veemência de sua linguagem", chamando-o de "americano baixo".

"Por que o senhor não deixa essa proprietária e o apartamento dela?", perguntou o sr. Biron.

"Eu me mudei para lá com alguns móveis, e fui tolo o bastante para dizer a ela que ela podia ficar com eles e descontar do aluguel. Ela, o que fez, foi tomá-los de mim."

[Risos]

"E eu não poderia tirá-los de lá", continuou o americano. "Teria medo de fazer isso."

[Mais risos]

"Parece que o senhor fez um trato muito ridículo", disse-lhe o sr. Biron. "Está numa posição extremamente embaraçosa."

"Realmente", concordou o americano. "O senhor não é capaz de imaginar essa proprietária. Ela atirou uma tesoura em mim, gritou 'assassinato' com força, e depois me agarrou pela lapela do casaco para me impedir de escapar. Uma situação realmente absurda."

[Risos]

"Bem", disse o sr. Biron, "o senhor foi responsável por todo esse aborrecimento."

Esse foi o principal artigo policial no *Times*, embora não tivesse havido crime nem detenção. O melhor que o magistrado pôde oferecer foi talvez enviar um oficial ao endereço na rua Sloane para "advertir" a proprietária a se comportar melhor. O americano agradeceu e manifestou a esperança de que a advertência "tivesse um resultado salutar".

O repórter identificou o estudante de arte nova-iorquino somente como o "Requerente". Não forneceu nome, idade nem descrição. Não houve acompanhamento da história nos dias seguintes. A Galeria Nacional não tinha escola de arte nem alunos. Continua não tendo. Acho estranho, para não dizer inacreditável, que um americano usasse a linguagem que o suposto estudante de arte usou. Um americano usaria a palavra *shindy*, gíria de rua londrina para "rixa" ou "discussão"? Um americano diria que a proprietária "gritou 'assassinato' com força"?

Gritar "assassinato" poderia ter sido uma referência a depoimentos nos inquéritos sobre as vítimas do Estripador, e por que a proprietária gritaria "assassinato" se era ela a agressora, não o americano? O repórter não disse se o "americano" falava como americano. Sickert era bem capaz de fingir um sotaque americano. Passou vários anos com Whistler, que era americano.

Por volta dessa época começou a circular uma história nos noticiários de que um americano tinha procurado o vice-diretor de uma faculdade de medicina na esperança de comprar úteros humanos por vinte libras cada um. O comprador em potencial queria que os órgãos estivessem conservados em glicerina para se manterem flexíveis, e pretendia enviá-los para várias pessoas com um artigo de jornal que escrevera. O pedido foi recusado. O "americano" não foi identificado e não foram fornecidas outras informações sobre ele. A história deu origem a uma nova possibilidade: o assassino do East End estava matando mulheres para vender os órgãos, e o roubo dos anéis de Annie Chapman fora um "disfarce" para ocultar o verdadeiro motivo, que era roubar-lhe o útero.

Roubar órgãos humanos pode parecer ridículo, mas mal fazia cinqüenta anos que tinha ocorrido o caso infame de Burke e Hare, os "Ressuscitadores" — ou ladrões de cadáveres —, acusados de roubar sepulturas e de cometer até trinta homicídios para fornecer espécimes anatômicos para dissecação a médicos e faculdades de medicina de Edimburgo. A história de que roubo de órgãos era o motivo para os assassinatos do Estripador continuou a circular, gerando mais confusão em torno dos crimes.

Em 21 de setembro, Ellen Sickert escreveu uma carta ao cunhado, Dick Fisher, e disse que Sickert tinha viajado para a Normandia para visitar "seu pessoal" e estaria ausente algumas semanas. Sickert pode ter viajado, mas não necessariamente para a França. Na noite seguinte, sábado, uma mulher foi assassinada em Birtley, Durham, na região de mineração de carvão no nordeste da Inglaterra, perto de Newcastle-upon-Tyne. Jane Boatmoor, uma mãe de 26 anos de quem se comentava que não levava uma vida muito respeitável, foi vista pela última vez por amigos às 20 horas do sábado. O corpo foi encontrado na manhã do domingo, 23 de setembro, numa sarjeta perto da estação ferroviária de Guston Colliery.

O lado esquerdo do pescoço fora cortado até as vértebras. Um talho no lado direito do rosto abrira o maxilar inferior até o osso e o intestino estava para fora do abdome mutilado. As semelhanças entre esse assassinato e os cometidos no East End de Londres levaram a Scotland Yard a enviar o dr. George Phillips e um inspetor ao encontro dos policiais de Durham. Não se achou nenhuma prova útil, e por algum motivo se concluiu que o assassino provavelmente cometera suicídio. Os moradores da cidade deram uma ampla busca em poços de minas, mas não encontraram nenhum corpo, e o crime permaneceu sem solução. No entanto, numa carta anônima à Polícia da City de Londres, datada de 20 de novembro de 1888, o remetente faz esta sugestão: "Vejam o caso em Durham [...] foi feito para dar a impressão de que foi Jack, o Estripador".

A polícia não associou o assassinato de Jane Boatmoor com Jack, o Estripador. Os investigadores não tinham idéia de que o Estripador gostava de manipular as máquinas por trás do palco. Seu apetite por violência fora despertado e ele ansiava por "sangue, sangue, sangue", como escreveu. Ansiava por drama. Tinha um apetite insaciável por fascinar sua platéia. Como disse Henry Irving certa vez a uma platéia que não reagia: "Senhoras e senhores, se não aplaudirem, não posso atuar!". Talvez o aplauso fosse fraco demais. Aconteceram várias outras coisas em rápida sucessão.

Em 24 de setembro, a polícia recebeu a carta zombeteira com o "nome" e o "endereço" do assassino coberto com retângulos e caixões em tinta espessa. No dia seguinte, Jack, o Estripador, escreveu outra carta, só que desta vez deu um jeito para que alguém prestasse atenção. Enviou-a à Agência Central de Notícias. "Caro chefe, não paro de ouvir que a polícia me pegou, mas ela não vai me achar", escreveu em tinta vermelha. A ortografia e a gramática estavam corretas, e a letra era muito bem-feita. O carimbo postal era do East End de Londres. A defesa diria que a carta não poderia ser de Sickert. Ele estava na França. O promotor replicaria: "Com base em que provas?". Em sua biografia de Degas, Daniel Halévy menciona que Sickert esteve em Dieppe durante o verão, mas não consegui achar nenhuma prova de que ele tenha estado na França no final de setembro.

O "pessoal" de Sickert, como uma pesarosa Ellen os chamou, eram seus amigos artistas em Dieppe. Para eles, Ellen seria sempre uma estranha. Não era nada boêmia nem estimulante. É provável que quando esteve em Dieppe com o marido, este a tenha ignorado. Se ele não estava em cafés ou nas casas de verão de pintores como Jacques-Emile Blanche ou George Moore, estava, como de hábito, longe da tela do radar, perambulando, misturando-se com pescadores e marinheiros, ou trancado em algum de seus quartos secretos.

O que é suspeito no alegado plano de Sickert de visitar a Normandia no final de setembro e parte de outubro é que não há referência a ele nas cartas que seus amigos escreveram uns aos outros. Seria de pensar que, se Sickert tivesse estado em Dieppe, Moore ou Blanche mencionassem que o tinham visto — ou que não tinham. Seria de supor que, quando escreveu a Blanche em agosto, Sickert tivesse dito que iria à França no mês seguinte e esperava vê-lo — ou que acharia uma pena não o encontrar.

Nas cartas de Degas ou Whistler não há menção de que tenham visto Sickert em setembro ou outubro de 1888, e nenhum indício de que soubessem que ele estava na França. As cartas que Sickert enviou a Blanche no outono de 1888 parecem ter sido escritas em Londres, porque foram redigidas em papel com o timbre de Broadhurst Gardens, 54, que ele aparentemente só usava quando estava mesmo lá. A única indicação que encontrei de que ele esteve na França no outono de 1888 foi um bilhete sem data para Blanche, que Sickert supostamente escreveu da pequena aldeia de pescadores de Saint-Valéry-en-Caux, a trinta quilômetros de Dieppe: "Este é um lugarzinho agradável para dormir e comer, que é o que tenho mais vontade de fazer agora".

O envelope desapareceu e não há carimbo do correio para provar que Sickert estava na Normandia. Também não há nenhum meio de determinar onde Blanche estava. Mas Sickert podia muito bem estar em Saint-Valéry-en-Caux quando escreveu a carta. É provável que precisasse de repouso e alimento depois de suas frenéticas atividades violentas, e atravessar o canal da Mancha não era nenhum problema. Acho curioso, se não suspeito, que tenha escolhido St. Valéry, quando podia ter ficado em Dieppe.

Na verdade, é curioso que ele tenha escrito a Blanche, porque a maior parte da nota é sobre Sickert "procurando um misturador de tintas" para poder mandar ao irmão Bernhard "papel transparente pastel ou tela de lixa". Sickert queria "um pacote de amostras" e não conhecia as "medidas francesas". Sendo fluente em francês e tendo passado tanto tempo na França, não consigo entender como ele não soubesse onde encontrar amostras de papel. "Sou um pintor *francês*", declarou numa carta a Blanche, mas o Sickert de mente científica e matemática diz que não conhecia as medidas francesas.

Talvez a carta de Sickert de St. Valéry fosse sincera. Talvez quisesse mesmo o conselho de Blanche. Ou talvez a verdade seja que Sickert estava exausto, paranóide e fugindo, e achou prudente arrumar um álibi. Além dessa nota a Blanche, não consegui encontrar nada que sugerisse que ele tenha estado na França no final do verão, no início do outono ou no inverno de 1888. A temporada de banhos — ou natação — na Normandia também tinha terminado. Começava no início de julho, e no final de setembro os amigos de Sickert fechavam suas casas e estúdios em Dieppe.

O salão de artistas e amigos proeminentes de Sickert teria se dispersado até o verão seguinte. Ellen não terá achado um pouco estranho que o marido planejasse passar várias semanas com "seu pessoal" na Normandia quando já não devia haver mais ninguém lá? Será que viu muito o marido e, caso tenha visto, não pensou que ele estava se comportando de modo um tanto esquisito? Em agosto, Sickert, o compulsivo escritor de cartas, enviou uma nota a Blanche, pedindo desculpas por não "escrever há tanto tempo. Tenho trabalhado muito, e acho muito difícil encontrar cinco minutos para escrever uma carta".

Não há motivo para crer que o "trabalho" de Sickert estivesse relacionado aos deveres de seu ofício — além de ir a teatros de variedades e buscar inspiração nas ruas a noite inteira. Durante o resto do ano, a partir de agosto, ele não produziu com a freqüência habitual. As telas de "cerca de 1888" são poucas, e não há garantia de que "cerca de" não signifique um ou dois anos antes ou depois. Encontrei só um artigo publicado em 1888, e publicado na primavera. Parece que Sickert evitou os amigos durante a maior parte do ano. Não há indício de que tenha passado o verão em Dieppe — o que foi muito inusitado. Não importa para onde ou quando tenha ido, é evidente que Sickert não seguiu sua rotina, se é que se pode chamar de "rotina" alguma coisa que Sickert fazia.

No final do século XIX, não era necessário passaporte, visto ou nenhuma outra forma de identificação para viajar da Grã-Bretanha para a Europa continental. (Mas, no final do verão de 1888, era necessário um passaporte para ir da França à Alemanha.) Não há menção de que Sickert tivesse qualquer tipo de "identificação fotográfica" até a Primeira Guerra Mundial, quando ele e a segunda mulher, Christine, receberam salvo-condutos para apresentar aos guardas de túneis, nas travessias ferroviárias e em outros locais estratégicos enquanto viajavam pela França.

Era fácil entrar na França procedendo da Inglaterra, e continuou sendo durante os anos em que Sickert viajou entre os dois países. Atravessar o canal da Mancha no final da década de 1800 podia levar no máximo quatro horas, se o tempo estivesse bom. Podia-se viajar de trem expresso e vapor "rápido" sete dias por semana, duas vezes por dia; os trens partiam da estação Victoria às 10h30 ou de London Bridge às 10h45. O vapor zarpava de Newhaven às 12h45 e chegava a Dieppe por volta da hora do jantar. Uma passagem só de ida para Dieppe, na primeira classe, custava 24 xelins, dezessete na segunda classe, e parte desse serviço expresso incluía trens diretos de Dieppe para Rouen e Paris.

A mãe de Sickert alegava que nunca sabia quando o filho viajava de repente para a França e voltava também de repente. Talvez ele pulasse da Inglaterra para Dieppe e vice-versa enquanto os crimes do Estripador eram cometidos em 1888, mas, se fazia isso, provavelmente era para se acalmar. Ia a Dieppe desde a infância e mantinha vários lugares lá. Não parecem ter sobrevivido estatísticas francesas sobre crimes e mortes na era vitoriana, e não foi possível encontrar registros de homicídios na época que se assemelhassem nem mesmo de longe aos crimes do Estripador. Mas Dieppe era simplesmente uma cidade pequena demais para que alguém cometesse um crime sexual e escapasse.

Nos dias que passei em Dieppe, com suas ruas e passagens estreitas e antigas, sua praia de pedregulhos e seus altos penhascos que mergulham a pique no canal da Mancha, tentei enxergar aquele pequeno povoado à beira-mar como um terreno de caça para Sickert, mas não consegui. O trabalho dele enquanto estava em Dieppe reflete um espírito diferente. A maioria dos quadros que pintou lá tem cores atraentes, e a maneira como ele retrata as construções é inspiradora. Não há nada de mórbido ou violento na maior parte de suas telas da Normandia. É como se Dieppe mostrasse a face de Sickert que está virada para a luz em seus auto-retratos de Jekyll e Hyde.

18. Uma maleta preta lustrosa

O sol não saiu no sábado 29 de setembro, e caía uma chuva persistente e fria na noite em que *Dr. Jekyll and Mr. Hyde* encerrou sua longa temporada no Lyceum. Os jornais noticiaram que "os grandes excessos de sol tinham terminado".

Fazia muito pouco tempo que Elizabeth Stride mudara de uma casa de cômodos na rua Dorset, em Spitalfields, onde tinha morado com Michael Kidney, um doqueiro, reservista do exército. "Long Liz", ou "Liz, a Alta", como os amigos a chamavam, já tinha abandonado Kidney antes. Desta vez levou consigo seus poucos pertences, mas não havia motivo para supor que estivesse indo embora em caráter definitivo. Mais tarde Kidney deporia que ela, de vez em quando, queria se sentir livre e ter uma oportunidade de se entregar ao "hábito da bebida", mas passava algum tempo longe e sempre voltava.

O nome de solteira de Elizabeth era Gustafsdotter. Ela completaria 45 anos em 27 de novembro, embora dissesse a muita gente que era dez anos mais nova. Elizabeth levara uma vida de mentiras, a maioria delas tentativas lamentáveis de criar uma história mais animada e dramática do que a verdade de sua vida deprimente e desesperada. Filha de um agricultor, nasceu em Torslanda, perto de Goteburgo, na Suécia. Algumas pessoas disseram que falava inglês fluentemente, sem sotaque algum. Outras, que não pronunciava bem as palavras e falava como estrangeira. O sueco, seu idioma natal, é uma língua germânica muito próxima do dinamarquês, que era a língua que o pai de Sickert falava.

Elizabeth costumava contar que tinha ido moça para Londres, para "ver o país", mas isso foi só mais uma invenção. O registro mais antigo sobre sua vida em Londres foi encontrado na Igreja Sueca, datado de 1879, com a observação de que ela recebera um xelim. Media entre 1,65 e 1,70 metro, segundo as pessoas que foram ao necrotério para identificá-la. Era "clara", mas outros a descreveram como "morena". O cabelo era "castanho-escuro e cacheado", ou "preto", segundo outra pessoa. Um policial levantou-lhe uma das pálpebras no necrotério mal iluminado e concluiu que os olhos eram "cinzentos".

Na fotografia *post-mortem* em preto-e-branco, o cabelo de Elizabeth parece mais escuro porque estava úmido e pegajoso por ter sido enxaguado. O rosto estava pálido porque ela estava morta e perdera praticamente todo o sangue. Os olhos podiam ter sido azuis, mas não no momento em que o policial levantou uma pálpebra para examinar. Depois da morte, a conjuntiva ocular seca e se anuvia. Muitas pessoas, depois de estarem mortas há algum tempo, parecem ter os olhos cinzentos ou cinza-azulados, a menos que fossem muito escuros.

Depois da autópsia, Elizabeth foi vestida com a roupa escura que estava usando ao ser assassinada. Para ser fotografada, puseram-na num caixão apoiado contra uma parede. Quase invisível na sombra do queixo enfiado no peito é o corte irregular feito pela faca do assassino, que desaparece alguns centímetros abaixo do lado direito do pescoço. Essa foto depois de morta pode ter sido a única que tiraram dela na vida. Parece que era magra, com um rosto bem delineado e boas feições, e uma boca que poderia ter sido sensual, caso ela não tivesse perdido os dentes incisivos superiores. Na juventude, talvez fosse uma bela loura.

Durante o inquérito começaram a surgir as verdades a seu respeito. Tinha deixado a Suécia para assumir uma "situação" com um cavalheiro que morava perto de Hyde Park. Não se sabe quanto tempo essa "situação" durou, mas em algum momento, depois que terminou, ela foi viver com um policial. Em 1869, casou-se com um carpinteiro chamado John Thomas Stride. Todo mundo que a conhecia nas casas de cômodos que ela freqüentava ouvira a trágica história de que o marido se afogara no naufrágio do *Princess Alice*, ao colidir com um navio-carvoeiro a vapor.

Elizabeth tinha versões diferentes dessa história. O marido e dois dos nove filhos se afogaram quando o *Princess Alice* afundou. Ou o marido e todos os filhos se afogaram. De algum modo, ela, que devia ser muito jovem quando começou a ter filhos, para ter tido nove até 1878, sobreviveu ao naufrágio que matou 640 pessoas. Enquanto se debatia para se salvar, outro passageiro em pânico lhe dera um pontapé na boca, o que explicava a sua "deformidade".

Elizabeth dizia a todo mundo que perdera a abóbada palatina inteira, mas um exame *post-mortem* revelou que não havia nada de errado com seu palato duro nem com o mole. A única deformidade era a falta dos incisivos, coisa de que ela devia se envergonhar. Os registros do asilo de doentes Poplar and Stepney revelaram que o marido, John Stride, morreu ali em 24 de outubro de 1884. Não se afogou num naufrágio, e nenhum filho se afogou — se é que o casal teve filhos. Talvez mentir sobre o passado tornasse a vida de Elizabeth mais interessante para ela, pois a verdade era dolorosa e humilhante e só criava problemas.

Quando descobriu que o marido não tinha morrido num naufrágio, o clero da Igreja Sueca que Elizabeth freqüentava suspendeu toda assistência financeira que dava a ela. Talvez ela tenha mentido sobre a morte do marido e dos supostos filhos porque havia um fundo de auxílio aos sobreviventes do *Princess Alice*. Quando se suspeitou que ela não perdera nenhum parente no desastre, o dinheiro cessou. De um jeito ou de outro, Elizabeth tinha de ser sustentada por um homem, e quando não era, fazia o que podia, costurando, fazendo limpeza e prostituindo-se.

Ultimamente vinha passando as noites numa casa de cômodos na rua Flower and Dean, 32, onde a administradora, uma viúva chamada Elizabeth Tanner, a conhecia relativamente bem. No inquérito, a sra. Tanner depôs que durante seis anos viu Elizabeth a intervalos, e que até a quinta-feira, 27 de setembro, ela estava morando em outra casa de cômodos com um homem chamado Michael Kidney. Ela o deixara sem levar nada, a não ser umas roupas esfarrapadas e um livro de hinos religiosos. Na noite daquela quinta-feira e na da sexta-feira seguinte, ficou na casa de cômodos da sra. Tanner. No começo da noite do sábado, 29 de setembro, as duas tomaram um drinque no pub Queen's Head, na rua Commercial, e depois Elizabeth ganhou seis *pennies* limpando dois quartos na casa de cômodos.

Entre as 22 e as 23 horas, Elizabeth estava na cozinha, e entregou um pedaço de veludo à amiga Catherine Lane. "Guarde para mim, por favor", pediu, e disse que ia dar uma saída. Para enfrentar o tempo miserável, estava usando duas anáguas de tecido barato semelhante a aniagem, uma combinação branca, meias de algodão branco, um corpete de belbute preto, uma saia preta, uma jaqueta preta com borda de pele, um colorido lenço de seda listrada ao pescoço e um chapeuzinho de crepe preto. Nos bolsos havia dois lenços, uma meada de linha preta de cerzir e um dedal de metal. Antes de sair da cozinha da casa de cômodos, perguntou a Charles Preston, um barbeiro, se podia tomar emprestada a escova dele para limpar um pouco a roupa. Não disse a ninguém aonde ia, mas, ao sair para a noite úmida e escura, exibiu orgulhosamente os seis *pennies* que acabara de ganhar.

A Berner era uma rua estreita de residências pequenas e apinhadas de gente, ocupadas por alfaiates, sapateiros, fabricantes de cigarros e outros poloneses e alemães pobres, que trabalhavam em casa. Nessa rua ficava o Clube Educacional Internacional de Trabalhadores (IWMC), que tinha aproximadamente 85 membros, na maioria socialistas judeus da Europa Oriental. A única exigência para ingresso era apoiar os princípios socialistas. Todo sábado, às 20h30, o IWMC se reunia para discutir vários assuntos.

Os sócios sempre encerravam o encontro com uma atividade social, cantando e dançando, e não era raro se deixarem ficar até uma da manhã. Naquele sábado em particular, quase cem pessoas tinham comparecido a um debate em alemão sobre a razão de os judeus deverem ser socialistas. A conversa séria estava terminando. Muita gente já tomava o rumo de casa quando Elizabeth Stride seguiu na direção do clube.

Seu primeiro cliente da noite, pelo que se sabe, foi um homem com quem foi vista conversando na rua Berner, muito perto da casa de um operário chamado William Marshall. Isso foi por volta de 23h45. Mais tarde Marshall depôs que não pôde ver bem o rosto do homem, mas que ele estava com um casaco preto curto, calça escura e o que parecia um gorro de marinheiro. Não estava de luvas, não tinha barba e estava beijando Elizabeth. Marshall disse que entreouviu o homem caçoar: "Você diria qualquer coisa, menos as suas orações", e Elizabeth riu. Nenhum dos dois parecia embriagado, lembrou Marshall, e eles seguiram na direção do IWMC.

Uma hora depois, outro morador local chamado James Brown viu uma mulher, que mais tarde identificou como Elizabeth Stride, encostada a uma parede e conversando com um homem na esquina das ruas Fairclough e Berner. O homem estava de sobretudo comprido e media cerca de 1,80 metro. (Parece que quase todos os homens mencionados por testemunhas depois dos crimes do Estripador mediam cerca de 1,80 metro. Na era vitoriana, essa teria sido considerada a altura média de um homem. Acho que era uma suposição tão boa quanto outra qualquer.)

A última pessoa a ver Elizabeth Stride viva foi o policial William Smith, agente 452 da Divisão H, cuja ronda naquela noite incluía a rua Berner. À 0h35 ele notou uma mulher, que mais tarde identificou como Elizabeth Stride. O que lhe chamou a atenção foi que ela estava com uma flor no casaco. O homem com quem estava carregava um pacote embrulhado em jornal que tinha 45 centímetros de comprimento por quinze ou vinte de largura. Também ele media cerca de 1,80 metro, lembrou-se Smith, e usava chapéu de feltro duro com abas laterais, sobretudo escuro e calça escura. Smith achou que o homem, com uns 28 anos e sem barba, tinha aparência respeitável.

Smith prosseguiu na ronda, e 25 minutos depois, à 1 hora, Louis Diemschutz seguia em sua carroça de verdureiro para o prédio do IWMC na rua Berner, 40. Era o gerente do clube e morava no prédio. Ao virar para entrar no pátio, ficou surpreso de encontrar os portões abertos, porque geralmente eram fechados depois das 21 horas. Quando ele entrou, seu pônei de repente se esquivou para a esquerda. Estava escuro demais para enxergar muita coisa, mas Diemschutz distinguiu uma forma no chão, perto do muro, e cutucou-a com o chicote, imaginando que fosse lixo. Desceu, teve dificuldade para acender um fósforo por causa do vento, e levou um susto ao topar com o corpo de uma mulher, bêbada ou morta. Diemschutz correu para dentro do clube e voltou com uma vela.

A garganta de Elizabeth Stride tinha sido cortada, e Diemschutz, ao chegar na carroça, deve ter interrompido o Estripador. Do pescoço escorria sangue para a porta do clube, e os botões de cima da jaqueta estavam abertos, revelando a anágua e o espartilho. Ela estava apoiada sobre o lado esquerdo, com o rosto virado para o muro, e o vestido, encharcado por causa da chuva forte que tinha caído fazia pouco tempo. Na mão esquerda havia um pacote de papel de *cachous*, pastilhas para refrescar o hálito; em seu peito estava espetado um pequeno ramo de avenca com uma rosa vermelha. A essa altura o policial William Smith tinha completado sua ronda, e quando chegou novamente ao número 40 da rua Berner deve ter ficado chocado ao ver que uma multidão estava se juntando diante dos portões do clube e que as pessoas gritavam "Polícia!" e "Assassinato!".

Mais tarde, no inquérito, Smith depôs que não levara mais do que 25 minutos para completar sua patrulha, e que fora durante esse breve período, enquanto uns trinta sócios do clube de socialistas ainda estavam lá dentro, que o homicida devia ter atacado. As janelas estavam abertas e os sócios cantavam canções festivas em russo e alemão. Ninguém ouviu gritos nem pedidos de socorro. Mas se Elizabeth Stride emitiu algum som, é provável que só o assassino tenha sido capaz de ouvir.

O cirurgião da polícia, dr. George Phillips, chegou pouco depois da uma da manhã e concluiu que, como não havia arma no local do crime, a mulher não tinha cometido suicídio, devia ter sido assassinada. Deduziu que o assassino fizera pressão sobre os ombros dela com as mãos e a baixara para o chão antes de lhe cortar a garganta pela frente. Ela segurava os *cachous* entre o polegar e o indicador da mão esquerda, e quando o médico removeu o pacote, algumas pastilhas caíram no chão. A mão esquerda devia ter relaxado depois da morte, disse o dr. Phillips, mas não conseguiu explicar por que a mão direita estava "suja de sangue". Mais tarde ele depôs que achou isso muito estranho, porque a mão direita não estava ferida e estava pousada sobre o peito. Não havia explicação para estar ensangüentada — a menos que o assassino tivesse deliberadamente lambuzado a mão de sangue, o que teria sido uma coisa esquisita.

Talvez não tenha ocorrido ao dr. Phillips que o reflexo de qualquer pessoa consciente que esteja tendo uma hemorragia é apertar o ferimento. Quando a garganta de Elizabeth foi cortada, ela instantaneamente levou a mão ao pescoço. Também não fazia sentido supor que tivesse sido empurrada para o chão antes de ser morta. Por que não gritou nem lutou quando o assassino a agarrou e a forçou para baixo? E também não é provável que o Estripador lhe tenha cortado a garganta pela frente.

Para fazer isso, ele teria precisado forçá-la a agachar-se, tentando o tempo todo mantê-la em silêncio e sob controle enquanto lhe retalhava o pescoço no escuro, com o sangue espirrando em cima dele. De alguma forma ela continuou segurando o pacote de *cachous*. Quando o pescoço é cortado pela frente, costuma haver várias incisões pequenas devido ao ângulo do ataque. Quando é cortado por trás, as incisões são longas e costumam ser suficientes para romper grandes vasos sanguíneos e atravessar tecido e cartilagem, chegando até o osso.

Uma vez que elabore um método eficiente, um homicida raramente o altera, a menos que ocorra algo não antecipado que o leve a interromper seu ritual ou a se tornar mais brutal, dependendo das circunstâncias e de suas reações. Acredito que o *modus operandi* de Jack, o Estripador, fosse atacar por trás. Não derrubava as vítimas no chão primeiro, porque isso representaria o risco de uma luta e de ele perder o controle. As mulheres que atacava eram espertas e agressivas e não hesitariam em se proteger caso um cliente ficasse um pouco violento ou resolvesse não pagar.

Duvido que Elizabeth Stride tenha visto o que a atingiu. Ela pode ter tomado o rumo do prédio da rua Berner porque sabia que os sócios do IWMC — muitos deles sem namorada nem esposa — começariam a sair por volta de uma da manhã e talvez estivessem interessados em sexo rápido. O Estripador talvez estivesse no escuro, observando-a enquanto ela fazia seus negócios com outros homens, e esperou até que ficasse sozinha. Talvez estivesse familiarizado com o clube de socialistas e aparecido por lá antes, quem sabe naquela mesma noite, mais cedo. Poderia estar usando uma barba ou um bigode falsos, ou um outro disfarce, para garantir que não seria reconhecido.

Walter Sickert era fluente em alemão e teria compreendido o debate que se prolongou durante horas no interior do clube na noite do sábado 29 de setembro. Podia estar no meio da multidão enquanto o debate se desenrolava. Seria coerente com seu caráter participar e depois sair sorrateiramente perto da uma da manhã, bem quando a cantoria estivesse começando. Ou talvez não tenha entrado no clube e estivesse observando Elizabeth Stride desde o momento em que ela saiu da casa de cômodos. Não importa o que ele fizesse, talvez não fosse tão difícil quanto se poderia supor. Se um homicida está sóbrio, é inteligente e lógico; se sabe várias línguas; é ator; tem esconderijos e não mora na área, não é de admirar tanto que conseguisse safar-se impunemente depois de matar em cortiços sem iluminação. Mas acho que ele conversou com a vítima. Nunca houve explicação para aquela rosa vermelha.

O Estripador teve tempo de sobra para fugir enquanto Louis Diemschutz entrava correndo no prédio para buscar uma vela e membros do clube de socialistas acorriam afora para olhar. Logo depois de iniciada a comoção, uma mulher que morava algumas casas adiante, no número 36 da rua Berner, saiu e notou um jovem caminhando rapidamente na direção da Commercial Road, que olhou de relance para as janelas iluminadas do clube. Segundo depôs a mulher mais tarde, ele carregava uma maleta Gladstone preta lustrosa — popular naqueles dias e de aparência semelhante a uma maleta de médico.

Em suas lembranças de Sickert, Marjorie Lilly escreve que ele tinha uma dessas maletas, "a que era muito apegado". Em certa ocasião, no inverno de 1918, quando estavam ambos pintando no estúdio dele, Sickert de repente decidiu que deviam ir a Petticoat Lane e foi buscar a maleta no porão. Por razões que ela não conseguiu compreender, Sickert pintou na maleta, em letras e números brancos e grandes, "The Shrubbery, 81 Camden Road". Ela nunca entendeu o "Shrubbery" no endereço, pois Sickert não tinha *shrubbery* [Moita de arbustos] em seu jardim da frente. E ele nunca lhe deu uma explicação para seu comportamento estranho. Na época tinha 58 anos e não estava senil de maneira alguma. Mas às vezes agia de modo esquisito, e Lilly lembra-se de ter ficado assustada quando ele, carregando a maleta Gladstone, levou ela e uma outra mulher para um passeio assustador por Whitechapel em meio a um nevoeiro denso e acre.

Acabaram em Petticoat Lane. Estava escuro como se fosse noite, e Marjorie Lilly olhou perplexa enquanto Sickert e sua maleta preta desapareciam pelas ruas pobres, num "nevoeiro que ultrapassava nossos piores receios". As mulheres seguiram Sickert "por intermináveis ruas laterais, até ficarmos exaustas", enquanto ele encarava os infelizes amontoados nas escadas que levavam aos cortiços e exclamava alegremente: "Que bela cabeça! Que barba! Um Rembrandt perfeito". Não foi possível dissuadi-lo da aventura, que o levou a poucos quarteirões dos locais onde as vítimas do Estripador tinham sido assassinadas exatamente trinta anos antes.

Em 1914, quando começou a Primeira Guerra Mundial e Londres estava às escuras, com luzes apagadas e cortinas fechadas, Sickert escreveu numa carta: "Que ruas interessantes, iluminadas como eram há vinte anos, quando tudo era como Rembrandt". Tinha acabado de voltar a pé para casa, à noite, "por ruas retiradas" em Islington. "No que diz respeito à iluminação, gostaria de que o medo dos zepelins durasse para sempre", acrescentou.

Perguntei a John Lessore sobre a maleta Gladstone de seu tio e ele me disse que não tinha conhecimento de que alguém na família soubesse de uma maleta Gladstone que pudesse ter pertencido a Walter Sickert. Tentei muito achá-la. Se tivesse sido usada para carregar facas ensangüentadas, o DNA poderia muito bem ter dado alguns resultados interessantes. Visto que estou especulando, bem posso acrescentar que o fato de Sickert ter pintado "The Shrubbery" na maleta parece loucura, mas talvez não seja. Durante os assassinatos do Estripador, a polícia encontrou uma faca suja de sangue numa moita de arbustos perto da casa da mãe de Sickert. Na verdade, começaram a aparecer facas sujas de sangue em vários lugares, como se fossem deixadas de propósito para agitar a polícia e os vizinhos.

Na noite da segunda-feira seguinte ao assassinato de Elizabeth Stride, Thomas Coram, um vendedor de cocos, estava saindo da casa de um amigo em Whitechapel e notou uma faca na base da escada que levava a uma lavanderia. A lâmina tinha trinta centímetros de comprimento e a ponta rombuda, o cabo preto tinha quinze centímetros e estava envolto num lenço branco ensangüentado, amarrado com barbante. Coram não tocou a faca, mas mostrou-a imediatamente a um policial local, que mais tarde depôs que a faca foi encontrada exatamente no local onde ele estivera menos de uma hora antes. Disse que a faca estava "coberta" de sangue seco e era do tipo usado por um padeiro ou cozinheiro. Sickert era excelente cozinheiro e freqüentemente se vestia como tal para receber os amigos.

Enquanto a polícia interrogava os sócios do clube socialista que cantavam lá dentro no momento em que Elizabeth Stride era assassinada, Jack, o Estripador, ia na direção da praça Mitre, para onde outra prostituta, chamada Catherine Eddows, tinha seguido depois de ser solta da cadeia. Se o Estripador foi diretamente da Commercial Road para oeste e virou à esquerda na rua Aldgate High para entrar na City de Londres, o local de seu próximo crime estava a uma caminhada de apenas quinze minutos do anterior.

19. Esses tipos por aí

Catherine Eddows passou a noite de sexta-feira num abrigo ocasional ao norte de Whitechapel Road porque não tinha quatro *pennies* para pagar por sua metade na cama de John Kelly.

Fazia sete ou oito anos que morava com ele na casa de cômodos na rua Flower and Dean, 55, em Spitalfields. Antes de Kelly, tinha vivido com Thomas Conway, o pai de seus filhos: dois garotos, de quinze e vinte anos, e uma filha, chamada Annie Phillips, de 23 anos e casada com um embalador de pó-de-sapato.

Os filhos moravam com Conway, que deixara Catherine por causa do hábito dela de beber. Fazia muitos anos que ela não o via, nem aos filhos, e isso era intencional. Antes, quando aparecia, estava sempre precisando de dinheiro. Embora nunca tivesse sido casada com Conway, costumava dizer que ele comprava e pagava para ela, e tinha as iniciais dele tatuadas de azul no antebraço esquerdo.

Catherine Eddows tinha 43 anos e era muito magra. As dificuldades e a bebida tinham lhe dado uma expressão angustiada, mas talvez tivesse sido atraente, com as maçãs do rosto altas e olhos e cabelo escuros. Ela e Kelly viviam um dia de cada vez, mantendo-se principalmente com a venda de artigos baratos pelas ruas. Uma vez ou outra ela fazia limpeza em residências.

Geralmente saíam de Londres no outono porque setembro era a época da colheita. Na quinta-feira, tinham acabado de voltar de várias semanas colhendo flores de lúpulo com milhares de outras pessoas que deixaram a cidade para fazer esse tipo de trabalho. Catherine e Kelly tinham percorrido os distritos rurais de Kent, colhendo as flores usadas na fabricação de cerveja. O trabalho era extenuante e o casal não ganhava mais do que um xelim por alqueire, mas pelo menos estava longe do *smog* e da sujeira, e podia sentir o sol no corpo e respirar ar puro. Os dois comiam e bebiam como príncipes e dormiam em celeiros. Quando voltaram para Londres, não tinham um centavo.

Na sexta-feira, 28 de setembro, Kelly retornou à casa de cômodos na rua Flower and Dean, 55, em Spitalfields, e Catherine ficou sozinha numa cama gratuita num abrigo ocasional. Não se sabe o que fez naquela noite. Mais tarde, no inquérito, Kelly disse que ela não era mulher de rua e que ele não era do tipo a tolerar que ela saísse com outro homem. Acrescentou que Catherine não lhe levou dinheiro algum de manhã, talvez para evitar qualquer insinuação de que pudesse ter ganhado uma ninharia aqui e ali prostituindo-se. Foi categórico sobre ela não ser viciada em álcool e só de vez em quando ter "o hábito de beber ligeiramente em excesso".

Catherine e Kelly consideravam-se marido e mulher e pagavam com relativa regularidade os oito *pennies* por noite pela cama de casal na rua Flower and Dean. É verdade que uma vez ou outra trocavam umas palavras ásperas. Alguns meses antes ela o deixara "por algumas horas", mas Kelly afirmou, sob juramento, que ele e Catherine vinham se dando muito bem ultimamente. Contou que na manhã do sábado ela se ofereceu para penhorar algumas de suas roupas para poderem comprar comida, mas que ele insistiu para que ela penhorasse as botas dele. Ela fez isso, por meia coroa. O recibo do penhor e outro que o casal tinha comprado de uma mulher enquanto trabalhava na colheita estavam num dos bolsos de Catherine, na esperança de ir buscar as botas e outros valores em futuro próximo.

Na manhã do sábado 29 de setembro, Catherine se encontrou com Kelly entre as 10 e as 11 horas, no mercado de roupas usadas de Houndsditch, que funcionava no que, na época dos romanos, fora um fosso para proteger a muralha da cidade. Houndsditch ia da rua Aldgate High a Bishopsgate Within, e fazia divisa com o lado nordeste da City. Enquanto Catherine e Kelly gastavam em comida a maior parte do dinheiro conseguido pelas botas e saboreavam o que para eles era um lauto café-da-manhã, ela se aproximava do fim da vida. Em menos de quinze horas, teria perdido todo o sangue e estaria gelada.

No começo da tarde, ela estava usando o que devia ser toda a roupa que possuía: uma jaqueta preta com imitação de pele na gola e nas mangas, duas jaquetas com galão de seda preta e imitação de pele na borda, uma blusa de chita com estampa de margaridas e três babados, um corpete de vestido de baetilha marrom com gola de veludo preto e botões de metal marrom na frente, uma anágua cinza, uma saia de alpaca verde muito velha, uma saia azul muito velha e rasgada com um babado vermelho e forro leve de sarja, uma combinação de morim branco, um colete branco de homem com botões na frente e dois bolsos externos, meias caneladas marrons, remendadas com linha branca nos pés, um par de botas masculinas de amarrar (o pé direito costurado com linha vermelha), um chapéu de palha preta com borda de contas pretas e veludo preto e verde, um avental branco, e "gaze de seda vermelha" e um grande lenço branco amarrado ao pescoço.

Em suas muitas camadas e bolsos havia outro lenço, pedaços de sabão, barbante, um trapo branco, um pedaço de linho grosseiro branco, flanela e riscado azuis, dois cachimbos de barro preto, uma cigarreira de couro vermelho, um pente, alfinetes e agulhas, uma bola de cânhamo, um dedal, uma faca de mesa, uma colher de chá, e duas latas velhas de mostarda em pó contendo uma preciosa reserva de açúcar e chá que ela comprara com o dinheiro das botas de Kelly. Ele não tinha dinheiro para a cama naquela noite, e às 14 horas Catherine lhe disse que ia a Bermondsey, na Zona Sudeste da cidade. Talvez conseguisse encontrar a filha, Annie.

Annie tinha uma casa na rua King, mas parece que Catherine não sabia que já fazia alguns anos que a filha não morava mais lá, nem em Bermondsey. Kelly contou que não queria que Catherine fosse a lugar algum. "Fique aqui", disse-lhe. Ela insistiu, e quando Kelly recomendou que tivesse cuidado com a "Faca" — o nome vulgar do assassino do East End —, Catherine riu. Claro que teria cuidado. Sempre tinha cuidado. Prometeu voltar dali a duas horas.

Mãe e filha não se viram naquele dia e ninguém parece saber aonde Catherine foi. Talvez tenha andado até Bermondsey e ficado consternada ao descobrir que Annie tinha se mudado. Talvez os vizinhos lhe tenham dito que Annie e o marido tinham deixado o bairro fazia no mínimo dois anos. Talvez ninguém soubesse de quem Catherine estava falando quando disse que procurava a filha. É possível que Catherine não tivesse intenção alguma de ir a Bermondsey e só quisesse um pretexto para ganhar alguns *pennies* para o gim. Devia estar muito ciente de que ninguém na família queria saber dela. Era uma bêbada, imoral, que não prestava para nada. Era uma Infeliz e uma vergonha para os filhos. Às 16 horas ela não tinha voltado ao encontro de Kelly, como disse que faria, mas estava presa na delegacia de polícia de Bishopsgate por embriaguez.

A delegacia fica logo ao norte de Houndsditch, onde Kelly viu Catherine pela última vez enquanto comiam e bebiam com o dinheiro das botas. Ao ficar sabendo que ela estava presa por embriaguez, ele imaginou que a mulher estivesse em segurança e foi dormir. No inquérito, admitiu que ela fora presa antes. Mas, como se disse das outras vítimas do Estripador, Catherine era uma mulher "tranqüila, sóbria", que ficava alegre e gostava de cantar quando tomava um drinque a mais, o que, é claro, raramente acontecia. Nenhuma das vítimas do Estripador era viciada em álcool, segundo os depoimentos que os amigos fizeram sob juramento no banco das testemunhas.

Na época de Catherine Eddows, o alcoolismo não era considerado doença. A "embriaguez habitual" afligia a pessoa de "mente fraca" ou "intelecto fraco", que estava destinada ao asilo de lunáticos ou à cadeia. Embriaguez era um indício claro de que o indivíduo tinha pouca fibra moral, era um pecador dado ao vício, um imbecil em formação. A negação do problema era tão persistente quanto é hoje, e havia uma abundância de eufemismos: as pessoas gostavam de um drinque; tomavam uns goles; sabia-se que bebiam; ficavam altas. Catherine Eddows estava bem alta no sábado à noite. Por volta das 20h30, estava desacordada numa passagem para pedestres na rua Aldgate High, e o policial George Simmons a levantou e a moveu para o lado. Encostou-a numa porta, mas ela não se agüentava em pé.

Simmons chamou outro policial, e os dois, cada um a segurando de um lado, a levaram para a delegacia de Bishopsgate. Ela estava bêbada demais para dizer onde morava ou se conhecia alguém que pudesse ir buscá-la, e quando lhe perguntaram o nome, murmurou: "Nada". Perto das 21 horas, estava presa. À 0h15, estava acordada e cantarolando. O policial George Hutt depôs no inquérito que, durante umas três ou quatro horas, de vez em quando ia dar uma olhada nela, e que por volta da 1 hora parou diante da cela e ela lhe perguntou quando a deixaria ir embora. Quando ela fosse capaz de cuidar de si, foi a resposta.

Ela disse que já era capaz de fazer isso e quis saber que horas eram. Tarde demais para ela "beber mais", respondeu ele. "Bem, que horas são?", insistiu ela. Ele respondeu que "passava pouco da uma" e ela replicou que "vou levar uma bela surra quando chegar em casa". "E merece", retrucou o policial Hutt, destrancando a cela; "você não tem o direito de se embriagar". Levou-a para o escritório para ser interrogada pelo subinspetor encarregado da delegacia, e ela deu nome e endereço falsos: "Mary Ann Kelly", "rua Fashion".

O policial Hutt abriu a porta de vaivém que levava a uma saída e mostrou-lhe o caminho. "Por aqui, dona", disse, mandando-a fechar a porta externa ao sair. "Boa noite, companheiro", disse ela, deixando a porta aberta e virando à esquerda na direção de Houndsditch, onde tinha prometido encontrar John Kelly nove horas antes. Provavelmente ninguém jamais saberá por que Catherine seguiu primeiro para lá e depois tomou o rumo da praça Mitre, na City, que ficava a uns oito ou dez minutos a pé da delegacia de Bishopsgate. Talvez pretendesse ganhar mais alguns *pennies*, e na City não era provável que houvesse problemas, pelo menos o tipo de problema que Catherine tinha em mente. A abastada City de Londres ficava cheia de gente e era muito movimentada durante o horário de trabalho, mas a maioria das pessoas não morava lá, só trabalhava. Catherine e John Kellly também não moravam lá.

A casa de cômodos onde viviam, na rua Flower and Dean, ficava fora da City, e como Kelly ignorava suas atividades comerciais (ou assim alegou depois que ela morreu), Catherine talvez tenha concluído que era prudente ficar um tempo na City e não voltar para casa para se meter numa briga. Talvez simplesmente não soubesse o que estava fazendo. Tinha passado menos de quatro horas presa. A pessoa média metaboliza aproximadamente trinta gramas de álcool por hora — uma cerveja, mais ou menos. Catherine devia ter bebido muito para estar "caindo de bêbada", e é possível que ainda estivesse embriagada quando o policial Hutt lhe desejou boa-noite.

Estava no mínimo com ressaca e com a cabeça enevoada, talvez o suficiente para ter tremores e brancos de memória. O melhor remédio seria um pouco do que lhe fizera mal. Ela precisava de outro drinque e de uma cama, e sem dinheiro não podia ter nem uma coisa nem outra. Se ia haver encrenca com seu homem, talvez o melhor fosse ganhar uns *pennies* e passar o resto da noite em outro lugar. Fosse no que fosse que estivesse pensando, não parece que, ao deixar a delegacia, ir ao encontro de Kelly fosse a prioridade. Seguir para a praça Mitre significou caminhar na direção oposta à da rua Flower and Dean, onde Kelly estava.

Uns trinta minutos depois de Catherine ter deixado a cela na cadeia, o caixeiro-viajante Joseph Lawende e seus amigos Joseph Levy e Harry Harris saíram do Imperial Club, na rua Duke, 16 e 17, na City. Estava chovendo e Lawende andava um pouco mais rápido do que os companheiros. Na esquina da Duke com a Church Passage, a rua que levava à praça Mitre, notou um homem e uma mulher juntos. No inquérito diria que o homem estava de costas para ele, e tudo que podia dizer era que era mais alto do que a mulher e estava com um chapéu que talvez tivesse um bico.

A mulher estava com jaqueta e chapéu pretos. Embora não houvesse muita claridade, Lawende, mais tarde, na delegacia, identificou essas peças de vestuário como da mulher que ele vira à 1h30, uma hora exata que baseou no relógio do clube e no seu próprio relógio. "Duvido que eu o reconhecesse", disse Lawende sobre o homem. "Não ouvi nem uma palavra. Eles não pareciam estar discutindo. Pareciam estar conversando muito calmamente. Não olhei para trás para ver aonde foram."

O açougueiro Joseph Levy também não viu bem o casal, mas calculou que o homem fosse uns sete centímetros mais alto do que a mulher. Ao passar pela rua Duke, comentou com o amigo Harris: "Não gosto de voltar para casa sozinho quando vejo esses tipos por aí". Ao ser interrogado pelo *coroner* no inquérito, Levy modificou um pouco o comentário: "Não vi nada no homem ou na mulher que me fizesse ter medo deles", disse.

Funcionários da City garantiriam aos jornalistas que a praça Mitre não era o tipo de lugar freqüentado por prostitutas e que a Polícia da City estava sempre atenta a homens e mulheres juntos em horas tardias. Mas se os policiais eram instruídos a prestar atenção em homens e mulheres na praça em horas tardias, talvez ocorressem atividades questionáveis ali. A praça Mitre era mal iluminada. Tinha-se acesso a ela por três passagens longas e escuras. Era cheia de prédios desocupados, e de longe se ouviam os saltos de couro de um policial batendo na calçada, o que significa que havia tempo suficiente para alguém se esconder.

Como Catherine Eddows foi vista com um homem pouco antes de ser assassinada, teorizou-se que antes de ser presa ela tinha marcado um encontro com um cliente na praça Mitre. A sugestão parece improvável, se não absurda.

Ela esteve com Kelly até as 14 horas. Estava bêbada e na cadeia até 1 hora. É difícil acreditar que tivesse prometido a um cliente um encontro tarde da noite, quando também se podia pagar por sexo rápido durante o dia. Havia muitas escadas, prédios em ruínas e outros locais desertos onde podiam ocorrer atividades proibidas. Ainda que Catherine tivesse "marcado o encontro" enquanto estava bêbada, há uma boa chance de que não se lembrasse disso mais tarde. É mais simples supor que, embora tenha rumado para a City à procura de clientes, não tinha em mente ninguém em particular e estava contando com a sorte.

O comissário interino da Polícia da City de Londres, Henry Smith, que pode ter sido tão tenaz quanto o capitão Ahab na caça à grande baleia branca, provavelmente não imaginou que o demônio apareceria no seu próprio distrito e escaparia incólume por cem anos. Como de costume, Smith estava dormindo mal em seus aposentos na delegacia de Cloak Lane, construída na ponte de Southwark, na margem norte do rio Tâmisa. Logo em frente havia um armazém ferroviário, e o tempo todo passavam carroças fazendo barulho. O negócio do peleteiro atrás de seu quarto exalava o mau cheiro do couro de animais sendo curtido e não havia uma única janela que ele pudesse abrir.

Quando o telefone tocou, Smith se assustou e atendeu no escuro mesmo. Um de seus homens lhe disse que tinha havido outro assassinato, dessa vez na City. Smith se vestiu e saiu correndo para um cabriolé à espera, "uma invenção do diabo", como ele o chamava, porque no verão era sufocante e no inverno congelava. Um cabriolé normalmente transportava dois passageiros, mas naquela madrugada o que Smith tomou levava, além dele, o superintendente e três detetives. "Íamos balançando como um 74 [um navio de guerra] num vendaval", lembrou Smith. Mas "chegamos a nosso destino — praça Mitre ", onde um pequeno grupo de policiais cercava o corpo mutilado de Catherine Eddows, cujo nome eles ainda não sabiam.

A praça Mitre era uma área pequena e aberta, rodeada por grandes armazéns, casas vazias e algumas lojas que fechavam depois do horário comercial. Durante o dia, vendedores de frutas, negociantes e gente à toa enchiam a praça. Entrava-se nela por três longos corredores, que à noite ficavam densos de sombras que os lampiões de gás nos muros mal afastavam. A praça propriamente dita tinha apenas um lampião, a uns 25 metros do local escuro onde Catherine foi assassinada. Um policial da City e sua família moravam do outro lado da praça e não ouviram nada. James Morris, um guarda do depósito da Kearley & Tonge Wholesale Grocers, também na praça, estava acordado e trabalhando, e não ouviu nada.

Parece que mais uma vez ninguém ouviu nada enquanto o Estripador retalhava sua vítima. A se confiar nas horas mencionadas sob juramento, Catherine Eddows poderia estar morta havia não mais do que catorze minutos quando a ronda do policial Edward Watkins o levou de volta à rua Leadenhall e depois à praça. Disse ele no inquérito que completava sua ronda em doze ou catorze minutos, e quando passou pela praça, à 1h30, não havia o mais leve sinal de alguma coisa fora do normal. À 1h44, quando apontou sua lanterna com olho-de-boi para um canto muito escuro, descobriu uma mulher deitada de costas, com o rosto virado para a esquerda, os braços estendidos ao longo do corpo e as palmas das mãos voltadas para cima. A perna esquerda estava esticada, a outra dobrada, e a roupa estava amarrotada acima do peito, expondo o abdome, que fora cortado mais ou menos da altura do esterno até a genitália. O intestino tinha sido arrancado e jogado no chão, acima do ombro direito. Watkins correu para o depósito da Kearly & Tonge, bateu na porta e a abriu com um empurrão, interrompendo o guarda, que varria a escada do outro lado.

"Pelo amor de Deus, companheiro, venha me ajudar", disse Watkins. O guarda Morris parou de varrer e foi buscar a lanterna, para ver o que um transtornado Morris descreveu como "mais uma mulher cortada em pedaços". Os dois homens correram para o canto sudoeste da praça Mitre, onde o corpo de Catherine jazia numa poça de sangue. Morris tocou seu apito e disparou para a rua Mitre, depois para Aldgate, onde, declarou no inquérito, "não viu nenhuma pessoa suspeita". Continuou correndo e tocando o apito até encontrar dois policiais, a quem disse: "Vão para a praça Mitre. Aconteceu outro assassinato terrível!".

O dr. Gordon Brown, cirurgião da Polícia da City, chegou ao local não muito depois das 2 horas. Agachou-se junto ao corpo e encontrou ao lado dele três botões de metal, um dedal "comum" e uma lata de mostarda em pó contendo dois recibos de casa de penhor. Com base no calor do corpo, na completa ausência de *rigor mortis* e em outras observações, disse que fazia no máximo meia hora que a vítima estava morta, e não viu escoriações nem sinais de luta ou de "conexão recente" — relação sexual.

O médico concluiu que o intestino foi colocado onde estava "de propósito". Isso pode ser complicado pelas circunstâncias. Tanto no caso de Annie

Chapman como no de Catherine Eddows, o Estripador estava extremamente agitado e mal conseguia enxergar o que fazia, porque estava muito escuro. Devia estar agachado ou debruçado sobre a parte inferior do corpo da vítima quando cortou e rasgou roupa e carne, e é mais provável que tenha simplesmente arrancado e jogado longe o intestino porque estava atrás de determinados órgãos.

Os relatórios da polícia e as notícias dos jornais divergem em relação aos detalhes da aparência do corpo no momento em que foi encontrado. Numa descrição, um segmento de sessenta centímetros do cólon foi separado do resto e colocado entre o braço direito e o corpo, mas, segundo *The Daily Telegraph*, o pedaço do cólon fora "enfiado no ferimento profundo no lado direito do pescoço". Por acaso, Frederick William Foster, filho do superintendente Foster, da Polícia da City, era arquiteto. Convocaram-no imediatamente ao local para desenhar esboços do corpo e da área onde foi encontrado. Esses desenhos mostram uma cena detalhada e perturbadora, pior do que qualquer descrição feita no inquérito.

Toda a roupa de Catherine Eddows estava cortada e rasgada, expondo flagrantemente uma cavidade no corpo que não pareceria mais violado nem se tivesse sido submetido a uma autópsia. Os cortes do Estripador abriram o peito e o abdome até o início das coxas e os órgãos genitais. Ele retalhou a vagina e o alto das coxas, como se estivesse removendo tecido para cortar as pernas na altura das articulações dos quadris.

A desfiguração do rosto foi chocante. Cortes profundos e peculiares embaixo dos dois olhos assemelhavam-se aos toques artísticos que Sickert usou em alguns de seus quadros, particularmente no retrato de uma prostituta veneziana a quem chamava de Giuseppina. O ferimento mais sério ao rosto de Catherine Eddows foi do lado direito, o lado que estava exposto quando o corpo foi descoberto — o mesmo lado do rosto de Giuseppina, que, num retrato intitulado *Putana a casa,* tem perturbadoras pinceladas pretas que fazem pensar em mutilação. Numa fotografia tirada no necrotério, Catherine Eddows se parece com Giuseppina: as duas tinham cabelo preto comprido, maçãs do rosto saltadas e queixo pontudo.

Sickert pintou Giuseppina em 1903-04. Ao pesquisar em cartas e outros documentos e perguntar a especialistas em Sickert, não obtive nenhuma prova de que alguém que o tenha visitado em Veneza conheceu ou sequer viu a prostituta. Ele pode tê-la pintado na privacidade de seu quarto, mas ainda estou para encontrar alguma prova de que Giuseppina existiu. Outro quadro do mesmo período se chama *Le journal*, e nele uma mulher de cabelo escuro está com a cabeça atirada para trás, a boca aberta, e lendo um jornal que estranhamente ela segura bem acima do rosto entristecido. Em torno do pescoço há um colar branco apertado.

"Que belo colar eu dei a ela", escreveu o Estripador em 17 de setembro de 1888.

O "belo colar" de Catherine Eddows é um talho profundo na garganta, que aparece numa das poucas fotografias tiradas antes da autópsia e de os ferimentos terem sido suturados. Se se sobrepõe essa foto ao quadro *Le journal*, as semelhanças são surpreendentes. Sickert não poderia ter visto Catherine Eddows com a garganta cortada e a cabeça pendendo para trás, como ela aparece na foto, a menos que tivesse ido ao necrotério antes da autópsia ou estado no local do crime.

O corpo de Catherine Eddows foi levado de ambulância de mão para o necrotério de Golden Lane, e ao ser despido, sob atenta supervisão policial, o lobo da orelha esquerda caiu do meio da roupa.

20. Irreconhecível

Às 14h30 daquele domingo, o dr. Brown e uma equipe de médicos fizeram o exame *post-mortem*.

Além de uma pequena escoriação recente na mão esquerda, não encontraram nenhum ferimento que pudesse indicar que ela tivesse lutado com o agressor, tivesse sido agredida ou jogada no chão. A causa da morte foi um corte no pescoço com quinze ou dezessete centímetros, que começava no lobo esquerdo — amputando-o — e terminava cerca de sete centímetros abaixo da orelha direita. A incisão rompeu a laringe, as cordas vocais e todas as estruturas profundas do pescoço, cortando a cartilagem intervertebral.

O dr. Brown concluiu que Catherine Eddows tinha tido uma hemorragia da carótida esquerda, que a morte "foi imediata" e que as outras mutilações foram infligidas depois da morte. Na sua opinião, só uma arma fora usada, provavelmente uma faca, e pontuda. Muita coisa mais poderia ter sido dita. O relatório da autópsia indica que o Estripador cortou através da roupa de Catherine. Considerando-se as muitas camadas que ela estava usando, isso leva a dúvidas e dificuldades.

Não era qualquer tipo de instrumento cortante que se poderia usar para cortar lã, linho e algodão, por mais velhos e apodrecidos que alguns dos tecidos estivessem. Fiz experiências com diversas facas, adagas e navalhas do século xix e descobri que cortar tecido com uma lâmina curva ou longa é complicado, se não traiçoeiro. A lâmina precisa ser muito afiada, forte e pontuda. Constatei que a melhor era uma adaga de quinze centímetros, com um cabo que impede a mão de escorregar para a lâmina.

Desconfio de que o Estripador não tenha realmente "cortado", mas enfiado a faca nas camadas de roupa e rasgado, expondo o abdome e a genitália. É uma variação de seu método e vale a pena analisá-la, porque ele não parece ter cortado a roupa de Mary Ann Nichols nem a de Annie Chapman. Simplesmente não se pode ter certeza sobre os detalhes dos casos anteriores. Os registros parecem incompletos e é possível que não tenham sido feitos ou guardados com cuidado na época. Embora também não tenha chegado nem perto de capturar Jack, o Estripador, a City estava mais bem equipada para lidar com a carnificina.

Os registros sobre Catherine Eddows estão surpreendentemente bem conservados e revelam que o exame do corpo foi minucioso e profissional. A Polícia da City dispunha de certas vantagens, e o aprendizado com os erros recentes e muito divulgados não era a menos importante delas. A Polícia da City tinha sob seu controle uma jurisdição consideravelmente menor e mais abastada e um necrotério adequado, e dispunha de acesso a médicos excelentes. Quando Catherine foi levada para o necrotério, a Polícia da City designou um inspetor cuja única responsabilidade era vigiar o corpo, a roupa e os pertences pessoais. Quando realizou a autópsia, o dr. Brown foi auxiliado por mais dois médicos, um dos quais era o cirurgião da Polícia Metropolitana, dr. George Phillips. Se supusermos que Catherine foi a primeira vítima cuja roupa foi "cortada" e não levantada, a mudança no *modus operandi* revela uma escalada na violência e na autoconfiança do Estripador, além de mais desdém e mais necessidade de chocar.

Catherine estava quase nua, de pernas abertas, e foi assassinada no meio de uma calçada. O sangue da carótida rompida escorreu para debaixo do corpo e deixou no calçamento um contorno que no dia seguinte era visível para os passantes, que pisaram nele. O Estripador atacou praticamente dentro do campo de visão de um guarda, de um policial que dormia em sua casa na praça e de um policial da City cuja ronda o fazia passar pelo local do crime a cada 25 minutos. Os ferimentos que o Estripador causou ao corpo de Catherine não exigiram nem rudimentos de habilidade cirúrgica. Ele simplesmente esfaqueou como um louco.

Os cortes no rosto foram rápidos e feitos com força, os talhos nos lábios os dividiram completamente e chegaram à gengiva. O corte na ponta do nariz estendeu-se até o ângulo do lado esquerdo do maxilar e abriu a bochecha até o osso. A ponta do nariz foi completamente decepada, e mais dois cortes nas bochechas levantaram a pele em abas triangulares. Os ferimentos no abdome, na genitália e nos órgãos internos foram igualmente brutais. As incisões que abriram a barriga de Catherine eram denteadas e se combinavam com cortes pontiagudos. O rim esquerdo foi removido, e metade do útero foi cortada de qualquer jeito e removida também.

Ela levou cortes no pâncreas e no baço, e um na vagina que se estendeu até o reto. Os talhos na coxa direita eram tão profundos que romperam ligamentos. Não houve nada de cuidadoso ou mesmo de propositado nos ferimentos. A intenção era mutilar e o Estripador estava fora de si. Poderia ter mutilado o corpo de Catherine Eddows em menos de dez minutos — talvez em apenas cinco. Para obter a mesma sensação, ele estava precisando de mais ousadia e selvageria. O Estripador parecia estar levando ao limite seu desafio de "peguem-me se puderem".

D. S. MacColl, pintor, crítico e defensor de Sickert, escreveu certa vez numa carta que "um dia" Walter Sickert "vai se superestimar". Sickert não fez isso, pelo menos enquanto viveu. A lei não estava equipada para seguir as pistas forenses e psicológicas que ele deixava cada vez que matava. Nas investigações de hoje, a coleta de provas seria conduzida de um modo que, para os vitorianos, pareceria uma fantasia saída de Júlio Verne. Catherine Eddows foi assassinada num lugar difícil, porque ficava ao ar livre e era local público, que teria sido contaminado pelas multidões. A iluminação era terrível, e o sensacionalismo do crime teria levado a polícia a temer mais contaminação pelos curiosos que certamente se juntariam — mesmo muito tempo depois de o corpo ter sido levado para o necrotério da City, em Golden Lane.

Em todo homicídio, a prova mais importante é o corpo. Todas as provas relacionadas com ele têm de ser preservadas de qualquer maneira. Se o de Catherine Eddows fosse encontrado na praça Mitre no momento em que escrevo isto, a polícia isolaria o local imediatamente, enviaria por rádio um pedido de reforços para fechar a área e entraria em contato com o médico-legista. Seria instalada iluminação, e chegariam veículos de resgate com luzes de emergência piscando. Todas as avenidas, ruas e passagens que levassem ao local do crime seriam fechadas por barricadas e vigiadas pela polícia.

Um detetive ou membro de uma unidade forense começaria a gravar o local em vídeo, a partir do perímetro externo, novamente atento a observadores. É bem possível — na verdade, eu apostaria nisso — que Sickert tenha aparecido no local de cada crime e se misturado à multidão. Ele não teria sido capaz de resistir ao impulso de ver a reação de sua platéia. Num quadro seu intitulado *The fair at night, Dieppe* [O parque de diversões à noite, Dieppe], a cena retratada parece muito com o que se poderia esperar ver no East End quando os curiosos se aglomeravam nos locais onde os crimes ocorreram.

Em *The fair at night, Dieppe*, pintado por volta de 1901, é como se estivéssemos olhando com os olhos de um observador parado atrás e a alguma distância de uma multidão curiosa. Não fosse pelo que parece o toldo de um carrossel invadindo a tela pela direita, não haveria por que pensar que a cena tem alguma coisa a ver com um parque de diversões. As pessoas não dão a impressão de estarem necessariamente interessadas no carrossel, mas na atividade que está ocorrendo na direção das casas geminadas.

Sickert pintou *The fair at night, Dieppe* a partir de um esboço. Até os sessenta anos, ele desenhava o que via. Depois disso, começou a pintar a partir de fotografias, como se, à medida que sua energia sexual declinava, menos compulsão ele sentisse de sair para vivenciar sua arte. "Depois dos cinqüenta, não se pode de modo algum trabalhar como se fazia aos quarenta", admitiu.

Foi exatamente em parques de diversões que os locais dos crimes do Estripador se transformaram, com meninos vendendo edições especiais de jornais, vendedores chegando com carrinhos e vizinhos vendendo ingressos. O Clube Educacional Internacional de Trabalhadores (IWMC), na rua Berner, cobrava pelo acesso ao pátio onde Elizabeth Stride foi assassinada, arrecadando dinheiro para imprimir seus folhetos socialistas. Por um *penny*, comprava-se *"A thrilling romance"* [Um romance arrebatador] sobre os crimes de Whitechapel, que incluía "todos os detalhes relacionados a esses Crimes Diabólicos, retratando fielmente os Horrores Noturnos dessa parte da Grande Cidade".

Em nenhum dos crimes do Estripador se encontraram pegadas ou rastros afastando-se dos corpos. Para mim, é difícil imaginar que ele não tenha pisado em sangue, quando jorravam e escorriam litros dos ferimentos fatais que infligia nas vítimas. Mas essas pegadas sangrentas não teriam sido visíveis sem o auxílio de fontes de luz alternada e substâncias químicas. Além disso, pode-se ter certeza de que o Estripador deixou cabelo, fibras e outras partículas microscópicas no local ou nas vítimas, assim como levou vestígios consigo, no corpo, nos sapatos e na roupa.

As vítimas do Estripador teriam sido um pesadelo forense devido à contaminação e à mistura de vestígios de múltiplos clientes — inclusive líquido seminal —, com a agravante das lamentáveis condições de higiene das mulheres. Mas teria havido alguma substância, orgânica ou inorgânica, que valeria a pena coletar. Poderiam ter sido encontradas provas bem inusitadas. Os cosméticos que um assassino usa são facilmente transferidos para uma vítima. Se Sickert tivesse se maquiado para escurecer a pele, tingido temporariamente o cabelo, ou usado adesivos para barba e bigode falsos, essas substâncias poderiam ser descobertas usando-se um microscópio de luz polarizada, uma análise química ou métodos de espectrofotofluorometria, como a luz Omnichrome, que hoje se encontram à disposição dos cientistas forenses.

Alguns corantes de batom são identificáveis com tanta facilidade por métodos científicos que é possível determinar a marca e o nome comercial da cor. As maquiagens e tintas do estúdio de Sickert não teriam escapado ao microscópio de varredura, à microssonda de íons, ao difractômetro de raios X ou à cromatografia de camada fina, para relacionar apenas alguns dos recursos existentes agora. A pintura a têmpera num quadro intitulado *Broadstairs*,* que Sickert pintou nos anos 1920, tornou-se um azul de neon quando a examinamos com uma fonte de luz alternada não destrutiva no Instituto de Medicina e Ciência Forense da Virgínia. Se Sickert tivesse passado da roupa ou das mãos um resíduo microscópico de têmpera semelhante para uma vítima, a Omnichrome teria detectado e a análise química teria completado o trabalho.

Encontrar na vítima de um crime a tinta de um pintor seria um avanço importante na investigação. Se, na era vitoriana, fosse possível detectar tintas no sangue de uma vítima, a polícia talvez não tivesse suposto tão rapidamente que Jack, o Estripador, era um açougueiro, um judeu russo ou polonês louco, ou um estudante de medicina insano. A presença de resíduos compatíveis com cosméticos ou adesivos também teria suscitado perguntas importan-

---

* Cidade da Inglaterra. (N. E.)

tes. As facas que foram encontradas em vários lugares teriam fornecido respostas em vez de só provocar perguntas.

Um teste químico preliminar, rápido e fácil, determinaria se o material seco avermelhado nas lâminas era sangue e não ferrugem ou alguma outra substância. Testes de precipitina que reagem a anticorpos teriam apurado se o sangue era humano e, finalmente, o DNA corresponderia ou não ao perfil genético da vítima. Talvez tivesse sido possível identificar o DNA do homicida, caso Jack, o Estripador, tivesse se cortado ou transpirado no lenço em que envolveu o cabo da faca.

Cabelos e pêlos poderiam ter sido comparados ou analisados para se apurar o DNA não-nuclear, ou mitocondrial. Marcas deixadas pelas armas em cartilagem ou osso poderiam ter sido comparadas com as de alguma arma recuperada. Hoje em dia se faria todo o possível para identificar o criminoso, mas o que não podemos dizer é quanto Sickert saberia, se estivesse cometendo seus crimes agora. De acordo com conhecidos, ele tinha mente científica. Seus quadros e esboços demonstram uma considerável habilidade técnica.

Ele fez alguns de seus desenhos num livro-caixa de comerciante com colunas para libras, xelins e *pennies*. No verso de outros desenhos, fez rabiscos matemáticos, talvez o cálculo do preço de coisas. Numa tira de papel pautado em que o Estripador escreveu uma carta há o mesmo tipo de rabiscos. Aparentemente ele estava calculando o preço do carvão.

A arte de Sickert era premeditada e seus crimes também. Tenho uma forte suspeita de que, se cometesse seus crimes agora, ele estaria informado sobre a ciência forense de hoje, exatamente como estava a par do que se encontrava disponível em 1888 — comparação de caligrafia, identificação por características físicas e "marcas de dedos". Também teria um grande conhecimento de doenças sexualmente transmissíveis e é provável que se expusesse o mínimo possível aos fluidos corporais das vítimas. Usaria luvas ao matar e tiraria a roupa ensangüentada o mais rápido que pudesse. Talvez usasse botas com sola de borracha, que não fazem ruído na rua e são fáceis de limpar. Levaria consigo mudas de roupa, disfarces e armas numa maleta Gladstone. Embrulharia coisas com jornal e barbante.

No dia seguinte ao do assassinato de Mary Ann Nichols, o sábado 1º de setembro, o *Daily Telegraph* e o *Weekly Dispatch* publicaram artigos sobre a experiência peculiar que um leiteiro alegava ter tido às 23 horas da véspera, ou poucas horas depois do assassinato de Mary Ann. A leiteria ficava na rua Little Turner, que saía da Commercial Road, e ele informou à polícia que um estranho carregando uma maleta preta lustrosa chegou à porta e pediu para comprar um *penny* de leite, que tomou de um gole só.

Depois pediu para usar o depósito da leiteria por um instante. Enquanto o estranho estava lá dentro, o leiteiro notou um lampejo de branco. Foi investigar e surpreendeu o estranho vestindo por cima da calça "um macacão branco, do tipo usado por mecânicos"; em seguida o estranho pegou um paletó branco e vestiu rapidamente por cima do casaco preto, dizendo: "É um crime medonho, não é?". Agarrou a maleta preta e correu para a rua, exclamando: "Acho que tenho uma pista!".

A história do leiteiro assume ares ainda mais suspeitos quando se acrescenta a ela outro relato sobre vestuário que saiu nos jornais depois do assassinato de Elizabeth Stride e Catherine Eddows. No dia seguinte à morte delas, a segunda-feira 1º de outubro, às 9 horas, um certo sr. Chinn, proprietário da Nelson Tavern em Kentish Town, achou atrás da porta de um anexo nos fundos da taberna um embrulho em papel de jornal. Ignorou o embrulho até que, por acaso, leu sobre o assassinato de Elizabeth Stride e se deu conta de que o pacote que tinha encontrado correspondia à descrição daquele carregado pelo homem visto conversando com Elizabeth menos de meia hora antes da morte dela.

O sr. Chinn foi à delegacia de polícia de Kentish Town para contar a história. Quando um detetive chegou à taberna, o pacote tinha sido chutado para o meio da rua e estava aberto. Continha uma calça escura encharcada de sangue. No papel que a embrulhava encontrou-se cabelo grudado em manchas de sangue coagulado. Não parece haver nenhuma outra descrição do cabelo nem do papel, e a calça foi levada por alguém da rua. Imagino que o detetive não tivesse outro uso para ela e simplesmente a deixou ali.

A descrição do homem carregando um embrulho em papel de jornal que o policial William Smith observou conversando com Elizabeth Stride é semelhante à descrição que o leiteiro deu à polícia: ambos tinham pele morena, não usavam barba — ou pelo menos não usavam barba cerrada — e tinham cerca de 28 anos. A Nelson Tavern, em Kentish Town, ficava cerca de cinco quilômetros a leste da casa de Sickert, em South Hampstead. Ele não tinha a pele morena, mas teria se maquiado com muita facilidade. Não tinha cabelo escuro, mas os atores usavam perucas e tingiam o cabelo.

Teria sido simples deixar embrulhos ou mesmo maletas Gladstone em esconderijos, e é de duvidar que Sickert se preocupasse com a possibilidade de a polícia encontrar uma calça ensangüentada. Naqueles tempos, uma calça não revelaria nada, a menos que tivesse alguma identificação que permitisse levar a seu dono.

As mutilações faciais podem ser extremamente reveladoras, e um psicólogo ou um delineador de perfis forense atribuiriam grande importância às encontradas em Catherine Eddows, que, nas palavras do inspetor-chefe Donald Swanson, a deixaram "quase irreconhecível". O rosto é a pessoa. Mutilá-lo é algo pessoal. Esse grau de violência geralmente ocorre quando a vítima e o agressor se conhecem, mas nem sempre. Sickert, quando decidia destruir seu trabalho, retalhava as telas. Em certa ocasião mandou a esposa, Ellen, sair e comprar duas facas de lâmina curva e afiada, exatamente, disse ele, como as que ela usava para podar as plantas.

Isso aconteceu em Paris, segundo o que Sickert contou ao escritor Osbert Sitwell. Disse que precisava das facas para ajudar a retalhar telas de Whistler. O mestre costumava se sentir descontente com o próprio trabalho, e quando todo o resto falhava, ele destruía o que tinha feito. Um método era queimar. Outro era cortar. Enquanto era aprendiz, Sickert deve ter ajudado a despedaçar telas, exatamente como alegou, e talvez com as mesmas facas que mencionou a Sitwell. Não se pode determinar exatamente quando essas facas foram adquiridas, mas é bem provável que isso tenha ocorrido entre 1885 e 1887 ou no começo de 1888. Antes de 1885 Sickert não era casado. Em 1888 Whistler era, e seu relacionamento com Sickert estava terminando, para cessar completamente em menos de dez anos.

Um pintor destruir uma tela que tenha vindo a odiar é, em certa medida, semelhante a um assassino destruir o rosto de uma vítima. Poderia ser uma tentativa de eliminar um objeto que causa frustração e raiva ao artista. Ou de arruinar o que não se pode possuir, seja perfeição artística, seja outro ser humano. Se se quer sexo e não se pode tê-lo, destruir o objeto de desejo é torná-lo indesejável.

Noite após noite Sickert assistia a apresentações sexualmente provocantes nos teatros de variedades. Durante grande parte de sua carreira, desenhou modelos femininos nus. Passava horas a portas fechadas no estúdio, olhando, até tocando, mas nunca consumando, a não ser por meio de lápis, pincel e espátula de pintor. Se ele era capaz de sentir desejo sexual, mas completamente incapaz de atendê-lo, sua frustração devia ser torturante e de enfurecer. No começo da década de 1920, estava pintando retratos de uma jovem estudante de arte chamada Ciceley Hey, e um dia, a sós com ela no estúdio, sentou-se a seu lado no sofá e, de repente, sem explicação alguma, começou a gritar.

Um dos retratos dela que pintou é *Death and the maiden* [A morte e a donzela]. Em algum momento entre o começo da década de 1920 e sua morte em 1942, ele deu a ela *Jack the Ripper's bedroom*. Ninguém parece saber onde se encontrava a tela desde que foi concluída, em 1908. Por que Sickert a deu a Ciceley Hey também é um mistério, a menos que se queira supor que ele alimentava fantasias sexualmente violentas em relação a ela. Se ela achou que havia algo de esquisito em Sickert produzir uma obra agourenta com um título igualmente agourento, não tenho conhecimento.

Talvez uma razão para Sickert gostar de que seus modelos fossem feios era preferir estar perto de corpos que não desejasse. Talvez assassinato e mutilação fossem uma catarse poderosa para sua frustração e sua raiva, e um modo de destruir seu desejo. Não que desejasse prostitutas. Mas elas representavam sexo. Representavam sua avó imoral, a dançarina irlandesa que talvez fosse culpada — na mente doentia de Sickert — por ele ter nascido com uma deformação grave. É possível apresentar outras conjecturas que podem soar razoáveis, mas que jamais abrangerão toda a verdade. Escapa à compreensão o motivo de uma pessoa ter tanta desconsideração pela vida que sinta prazer em destruí-la.

A teoria de que todas as vítimas tiveram a garganta cortada enquanto estavam deitadas no chão predominou mesmo depois do assassinato de Elizabeth Stride e Catherine Eddows. Os médicos e a polícia estavam convencidos de que, com base nos padrões do sangue, as mulheres não poderiam estar de pé quando o homicida lhes cortara a carótida. É possível que os médicos supusessem que se as vítimas estivessem de pé, o sangue arterial teria esguichado a certa distância e a certa altura. Talvez também houvesse a suposição de que as vítimas se deitaram para fazer sexo.

Não era provável que prostitutas se deitassem em pavimentos duros, em lama nem em grama molhada, e os médicos não interpretaram os padrões do sangue com base em testes científicos. Nos laboratórios modernos, especialistas em salpicos de sangue fazem experiências rotineiras para entender melhor como o sangue pinga, voa, borrifa, jorra e salpica de acordo com as leis da física. Em 1888, ninguém que trabalhava nos casos do Estripador pesquisava a distância ou a altura do jorro de sangue quando a carótida de uma pessoa de pé é cortada.

Ninguém sabia sobre o padrão dos borrifos para trás, causados pelos movimentos repetidos de uma arma que oscila ou perfura. Não parece que os médicos que compareceram aos locais dos crimes tenham considerado que talvez Jack, o Estripador, tivesse cortado a garganta da vítima e a jogado de costas no chão ao mesmo tempo. Os investigadores não parecem ter pensado na possibilidade de o Estripador se esforçar por não aparecer sujo de sangue em público, tirando rapidamente a roupa, macacão ou luvas ensangüentadas e refugiando-se num de seus endereços miseráveis para se limpar.

Sickert tinha medo de doenças. Tinha um fetiche em relação a higiene e lavava as mãos continuamente. Se por descuido pusesse o chapéu de outra pessoa, ia na mesma hora lavar a cabeça e o rosto. Ele saberia sobre germes, infecções e doenças; saberia que não é preciso praticar sexo oral, vaginal ou anal para contraí-las. Espirros de sangue no rosto ou passados das mãos para os olhos, para a boca ou para um ferimento aberto bastavam para lhe causar um sério problema. Anos mais tarde ele viveria um período de preocupação quando achou que tivesse uma doença de origem sexual que afinal se descobriu ser gota.

21. Uma grande piada

Às 3 horas de 30 de setembro, o policial Alfred Long, da Polícia Metropolitana, estava patrulhando a rua Goulston, em Whitechapel.

A Divisão H não era sua ronda habitual, mas ele fora mobilizado porque Jack, o Estripador, tinha acabado de matar mais duas mulheres. Long passou diante de várias construções escuras, ocupadas por judeus, apontando a lanterna com olho-de-boi para a escuridão e atento a sons inusitados. A luz turva brilhou numa passagem agourenta que dava para o interior de um prédio e iluminou um pedaço de pano com manchas escuras no chão. Acima dele, em giz branco na faixa preta da parede, estava escrito:

Os judeus são
Os homens Que
    Não serão
Responsabilizados
    por nada.

Long pegou o pano. Era um pedaço de avental, úmido de sangue, e ele imediatamente deu uma busca nas escadas das casas de número 100 a 199. Mais tarde, no inquérito de Catherine Eddows, diria: "Não fiz nenhuma investigação nos cômodos dos prédios. Havia seis ou sete escadas. Olhei todas elas e não vi sinais de sangue nem pegadas".

Ele deveria ter examinado todos os cômodos. É possível que a pessoa que deixou cair o pedaço de avental estivesse entrando no prédio. O Estripador podia morar ou estar escondido ali. Long pegou o bloco de notas, copiou o que estava escrito no muro e correu para a delegacia na rua Commercial. Era importante relatar o que tinha descoberto e ele estava sozinho — talvez tenha ficado com medo.

O policial Long tinha estado na mesma passagem na rua Goulston às 2h20 e jurou no tribunal que o pedaço de avental não estava lá. Também afirmou no inquérito que não sabia dizer se a mensagem a giz no muro tinha sido "escrita muito recentemente". Talvez a afirmação racista estivesse ali fazia algum tempo, e achar o pedaço de avental ensangüentado bem embaixo dele fosse simples coincidência. O ponto de vista aceito e razoável sempre foi que o Estripador escreveu a mensagem intolerante depois de assassinar Catherine Eddows. Não faria sentido uma alegação sobre judeus ser deixada por muitas horas ou dias na passagem de um prédio ocupado por judeus.

O texto no muro foi motivo de muita polêmica. A mensagem — presumivelmente escrita às pressas pelo Estripador — era em letra legível, e encontrei duas versões dela no Departamento de Registros Públicos da Polícia Metropolitana. Long era cuidadoso. As cópias que fez em seu bloco de notas são quase idênticas, o que sugere que talvez se assemelhem de perto ao que ele viu em giz. A letra lembra a de Sickert. Os três maiúsculos são muito parecidos com os que se vêem na carta do Estripador de 25 de setembro. Mas comparar texto que seja "cópia", por mais cuidadosamente que tenha sido feita, é traiçoeiro — e, em tribunal, não tem valor algum.

Sempre houve gente disposta a decodificar a mensagem no muro. Por que "*Jews*" [judeus] estava soletrado "*Juwes*"? Talvez a mensagem não fosse mais do que um rabisco destinado a criar exatamente a sensação que criou. O Estripador gostava de escrever. Dava um jeito de garantir que sua presença ficasse conhecida. O mesmo fazia Sickert, que também tinha o hábito de rabiscar notas a giz nas paredes escuras de seus estúdios. Não há fotografia do texto no muro no caso de Catherine Eddows porque Charles Warren insistiu que ele fosse removido imediatamente. Logo amanheceria, a comunidade judaica veria o texto estigmatizante e seria um deus-nos-acuda.

Uma coisa de que Warren não precisava era mais um distúrbio de rua. Assim, tomou outra decisão tola. Enquanto esperavam ansiosos pela desajeitada câmera de madeira, os policiais mandaram uma mensagem a Warren, sugerindo apagar a primeira linha, que continha a palavra "*Juwes*", e deixar o resto para ser fotografado e se comparar a letra. De maneira alguma, respondeu Warren. Apaguem a mensagem toda *já*. O dia estava amanhecendo, as pessoas estavam começando a sair de casa, a câmera não chegava e o texto foi apagado.

Ninguém duvidou de que o pedaço de avental que o policial Long achou viesse do avental branco que Catherine estava usando sobre a roupa. O dr. Gordon Brown disse que não tinha como saber se o sangue que havia nele era humano — embora o St. Bartholomew's, o hospital mais antigo de Londres, com uma das melhores escolas de medicina, ficasse bem ali na City. O médico poderia ter submetido o pedaço de avental ensangüentado a um microscopista. Pelo menos teve a idéia de atar as duas extremidades do estômago de Catherine e enviá-lo para análise química para ver se continha narcóticos. Não continha. O Estripador não drogava as vítimas antes de matar.

Suspeito que a questão do sangue humano não fosse importante para o dr. Brown nem para a polícia. O pedaço de pano cortado e sujo de sangue parecia encaixar-se na parte recortada do avental de Catherine, e a prova de que o sangue era humano talvez não fosse relevante, caso um suspeito fosse levado a julgamento. Talvez não testar o sangue tenha sido uma tática inteligente de investigação. Mesmo que se determinasse que era humano, não seria possível provar que era de Catherine.

A polícia decidiu que o assassino havia cortado o pedaço do avental para limpar o sangue e matéria fecal que tinha nas mãos. Por algum motivo ele continuou segurando o pano sujo enquanto saía da City e refazia seu trajeto de volta a Whitechapel. Abaixou-se rapidamente na entrada do prédio da rua Goulston para escrever a mensagem no muro e aí resolveu jogar fora o pedaço de avental — talvez quando remexeu num bolso para pegar um pedaço de giz que, por acaso, suponho eu, estivesse carregando.

O pedaço de avental ensangüentado não foi visto como parte do jogo deliberado do Estripador, assim como sua ida à rua Goulston não foi considerada parte do escárnio que dirigia permanentemente às autoridades. Eu me pergunto por que a polícia não pensou nos motivos para o assassino ter um pedaço de giz no bolso. Era rotina as pessoas do East End carregarem ou mesmo possuírem giz? Talvez se devesse ter considerado que, se levou um pedaço de giz consigo quando saiu naquela noite, o Estripador planejava escrever a mensagem de intolerância — ou algo semelhante — no muro depois de cometer o crime.

Para o Estripador, refazer o trajeto da praça Mitre até a rua Goulston implicava praticamente retornar ao local onde Elizabeth Stride fora assassinada. Muito provavelmente o percurso o levou da Church Passage, que saía da praça Mitre, para Houndsditch, Gravel Lane, Stoney Lane — e através de Petticoat Lane, onde, muitos anos depois, Sickert foi dar seu passeio no nevoeiro, com a maleta Gladstone, Marjorie Lilly e a amiga dela. A polícia ficou perplexa com a ousadia do assassino. Havia policiais e detetives por todo lado. Teria sido mais útil à comunidade responsável pela aplicação da lei gastar mais energia analisando o ultrajante retorno do homicida e seu pedaço de giz do que se atendo ao significado de "*Juwes*".

"Visto oito ternos, muitos chapéus eu uso", escreveu o Estripador num poema de 81 versos que enviou ao "superintendente da Grande Scotland Yard" em 8 de novembro do ano seguinte. "O homem é esperto: rápido e não deixa rastros..." Seu objetivo é "destruir as prostitutas imundas e hediondas da noite; Deprimidas, perdidas, esfarrapadas, e magras, Freqüentadoras de Teatros, Teatros de Variedades e bebedoras do gim Infernal".

Para Walter Sickert, teria sido outro grande "rá rá" retornar ao local onde Elizabeth Stride foi assassinada e perguntar a um policial o que estava acontecendo. No mesmo poema de 1889, o Estripador se gaba de que "Falei com um policial que viu a cena, E me informou de que foi obra de um *Knacker* à noite [...] Eu disse ao homem você devia tentar pegá-lo; Diga outra palavra, meu velho, e eu o ponho na cadeia".

"Uma noite há muito tempo um policial eu encontrei — Com ele conversei e pela avenida caminhei."

O poema de 1889 foi "arquivado com os outros". Não se deu nenhuma atenção especial à forma característica nem às rimas relativamente inteligentes, que não eram de um analfabeto nem de um louco. A referência a teatros e teatros de variedades onde o Estripador descobre "prostitutas" deveria ter sido uma pista. Talvez um ou dois homens à paisana devessem ter começado a freqüentar esses lugares. Sickert passava muitas noites em teatros e em locais de espetáculos de variedades. Não é provável que lunáticos, açougueiros pobres e rufiões do East End fizessem isso.

No poema de 1889, o Estripador admite que lê os "jornais" e se ressente de ser chamado de "insano". Diz que "sempre faço meu trabalho sozinho", contradizendo a teoria muito divulgada de que pudesse ter um cúmplice. Alega que não "fuma, *swill* nem toca em gim". *Swill* era gíria de rua para "beber em excesso", coisa que Sickert certamente não fazia naquela altura da vida. Se bebia alguma coisa, não era provável que tocasse em gim barato. Não fumava cigarros, embora gostasse de charutos e, mais tarde, tenha ficado bem viciado neles.

"Embora tenha aprendido sozinho", diz o Estripador, "sei escrever e soletrar."

O poema é difícil de decifrar em alguns trechos, e ele pode ter usado *Knacker* duas vezes, ou talvez num dos versos seja *Knocker*. *Knacker* era gíria de rua para o magarefe que abatia cavalos e *Knocker*, para "bem vestido" ou "vestido com ostentação". Sickert não era açougueiro especializado em abater cavalos, mas a polícia teorizava publicamente que o Estripador talvez fosse.

O maior talento de Sickert não era a poesia, mas isso não o dissuadia de escrever uma ou duas rimas em cartas nem de cantar letras tolas e originais que compunha para canções de teatros de variedades. "Compus um poema para Ethel", escreveu, anos mais tarde, quando sua amiga Ethel Sands estava trabalhando como voluntária para a Cruz Vermelha:

Com a seringa ao ombro
e o termômetro de lado,
você vai um jovem oficial curar
e dele se orgulhar.

Em outra carta, escreve um verso sobre "o chuvisco incessante" na Normandia:

Para sempre não pode continuar
Continuaria se pudesse
Mas não vale a pena falar
Pois não poderia se continuasse.

Numa carta que enviou à delegacia da rua Commercial em outubro de 1896, o Estripador troça da polícia citando: "'Os *Jewes* [judeus] são gente que não é responsabilizada por nada'. Rá rá vocês já ouviram isso antes". A ortografia de "*Jews*" foi objeto de debate acalorado durante o inquérito sobre a morte de Catherine Eddows, e o magistrado perguntou várias vezes à polícia se a palavra no muro era "*Juwes*" ou "*Jewes*". Embora em 1896 se achasse que o Estripador estava morto — segundo o delegado de polícia Melville Macnaghten —, a carta de 1896 deixou a polícia suficientemente preocupada para gerar uma enxurrada de memorandos:

"Peço licença para encaminhar a carta anexa, recebida pelo correio no dia 14 do corrente, assinada por Jack, o Estripador, dizendo que o remetente acabou de retornar do exterior e pretende continuar quando tiver a oportunidade", escreveu o supervisor George Payne em seu relatório especial da delegacia da rua Commercial. "A carta parece semelhante às que a polícia recebeu durante a série de crimes no distrito em 1888 e 1889. A polícia foi instruída a manter-se especialmente atenta."

Telegrafou-se a todas as divisões, pedindo à polícia que "ficasse especialmente atenta, mas que também mantivesse as informações sob sigilo. Ao enviar a carta, o remetente na certa achou que era uma grande piada à custa da polícia". Em 18 de outubro de 1896, um inspetor-chefe escreveu num relatório especial do Departamento Central que havia comparado a carta recente com cartas antigas de Jack, o Estripador, e "não tinha encontrado nenhuma semelhança de letra em nenhuma delas, com exceção das duas comunicações de que nos lembramos bem, enviadas ao Departamento 'Central de Notícias': uma carta datada de 25 de setembro de 1888 e um cartão-postal com o carimbo do Correio de 1º de outubro de 1888".

O que é tão flagrantemente incoerente no relatório do inspetor-chefe é que primeiro ele diz que não há semelhanças entre a carta recente e as anteriores do Estripador, mas depois passa a citar semelhanças: "Encontro muitas semelhanças nas cartas. Por exemplo, os ípsilons, tês e dáblius são muito parecidos. E há várias palavras que aparecem em ambos os documentos". Mas, concluindo, o inspetor-chefe decide que "peço licença para observar que não atribuo importância alguma a esta comunicação". O superintendente do CID, Donald Swanson concordou: "Na minha opinião", anotou no final do relatório do inspetor, "a letra não é a mesma [...] Peço que se guarde a carta com outras semelhantes. Seria lamentável que circulasse".

A carta de 1896 não mereceu credibilidade da polícia e não foi publicada nos jornais. O Estripador foi banido, exorcizado. Já não existia. Talvez nunca tivesse existido, fosse apenas algum espírito maligno que matou algumas prostitutas, e todas aquelas cartas tivessem sido enviadas por malucos. Ironicamente, Jack, o Estripador, tornou-se de novo um "Sr. Ninguém", pelo menos para a polícia, para quem era mais conveniente viver sem aceitar a realidade.

Freqüentemente se perguntou — e imagino que sempre se fará — se Sickert cometeu outros assassinatos além dos que se acredita tenham sido perpetrados por Jack, o Estripador. Um *serial killer* não começa e pára repentinamente. O Estripador não foi exceção e, assim como outros *serial killers*, não restringiu seus crimes a um único local, sobretudo a uma área fortemente patrulhada, onde havia milhares de cidadãos ansiosos à sua procura. Teria sido incrivelmente arriscado ele escrever cartas assumindo a responsabilidade por todos os crimes que cometeu, e não creio que tenha feito isso. Sickert adorava a publicidade, o jogo. Mas acima de tudo havia a sua necessidade de matar e não ser apanhado.

Onze meses depois da carta escrita pelo Estripador em 1896, Emma Johnson, de 21 anos, desapareceu no começo da noite da quarta-feira 15 de setembro, enquanto voltava a pé para casa, perto de Windsor, cerca de 35 quilômetros a oeste de Londres. No dia seguinte, duas mulheres que colhiam amoras perto da Maidenhead Road acharam duas anáguas enlameadas, uma combinação ensangüentada e um casaco preto numa vala sob uma moita.

Na sexta-feira, 17 de setembro, a polícia de Berkshire foi notificada do desaparecimento de Emma e organizou uma busca. A roupa foi identificada como sua, e no domingo, no mesmo campo onde as mulheres colhiam amoras, um trabalhador achou numa vala uma saia, um corpete, uma gola e um par de punhos. Às margens de um braço estagnado do Tâmisa, a mãe de Emma descobriu o espartilho da filha. Perto dele havia marcas de botas de mulher e sulcos na terra, aparentemente feitos por alguém que arrastou um objeto pesado para o braço de rio lamacento.

A polícia dragou a água estagnada e encontrou a cinco metros da margem um corpo nu, coberto de limo e lama. Os Johnson o identificaram como o corpo da filha. Um médico o examinou na casa da família e chegou à conclusão de que ela fora agarrada pelo braço direito e recebera um golpe na cabeça para deixá-la inconsciente, antes de o assassino lhe cortar a garganta. Em algum momento a roupa fora removida. Depois o assassino arrastou o corpo para o braço de rio e o empurrou ou jogou na água. A Maidenhead Road era um conhecido local de encontros de namorados à noite.

Não havia um suspeito e o crime nunca foi solucionado. Não há prova de que tenha sido cometido por Walter Sickert. Não sei onde ele se encontrava em setembro de 1897, embora não estivesse com Ellen. Os dois tinham se separado no ano anterior, ainda se davam e às vezes viajavam juntos, mas Ellen estava na França quando Emma Johnson foi assassinada, e fazia meses que não via Sickert. O ano de 1897 foi particularmente estressante para ele. Um artigo que escrevera para a *Saturday Review* no ano anterior levara o pintor Joseph Pennell a processá-lo por calúnia e difamação.

Sickert alegara, pública e tolamente, que as gravuras que Pennell fazia por transposição de litografia não eram litografia autêntica. Whistler usava o mesmo processo — assim como Sickert —, e no processo de Pennell o mestre compareceu como testemunha. Numa carta que Janie, irmã de Ellen, escreveu a ela em outubro de 1896, ela cita Whistler, segundo o qual a flecha de Sickert na verdade visava a ele e não a Pennell. Sickert tinha "um lado traiçoeiro em seu caráter", disse Whistler a Janie. "Walter fará qualquer coisa, abandonará qualquer pessoa pelo objeto do momento." Sickert perdeu o processo, mas talvez tenha levado a ferroada mais forte quando Whistler, no banco das testemunhas, depôs que o ex-aluno era um homem sem importância e irresponsável.

Em 1897 Sickert e Whistler finalmente cortaram relações. Sickert estava pobre. Estava publicamente humilhado. Seu casamento estava acabando. Tinha pedido demissão do New English Art Club. O outono parecia um período excelente para os crimes do Estripador. Era a época do ano em que Sickert tinha enfrentado a terrível operação em Londres, aos cinco anos de idade. Foi em meados de setembro que Ellen decidiu que queria o divórcio. E também era a época do ano em que Sickert costumava voltar da sua amada Dieppe para Londres.

22. Campos estéreis e montes de escória

No necrotério de Golden Lane, o corpo nu de Catherine Eddows foi pendurado na parede por um prego, de modo muito semelhante a um quadro.

Um a um os jurados homens e o *coroner*, Samuel Frederick Langham, desfilaram diante dela para vê-la. John Kelly e a irmã de Catherine também tiveram de olhar. Em 4 de outubro de 1888, os jurados proferiram o que, para a imprensa e o público, estava se tornando um veredicto familiar: "assassinato intencional por pessoa desconhecida". O clamor do público beirava a histeria. Duas mulheres tinham sido assassinadas no intervalo de uma hora e a polícia ainda não tinha nenhuma pista.

Cartas do público advertiam que "as condições das classes mais baixas causam muitos perigos para todas as outras classes". Os londrinos que viviam em bairros melhores começaram a temer pela própria vida. Talvez devessem criar um fundo para os pobres para "oferecer-lhes uma oportunidade de escapar à sua vida perniciosa". Devia-se formar uma "agência". Cartas ao *Times* sugeriam que, se a classe superior pudesse sanear a inferior, deixaria de existir violência.

Poucas pessoas pareciam se dar conta de que o excesso de população e o sistema de classes criavam problemas que não podiam ser remediados pondo-se abaixo os cortiços ou criando "agências". Defender o controle de natalidade era considerado blasfêmia, e certo tipo de gente era ralé e sempre seria ralé. Certamente havia problemas sociais. Mas não era por causa dos problemas de classe que estavam morrendo prostitutas nas mãos do Estripador. O assassinato cometido por um psicopata não é uma doença social. As pessoas que moravam no East End sabiam disso, ainda que não conhecessem a palavra "psicopata". As ruas do East End passaram a ficar desertas à noite, e dezenas de detetives à paisana espreitavam das sombras, sem que seus disfarces e atitude enganassem ninguém, à espera de que aparecesse o primeiro homem com ar suspeito. Alguns policiais começaram a usar botas com sola de borracha. O mesmo fizeram os repórteres. É de admirar que as pessoas não aterrorizassem umas às outras ao atravessar os caminhos em silêncio, no escuro, esperando pelo Estripador.

Ninguém sabia que, semanas antes, ele tinha cometido mais um crime — que, na verdade, nunca lhe foi atribuído. Na terça-feira, 2 de outubro — dois dias depois do assassinato de Elizabeth Stride e Catherine Eddows —, encontrou-se um torso feminino em decomposição nas fundações da nova sede da Scotland Yard, que estava sendo construída no Embankment, perto de Whitehall.

Primeiro, em 11 de setembro, apareceu um braço cortado. Ninguém ficou muito agitado com isso, a não ser a sra. Potter, cuja filha de dezessete anos, mentalmente retardada, estava desaparecida desde 8 de setembro, a mesma manhã em que Annie Chapman foi assassinada. A polícia tinha pouco poder, ou interesse, para intervir nos casos de adolescentes desaparecidas, especialmente do tipo de Emma Potter, que já estivera várias vezes em albergues e enfermarias e que não passava de uma amolação.

A mãe estava acostumada com os sumiços da filha e com seus esbarrões com a lei. Ficou apavorada quando ela desapareceu mais uma vez e acharam um braço desmembrado de mulher, enquanto continuavam ocorrendo assassinatos horripilantes na metrópole. Um destino benevolente atendeu as súplicas da sra. Potter à polícia quando um policial encontrou Emma, sã e salva, vagando pelas ruas. Mas não fosse pelo alvoroço criado pela mãe e pelas notícias de jornal que se seguiram, é possível que não se tivesse dado muita importância a um pedaço de corpo. Os repórteres começaram a prestar atenção. Seria possível que o demônio de Whitechapel estivesse cometendo outros horrores? Mas a polícia disse que não. Desmembramento era um *modus operandi* completamente diferente e nem a Scotland Yard nem seus cirurgiões estavam dispostos a aceitar a opinião de que um assassino mudasse seu padrão.

O braço tinha sido cortado no ombro e estava amarrado com barbante. Foi encontrado na praia do Tâmisa, perto da ponte ferroviária de Grosvernor, em Pimlico, menos de seis quilômetros a sudoeste de Whitechapel e do mesmo lado do rio. Pimlico ficava uns 7,5 quilômetros ao sul de Broadhurst Gardens, 54 — uma caminhada curta para Sickert. "Ontem saí para uma caminhada de cerca de onze quilômetros", escreveu ele de Dieppe, quando estava com 54 anos. Sete quilômetros e meio não era nada para ele, nem mesmo quando já estava velho. Suas perambulações estranhas e desnorteadas eram uma constante preocupação para a terceira esposa e outros que cuidavam dele.

Pimlico fica cerca de 1,5 quilômetro a leste do estúdio de Whistler na rua Tite, em Chelsea, uma área com que Sickert era bem familiarizado. A ponte de Battersea, que atravessa o Tâmisa de Chelsea, na margem norte, para Battersea, na margem sul, fica a alguns quarteirões do estúdio de Whistler e a aproximadamente 1,5 quilômetro do local onde o braço foi encontrado. Em 1884, Sickert pintou o parque de Battersea, que se avistava da janela do estúdio de Whistler. Em 1888, Pimlico era uma área graciosa com casas bem cuidadas e pequenos jardins, onde o sistema de esgoto era elevado, para não transbordar no Tâmisa.

O operário Frederick Moore teve o azar de estar trabalhando diante dos portões do cais Deal, perto da ponte ferroviária, quando ouviu vozes agitadas na praia do Tâmisa. A maré estava baixa e vários homens falavam alto, olhando para alguma coisa na lama. Como ninguém parecia disposto a pegar a coisa, fosse ela o que fosse, Moore tomou a iniciativa. A polícia levou o braço para a rua Sloane, onde o dr. Neville o examinou e concluiu que era o braço direito de uma mulher. Sugeriu que o barbante amarrado ao braço se destinava a "carregá-lo". Disse que o braço tinha passado dois ou três dias na água e fora amputado depois da morte. Se tivesse sido amputado enquanto a pessoa estava viva, concluiu erroneamente o dr. Neville, os músculos estariam mais "contraídos".

No final do século XIX, persistia a noção de que a expressão no rosto de um morto, assim como punhos cerrados ou membros rigidamente arqueados, indicava dor ou medo. Não se entendia que o corpo passa por diversas alterações após a morte, e que dentes e punhos cerrados são resultado do *rigor mortis.* A posição de pugilista e os ossos quebrados de um corpo queimado podem ser confundidos com trauma, quando na verdade se devem ao encolhimento dos tecidos e à fratura dos ossos, causados por calor extremo, ou "cozimento".

O braço, prosseguiu o dr. Neville, tinha sido "cortado habilmente" com uma "arma afiada". Durante algum tempo a polícia se sentiu inclinada a acreditar que a amputação do membro fosse coisa de algum estudante de medicina. Disse aos jornalistas que era uma piada de muito mau gosto. A descoberta do torso nas fundações do novo prédio da Scotland Yard não foi considerada piada, mas talvez devesse ter sido. Que grande piada — embora o crime não tenha sido engraçado —, se o assassinato tiver sido novamente cometido pelo Estripador.

As notícias sobre esse acontecimento mais recente foram relativamente poucas. Tinha havido má publicidade suficiente em agosto e setembro e as pessoas começavam a se queixar de que os detalhes publicados pelos jornais pioravam as coisas. Estavam "prejudicando o trabalho da polícia", escreveu uma pessoa ao *Times*. A publicidade aumenta o "estado de pânico", o que só ajuda o assassino, escreveu outra.

Os londrinos começaram a reclamar que a polícia era ignorante e um transtorno. A Scotland Yard não era capaz de levar criminosos à justiça, e, em memorandos confidenciais, funcionários da polícia manifestavam a preocupação de que, "se o perpetrador não for levado logo à justiça, será não só humilhante como também um perigo intolerável". O volume de correspondência enviada à Scotland Yard era avassalador, e Charles Warren publicou uma carta nos jornais, "agradecendo" aos cidadãos pelo interesse e pedindo desculpas por simplesmente não ter tido tempo de responder. Seria de imaginar que muitas cartas também fossem dirigidas aos jornais, e para separar as excêntricas, *The Times* adotou a política de que, para demonstrar boa-fé, o remetente devia incluir nome e endereço na carta, embora o jornal não os publicasse.

Não deve ter sido fácil aplicar essa política. Fazia só doze anos que o telefone fora patenteado e ainda não era um aparelho doméstico. Duvido que um funcionário do jornal pegasse um cabriolé ou montasse num cavalo para ir correndo conferir a validade de um nome e um endereço ainda não incluídos na lista telefônica local, e nem todo mundo estava. Examinando centenas de jornais impressos em 1888 e 1889, descobri que cartas anônimas eram publicadas, mas não com freqüência. A maioria dos remetentes permitia que seu nome, endereço e até a profissão fossem publicados. Mas à medida que os crimes do Estripador foram se multiplicando, parece ter havido um aumento de cartas publicadas sem nenhuma identificação além de iniciais ou títulos enigmáticos, ou, em alguns casos, nomes que me parecem dickensianos ou zombeteiros.

Dias depois do assassinato de Annie Chapman, uma carta ao *Times* sugeriu que a polícia conferisse o paradeiro de todos os casos de "maníacos homicidas que podem ter recebido alta depois de considerados 'curados'". A carta era assinada por "Um Médico do Interior". Uma carta publicada em 13 de setembro e assinada "J. F. S." dizia que no dia anterior um homem fora "roubado às 11 horas na rua Hanbury ", no East End, às 17 horas um homem de 71 anos fora atacado na rua Chicksand, e às 10 horas daquela mesma manhã um homem entrara correndo numa padaria e roubara o caixa. Todos esses incidentes aconteceram, dizia o remetente anônimo, "a cem metros um do outro e a meio caminho entre os locais dos últimos dois assassinatos horríveis".

O curioso é que não havia registro de nenhum desses crimes nas seções policiais dos jornais, e é de perguntar como o remetente da carta anônima podia estar informado sobre os detalhes, a menos que estivesse bisbilhotando no East End ou fosse um policial. A maioria das cartas ao editor era identificada e oferecia sugestões sinceras. Membros do clero queriam mais supervisão policial, mais iluminação e que todos os matadouros fossem transferidos de Whitechapel, porque a violência contra os animais e o sangue derramado nas ruas tinham um mau efeito sobre a "imaginação dos ignorantes". Os londrinos abastados deviam comprar e demolir os cortiços do East End. Os filhos de pais miseráveis deviam ser tirados de seus cuidados e criados pelo governo.

Em 15 de outubro, *The Times* publicou uma carta anônima peculiar. Lê-se como um conto, escrito por alguém com inteligência manipuladora e trocista, e poderia ser interpretada como uma zombeteira alusão ao assassinato de Joan Boatmoor na região de mineração de carvão:

Prezado Senhor, tenho viajado muito pela Inglaterra ultimamente e testemunhado o grande interesse e a agitação generalizada que os crimes de Whitechapel causaram e estão causando. Em todo lugar me perguntaram sobre eles, especialmente tra-

balhadores e, mais especialmente ainda, trabalhadoras. Na semana passada, por exemplo, num condado agrícola, dividi meu guarda-chuva, durante uma chuva forte, com uma empregada doméstica que estava indo para casa. "É verdade", perguntou ela, "que estão retalhando o sexo feminino em Londres?" E explicou-se, dizendo que "estavam assassinando mulheres de uma em uma ou de duas em duas". Este é apenas um de muitos exemplos, e meu interesse pelo assunto é que eu próprio fui tomado pelo assassino. E se eu fui, por que não o seria qualquer outro cavalheiro idoso de hábitos tranqüilos? Portanto, talvez seja bom registrar o fato, a título de advertência.

Dois dias atrás eu me encontrava num dos distritos de mineração, tinha acabado de visitar meu amigo, o pastor da paróquia, e estava voltando sozinho, ao crepúsculo, por certos campos solitários e sujos entre poços de minas e forjas. De repente fui abordado por trás por um grupo de sete mineiros, rapazes corpulentos, todos com cerca de dezoito anos, menos o líder, que era um homenzarrão de mais ou menos 23 anos e mais de 1,80 metro de altura. Rudemente, perguntou meu nome, que eu, é claro, me recusei a informar. "Então", disse ele, "você é Jack, o Estripador, e vai vir com a gente até a polícia em...", mencionando a cidade mais próxima, a três quilômetros de distância. Perguntei que autoridade tinha ele para me propor isso. Ele hesitou um instante e respondeu que era policial, que tinha uma ordem de prisão (contra mim, imagino), mas que a deixara em casa. "E se não vier por bem, imediatamente", acrescentou, feroz, "saco o revólver e lhe estouro os miolos."

"Saque, então", disse eu, com toda a certeza de que ele não tinha um revólver. Não sacou, e eu lhe disse que certamente não iria com ele. Durante todo esse tempo, notei que, embora os sete me rodeassem, gesticulando e ameaçando, nenhum deles tentou me tocar. Enquanto pensava em como pôr em prática minha decisão de não acompanhá-los, vi um ferreiro vindo do trabalho pelo campo. Chamei-o e, quando se aproximou, expliquei que aqueles sujeitos estavam me insultando e que, como eram sete contra um, ele tinha que me acompanhar. Era um homem melancólico, calado, idoso como eu e, como observou corretamente, estava se preparando para jantar.

Mas, sendo um trabalhador honesto, concordou em me acompanhar e nos afastamos, ele e eu, apesar do líder do bando, que jurou que também prenderia meu aliado. O inimigo, porém, ainda não estava derrotado. Os sete se puseram a conversar e logo vieram atrás de nós e nos alcançaram, pois tomávamos o cuidado de não dar a impressão de estar fugindo. Mas nesse meio-tempo eu tinha decidido o que fazer, e disse a meu amigo que iria com ele até o ponto em que nossos caminhos nos levassem juntos e depois lhe pediria que me acompanhasse até o chalé de um mineiro robusto e respeitável que eu conhecia.

Assim, então, percorremos campos estéreis e montes de escória por cerca de um quilômetro, rodeados pelos sete mineiros, que se aglomeravam à minha volta mas ainda não me tocavam, embora o líder continuasse ameaçando e dizendo que eu certamente devia ir com ele para a cidade. Afinal chegamos a um ponto solitário e de aparência sinistra na estrada, cercado de todos os lados pelas colinas argilosas de minas fora de uso. Por entre elas subia a trilha que levava à casa do mineiro para onde eu me dirigia. Quando atingimos a trilha, eu disse ao ferreiro meu amigo: "Este é nosso caminho", e me virei naquela direção.

"O seu caminho não é esse", gritou o homem alto. "Você vem pela estrada conosco", e pôs a mão no meu colarinho. Eu o afastei com um empurrão e o informei de que ele agora tinha cometido uma agressão física, pela qual eu poderia mandar prendê-lo. Talvez tenha sido só post hoc ergo propter hoc;* *ele, porém, não fez nenhuma outra tentativa de impedir a mim e ao meu amigo de subir pela trilha. Mas ele e seus companheiros nos seguiram, jurando que nos acompanhariam a noite inteira, se fosse preciso. Logo chegamos ao topo do desfiladeiro, se posso chamá-lo assim, de onde se avistavam na escuridão, contra um céu estrelado, os chalés dos mineiros, com o interior iluminado.*

"É por ali que eu vou", disse eu, alto. Para minha surpresa, o grandalhão respondeu, em tom meio alterado: "Quanto tempo vai demorar?". "Depende", respondi. "É melhor você vir até a casa comigo." "Não", disse ele, "vou esperar aqui." E o ferreiro e eu seguimos juntos até o chalé. À porta, despedi-me de meu aliado com agradecimentos e uma moeda; e, ao entrar, contei minha história a meu amigo, o mineiro robusto, e à sua calorosa esposa, que ouviram indignados. Em menos de um minuto, ele e eu saímos à procura dos sujeitos que tinham me atormentado. Mas tinham desaparecido. Ao me verem ser recebido e bem-vindo por pessoas a quem conheciam, na certa acharam que a perseguição era fútil e a suspeita, vã.

Ora, não faço objeções a aventuras, mesmo no declínio da vida; nem responsabilizo muito meus antagonistas, fosse a motivação deles uma justa indignação,

---

* "Por causa disso; depois disso." Em latim, no original. Erro de lógica que consiste em tomar por causa o que é apenas um antecedente. (N. T.)

fosse, como é mais provável, a esperança de uma recompensa. Mas os considero culpados de um erro de julgamento grave e até perigoso ao não distinguirem entre a aparência de Jack, o Estripador, e a deste seu criado,

UM CAVALHEIRO IDOSO

Deve haver uma razão que me escapa para este "cavalheiro" idoso viajar pelo país e pelo distrito de mineração e omitir seu nome e os nomes dos lugares. Suponho que houvesse uma razão para um "cavalheiro", naqueles tempos em que cada um tinha grande consciência da classe a que pertencia, ter amigos mineiros ou ferreiros. Mas não sou capaz de imaginar por que alguém suporia que Jack, o Estripador, era um "cavalheiro idoso", e por que um jornal respeitável como *The Times* publicaria um relato tão tosco, a menos que jornalistas de alto nível estivessem sendo infectados pela Estripadormania e publicando qualquer notícia picante sobre o Estripador que conseguissem achar.

Mas há detalhes na carta que vale a pena notar. O autor alega que andava viajando muito ultimamente, e as cartas do Estripador indicam o mesmo. O "cavalheiro" se mistura com a classe operária, e Sickert era conhecido por fazer isso. A carta lembra os leitores de que o Estripador é temido não só em Londres, mas em toda parte, e se o "cavalheiro idoso" fosse mesmo Walter Sickert, a afirmação visaria a interesses próprios: no papel de Jack, o Estripador, ele queria assustar o maior número de pessoas possível.

"Se as pessoas aqui soubessem quem eu sou, tremeriam de medo", escreveu o Estripador numa carta postada de Clapham, em 22 de novembro de 1889. Como "rá rá" adicional, usou como endereço do remetente "Punch & Judy St.". Sickert estava familiarizado com Punch e Judy. As peças dos fantoches eram extremamente populares, e o ídolo dele, Degas, adorava Punch e Judy e escreveu em suas cartas sobre as peças violentas do casal de fantoches.

Na era vitoriana as pessoas tinham outra concepção de humor. Algumas pessoas consideram Punch e Judy ofensivos. Punch espanca a filha bebê e a atira por uma janela. Bate repetidamente na cabeça da mulher, Judy, "chegando a rachá-la em duas". Dá um pontapé no médico e diz: "Pronto. Não está sentindo o remédio nas tripas? [Enfia a ponta do bastão no estômago do médico; o médico cai morto; e Punch, como antes, empurra o corpo para longe com a ponta do bastão.] Ri, ri, ri! [Risos.]"

No roteiro de Punch e Judy escrito por Oswald Sickert, "Crime e homicídio culposo, ou O diabo enganado", as excentricidades cruéis do fantoche vão além de Punch gastar todo o dinheiro da casa em bebida.

Punch dança com a criança
(*dá com a cabeça da criança contra a grade, a criança chora*)
    Ah, não... Fique quieto, meu menino
(*põe o menino no canto*)

    Vou buscar alguma coisa para você comer (*sai*).

Punch volta, examina a criança com atenção
    Você já caiu? Fique quieto, fique quieto (*sai, a criança continua a chorar*).

Punch com mingau e colher
    Filho do meu amor, não me irrite. Isso, fique quieto.
(*dá mingau à criança sem parar*)
    Pronto, pronto. Meu Deus! Você não quer calar a boca? Silêncio, estou
    dizendo! Pronto, coma o resto do mingau.
(*vira a tigela na cabeça da criança!*)
    Não sobrou nada para mim! (*sacode a criança brutalmente*)
    E você não vai calar a boca?
(*joga a criança para fora da caixa*)

Oswald podia estar escrevendo e desenhando roteiros de Punch e Judy, e ilustrações para a revista *Die Fliegende Blatter*, e Walter aguardava com ansiedade cada exemplar da revista cômica assim que saía do prelo. Estou razoavelmente certa de que Walter Sickert estava familiarizado com os roteiros e ilustrações do pai para Punch e Judy, e várias cartas do Estripador incluem figuras semelhantes a Punch e Judy. A mulher está sistematicamente deitada de costas e o homem debruçado sobre ela, pronto a esfaqueá-la ou a lhe dar um golpe com a longa adaga ou bastão que segura erguido no ar.

O autor da carta do "Cavalheiro idoso" ao *Times* podia estar usando a tola idéia de um homem de idade ser confundido com o Estripador como uma alusão à polícia e ao fato de ela estar arrebanhando desesperadamente grandes massas de "suspeitos" para interrogar nas delegacias. Àquela altura nenhum homem do East End estava imune a interrogatório. Todas as residências nas proximidades dos locais dos crimes tinham sido vistoriadas, e homens adultos de todas as idades — inclusive com mais de sessenta anos — eram submetidos a escrutínio. Quando um homem era levado para uma delegacia, sob os olhares de vizinhos enfurecidos, sua segurança ficava imediatamente comprometida. Os moradores do East End queriam o Estripador. Queriam muito. Se tivessem a oportunidade, linchariam a si próprios, e às vezes os homens sob suspeita, ainda que brevemente, tinham de permanecer na delegacia até que fosse seguro se aventurarem fora dela.

O sapateiro do East End John Pizer — também conhecido como "Avental de Couro" — tornou-se um homem caçado quando a polícia achou um avental de couro úmido no quintal da casa 29 da rua Hanbury, onde Annie Chapman foi assassinada. O avental pertencia a John Richardson. A mãe dele o tinha lavado e pendurado lá fora para secar. A polícia devia ter apurado os fatos corretamente antes que a notícia dessa "prova" mais recente estourasse. Pizer podia ser um brutamontes violento, mas não era um assassino sexual. Quando ficou claro que o avental de couro no quintal não tinha nada que ver com os crimes do Estripador, Pizer já não ousava sair de seu quarto, de medo de ser feito em pedaços por uma turba.

"Aquela piada sobre o avental de couro me deu acessos de riso", escreveu o Estripador à Agência Central de Notícias em 25 de setembro.

O Estripador se divertia demais com muitos eventos que acompanhava pela imprensa, adorava o caos que causava e adorava estar no centro do palco. Queria interagir com a polícia e com os policiais, e fazia isso. Reagia ao que eles escreviam e estes reagiam às suas reações, até que se tornava praticamente impossível dizer quem tinha sugerido ou feito o que primeiro. Ele respondia à platéia e ela a ele. Suas cartas começaram a incluir toques mais pessoais que poderiam ser interpretados como uma indicação do relacionamento fantasioso que ele começou a desenvolver com seus adversários.

Esse tipo de raciocínio delirante não é raro em psicopatas violentos. Não só acreditam que têm um relacionamento com a vítima que seguem, como também criam uma relação, em estilo gato e rato, com os investigadores que estão em seu encalço. Quando são finalmente capturados e presos, esses criminosos violentos costumam dar facilmente entrevistas à polícia, a psicólogos, escritores, produtores de filmes e estudantes de direito criminal. Se seus advogados deixassem, eles provavelmente passariam a vida na prisão falando.

O problema é que o psicopata não diz a verdade. Cada palavra que diz é motivada pelo desejo de manipular e por sua insaciável necessidade egocêntrica de atenção e admiração. O Estripador queria impressionar seus oponentes. À sua maneira desnaturada, até queria que gostassem dele. Era brilhante e astuto. Até a polícia dizia isso. Era divertido. Provavelmente acreditava que a polícia gostasse de dar umas risadas com seus joguinhos engraçados. "Pegue-me, se puder", ele escreveu inúmeras vezes. "Sou capaz de escrever com cinco caligrafias diferentes", gabou-se numa carta de 18 de outubro. "Vocês não podem me seguir pela minha caligrafia", vangloriou-se em outra, de 10 de novembro. Freqüentemente assinava as cartas como "seu amigo".

Ficar muito tempo longe do palco incomodava o Estripador. Se a polícia dava a impressão de tê-lo esquecido, ele escrevia aos jornais. Em 11 de setembro de 1889, escreveu: "Prezado senhor, queira fazer o favor de publicar isto em seu jornal para que o povo da Inglaterra saiba que continuo vivo e à solta". Também fazia inúmeras referências a ir "ao exterior". "Pretendo terminar meu trabalho no final de agosto, quando viajarei para o exterior", escreveu numa carta que a polícia recebeu em 20 de julho de 1889. Mais tarde — não sabemos exatamente quanto tempo depois —, uma garrafa foi dar na praia entre Deal e Sandwich, que ficam no estreito de Dover, entre a Inglaterra e a França.

Não parece haver registro de quem encontrou a garrafa nem quando, ou de que tipo de garrafa era, mas ela continha um pedaço de papel pautado, datado de 2 de setembro de 1889, no qual se lia: "S. S. Northumbria Castle desembarquei. Estou à solta novamente. Jack, o Estripador". A área do litoral sudeste da Inglaterra onde a garrafa foi achada fica muito próxima de Ramsgate, Broadstairs e Folkestone.

Pelo menos uma carta do Estripador foi enviada de Folkestone. Sickert pintou em Ramsgate e pode ter visitado a localidade em 1888 e 1889, pois era um balneário muito popular e ele adorava o ar marítimo e nadar. Havia um vapor de Folkestone para a França que Sickert tomaria inúmeras vezes na vida, e havia uma linha direta para Calais, saindo das proximidades de Dover. Nada disso prova que ele tenha escrito um bilhete do Estripador, enfiado o bilhete numa garrafa e jogado a garrafa da amurada de um navio ou ao largo de uma praia. Mas estava familiarizado com o litoral de Kent. Gostava da área o suficiente para ter morado ali nos anos 1930.

É quando se tenta localizar num mapa os lugares onde o Estripador se encontrava, na esperança de acompanhá-lo em sua trajetória tortuosa e homicida, que vem a frustração. Como de hábito, ele era um mestre em criar ilusões. Em 8 de novembro de 1888, numa carta que postou do East End, gabou-se de que "vou para a França, iniciar meu trabalho lá". Três dias depois, no dia 11, chegou a carta de Folkestone, que poderia indicar que ele estava realmente a caminho da França. O problema é que naquele mesmo dia, 11 de novembro, o Estripador também escreveu uma carta de Kingston-on-Hull, cerca de trezentos quilômetros ao norte de Folkestone. Como é que a mesma pessoa poderia ter escrito as duas cartas nas mesmas 24 horas?

Uma possibilidade é que o Estripador escrevesse cartas em lotes, não só para comparar as letras e ter certeza de que eram diferentes, mas também para pôr a mesma data em todas e enviá-las de locais diferentes, ou dar a impressão de que eram enviadas de locais diferentes. Uma carta do Estripador, datada de 22 de novembro de 1888, foi escrita em papel com a marca-d'água de A Pirie & Sons e, supostamente, enviada da Zona Leste de Londres. Outra em papel A Pirie & Sons, também datada de 22 de novembro de 1888, afirma que o Estripador se encontra em Manchester. Em outras duas que não parecem ter marca-d'água (uma talvez tenha, mas está rasgada demais para se ter certeza), também datadas de 22 de novembro, ele afirma estar na Zona Norte de Londres e em Liverpool.

Supondo-se que todas essas cartas de 22 de novembro tenham sido escritas pela mesma pessoa — e elas apresentam semelhanças que tornam isso plausível —, como o Estripador poderia tê-las enviado de Londres e de Liverpool no mesmo dia? A ausência de carimbos postais elimina a possibilidade de saber ao certo quando e onde uma carta foi realmente postada, e não aceito como fato uma data ou local escritos em cartas que não tenham carimbo postal. Num envelope com carimbo de 1896, por exemplo, havia uma carta que o Estripador datou de "1886". Foi um engano ou uma tentativa de confundir.

Não é impossível que as datas e locais nos carimbos fossem diferentes das datas ou locais — ou ambos — que o Estripador escreveu em algumas das cartas. Depois de abrir uma carta, a polícia anotava data e local em seus livros de registros e o envelope era jogado fora ou se perdia. As datas que o Estripador escrevia nas cartas podiam estar erradas por um dia ou talvez dois. Quem ia notar ou se preocupar com isso? Mas um dia ou dois podem fazer muita diferença para um homem em fuga que quer despistar a polícia dando a impressão de estar em Londres, Lille, Dublim, Innerleithen e Birmingham em 8 de outubro.

Teria sido possível uma pessoa estar em mais de um local distante num período de 24 horas. Viajava-se relativamente depressa de trem. Com base nos horários de um *Bradshaw's railways guide* [Guia ferroviário de Bradshaw], de 1887, Sickert poderia ter embarcado na estação de Euston, em Londres, às 6 horas, chegado a Manchester às 11h20, e partido em outro trem ao meio-dia, para chegar a Liverpool 45 minutos mais tarde. De Liverpool, levaria uma hora e sete minutos para chegar a Southport, no litoral.

Em meados de setembro de 1888, encontrou-se numa casa abandonada em Southport o corpo em decomposição de um menino. No inquérito, no dia 18, o júri proferiu um veredicto em aberto. Não parece que se tenha apurado a identidade do menino nem a causa da morte, mas a polícia tinha a forte suspeita de que ele fora assassinado.

"Vou matar todo jovem que eu vir", escreveu o Estripador em 26 de novembro de 1888. E, numa carta sem data: "Vou cometer o crime numa casa vazia".

Naquela época as viagens de trem eram excelentes na Inglaterra. Também havia vagões-leito. Podia-se partir de Londres às 18h35, ter um jantar agradável e uma boa noite de sono, e acordar em Aberdeen, na Escócia, às 9h55 da manhã seguinte. Podia-se embarcar na estação de Paddington, em Londres, às 21 horas, acordar em Plymouth às 4h15, tomar outro trem para St. Austell, na Cornualha, e terminar a viagem em Lizard Point, o ponto extremo meridional da Inglaterra. Inúmeras cartas do Estripador foram escritas de Plymouth ou das proximidades. Plymouth era o destino mais conveniente, caso a pessoa estivesse viajando de trem para a Cornualha.

Sickert conhecia a Cornualha. No começo de 1884, ele e Whistler passaram um longo tempo pintando em St. Ives, um dos locais à beira-mar na Cornualha mais populares entre pintores. Numa carta a Whistler, do final de 1887, Sickert deu a entender que pretendia ir à Cornualha. Talvez visitasse a Cornualha com freqüência. Essa região no sudoeste da Inglaterra sempre atraiu pintores por causa de seus penhascos imponentes, da vista do mar e das enseadas pitorescas.

Seria um bom lugar para Sickert quando quisesse descansar e "esconder-se". Na era vitoriana existia uma conhecida residência particular, o Hill's Hotel — afetuosamente conhecido como "The Lizard" —, em Lizard Point, uma estreita península de terra arável e penhascos íngremes e rochosos a cerca de trinta quilômetros de St. Ives. O mar rebenta em torno de toda a península. Quando se visita o local atualmente, é preciso estacionar na direção do vento, para que a porta do carro não seja arrancada.

23. O livro de hóspedes

Na primavera de 2001, o premiado autor de textos de culinária Michael Raffael estava trabalhando numa reportagem para *Food & Travel* e por acaso se hospedou na pensão Rockland, em Lizard Point. A pensão é uma modesta casa de fazenda, construída na década de 1950, que acomoda sete pessoas, e a proprietária é o único sobrevivente do passado distante e ilustre do Lizard Hotel.

O ano tinha sido difícil para Joan Hill, que herdou os livros de hóspedes e outros registros do Lizard que estavam na família de seu marido havia 125 anos. A Cornualha estava às voltas com a febre aftosa e o filho de Joan Hill é fazendeiro. As restrições do governo reduziram os rendimentos dele e o negócio da sra. Hill, recentemente enviuvada, quase foi à falência quando a quarentena obrigou os turistas a manter distância de tudo que tivesse cascos.

Michael Raffael lembra que, enquanto estava lá, a sra. Hill começou a contar histórias dos tempos prósperos em que o Lizard era freqüentado por pintores, escritores, membros do Parlamento, lordes e ladies. Um exame dos livros de hóspedes revela a letra introvertida de Henry James e o floreio confiante de William Gladstone. O pintor e crítico George Moore conhecia o Lizard. Sickert conhecia James, mas considerava os seus livros chatos. Era amigo íntimo de Moore e tendia a zombar dele. O pintor Fred Hall hospedava-se lá, e Sickert não o suportava.

258

Comia-se e bebia-se com fartura, os preços eram razoáveis, e vinha gente de locais distantes como a África do Sul e os Estados Unidos para passar férias naquela língua de terra desolada que se projeta para dentro do mar. As pessoas esqueciam suas preocupações por algum tempo enquanto passeavam, andavam de bicicleta, saíam para admirar a vista no ar estimulante ou liam diante da lareira. Sickert pode ter se misturado com gente interessante que ele não conhecia ou ter-se mantido à parte. Talvez caminhasse até os penhascos para desenhar — ou só caminhasse, como era seu hábito. Pode ter feito excursões de trem ou de carruagem a outras aldeias, inclusive a St. Ives. Pode facilmente ter se registrado com nome falso e assinado o que quisesse no livro de hóspedes.

O Lizard sobreviveu a duas guerras mundiais e era um conto de um passado muito antigo. Em 1950, os Hill venderam a casa de fazenda, construída trezentos anos antes, e abriram a pequena pensão Rockland. A sra. Hill contou isso tudo a Michael Raffael e, talvez porque ele tenha demonstrado interesse em ouvir, lembrou-se do velho livro de hóspedes, datado de 1877 a 15 de julho de 1888, e foi buscá-lo num armário. Ele "passou talvez uns trinta minutos folheando o livro, sozinho na maior parte do tempo", quando topou com desenhos e o nome "Jack, o Estripador". "Pela posição dos desenhos na página do livro, pelo estilo da letra e pela tinta sépia, posso lhe garantir que muito provavelmente o registro de Jack era contemporâneo do livro e das outras entradas perto dele", escreveu-me ele, depois que Diane Sawyer, da ABC, me entrevistou sobre Jack, o Estripador, num especial para a TV.

Entrei em contato com a sra. Hill, que confirmou que o livro existia, tinha registros de Jack, o Estripador, e alguns desenhos, e que eu poderia vê-lo se quisesse. Poucos dias depois eu estava num avião para a Cornualha.

Cheguei com amigos e éramos os únicos hóspedes. O povoado estava praticamente deserto, varrido por um vento gelado que soprava do canal da Mancha. A sra. Hill é uma mulher tímida e franca, com sessenta e poucos anos, que se preocupa muito com o bem-estar dos hóspedes e prepara um café-da-manhã lauto demais. Passou a vida toda na Cornualha, nunca tinha ouvido falar em Sickert nem em Whistler, mas estava remotamente familiarizada com o nome "Jack, o Estripador".

"Acho que conheço o nome. Mas não sei nada sobre ele", disse. Mas sabia que tinha sido um homem muito mau.

Os esboços a que Raffael se referiu quando me alertou sobre o livro de hóspedes são desenhos a tinta de um homem e uma mulher caminhando. O homem, de fraque e cartola, monóculo e guarda-chuva, tem "Jack, o Estripador" escrito a lápis ao lado do narigão. Olha fixo para a mulher, por trás, e de sua boca sai um balão no qual se lê: "Mas ela não é linda?".

A mulher, de chapéu emplumado, corpete, saia com armação e babados, diz: "Não sou adorável?". Em outro balão abaixo, há o comentário: "só por Jack, o Estripador". O que não se notou nem era de muito interesse, talvez, foi todo o resto nesse livro excepcional. No nariz de uma mulher desenhou-se uma feia verruga, e sob a roupa vêem-se as pernas e os seios nus dela, desenhados a lápis. A página está cheia de rabiscos, comentários e alusões a Shakespeare, na maioria grosseiras e adulteradas. Levei o livro para meu quarto, no andar de cima, e outros detalhes que fui notando me mantiveram acordada até as três da manhã, com o aquecedor ligado no máximo enquanto o vento uivava e a água martelava sob minha janela.

As anotações e as dezenas de rabiscos, desenhos e observações maliciosas eram espantosas e completamente inesperadas. De repente tive a sensação de que Sickert estava em meu quarto.

Alguém — estou convencida de que foi Sickert, mas vou chamar a pessoa de "o vândalo" — correu o livro todo com lápis-grafite, lápis cor de violeta e caneta, e na maioria das páginas fez anotações rudes, sarcásticas, infantis e violentas:

hosh! imbecis, imbecil, um grande imbecil, idiota. Imbecil do inferno, Rá e Rá Rá, Puxa! Gozado, Meu Deus, girls oh fie (gíria para "mulher imoral"), *garn* (gíria vulgar para *gal*, "garota"), *donkey* (gíria para "pênis"), *Dummkopf* (alemão para "idiota"), *ta ra ra boon de á* (refrão de canção de teatro de variedades), *henfool* (gíria do século XVII para "prostituta" ou "amante"), *Ballhead, Bosh! Bosh!! Bosh!!!;* ou, embaixo de "Reverendo", o rabisco "(3 vezes casado)", ou depois do nome de outra pessoa, a anotação "Porque um Esnobe", ou a alteração do nome de um hóspede para "Parchedig*ass*".*

O vândalo escreve modinhas em páginas cheias de comentários bem-humorados sobre o lugar simpático que o Hill's Hotel era, como era confortável, como a comida era boa e como os preços eram modestos.

---

* *Ass* é "burro", "asno", em sentido próprio e figurado; também é uma designação vulgar de "nádegas". (N. T.)

"Enquanto eu saía de forma/ Eles se punham em forma/ O resto debandou."

"Um lugar bem singular."

Se algum hóspede tivesse tentado escrever um ou dois versos, o vândalo os destruía — como uma rima de F. E. Marshall, de Chester:

Misfortune overtook me here
Still had I little cause to fear
Since Hill's kind care cause me every ill
To disappear — after a pill [acrescentou o vândalo]*

O vândalo desenhou um rosto à cartum e escreveu: "Brilhante!!!". Depois do mau poema de outro hóspede, escreveu:

A Poet is he? It would be rash
To call one so who wrote such trash.
The moon forsooth in all her glory
*Had surely touched his upper storey!!***

O vândalo corrige a ortografia e a gramática dos hóspedes, o que parece ter sido um hábito de Sickert. Em seu exemplar da autobiografia de Ellen Terry, na qual ela não o menciona, ele tem muito a dizer sobre a ortografia, a gramática e a dicção dela. O exemplar, que comprei de John Lessore, sobrinho de Sickert por afinidade, está cheio de anotações e correções feitas por ele, todas a lápis. Alterou e fez acréscimos aos relatos de acontecimentos feitos por Terry, como se conhecesse sua vida melhor do que ela mesma.

Outro mau poema de um hóspede do Hill's Hotel termina com "*Receive all thanks O hostess* fare". O vândalo corrige para *fair**** e acrescenta três pon-

---

* Em tradução aproximada: "Aqui a infelicidade me dominou,/ mas eu tinha pouco a temer,/ pois os bons cuidados do Hill's fizeram todos os meus males/ desaparecerem'. O adendo do vândalo foi: "depois de um comprimido". (N. T.)

** Em tradução aproximada: "Ele é poeta? Seria imprudência/ chamar assim alguém que escreveu este lixo./ Não há dúvida de que a lua, em toda a sua glória,/ afetou-lhe o cérebro!!". (N. T.)

*** "Receba todos os agradecimentos, ó bela anfitriã." A pronúncia de *fare* e *fair* é a mesma. Mas *fare* é "preço de passagem" ou "passadio", que certamente não era o que o autor do poema queria dizer. (N. T.)

tos de exclamação. Transforma o "O" num cartum engraçadinho, com braços e pernas. Embaixo, anota em gíria *cockney*: "Bill bobo que não tem uma garota",* em resposta à menção de um hóspede de que visitou o hotel na companhia de "minha esposa".

"Por que você não inclui o seu *apóstrofo?*", queixa-se em outra página, e desenha outro cartum. Vira-se essa página e encontra-se mais um cartum, este lembrando alguns dos esboços maliciosos e misteriosos que estão na coleção de Sickert nas Bibliotecas Públicas de Islington. Os esses na assinatura "Sister Helen" e no endereço "S. Saviour's Priory London" foram transformados no símbolo do dólar.

No pé da página, obviamente escrito a lápis depois que ela já estava cheia, lê-se "Jack, o Estripador, Whitechapel". Em outra página, "Whitechapel" foi escrito a lápis por cima do endereço em Londres de um hóspede. Notei desenhos de um homem de barba e fraque expondo o pênis circuncidado, e um desenho de uma mulher, em estilo Punch e Judy, batendo na cabeça de uma criança com um longo bastão. Borrões de tinta foram transformados em figuras. Em algumas das cartas do Estripador, borrões de tinta foram transformados em figuras.

Em outras duas páginas, o vândalo se assina "Barão Ally Sloper". Suponho que o "Barão" seja uma ironia — uma alfinetada, muito à Sickert, nos aristocratas ingleses. Sloper era um personagem de cartum, sórdido, do submundo, com um narigão vermelho, cartola em frangalhos e o hábito de fugir do cobrador do aluguel. Era muito popular entre a classe baixa inglesa e apareceu num periódico e em revistas cômicas baratas entre 1867 e 1884, e novamente em 1916. "Tom Thumb e sua esposa" assinaram o livro em 1º de agosto de 1886, embora Tom Thumb (Charles Sherwood Stratton) tivesse morrido em 15 de julho de 1883. Há exemplos demais para citar aqui. O livro de hóspedes — ou "LIVRO DOS IMBECIS", como o vândalo o chamou — é extraordinário. Depois que o estudou, a dra. Anna Gruetzner Robins concordou que "certamente ninguém poderia contestar que estes desenhos combinam com os desenhos nas cartas do Estripador. São desenhos a caneta feitos com muita habilidade". Um deles, disse ela, é uma caricatura de Whistler.

A dra. Robins notou muitos detalhes no livro que me escaparam, inclusive uma mensagem em mau alemão e italiano, escrita por cima de uma das

---

* No original: "*garn Bill that aint a gal*". (N. E.)

figuras masculinas. O vândalo diz, em tradução aproximada, que é "O Médico Estripador" e que "preparou um bom prato de carne na Itália. Notícia! Notícia!". Diz a dra. Robins que o jogo de palavras e as insinuações, difíceis de reproduzir em tradução, são que o Estripador matou uma mulher na Itália e com a carne dela preparou uma refeição saborosa. Várias cartas do Estripador fazem menção a cozinhar os órgãos das vítimas. Alguns *serial killers* praticam canibalismo, de fato. É possível que Sickert tenha feito isso. Também é possível que tenha cozinhado pedaços de suas vítimas e servido a seus convidados. É claro que as menções a cozinhar carne humana podem não ter passado de provocações destinadas a causar repugnância e choque.

A dra. Robins acredita, como eu, que por trás dos insultos, das anotações e da maioria dos desenhos no livro de hóspedes do Lizard, está a mão de Sickert. Nomes como Annie Besant e Charles Bradlaugh estão escritos a lápis, e são nomes de pessoas que Sickert conhecia. A dra. Robins suspeita que os cartuns de figuras masculinas com barbas e chapéus diferentes podem ser autoretratos de Sickert, em disfarces do Estripador. O desenho de "uma donzela rústica da localidade" talvez sugira que Sickert matou uma mulher enquanto estava na Cornualha.

Comprei o livro de hóspedes da sra. Hill. Ele tem sido estudado por muitos especialistas, inclusive pelo analista forense de papel, Peter Bower, segundo o qual não há nada no papel e na encadernação que "não seja do período". O livro de hóspedes do Lizard foi considerado tão extraordinário por quem o examinou que agora se encontra no Arquivo da Tate Gallery para ser submetido a novos estudos e a uma conservação de que está muito necessitado.

O nome de Jack, o Estripador, só veio a público em 17 de setembro de 1888 — dois meses depois de o livro de hóspedes do Lizard ter sido preenchido, em 15 de julho de 1888. A minha explicação para as assinaturas de "Jack, o Estripador" aparecerem no livro é muito simples. Sickert visitou o Lizard em algum momento depois de os crimes terem sido cometidos e rabiscou o livro todo. Isso pode ter ocorrido em outubro de 1889, porque numa letra bem pequena, a lápis, quase na medianiz do livro, parece haver o monograma "W" em cima de um "R", seguido de um "S", e a data "outubro de 1889".

A data é muito nítida mas o monograma, não. Poderia ser um criptograma ou uma provocação, e de Sickert eu não esperaria nada menos do que isso.

Outubro de 1889 teria sido uma boa época para ele fugir para o ponto extremo meridional da Inglaterra. Cerca de um mês antes, em 11 de setembro, outro torso feminino tinha sido encontrado no East End, desta vez embaixo de um arco ferroviário que saía da rua Pinchin.

O *modus operandi* era bem familiar. A ronda habitual de um policial o fez passar exatamente pelo local sem que ele notasse nada de incomum. Menos de trinta minutos depois, passou por ali de novo e descobriu uma coisa na calçada. O torso não tinha a cabeça nem as pernas, mas por algum motivo o assassino tinha deixado os braços. As mãos eram macias e as unhas certamente não eram de alguém que tivesse levado uma vida terrivelmente dura. O tecido do que restava do vestido era seda, que a polícia identificou como de um fabricante em Bradford. A opinião de um médico foi que fazia vários dias que a vítima estava morta. Curiosamente, o torso foi encontrado no mesmo lugar onde, alguns dias antes de ter sido descoberto, o escritório em Londres do *New York Herald* fora alertado de que ele estaria.

À meia-noite de 8 de setembro, um homem vestido como soldado abordou um carregador de jornais diante dos escritórios do *Herald* e exclamou que tinha havido outro crime terrível com mutilação. Disse que tinha ocorrido na área da rua Pinchin, onde o torso acabaria sendo achado. O carregador de jornais correu para dentro do prédio e informou os editores da noite, que saíram num cabriolé à procura do corpo. Não encontraram nada. O "soldado" desapareceu, e o torso foi achado em 10 de setembro. Com base na secura do tecido, a vítima provavelmente já estava morta à meia-noite do dia 8. Estendido sobre uma ripa de cerca, perto do corpo desmembrado, havia um pano sujo, do tipo que as mulheres usavam durante o período menstrual.

"É melhor ter cuidado antes de soltar esses sabujos pelas ruas por causa de mulheres sozinhas usando toalhas sujas — as mulheres têm um cheiro muito forte quando estão indispostas", escreveu o Estripador em 10 de outubro de 1888.

Mais uma vez o assassino tinha conseguido esconder corpos e partes de corpos, e carregá-los no que devem ter sido volumes pesados, que depois abandonou praticamente aos pés de um policial.

"Tive que enfrentar grandes dificuldades para levar os corpos para o lugar onde os escondi", escreveu o Estripador em 22 de outubro de 1888.

Doze dias depois de o torso de mulher ter sido achado, o *Weekly Dispatch* republicou um artigo da edição londrina do *New York Herald*, informando que o proprietário de uma casa de cômodos alegava conhecer a "identificação" de Jack, o Estripador. O homem, cujo nome não aparece no artigo, dizia-se convencido de que o Estripador tinha alugado cômodos em sua casa. O "inquilino" chegava "pelas quatro horas da manhã", quando todo mundo estava dormindo. Certa manhã, aconteceu de o proprietário estar acordado quando ele chegou. Estava "agitado e falando de modo incoerente". Disse que tinha sido atacado, que lhe tinham roubado o relógio, e "deu o nome de uma delegacia de polícia", onde havia relatado o incidente.

O proprietário foi conferir e foi informado pela polícia de que não havia registro do ocorrido. Ficou mais desconfiado quando encontrou a camisa e a roupa de baixo do homem, recém-lavadas, estendidas sobre cadeiras. O inquilino "tinha o hábito de falar sobre as mulheres de rua e escrevia 'longas histórias sem nexo'" sobre elas, numa letra, segundo o artigo de jornal, parecida "com a das cartas enviadas à polícia supostamente por Jack, o Estripador". O inquilino tinha "oito ternos, oito pares de botas e oito chapéus". Falava várias línguas e, "quando saía, sempre levava uma maleta preta". Nunca usava o mesmo chapéu duas noites seguidas.

Pouco tempo depois de o torso ter sido achado perto da rua Pinchin, o inquilino disse ao dono da casa que ia para o exterior e partiu abruptamente. Quando o proprietário entrou nos quartos desocupados, constatou que o inquilino tinha deixado "laços de fita, plumas, flores e outros artigos que tinham pertencido à classe inferior de mulheres", três pares de botas de couro de amarrar e três pares de "galochas", com solas de borracha indiana e gáspea de tecido americano, "salpicadas de sangue".

O Estripador, obviamente, mantinha-se em dia com os noticiários e deve ter tomado conhecimento do artigo publicado na edição londrina do *New York Herald*, ou talvez em algum outro jornal, como o *Weekly Dispatch*. Em seu poema de 8 de novembro de 1889, ele faz claras referências à história contada pelo dono da casa:

"Visto oito ternos, muitos chapéus eu uso".

Nega que fosse o inquilino esquisito que escrevia "histórias sem nexo" sobre mulheres imorais:

Alguns meses atrás, perto da Finsbury Square,
um homem excêntrico morava com um par que não era casado.
É falsa a história. Nunca houve um rapaz
*que escrevesse ensaios sobre mulheres más.**

É difícil crer que Walter Sickert deixaria botas ou quaisquer pertences incriminatórios em quartos que tivesse alugado, a menos que quisesse que esses objetos fossem encontrados. Talvez ele tenha estado naquela casa de cômodos, talvez não. Mas, intencionalmente ou não, o Estripador deixou um rastro de suspeita e criou mais drama. Talvez até estivesse em algum lugar espiando por trás da cortina o ato seguinte, de que o *Weekly Dispatch* publicou um relato logo abaixo do artigo sobre o "inquilino".

Uma "mulher" escreveu uma carta à delegacia de polícia da rua Leman "afirmando que tinham constatado que uma mulher alta e forte há algum tempo" trabalhava em vários matadouros "vestida como homem". Essa história deu origem "à teoria de que as vítimas do East End tivessem sido assassinadas por uma mulher. É de notar que em nenhum dos casos existem provas de que um homem tenha sido visto nas vizinhanças na hora do crime".

O travesti dos matadouros nunca foi encontrado, e a polícia, ao dar busca em todos os matadouros do East End, não obteve confirmação alguma de que houvesse no meio deles uma "Jill, a Estripadora", em potencial. A carta que a "mulher" escreveu à delegacia da rua Leman não parece ter sobrevivido. De 18 de julho (três dias depois de Sickert ter "pedido demissão" do *New York Herald*) até 30 de outubro de 1889, o Estripador enviou 37 cartas à Polícia Metropolitana (com base no que se encontra no Departamento de Registros Públicos e nos arquivos da Corporação de Londres). Dezessete foram escritas em setembro. Com exceção de três, foram todas supostamente escritas em Londres, o que teria situado o Estripador — ou Sickert — em Londres na época em que os artigos sobre o "inquilino" e a mulher dos matadouros foram publicados.

De março a meados de julho de 1889, Sickert escreveu 21 artigos para a edição londrina do *New York Herald*. É bem provável que estivesse em Lon-

* A tradução é aproximada. No original: "*Some months hard gone near Finsbury Sqre/ An eccentric man lived with an unmarried pair —/ The tale is false there never was a lad,/ Who wrote essays on women bad*". (N. T.)

266

dres em 8 de setembro, porque poucos dias antes o *Sun* o entrevistou em Broadhurst Gardens, 54, e publicou a entrevista no dia 8. O foco da reportagem era uma importante exposição de arte impressionista na Galeria Goupil, na rua Bond, marcada para 2 de dezembro, e a obra de Sickert seria incluída na mostra. O repórter também perguntou a Sickert por que ele não mais era o crítico de arte do *New York Herald*.

A resposta impressa de Sickert foi evasiva e não revelou toda a verdade. Ele alegou que já não tinha tempo para escrever para o *Herald*. Disse que se devia deixar a crítica de arte às pessoas que não pintam. No entanto, em março de 1889 ele estava de volta, dessa vez escrevendo para o *Scots Observer*, o *Art Weekly* e *The Whirlwind* — no mínimo dezesseis artigos naquele ano. Talvez seja só mais uma das coincidências de Sickert que no mesmo dia em que sua "demissão" do *New York Herald* foi divulgada pelo *Sun*, o misterioso soldado apareceu no *New York Herald* e informou de um crime e mutilação de que ele não poderia saber, a menos que fosse um cúmplice ou o assassino.

O torso encontrado em setembro de 1889 nunca foi identificado. A mulher talvez não fosse uma "prostituta imunda" de *doss-houses* e das ruas. Talvez fosse uma prostituta de nível melhor, como uma artista de teatro de variedades. Mulheres desse tipo questionável podiam desaparecer com grande facilidade. Elas se deslocavam muito de cidade para cidade ou de país para país. Sickert gostava de desenhá-las. Pintou o retrato de Queenie Lawrence, estrela dos teatros de variedades, e deve ter ficado um pouco aborrecido quando ela não aceitou o quadro de presente, dizendo que não o usaria nem como biombo para se proteger do vento. Queenie Lawrence parece ter abandonado a carreira em 1889. Não encontrei nenhum registro sobre o fim que teve. Às vezes os modelos e alunos de Sickert simplesmente somem, sabe-se lá para onde.

"Uma de minhas alunas, um amorzinho que desenhava pior do que qualquer pessoa que eu já tinha visto e que desapareceu no interior. O nome dela?", escreveu Sickert às amigas americanas, as milionárias Ethel Sands e Nan Hudson, provavelmente por volta de 1914.

Na época em que matou com mais freqüência, Sickert poderia ter morado nos trens. Podia ter postado cartas de qualquer lugar. Os assassinos sexuais tendem a se deslocar quando estão sob o domínio do vício da violência sexual. Vão de cidade em cidade, geralmente matando perto de paradas e estações ferroviárias. Alguns dos lugares onde matam são predeterminados, outros são casuais. Corpos e partes de corpos podem ser espalhados ao longo de centenas de quilômetros. Restos mortais são encontrados em latas de lixo e em florestas. Algumas vítimas são tão bem escondidas que permanecem "desaparecidas" para sempre.

A euforia, os riscos, o frenesi do homicídio são inebriantes. Mas essas pessoas não querem ser apanhadas, assim como Sickert não queria. Era inteligente sair de Londres de vez em quando, especialmente depois do duplo homicídio de Elizabeth Stride e Catherine Eddows. Mas, se o motivo para postar tantas cartas de tantos locais distantes era distrair a polícia e criar alvoroço, Sickert falhou. Nas palavras de D. S. MacColl, ele "se superestimou". Sickert era tão esperto que nem a imprensa nem a polícia acreditaram que as cartas pudessem ser do assassino. Foram ignoradas.

Algumas das que foram enviadas de locais distantes como Lille ou Lisboa podiam muito bem ser trotes. Ou talvez Sickert tenha pedido a alguém que postasse as cartas para ele. Parece que tinha o hábito de fazer isso. Em agosto de 1914, enquanto estava em Dieppe, escreveu a Ethel Sands: "Nem sempre consigo desembarcar correndo do navio e achar um estranho amável a quem confiar minhas cartas".

24. Num cocho

Logo cedo na gelada manhã de 11 de outubro de 1888, sir Charles Warren desempenhou o papel de bandido com os sabujos Burgho e Barnay.

O comissário da Polícia Metropolitana saiu correndo por entre árvores e moitas em Hyde Park, enquanto o magnífico par de cães rastreadores perdia o cheiro dele e caçava vários estranhos que por acaso estavam passeando por ali. Mais quatro experiências na manhã enevoada e fria terminaram igualmente mal. Mau agouro para Warren.

Se os cães não conseguiam seguir a pista de um homem num parque relativamente deserto de manhã cedo, soltá-los nas ruas e ruelas aglomeradas e imundas do East End provavelmente não seria muito boa idéia. A decisão de Warren de se oferecer como voluntário para a demonstração de rastreamento também não foi muito boa idéia. Foi o fim de sua esperança de mostrar aos londrinos que os sabujos eram uma grande inovação e que ele tinha certeza de que os cachorros finalmente encontrariam o demônio do East End. Warren correndo pelo parque com seus cães perdidos foi um constrangimento que ele jamais superaria.

"Caro chefe, ouvi dizer que agora o senhor tem sabujos atrás de mim", escreveu o Estripador em 12 de outubro, e desenhou uma faca no envelope.

A má decisão de Warren pode ter sido precipitada — ou, no mínimo, não ter sido ajudada — por outra carta estranha publicada no *Times* em 9 de outubro, dois dias antes de sua corrida pelo parque:

Senhor — Minhas experiências pessoais do que sabujos são capazes de fazer para rastrear criminosos podem ser de interesse neste momento. Eis um incidente de que fui testemunha ocular.

Em 1861 ou 1862 (minha memória não me permite dar uma data mais exata), eu estava em Dieppe quando um garoto foi encontrado num cocho para cavalos, com a garganta cortada de orelha a orelha. Imediatamente puseram sabujos no rastro do homicida e eles, depois de farejar por um momento ou dois o chão e centenas de pessoas, inclusive o tratador e eu, que íamos atrás deles, saíram em disparada.

Os animais, altamente treinados, não diminuíram a velocidade até chegarem à outra extremidade da cidade, quando estacaram diante da porta de uma casa de cômodos baixa e, erguendo as nobres cabeças, soltaram um latido profundo. Ao se entrar no lugar, encontrou-se a culpada — uma velha — escondida embaixo de uma cama.

Permita-me acrescentar que o instinto de um sabujo para seguir uma pista, quando treinado adequadamente, é tão maravilhoso que ninguém é capaz de afirmar positivamente que dificuldades ao seguir um rastro ele não é capaz de superar.
Atenciosamente,
Williams [sic] *Buchanan*
Burton St., 11, W.C., 8 de outubro

Assim como na carta do Cavalheiro Idoso ao editor, o tom não é adequado ao assunto. Ao relatar o caso medonho de um menino com a garganta cortada "de orelha a orelha" e jogado num "cocho para cavalos", o sr. Buchanan assume um tom leve e alegre de um contador de casos.

Uma pesquisa nos arquivos dos jornais de Dieppe não levou a nenhuma menção a uma criança com a garganta cortada ou assassinada por método semelhante no início da década de 1860. Isso não é necessariamente conclusivo, pois os arquivos franceses de um século atrás foram malconservados, perderam-se ou foram destruídos durante duas guerras mundiais. Mas, se um crime desses tivesse ocorrido, é extremamente difícil de aceitar a sugestão de que Dieppe tivesse na época sabujos treinados e disponíveis "imediatamente" para serem postos na pista do assassino. A metrópole imensa que era Londres não tinha sabujos treinados e disponíveis na década de 1860 nem 28 anos depois, quando Charles Warren teve de importar os cães e alojá-los com um médico veterinário.

No século VIII, os sabujos eram conhecidos como cães flamengos e eram apreciados pela capacidade de seguir a pista de ursos e outros animais e fazê-los deixar o esconderijo nas caçadas. Foi só no século XVI que se tornou comum usar esses cães de garganta profunda e orelhas compridas para rastrear seres humanos. A imagem deles como cães cruéis, empregados para caçar escravos nos estados do Sul dos Estados Unidos, é uma falsidade terrível. Agressividade ou contato físico com a presa não fazem parte da natureza dos sabujos. Eles não têm um quê de crueldade na cara tristonha e flácida. Os cães que perseguiam escravos geralmente eram cães de caça à raposa ou um cruzamento dessa raça com o mastim cubano, treinado para derrubar uma pessoa ou atacar.

Treinar sabujos para rastrear criminosos é tarefa tão especializada e trabalhosa que existem poucos para ajudar os detetives da polícia. Não devia haver muitos em 1861 ou 1862, quando Buchanan afirma, no que parece um conto de fadas de Grimm, que os sabujos seguiram a pista do assassino do menino até a casa onde uma velha estava escondida embaixo de uma cama.

"Williams" — como o nome foi impresso por *The Times* — Buchanan não constava do anuário do Correio de 1888, mas o registro de eleitores de 1889 para o distrito parlamentar de St. Pancras South, Distrito 3 Burton, tem um William Buchanan, residente e eleitor, domiciliado na casa de número 11 na rua Burton. Naqueles tempos a rua Burton não era considerada uma área ruim da cidade, mas também não era boa. A casa estava alugada por 38 libras por ano, e os quartos eram sublocados a pessoas de várias profissões. Moravam ali um aprendiz, um supervisor de depósito de uma gráfica, um preparador de tintas a óleo, um embalador de cacau, um envernizador francês, um fabricante de cadeiras e uma lavadeira.

William Buchanan não era um nome incomum, e não se encontrou nenhum outro registro para identificá-lo ou apurar sua profissão. Mas sua carta ao editor revela uma mente instruída e criativa, e ele menciona Dieppe, o balneário à beira-mar e refúgio de pintores onde Sickert teria casas e quartos secretos durante quase a metade da vida. Não era provável que Sickert alugasse esses quartos secretos em Dieppe, Londres ou outro lugar com seu nome verdadeiro. No final da década de 1880, não se exigia prova de identidade. Dinheiro era suficiente. Pode-se imaginar com que freqüência Sickert usou nomes diferentes, inclusive nomes de pessoas que existiam de fato.

Talvez alguém chamado William Buchanan tenha escrito mesmo a carta ao editor. Talvez tenha havido um menino de sete anos assassinado e jogado num cocho para cavalos em Dieppe. Não posso afirmar nem negar isso. Mas é uma perturbadora coincidência que no intervalo de dez semanas depois de a carta de Buchanan ter sido publicada, dois meninos tenham sido assassinados e os restos mutilados de um deles tenham sido encontrados numa estrebaria.

"Vou cometer mais três, duas meninas e um menino de uns sete anos desta vez. Gosto muito de estripar, especialmente mulheres, porque elas não fazem muito barulho", escreveu o Estripador numa carta que datou de 14 de novembro de 1888.

Em 26 de novembro, Percy Knight Searle, um "garoto calado, inteligente e inofensivo", de oito anos, foi assassinado em Havant, perto de Portsmouth, no litoral sul da Inglaterra. Tinha saído naquela noite, "entre as 6 e as 7", com outro menino, chamado Robert Husband, que mais tarde contou que Percy o deixou e seguiu sozinho por uma rua. Momentos depois Robert o ouviu gritando e viu um "homem alto" fugir correndo. Robert achou Percy no chão, encostado a uma cerca, quase morto, com a garganta cortada em quatro lugares. Ele morreu diante dos olhos de Robert.

Encontrou-se um canivete nas proximidades, aberto e com a longa lâmina suja de sangue. Os moradores tiveram certeza de que o crime tinha sido obra de Jack, o Estripador. *The Times* menciona um dr. Bond no inquérito de Percy, mas não dá um primeiro nome. Se o médico era Thomas Bond, de Westminster, a Scotland Yard o enviou para ver se o crime tinha sido cometido pelo Estripador.

O dr. Bond depôs no inquérito que os ferimentos no pescoço de Percy Searle eram compatíveis com "cortes feitos com uma baioneta" e que o menino foi atacado em pé. Um carregador da estação ferroviária de Havant afirmou que um homem saltou para o trem das 18h55 com destino a Brighton sem comprar passagem. O carregador não sabia que tinha acabado de ocorrer um crime e não foi atrás do homem. As suspeitas se concentraram em Robert Husband, quando se apurou que o canivete "ensangüentado" pertencia ao irmão do menino. Outra opinião médica foi que os quatro cortes no pescoço de Percy eram canhestros e poderiam ter sido feitos por um "menino", e Robert foi acusado, apesar de seus protestos de inocência. Portsmouth fica no litoral sul da Inglaterra, exatamente em frente a Le Havre, do outro lado do canal da Mancha, na França, e a cerca de três horas e meia de trem de Londres.

Quase um mês depois, na quinta-feira 20 de dezembro, ocorreu outro crime, este em Londres. Rose Mylett morava em Whitechapel, tinha cerca de trinta anos e foi descrita como "bonita" e "bem nutrida".

Era uma Infeliz e na quarta-feira estivera até tarde na rua, aparentemente exercendo seu ofício. Às 4h15 da manhã seguinte, um policial encontrou o corpo em Clarke's Yard, na rua Poplar, no East End. Em sua opinião, ela devia ter morrido havia poucos minutos. Estava com a roupa no lugar, mas com o cabelo solto, despenteado, e alguém — aparentemente o assassino — tinha amarrado frouxamente um lenço em torno de seu pescoço. Um exame *post-mortem* revelou que ela foi garrotada com um barbante moderadamente grosso.

Não havia "nada a título de pista", informou *The Times* em 27 de dezembro, e tanto médicos quanto policiais acreditavam que "o ato [tivesse sido] obra de uma mão habilidosa". Um aspecto que deixou confuso o médico da polícia foi que a boca de Rose estava fechada quando o corpo foi encontrado e ela não estava com a língua para fora. Aparentemente não se sabia que em muitos casos de garrote, a corda — neste caso um barbante — é puxada com força em torno do pescoço e comprime as carótidas ou as jugulares, impedindo que o sangue flua para o cérebro. Em poucos segundos sobrevém inconsciência, seguida de morte. Se a laringe não for comprimida, como ocorre no estrangulamento com as mãos, a língua não vai necessariamente se projetar.

Garrotar é um modo rápido e fácil de dominar a vítima, porque a pessoa rapidamente perde a consciência. O estrangulamento com as mãos, por outro lado, causa a morte por asfixia, e é bem provável que a vítima, em pânico e debatendo-se para respirar, resista vigorosamente por alguns minutos. Há uma semelhança entre garrotar e cortar a garganta. Em ambos os casos, a vítima não consegue emitir um único som e logo fica incapacitada.

Uma semana depois do assassinato de Rose Mylett, um menino desapareceu em Bradford, Yorkshire, uma cidade de teatros no roteiro da companhia de Irving, que ficava de quatro e meia a seis horas a noroeste de Londres, dependendo do número de paradas que o trem fizesse. Às 6h40 da quinta-feira 27 de dezembro, a sra. Gill viu o filho John, de sete anos, pular para a carrocinha do leiteiro do bairro para dar um passeio rápido. Às 8h30, John estava brincando com outros meninos, e depois disso, segundo alguns relatos, conversando com um homem. Ele não voltou para casa. No dia seguinte, a família, muito preocupada, publicou um anúncio:

> Desaparecido desde a manhã de quinta-feira um menino, John Gill, de oito anos. Visto pela última vez patinando perto de Walmer-Village às 8h30. Estava com casaco azul-marinho (botões de metal), boné de marinheiro, calça curta e paletó xadrezes, botas de amarrar, meias brancas e vermelhas; cor clara. Endereço: Thorncliffe Road, 41

O anúncio dava a idade de John como oito anos porque ainda faltava pouco mais de um mês para o aniversário dele. Naquela sexta-feira, às 21 horas, um auxiliar de açougueiro chamado Joseph Buckle estava nas proximidades de uma cocheira muito perto da casa dos Gill. Não notou nada de extraordinário. No sábado, levantou cedo para atrelar o cavalo do patrão para um dia de trabalho. Como de rotina, Joseph limpou a cocheira. Enquanto jogava esterco num poço no pátio, "viu um monte de alguma coisa apoiado no canto entre a parede e a porta da cocheira". Foi buscar uma luz e viu que era um cadáver, de que uma orelha fora decepada. Correu para a padaria em busca de ajuda.

John Gill estava amarrado com o paletó e os suspensórios. Vários homens o desamarraram e encontraram o que restava do corpo do menino, pendendo para a direita, com as pernas decepadas, cada uma encostada a um lado do corpo, ambas presas com corda. As duas orelhas tinham sido amputadas. Um pedaço da camisa estava amarrado em torno do pescoço e outro pedaço em torno dos tocos das pernas. Ele tinha sido esfaqueado inúmeras vezes no peito, o abdome fora rasgado, os órgãos removidos e postos no chão. O coração fora "arrancado" do peito e enfiado embaixo do queixo.

"Vou assassinar algum outro jovem, um garoto que trabalhe numa gráfica na City, por exemplo. Eu lhe escrevi uma vez, mas acho que não recebeu a carta. Farei pior do que fiz com as mulheres. Vou arrancar o coração", escrevera o Estripador em 26 de novembro, "e estripá-lo da mesma maneira [...] Vou atacar quando ele estiver voltando para casa [...] Vou matar qualquer garoto que eu veja, mas você jamais me pegará. Ponha isso no seu cachimbo e fume [...]"

Segundo uma notícia de jornal, as botas de John Gill tinham sido removidas e enfiadas em sua cavidade abdominal. Havia outras mutilações, "nauseantes demais para serem descritas". Pode-se deduzir que tenham sido nos órgãos genitais. Uma das coisas que envolviam o corpo, informou *The Times*, "trazia o nome W. Mason, Derby Road, Liverpool". O que deveria ter sido uma pista incrível aparentemente não levou a nada. Liverpool ficava a menos de quatro horas de trem de Londres, e cinco semanas antes o Estripador tinha escrito uma carta afirmando estar naquela cidade; em 19 de dezembro, ou um pouco mais de uma semana antes do assassinato de John Gill, o Estripador escreveu outra vez ao *Times* — pretensamente de Liverpool.

"Vim a Liverpool e em breve você saberá de mim."

A polícia saiu imediatamente à procura de William Barrett, o leiteiro que dois dias antes levara John para um passeio na carrocinha, mas não havia nenhuma prova contra ele, além do fato de que Barrett guardava o cavalo e a carroça na cocheira onde o corpo de John foi encontrado. Barrett tinha levado John para passear inúmeras vezes antes e era tido em alta conta pelos vizinhos. A polícia não encontrou manchas de sangue no corpo de John Gill nem no casaco amarrado em torno dele. Não havia sangue na cocheira. O crime tinha sido cometido em outro lugar. Um policial que patrulhava a área disse que às 4h30 do sábado verificara se as portas da cocheira estavam trancadas e que estivera parado "no exato local" onde os restos de John Gill foram deixados pelo assassino menos de três horas mais tarde.

Depois, numa carta sem data e incompleta, o Estripador escreveu à Polícia Metropolitana que "estripei o garotinho em Bradford". Uma carta dele de 16 de janeiro de 1889 refere-se a "minha viagem a Bradford".

Do período entre 23 de dezembro e 8 de janeiro não há cartas conhecidas do Estripador. Não sei onde Sickert passou as festas, mas imagino que quisesse estar em Londres no último sábado do ano, 29 de dezembro, quando *Hamlet* estreou no Lyceum, com Henry Irving e Ellen Terry no elenco. Sua mulher talvez estivesse com a família em West Sussex, mas não encontrei nenhuma carta que me informasse onde um ou ambos estavam nessa época.

Mas, para Ellen, dezembro não pode ter sido um mês feliz. Não é provável que tenha visto muito Sickert e devia se perguntar por onde ele andava e o que estava fazendo. Devia estar profundamente preocupada e triste com a doença fatal de um amigo querido da família, o político reformista e orador John Bright. Todo dia *The Times* publicava notícias sobre o estado dele, notícias que podem ter suscitado uma mescla de lembranças prazerosas e tristes do falecido pai de Ellen, que fora um dos amigos mais íntimos de Bright.

O leiteiro detido no caso de John Gill acabou por ser inocentado e o crime permaneceu sem solução. O assassino de Rose Mylett nunca foi descoberto. A idéia de que Jack, o Estripador, pudesse ter cometido algum desses crimes não parecia plausível e logo foi esquecida pelas pessoas que importavam. O Estripador não mutilou Rose, não lhe cortou a garganta, e não era seu *modus operandi* dilacerar um garoto, apesar das ameaças em cartas que, de toda forma, a polícia teria considerado como embustes.

Devido à escassez de fatos médico-legais revelados nos jornais e no inquérito, é difícil reconstituir o caso de John Gill. Uma das mais importantes perguntas sem resposta é a identidade do homem que foi visto conversando com ele, supondo-se que esse detalhe seja verdadeiro. Se era um estranho, seria de pensar que se devesse ter feito um grande esforço para descobrir quem era e o que estava fazendo em Bradford. É evidente que o menino saiu andando na companhia de alguém que o matou e o mutilou.

O pedaço da camisa em torno do pescoço de John é uma curiosa assinatura do homicida. Pelo que sei, toda vítima de Jack, o Estripador, estava com um cachecol, lenço ou outro pano qualquer em torno do pescoço. Quando cortava a garganta da vítima, o Estripador não cortava o lenço, e quando Rose Mylett foi assassinada, um lenço dobrado foi estendido sobre seu pescoço. É óbvio que lenços ou cachecóis simbolizavam alguma coisa para o assassino.

A pintora Marjorie Lilly, amiga de Sickert, lembra que ele tinha uma echarpe vermelha favorita. Enquanto trabalhava nos quadros sobre o crime em Camden Town e "revivia a cena, ele assumia o papel de rufião, amarrando a echarpe frouxamente ao pescoço, enterrando um boné na cabeça até os olhos e acendendo sua lanterna". Era de conhecimento geral que o criminoso que usasse uma echarpe vermelha ao ser executado estava dando sinal de que não havia revelado nenhuma verdade a ninguém e que ia levar seus segredos mais sombrios para o túmulo. A echarpe vermelha de Sickert era um talismã que ninguém podia tocar, nem mesmo a arrumadeira, que sabia que não de-

276

via pôr a mão nele quando o via "pendurado" na armação da cama no estúdio ou amarrado a uma maçaneta de porta.

A echarpe vermelha, escreveu Lilly, "desempenhava um papel necessário quando ele desenhava, estimulando-o em momentos cruciais, tornando-se tão interligada com a concretização de sua idéia que ele a mantinha o tempo todo diante dos olhos". Sickert iniciou o que chamo de seu "período do crime de Camden Town" não muito tempo depois do assassinato de uma prostituta em Camden Town, em 1907. Segundo Lilly, nessa época "ele tinha duas manias fervorosas [...] crime e os príncipes da Igreja". O crime era "personificado por Jack, o Estripador, e a Igreja, por Anthony Trollope".

"Odeio o cristianismo!", berrou Sickert certa vez para uma banda do Exército de Salvação.

Ele não era homem religioso, a menos que estivesse desempenhando um papel bíblico importante. *Lazarus breaks his fast: self portrait* [Lázaro quebra o jejum: auto-retrato] e *The servant of Abraham: self portrait* [O criado de Abraão: auto-retrato] são duas obras da sua última fase. Quando estava com quase setenta anos, ele pintou o famoso *The raising of Lazarus* [A ressurreição de Lázaro], depois de pedir a um agente funerário da vizinhança que envolvesse numa mortalha o manequim em tamanho natural que pertencera ao pintor do século XVIII William Hogarth. Sickert, com uma barba cheia e cerrada, subiu numa escada e assumiu o papel de Cristo ressuscitando Lázaro dos mortos, enquanto Ciceley Hey posava como irmã de Lázaro. Sickert pintou a tela enorme a partir de uma fotografia, e nela Cristo é outro auto-retrato.

Talvez as fantasias de Sickert sobre ter poder sobre a vida e a morte fossem diferentes em seus últimos anos. Ele estava ficando velho, sentia-se mal na maior parte do tempo. Se ao menos tivesse o poder de dar a vida. Já sabia que tinha o poder de tirá-la. Os depoimentos no inquérito sobre a morte de John Gill confirmaram que o coração do menino de sete anos foi "arrancado", não cortado. O assassino enfiou a mão entre as costelas no peito aberto a faca e puxou o coração.

Faça aos outros o que lhe fizeram. Se Walter Sickert matou John Gill, foi porque pôde. Sickert só tinha poder sexual quando podia dominar e matar. Talvez não sentisse remorsos, mas devia odiar o que não podia ter nem ser. Não podia ter uma mulher. Não fora um menino normal e não podia ser um homem normal. Não conheço uma única situação em que Sickert tenha demonstrado coragem física. Só vitimava quando estava em posição de vantagem.

Quando traiu Whistler, em 1896, ele fez isso no mesmo ano em que a mulher de Whistler, Beatrice, morreu, deixando-o arrasado. Whistler jamais se recuperaria. No último auto-retrato em tamanho natural que pintou, sua figura negra recua para a escuridão, a ponto de ser difícil distingui-la. Ainda estava no meio de uma ação legal financeiramente catastrófica e talvez se encontrasse no ponto mais baixo de sua vida, quando Sickert, dissimuladamente, o atacou na *Saturday Review*. No mesmo ano em que Sickert perdeu o processo, 1897, Oscar Wilde saiu da prisão, com a carreira antes gloriosa agora destruída e fisicamente arruinado. Sickert manteve distância dele.

Wilde tinha sido amável com Helena Sickert quando ela era menina. Foi dele que ela ganhou o primeiro livro de poemas e incentivo para ser na vida o que tivesse vontade de ser. Quando Walter Sickert foi a Paris em 1883, para entregar à exposição anual do Salon o retrato que Whistler fizera de sua mãe, o impetuoso e jovem Wilde hospedou durante uma semana no Hôtel Voltaire o jovem pintor de olhos arregalados.

Quando o pai de Sickert morreu, em 1885, a esposa "quase enlouqueceu de sofrimento", escreveu Helena. Oscar Wilde foi visitá-la. Ela não estava recebendo ninguém. Mas é claro que vai me receber, disse Wilde, subindo a escada aos pulos. Não levou muito tempo para ela se pôr a rir — um som que a filha achava que jamais tornaria a ouvir.

25. Três chaves

Para Ellen Cobden Sickert, garantir que o papel da família Cobden na história fosse lembrado e preservado era quase uma obsessão. Em dezembro de 1907, ela enviou um envelope lacrado à irmã, Janie, e insistiu para que fosse guardado num cofre. Não creio que um dia venhamos a saber o que havia nessa carta lacrada e duvido que fosse um testamento ou instruções semelhantes. Ela escreveu isso tudo mais tarde, aparentemente sem se preocupar com que tomassem conhecimento de seu conteúdo. Essas instruções, bem como o resto das cartas e diários de Ellen, foram doadas pela família Cobden aos Registros Públicos de West Sussex.

Ellen mandou a carta lacrada a Janie três meses depois do assassinato em Camden Town, cometido a alguns quarteirões dos estúdios de Sickert naquele bairro e a cerca de um quilômetro e meio da casa onde ele se instalara recentemente, depois de retornar da França para Londres. Emily Dimmock tinha 27 anos, era clara, de estatura mediana e tinha o cabelo castanho-escuro. Estivera com muitos homens, na maioria marinheiros. De acordo com a Polícia Metropolitana, levava "uma vida completamente imoral" e era "conhecida por todas as prostitutas da Euston Road". Quando foi encontrada nua na cama, com a garganta cortada, na manhã de 12 de setembro de 1907, a polícia, segundo seu relatório, pensou inicialmente que ela "fosse uma mulher casada respeitável" e que tivesse dado fim à própria vida. A polícia aparentemente acreditava que a probabilidade de mulheres respeitáveis cometerem suicídio era maior do que a de serem assassinadas.

O homem com quem Emily vivia não era seu marido, mas eles falavam em casar um dia. Bertram John Eugene Shaw era cozinheiro da Ferrovia Midland. Recebia 27 xelins por uma semana de seis dias. Todo dia tomava o trem das 17h42 para Sheffield, onde passava a noite, e voltava na manhã seguinte, chegando à estação de St. Pancras às 10h40. Chegava em casa quase sempre às 11h30. Mais tarde declarou à polícia que não tinha idéia de que Emily saía à noite e se encontrava com outros homens.

A polícia não acreditou. Shaw sabia que Emily era prostituta quando a conheceu. Ela jurou que tinha mudado de vida e que agora trabalhava como costureira para complementar a renda do casal. Vinha sendo uma boa mulher desde que começaram a viver juntos. Seus dias como prostituta eram coisa do passado, afirmou Shaw. Ele talvez não soubesse mesmo — a menos que alguém lhe tivesse contado — que por volta das 20 horas ou 20h30 Emily geralmente estava no pub Rising Sun [Sol Nascente], na "Euston Road", como disseram testemunhas. O Rising Sun ainda existe e na verdade fica na esquina da Tottenham Court Road com a rua Windmill. A Tottenham vai dar na Euston. Em 1932 Sickert fez um quadro a óleo intitulado *Grover's Island from Richmond Hill* [A ilha Grover vista da colina de Richmond], que era um sol nascente em estilo de Van Gogh, nada característico seu, tão grande e brilhante no horizonte, que dominava a tela toda. O sol nascente é quase idêntico ao que se vê desenhado na vidraça da porta da frente do pub "Rising Sun".

Cartas que Sickert escreveu em 1907 revelam que ele passou parte do verão em Dieppe, desfrutando de um "mergulho diário antes do *déjeuner*. Ondas grandes que se tem que encarar e furar". Aparentemente estava "trabalhando vigorosamente" em telas e desenhos. Retornou a Londres mais cedo do que de hábito e o tempo estava "meio frio", "horrível". O verão estava frio, com chuvas freqüentes e muito pouco sol.

Sickert tinha algumas exposições para ver em Londres. O 15º Salão Anual de Fotografia ia ser inaugurado em 13 de setembro, na Galeria da Sociedade Real da Aquarela, e não seria inusitado ele querer ver a mostra. Estava se interessando cada vez mais por fotografia, que, "assim como outros ramos da arte", disse *The Times*, "tomou o rumo do impressionismo". Setembro era um bom mês para ficar em Londres. A temporada de banhos de mar em Dieppe ia terminar em breve e a maioria das cartas de Sickert de 1907 foi escrita de Londres. Uma delas se destaca como esquisita e inexplicável.

Foi endereçada à sua amiga americana, Nan Hudson, e nela Sickert conta a história fantástica de uma mulher que morava no andar de baixo, em Mornington Crescent, 6, que de repente entrou correndo no quarto dele, à meia-noite, "com a cabeça toda em chamas, como uma tocha, por causa de um pente de celulóide. Lavei a cabeça dela com tanta rapidez para apagar o fogo que nem queimei as mãos". Ele disse que a mulher não se feriu, mas ficou "careca". Não consigo ver como essa história possa ser verdadeira. Acho difícil acreditar que nem a mulher nem Sickert tenham se queimado. Por que ele mencionou esse evento traumático para logo o deixar de lado e passar a falar do New English Art Club? Pelo que sei, ele nunca mais se referiu à vizinha careca.

Seria de pensar se, aos 47 anos, Sickert estava se tornando completamente excêntrico, ou se a história estranha poderia ser mesmo verdadeira. (Não vejo como poderia ser.) Fiquei imaginando se Sickert teria inventado o incidente com a vizinha de baixo porque teria ocorrido na mesma noite ou madrugada em que Emily Dimmock foi assassinada e ele estava se certificando de que alguém soubesse que ele estava em casa. O álibi teria sido fraco, caso a polícia o verificasse. Não seria difícil localizar uma vizinha careca nem descobrir que a vizinha em questão tinha uma vasta cabeleira e não tinha lembrança alguma de um acidente medonho com um pente em chamas. O álibi pode ter sido montado só em benefício de Nan Hudson.

Ela e sua companheira, Ethel Sands, eram muito íntimas de Sickert. As cartas mais reveladoras dele são as que escreveu às duas. Fazia confidências a elas — na medida do que era capaz de fazer confidências a alguém. Dizia-se que eram lésbicas, portanto não o ameaçavam sexualmente. Ele as usava para conseguir dinheiro, solidariedade e outros favores, manipulava a ambas servindo-lhes de orientador e incentivando-as nas artes, e revelava-lhes muitos detalhes sobre si mesmo que não revelava a outros. Podia sugerir que "queimassem" uma carta depois de lê-la, ou ir ao extremo oposto e pedir que a guardassem, para o caso de ele um dia se dispor a escrever um livro.

Por outros episódios da vida de Sickert, é óbvio que ele tinha períodos de grave depressão e paranóia. Talvez tivesse bons motivos para ficar paranóico depois do assassinato de Emily Dimmock, e se quis garantir que pelo menos uma pessoa acreditasse que ele estava em casa em Camden Town na noite em que a prostituta foi morta, ele, sem a intenção de fazer isso, situou o assassinato por volta da meia-noite — a hora em que a vizinha em chamas entrou correndo em seu quarto. Emily Dimmock costumava levar os clientes para casa à 0h30, quando os pubs fechavam. Isso é apenas uma teoria. Sickert não datava suas cartas, inclusive a que fala da vizinha com o cabelo queimando, e parece que o envelope com o carimbo do correio sumiu. Não sei por que ele teve vontade de contar uma história dramática dessas a Nan Hudson. Mas tinha um motivo. Sickert sempre tinha um motivo.

Ele tinha estúdios nos números 18 e 27 da rua Fitzroy, que é paralela à Tottenham Court Road e se torna rua Charlotte depois de cortar a rua Windmill. Poderia ter ido a pé em poucos minutos de um dos estúdios até o pub Rising Sun. Mornington Crescent fica um quilômetro e meio ao norte do pub e Sickert alugava os dois andares de cima da casa de número 6. Pintava ali, geralmente nus numa cama, no mesmo cenário que usou em *Jack the Ripper's bedroom*, pintado do ponto de vista de alguém do lado de fora de uma porta dupla aberta, que leva a um pequeno espaço sombrio, onde um espelho escuro atrás de uma cama de ferro reflete vagamente a forma de um homem.

A casa de número 6 em Mornington Crescent ficava a vinte minutos a pé da casa de cômodos onde Emily Dimmock morava, na St. Paul's Road, 29 (hoje Agar Grove). Ela e Shaw ocupavam dois quartos no primeiro andar. Um servia de sala de estar e o outro era um dormitório abarrotado, com uma porta dupla, no fundo da casa. Depois que Shaw saía para a estação de St. Pancras, Emily limpava os cômodos, costurava ou saía também. Às vezes encontrava clientes no Rising Sun, ou podia marcar um encontro com um homem em outro pub, na estação de Euston, no Middlesex Music-hall (que Sickert pintou por volta de 1895), no Holborn Empire (o teatro da estrela de *vaudeville* Bessie Bellwood, que Sickert desenhou muitas vezes por volta de 1888), ou no Euston Theatre of Varieties.

Um dos locais favoritos de Sickert para encontros era a estátua de seu ex-sogro, Richard Cobden, na praça que saía de Mornington Crescent, em Camden Town. A estátua foi oferecida à paróquia de St. Pancras em 1868 em homenagem à revogação das Leis do Milho por Cobden e ficava em frente à estação de metrô de Mornington Crescent. Mesmo enquanto estava casado com Ellen, Sickert tinha o hábito de fazer comentários sarcásticos ao passar de cabriolé pela estátua. Usar a estátua como local de encontro, anos depois do divórcio, talvez fosse outro exemplo do escárnio e desprezo que sentia pelas pessoas, especialmente pelas importantes, especialmente por um homem a quem jamais poderia se igualar e de quem devia ter ouvido falar muito desde que conhecera Ellen.

Emily Dimmock costumava sair por volta das 20 horas e quando voltava para casa os proprietários, o sr. e a sra. Stocks, já estavam dormindo. O casal afirmou não saber de nada sobre a vida "irregular" de Emily — uma vida e tanto, com dois, três, quatro homens por noite, às vezes em pé num canto escuro de uma estação ferroviária, até o último sujeito, que ela levava para casa e com quem dormia. Emily não era uma Infeliz como Annie Chapman ou Elizabeth Stride. Eu não a consideraria uma Infeliz de maneira alguma. Não morava nos cortiços, tinha comida, um lugar que podia chamar de lar e um homem que queria se casar com ela.

Mas tinha uma ânsia insaciável por excitação e pela atenção de homens. A polícia a descreveu como uma mulher "de hábitos lascivos". Não sei se lascívia tinha alguma coisa que ver com seus encontros sexuais. O mais provável é que sua lascívia fosse por dinheiro. Queria roupas e coisinhas bonitas. Ficava "extremamente encantada" com gravuras e colecionava imagens em postais baratos que colava num caderno de recortes ao qual dava grande valor. O último postal que acrescentou à sua coleção, pelo que se sabe, foi o que o pintor Robert Wood, que trabalhava na London Sand Blast Decorative Glass Works, na Gray's Inn Road, lhe deu em 6 de setembro, no Rising Sun. Wood fez uma anotação no verso e o postal se tornou a prova principal quando ele foi indiciado e julgado pelo assassinato dela. O indiciamento se baseou sobretudo na comparação de letras, e depois de um longo julgamento, amplamente noticiado, Wood foi absolvido.

Emily Dimmock transmitiu doença venérea a tantos homens que a polícia possuía uma longa lista de ex-clientes que tinham um bom motivo para matá-la. Ela recebeu inúmeras ameaças. Homens enfurecidos que tinham contraído a "indisposição" a importunavam e ameaçavam "expô-la" ou liquidá-la. Mas, por mais homens que infectasse, nada a impedia de continuar se prostituindo. Além do mais, dizia ela às amigas, fora um homem que lhe passara a "indisposição".

Na semana anterior ao crime, Emily foi vista com dois estranhos. Um era um homem "que tinha uma perna mais curta ou algum problema no quadril", segundo a declaração de Robert Wood à polícia. O outro era um francês, que, segundo uma testemunha, media cerca de 1,80 metro, era muito moreno, tinha uma barba curta aparada, usava casaco escuro e calça listrada. Ele entrou rapidamente no Rising Sun na noite de 9 de setembro, falou com Emily e saiu. Nos relatórios da polícia e do inquérito não há outra menção a esse homem, que não parece ter despertado muito interesse.

Emily Dimmock foi vista pela última vez num pub em Camden Town chamado Eagle, na noite de 11 de setembro. No final da tarde, conversando com a sra. Stocks na cozinha, ela disse que tinha planos para aquela noite. Tinha recebido um cartão-postal de um homem que queria encontrá-la no Eagle, perto da estação de Camden Road. O postal dizia: "Encontre-me no Eagle às oito da noite [quarta-feira, 11 de setembro]", e estava assinado "Bertie", o apelido de Robert Wood. Quando saiu, de avental comprido e bobes na cabeça, ela não "estava vestida para sair". Disse a conhecidos que não pretendia ficar muito tempo no Eagle, não estava com muita vontade de ir e era por isso que não tinha se vestido adequadamente.

Ainda estava com os bobes no cabelo quando foi assassinada. Talvez estivesse tomando um cuidado especial para estar com a melhor aparência possível na manhã seguinte. A mãe de Shaw viria de Northampton fazer-lhe uma visita e Emily limpara e arrumara a casa e lavara a roupa. Nenhum dos ex-clientes mencionou que Emily usasse bobes enquanto os atendia. Isso seria uma péssima tática comercial para alguém que tivesse a esperança de receber um pagamento generoso de um cliente. Os bobes poderiam sugerir que Emily não estava esperando o visitante violento que lhe tirou a vida. Poderiam sugerir que ela levou o assassino para casa e não os tirou.

O quarto dela, nos fundos do andar térreo, era acessível pelas janelas: havia canos de ferro resistentes do lado de fora, por onde uma pessoa podia subir. Nos relatórios da polícia não há menção de que as janelas estivessem trancadas. Na manhã seguinte, quando o corpo foi encontrado, somente a porta dupla do quarto, a porta da sala de estar e a porta da frente da casa estavam trancadas. A polícia e Shaw procuraram as chaves dessas portas e não as encontraram nos cômodos. É possível que alguém tenha entrado no quarto por uma janela enquanto ela dormia, mas não creio que seja provável.

Quando saiu da St. Paul's Road, 29, naquela noite de quarta-feira, Emily talvez não tivesse a intenção de vender prazer a ninguém, mas pode ser que, ao voltar para casa, de bobes no cabelo, tenha topado com um homem que lhe disse alguma coisa.

"Aonde está indo, minha bela donzela?", escreveu alguém no livro de hóspedes do Lizard.

Se Emily conheceu o assassino no caminho de casa ou se ele era o homem que ela encontrou no Eagle, talvez ele lhe tenha dito que não se importava em absoluto com os bobes. É possível que Sickert já a tivesse observado muitas vezes, em estações ferroviárias ou simplesmente andando na rua. O Rising Sun ficava bem na esquina da rua de seu estúdio, não longe da rua Maple, que mais tarde ele desenharia como uma rua vazia, tarde da noite, com duas mulheres sombreadas ao longe, paradas na esquina. Emily Dimmock também pode ter notado Walter Sickert, que era figura familiar na rua Fitzroy, carregando suas telas de um estúdio para o outro.

O pintor era conhecido na área. Estava pintando nus na época, precisava encontrar modelos em algum lugar e tinha uma queda por prostitutas. Talvez andasse à espreita de Emily, observando suas transações sexuais. Ela era a mais abjeta entre as mais abjetas, uma prostituta imunda e doente. Marjorie Lilly escreveu que certa vez ouviu alguém dizer a Sickert, em defesa dos ladrões: "Afinal de contas, todo mundo tem o direito de existir". Ao que ele replicou: "De modo algum. Certas pessoas não têm o direito de existir!".

"Como vê, fiz outra coisa boa por Whitechapel", escreveu o Estripador em 12 de novembro de 1888.

A posição do cadáver de Emily Dimmock foi descrita como "natural". Segundo o médico que esteve no local do crime, ela estava dormindo quando foi assassinada. Estava de bruços, com o braço esquerdo dobrado em ângulo atrás das costas e a mão suja de sangue. O braço direito estava estendido para frente, sobre o travesseiro. A verdade é que a posição não era natural nem confortável. A maioria das pessoas não dorme nem mesmo se deita com um braço dobrado em ângulo reto atrás das costas. Não havia espaço suficiente entre a cabeceira da cama e a parede para o assassino atacá-la por trás. Ela precisava estar de bruços, e a posição forçada pode ser explicada pelo fato de o assassino ter precisado montar em cima dela para puxar a cabeça para trás com a mão esquerda e cortar-lhe a garganta com a direita.

O sangue na mão esquerda sugere que ela apertou o lado esquerdo do pescoço que sangrava, e o agressor pode lhe ter torcido o braço esquerdo para trás, talvez prendendo-o com um joelho para impedi-la de se debater. Cortou a garganta até a espinha e ela não pôde emitir um único som. Abriu o pescoço da esquerda para a direita, como faria um agressor destro. Tinha tão pouco espaço para agir que o movimento violento da faca rasgou o colchão e fez um corte no cotovelo direito de Emily, que estava de bruços, com a carótida esquerda espirrando sangue sifilítico em cima da cama e não em cima do homicida.

A polícia não encontrou uma camisola ensangüentada no local. Na ausência dessa peça de roupa, seria de supor que Emily estivesse nua ao ser assassinada ou que o homicida levou a camisola como troféu. Um ex-cliente que tinha dormido três vezes com Emily disse que naquelas ocasiões ela usara uma camisola e não tinha bobes no cabelo. Se fez sexo na noite de 11 de setembro, especialmente se estava embriagada, é possível que Emily tenha adormecido nua. Ou pode ter estado com outro "cliente" — seu assassino — que a fez tirar a roupa e se virar, como se quisesse sexo anal ou penetrá-la por trás. Depois de lhe abrir um talho de quinze centímetros na garganta, o homicida jogou as cobertas em cima dela. Tudo isso parece se desviar do *modus operandi* violento de Sickert, exceto que não parece ter havido sinal de "conexão".

Após vinte anos, os padrões de Sickert, suas fantasias, necessidades e energia teriam evoluído. Muito pouco se sabe sobre suas atividades depois que ele começou a passar a maior parte do tempo na França e na Itália, na década de 1890. Não existe ou ainda está por aparecer documentação sobre crimes insolúveis em outros países com grandes semelhanças com os de Sickert. Encontrei referências a apenas dois casos na França, não em arquivos policiais, mas em jornais. Os crimes são muito pouco específicos e não foram averiguados, de modo que hesito em mencioná-los. No começo de 1889, em Pont-a-Moussons, uma viúva chamada Madame François foi encontrada morta, com a cabeça quase decepada. Mais ou menos na mesma época e na mesma área, encontrou-se outra mulher com a cabeça quase separada do corpo. O médico que realizou os exames *post-mortem* concluiu que o assassino era muito hábil com uma faca.

Por volta de 1906, Sickert retornou a Londres e instalou-se em Camden Town. Voltou a pintar teatros de variedades — como o Mogul Tavern (hoje Old Middlesex Music Hall, na Drury Lane, a menos de cinco quilômetros da casa onde ele morava em Camden Town). Saía quase toda noite e, como escreveu numa carta a Jacques-Emile Blanche, estava em sua poltrona nas primeiras filas exatamente às 20 horas. É de se presumir que ficasse até o fim do espetáculo, à meia-noite e meia.

No caminho de casa, tarde da noite, é bem possível que visse Emily Dimmock pelas ruas, talvez levando um cliente para sua casa de cômodos. Se se informou sobre ela, poderia facilmente conhecer seus hábitos e saber que era prostituta conhecida, portadora de doenças. Ela se tratava periodicamente no Lock Hospital, na Harrow Road, e fazia pouco que se submetera a tratamento no University College Hospital. Quando a doença venérea se manifestava, Emily ficava com erupções no rosto, e estava com algumas na época em que morreu. Isso deveria indicar a um homem experiente que ela era um perigo para a saúde.

Teria sido tolice da parte de Sickert expor-se aos fluidos do corpo dela, pois em 1907 se sabia mais sobre as doenças contagiosas. O contato com o sangue podia ser tão perigoso quanto uma relação sexual, e não teria sido possível para ele estripar ou retirar órgãos sem se submeter a um grande risco. Creio que ele era astuto o suficiente para não recriar o pânico do Estripador, ocorrido vinte anos antes, sobretudo quando estava prestes a iniciar seu período mais intenso de arte violenta e produzir obras que em 1888 ou 1889 não ousaria desenhar, pintar nem expor. O assassinato de Emily Dimmock foi encenado de modo a dar a impressão de que o motivo foi roubo.

Bertram Shaw chegou da estação ferroviária na manhã de 12 de setembro e já encontrou a mãe em casa. Estava esperando no saguão, porque Emily não tinha atendido a porta e ela não pôde entrar nos cômodos do filho. Shaw experimentou a porta da frente e se admirou de vê-la trancada. Imaginou que Emily talvez tivesse ido encontrar sua mãe na estação e que as duas mulheres se desencontraram. Cada vez mais preocupado, foi pedir uma chave à proprietária, a sra. Stocks. Abriu a porta da frente e encontrou a porta dupla trancada também. Arrombou-a e arrancou as cobertas de cima do corpo nu de Emily na cama encharcada de sangue.

Tinham aberto as gavetas da cômoda, remexido no conteúdo e espalhado tudo pelo chão. O caderno de recortes de Emily estava aberto em cima de uma cadeira e alguns postais tinham sido removidos. As vidraças e as folhas das janelas do quarto estavam fechadas, as vidraças da sala também, mas com as folhas entreabertas. Shaw foi correndo chamar a polícia. Uns vinte minutos depois, o policial Thomas Killion chegou e, tocando o ombro frio de

Emily, concluiu que fazia várias horas que estava morta. Mandou buscar imediatamente o médico da polícia, o dr. John Thompson, que chegou por volta das 13 horas. Baseando-se na frieza do cadáver e no estágio avançado do *rigor mortis*, o médico deduziu que Emily tinha morrido havia sete ou oito horas.

Isso situaria a morte entre as 6 e as 7 horas, o que não é provável. A neblina estava densa de manhã, mas o sol nasceu às 5h30. O assassino teria sido atrevido ao ponto de ser burro se tivesse deixado a casa de Emily depois de o sol ter nascido, por mais cinzento e pesado que estivesse o dia, e pelas 6 ou 7 horas as pessoas já estavam nas ruas, muitas delas a caminho do trabalho.

Em condições normais, leva de seis a doze horas para que um corpo se enrijeça completamente, e o processo pode ser retardado por temperaturas baixas. O corpo de Emily estava sob as cobertas que o homicida havia jogado em cima dela, e as janelas e as portas estavam fechadas. O quarto não estaria gelado, mas na madrugada em que ela morreu a temperatura mínima foi de oito graus. O que não se sabe é o estágio do *rigor mortis* no momento em que o dr. Thompson começou o exame depois das 13 horas. Poderia ser total, o que significa que ela estaria morta havia umas boas dez ou doze horas e que teria sido assassinada entre meia-noite e 4 horas.

O dr. Thompson disse, no local do crime, que a garganta de Emily fora cortada habilmente com um instrumento muito afiado. A polícia não encontrou nada além da navalha de Shaw, claramente à vista em cima da cômoda, e seria difícil usar uma navalha para cortar músculos e cartilagem com força sem que a lâmina dobrasse para trás e talvez ferisse gravemente o perpetrador. Uma anágua ensangüentada na bacia tinha absorvido toda a água, indicando que o assassino se lavara antes de ir embora. E tivera o cuidado de não tocar em nada com as mãos sujas de sangue, como a polícia observou durante o inquérito.

Depois da morte de Emily, não houve um novo surto repentino do pânico causado pelo Estripador e o nome de Sickert nunca foi mencionado em associação com o crime. Nem a polícia nem os jornais receberam cartas do tipo que o Estripador escrevia, mas, curiosamente, logo depois do homicídio, um repórter do *Morning Leader*, Harold Ashton, foi à polícia e mostrou fotos de quatro postais enviados ao editor. Não fica claro no relatório da polícia quem foi o remetente dos postais, mas o que se entende é que a assinatura era "A. C. C.". Ashton perguntou se a polícia estava ciente de que o remetente poderia ser um "homem que freqüentava corridas de cavalos", e salientou o seguinte:

A data de 2 de janeiro de 1907, Londres, num carimbo postal, era a do primeiro dia de corridas depois de "um período de clima de inverno", e naquele dia a corrida foi em Gatwick.

Um segundo postal trazia a data de 9 de agosto de 1907, Brighton, e as corridas se realizaram em Brighton nos dias 6, 7 e 8, e em Lewes nos dias 9 e 10 daquele mês. O repórter disse que muita gente que comparecera às corridas em Lewes ficara para passar o fim de semana em Brighton.

Um terceiro postal estava datado de 19 de agosto de 1907, Windsor, e as corridas em Windsor se realizaram na sexta-feira 16 e no sábado 17 daquele mês.

O quarto postal tinha a data de 9 de setembro, dois dias antes do assassinato de Emily e um dia antes da corrida de outono de Doncaster, em Yorkshire. Mas o que era muito estranho, frisou Ashton, é que esse cartão-postal era francês e parecia ter sido comprado em Chantilly, na França, onde tinha havido uma corrida na semana anterior à de Doncaster. Segundo o relatório da polícia, que é muito confuso, Ashton disse acreditar que "o postal pode ter sido comprado na França, possivelmente em Chantilly, trazido para a Inglaterra e postado com selos ingleses em Doncaster" — como que para dar a entender que fora enviado de Doncaster durante as corridas. Se o remetente estava nas corridas de outono em Doncaster, não podia estar em Camden Town no momento do assassinato de Emily, em 11 de setembro. As corridas de Doncaster se realizaram em 10, 11, 12 e 13 de setembro.

Pediu-se a Ashton que não publicasse essa informação em seu jornal, e ele atendeu o pedido. Em 30 de setembro, o inspetor A. Hailstone redigiu um relatório dizendo que a polícia achava que Ashton estava certo em relação às datas das corridas, mas "completamente errado" em relação ao carimbo do correio no quarto postal. "Está claramente marcado com Londres NW." Parece que o inspetor Hailstone não achou nada estranho que um postal francês, aparentemente escrito dois dias antes do assassinato de Emily Dimmock, fosse, por algum motivo, enviado de Londres a um jornal de Londres. Não sei se "A. C. C." eram as iniciais de um remetente anônimo ou se queriam dizer alguma outra coisa, mas seria de pensar que a polícia se perguntasse por que um "homem que freqüentava corridas de cavalos" enviaria esses postais a um jornal.

Poderia ter ocorrido ao inspetor Hailstone que o que esse homem conseguiu, com ou sem intenção, foi deixar claro que tinha o hábito de comparecer a corridas de cavalos e que estava em Doncaster no dia do assassinato de Emily Dimmock, que foi muito divulgado pela imprensa. Se agora Sickert estivesse forjando álibis em vez de zombar da polícia com suas comunicações do tipo "peguem-me se puderem", seus atos fariam todo o sentido. Nessa altura da vida, seu impulso psicopático violento teria se atenuado. Seria muito inusitado que ele continuasse com surtos homicidas que exigiam uma energia tremenda e uma concentração obsessiva. Se cometia assassinato, não queria ser apanhado. A idade e a carreira dissiparam, embora não tenham erradicado, a energia violenta.

Quando começou a fazer seus quadros e desenhos infames de mulheres nuas estendidas em camas de ferro — *Camden Town murder* e *L'Affair de Camden Town*, ou *Jack ashore*, ou o homem vestido em *Despair* [Desespero], sentado e com o rosto nas mãos —, Sickert foi simplesmente encarado como um pintor respeitado que tinha escolhido o crime de Camden Town como um tema narrativo em sua obra. Só muitos anos depois um detalhe o associaria ao homicídio em Camden Town. Em 29 de novembro de 1937, o jornal *Evening Standard* publicou um breve artigo sobre esses quadros e disse: "Sickert, que morava em Camden Town, teve permissão para entrar na casa onde o crime foi cometido e fez vários esboços do corpo da mulher assassinada".

Supondo-se que isso seja verdade, será que foi outra de suas coincidências ele por acaso estar caminhando pela St. Paul's Road, notar um aglomerado de policiais e querer ver o que estava causando toda a agitação? O corpo de Emily foi encontrado por volta das 11h30. Não muito depois de ter sido examinado pelo dr. Thompson, às 13 horas, foi levado para o necrotério de St. Pancras. Houve um período relativamente curto, talvez de duas ou três horas, para que Sickert calhasse de passar pela casa enquanto o corpo ainda estava lá dentro. Se não tivesse idéia de quando o cadáver seria encontrado, teria precisado rodear a área por muitas horas — correndo o risco de ser notado — para ter certeza de não perder o espetáculo.

Uma solução simples poderia ser sugerida pelo desaparecimento das três chaves. Sickert pode ter trancado as portas ao deixar a casa para que fosse menos provável que alguém achasse o corpo antes de Shaw chegar, às 11h30. Se andava espreitando Emily, ele certamente saberia a hora em que Shaw saía de casa e a hora em que voltava. A proprietária não forçaria a porta, mas Shaw faria isso, caso Emily não atendesse depois de ele bater e chamar.

Sickert pode ter levado as chaves como recordação. Não vejo motivo para ele precisar delas para fugir depois de matar Emily. É possível que as três chaves roubadas lhe tenham dado um intervalo até as 11h30. Então, ele simplesmente apareceu no local do crime antes de o corpo ser removido e com toda a inocência perguntou à polícia se poderia dar uma olhada lá dentro para fazer alguns esboços. Ele era o pintor do bairro, um sujeito simpático. Duvido que a polícia se recusasse a atender o pedido. É até provável que lhe tenha contado tudo sobre o crime. Há muitos policiais que gostam de conversar, principalmente quando é cometido um crime grave durante seu turno. A polícia pode ter achado o interesse de Sickert no máximo excêntrico, não suspeito. Não encontrei nenhuma menção nos relatórios policiais de que Sickert ou qualquer outro pintor tivesse aparecido no local do crime. Mas meu nome também nunca foi incluído nos relatórios quando apareci em locais de crimes na qualidade de jornalista e escritora.

O fato de Sickert passar pelo local também lhe deu um álibi. Se a polícia encontrasse impressões digitais que por um motivo ou outro fossem identificadas como de Walter Richard Sickert, não haveria problema: afinal, ele tinha entrado na casa de Emily Dimmock, no quarto dela. Seria de esperar que deixasse impressões digitais, talvez alguns cabelos e sabe-se lá o que mais, enquanto se movia de um lado para o outro, desenhando e conversando com a polícia ou com Shaw e sua mãe.

Desenhar cadáveres não era coisa inusitada para Sickert. Durante a Primeira Guerra Mundial, ele tinha obsessão por soldados feridos e agonizantes e por suas armas e uniformes. Colecionou uma pilha deles e mantinha um estreito relacionamento com pessoas que trabalhavam na Cruz Vermelha, pedindo-lhes que informassem quando pacientes infelizes já não precisassem dos uniformes. "Tenho um sujeito ótimo", escreveu a Nan Hudson no outono de 1914. "O jovem britânico ideal, nobre e um tanto musculoso [...] já o desenhei vivo e morto."

Em várias cartas que escreveu a Janie em 1907, Ellen pergunta sobre "o coitado do jovem Woods" e quer saber o que aconteceu quando ele foi levado a julgamento no final daquele ano. Ellen estava no exterior, e se se referia à detenção, indiciamento e julgamento de Robert Wood, acusado e depois absolvido do assassinato de Emily Dimmock, pode ter se enganado ligeiramente no nome, mas a pergunta dela era atípica. Ela não se referia a processos criminais em sua correspondência. Não encontrei uma única menção aos assassinatos do Estripador nem a outros. É surpreendente que, de repente, ela quisesse saber sobre "o coitado do jovem Woods", a menos que "Woods" fosse outra pessoa e não Robert Wood.

Não posso deixar de pensar se, secretamente, em 1907, Ellen não alimentava dúvidas sobre o ex-marido, dúvidas que não ousava expressar e que fazia o melhor possível para negar. Mas agora um homem ia a julgamento e seria enforcado se fosse considerado culpado. Ellen era mulher de moral. Se havia alguma coisa, ainda que mínima, a lhe perturbar a consciência, ela pode ter se sentido compelida a enviar uma carta lacrada à irmã. Talvez tivesse até começado a temer pela própria vida.

Depois do assassinato em Camden Town, sua saúde física e mental começou a se deteriorar, e ela passava a maior parte do tempo fora de Londres. Ainda via Sickert de vez em quando e continuou a ajudá-lo da melhor maneira que podia até romper definitivamente o relacionamento, em 1913. Um ano depois, morreu de câncer no útero.

26. As filhas de Cobden

Ellen Melicent Ashburner Cobden nasceu em 18 de agosto de 1848 em Dunford, na velha casa de fazenda da família, perto da aldeia de Heyshott, em West Sussex.

No final de maio de 1860, quando Walter nasceu em Munique, Ellen, com onze anos, passava a primavera em Paris. Tinha salvado um pardal que caíra do ninho no jardim. "Uma coisinha muito mansa, que come na minha mão e sobe no meu dedo", escreveu a uma amiga. A mãe de Ellen, Kate, estava planejando uma agradável festa de crianças, com cinqüenta ou sessenta convidados, e pretendia levá-la ao circo e a um piquenique no alto de uma "árvore enorme", que tinha uma escada que levava a uma mesa no topo. Ellen tinha acabado de aprender o truque de "enfiar um ovo numa garrafa de vinho", e de vez em quando o pai lhe escrevia cartas especiais, só para ela.

Na Inglaterra a vida não andava tão prazerosa. Na carta mais recente, Richard Cobden contara à filha que uma tempestade violenta tinha desabado sobre a propriedade da família e arrancado 36 árvores pela raiz. Uma frente muito fria tinha destruído a maior parte dos arbustos, inclusive as sempre-vivas, e a horta não daria nada no verão. O relato foi como o presságio do mal que tinha chegado ao mundo por uma cidade distante na Alemanha. Em breve o futuro marido de Ellen atravessaria o canal da Mancha para se instalar em Londres, onde destruiria a vida de muita gente, inclusive a dela.

Escreveram-se muitas biografias do pai de Ellen, Richard Cobden. Ele teve onze irmãos e viveu uma infância de abandono e dificuldades. Aos dez anos, foi mandado para longe de casa, depois que o catastrófico tino comercial do pai arruinou a família. Cobden cresceu trabalhando para o tio, atacadista em Londres, e freqüentou uma escola em Yorkshire. Esse período de sua vida foi uma tortura física e emocional, de que, mais tarde, Cobden mal conseguiria falar.

Em algumas pessoas, o sofrimento gera altruísmo e amor, e foi o que fez com ele. Richard Cobden não tinha nada de amargo ou duro, nem mesmo quando era massacrado pelos detratores mais escarnecedores durante sua carreira política. Sua grande paixão eram as pessoas, e ele nunca se esqueceu das cenas dolorosas de agricultores, inclusive seu próprio pai, perdendo tudo que possuíam. A compaixão de Cobden pelas pessoas lhe deu a missão de revogar as Leis do Milho, uma legislação terrível que mantinha famílias na pobreza e com fome.

As Leis do Milho (milho era a designação genérica para cereais) entraram em vigor em 1815, quando as guerras napoleônicas deixaram a Inglaterra quase em estado de inanição. O pão era precioso e, por lei, o padeiro só podia vender seus pães no mínimo 24 horas depois de tirá-los do forno. A idéia era que, se ele estivesse amanhecido, as pessoas comeriam menos pão e não desperdiçariam. A penalidade pela violação dessa lei era severa: o padeiro recebia uma multa de até cinco libras e tinha de arcar com as despesas de tribunal. Ainda na infância, Richard Cobden tinha visto gente desesperada ir a Dunford e implorar por esmolas ou comida que sua família não tinha meios de dar.

Quem lucrava eram só os agricultores e fazendeiros ricos, e seriam eles que dariam um jeito de garantir que o preço dos cereais continuasse tão alto nos bons tempos quanto tinha sido nos maus. Os proprietários de terra que queriam manter os preços inflacionados constituíam a maioria no Parlamento, e não foi difícil aprovar as Leis do Milho. A lógica era simples: a imposição de taxas exorbitantes sobre cereais importados manteria baixo o suprimento na Inglaterra e os preços artificialmente altos. A aprovação das Leis do Milho foi uma catástrofe para o trabalhador comum, e houve distúrbios de rua em Londres e em outras partes do país. As leis vigorariam até 1846, quando Cobden venceu a luta para revogá-las.

Cobden era muito respeitado na Inglaterra e no exterior. Em sua primeira viagem aos Estados Unidos, foi convidado a hospedar-se na Casa Branca. Ganhou a admiração e a amizade da escritora Harriet Beecher Stowe depois que ela foi visitá-lo em Dunford, em 1853, e os dois conversaram sobre a importância do "cultivo do algodão por mão-de-obra livre". Num ensaio que escreveu um ano depois, ela o descreveu como um homem magro e de pequena estatura, "muito desenvolto" e com "o sorriso mais franco e fascinante". Cobden ocupava o mesmo nível que todos os políticos poderosos da Inglaterra, inclusive sir Robert Peel, o pai da força policial que um dia enfrentaria o futuro genro de Cobden, Jack, o Estripador, e perderia.

Richard Cobden era devotado à família e tornou-se o único elemento de estabilidade na vida das filhas pequenas, depois que o único filho homem, Richard Brooks, morreu, aos quinze anos, em 1856. O garoto estava num internato perto de Heidelberg, era saudável, traquinas e adorado. A mãe, durante as freqüentes ausências do marido, fizera do filho seu melhor amigo.

Ellen também adorava o irmão. "Estou mandando um cachinho do meu cabelo para que você pense às vezes em alguém que o ama muito", escreveu-lhe quando ele foi para o internato. "Você vai me escrever muito em breve para me dizer quanto tempo vai levar para que eu tenha o prazer de vê-lo." A afeição era mútua e inusitadamente terna. "Vou levar alguns presentes para você", escreveu-lhe Richard em sua letra de menino. "Vou tentar arrumar um gatinho para você."

As cartas de Richard sugerem o homem maduro, perspicaz e espirituoso que poderia ter sido. Ele gostava de pregar peças nos outros. Uma de suas molecagens de Primeiro de Abril foi escrever "ponha-me para fora da loja com um pontapé" em alemão e dar a nota a um menino francês para que este a levasse como rol de compras a um armazém nas proximidades da escola. Mas Richard Brooks era sensível o suficiente para se preocupar com o cão da família de um amigo, que talvez precisasse de "uma manta extra" enquanto soprassem os "ventos de leste".

As cartas que o menino escrevia para casa eram divertidas e muito cheias de vida para que alguém pudesse imaginar que ele não cresceria para ser o filho perfeito de um pai famoso. Em 3 de abril, Richard Brooks enviou ao pai uma carta do internato que seria a última. De repente foi acometido de escarlatina e, em 6 de abril, morreu.

A história se torna ainda mais trágica devido a um equívoco quase imperdoável. O diretor da escola de Richard entrou em contato com um amigo da família Cobden e um supôs que o outro telegrafaria a Richard Cobden para informar da morte repentina do filho. O jovem Richard Brooks já estava enterrado quando o pai recebeu a notícia da maneira mais dolorosa. Cobden tinha acabado de se sentar para tomar o café-da-manhã em seu quarto de hotel na rua Grosvernor, em Londres, e estava abrindo a correspondência. Encontrou a carta de 3 de abril enviada pelo filho e foi a que leu primeiro, com todo o interesse. Alguns momentos depois, abriu outra carta que o consolava pela perda terrível. Atordoado e fora de si de tanto sofrimento, embarcou imediatamente para a viagem de cinco horas até Dunford, angustiando-se com a maneira de informar a família, principalmente Kate. Ela já perdera dois filhos e tinha um apego doentio a Richard.

Cobden chegou a Dunford, lívido e tenso, e rompeu em lágrimas ao contar o que tinha acontecido. O choque foi maior do que Kate podia suportar, e a perda do filho amado assumiu proporções míticas: ela perdera Ícaro voando em direção ao Sol. Depois de passar vários dias em estado de negação, ela ficou quase catatônica, sentada "como uma estátua, sem falar e dando a impressão de também não ouvir", escreveu Cobden, que veria o cabelo da mulher embranquecer hora a hora. Aos sete anos, Ellen tinha perdido o irmão e, agora, a mãe também. Kate Cobden sobreviveria doze anos ao marido, mas tornou-se uma mulher emocionalmente debilitada, que, nas palavras de Cobden, "tropeça no cadáver [de Richard] ao andar de um aposento para o outro". Não conseguiu se recuperar do golpe e viciou-se em opiatos. A Ellen foi atribuído um papel pesado demais para uma menina. Exatamente como Richard Brooks fora o melhor amigo da mãe, Ellen se tornou a companheira substituta do pai.

Em 21 de setembro de 1864, quando Ellen tinha quinze anos, o pai lhe escreveu pedindo que fizesse o favor de olhar pelas irmãs mais novas: "Muito dependerá de sua influência & muito mais ainda de seu exemplo. Eu gostaria de ter lhe dito o quanto sua mamãe & eu contamos com seu bom exemplo". E esperava que ela ajudasse a "criar um estado de perfeita disciplina [para as irmãs]". Para uma menina de quinze anos que lutava com suas próprias perdas, a expectativa era irrealista. Ellen não teve tempo de sofrer e se recuperar, e o fardo e a dor devem ter se tornado quase insuportáveis quando o pai morreu, um ano depois.

O próprio *smog* que ajudou a encobrir as peregrinações e os crimes violentos do futuro marido de Ellen roubou a vida de seu pai. Havia anos que Cobden era suscetível a infecções respiratórias que o faziam viajar para o litoral ou para o interior — qualquer lugar onde o ar fosse melhor do que o caldo fuliginoso de Londres. A última viagem que ele fez a Londres foi em março de 1865. Ellen tinha dezesseis anos e o acompanhou. Hospedaram-se numa casa de cômodos na rua Suffolk, razoavelmente perto da Câmara dos Comuns. Cobden imediatamente caiu de cama com asma, provocada pela fumaça preta que vinha das chaminés das casas nas proximidades e pelo vento de leste que trazia o ar insalubre para seu quarto.

Uma semana depois, ainda de cama, rezava para que o vento mudasse de direção, mas a asma piorou e ele desenvolveu uma bronquite. Sentindo que o fim estava próximo, fez seu testamento. A esposa e Ellen estavam a seu lado quando morreu na manhã do domingo 2 de abril de 1865, aos 61 anos de idade. Ellen "tinha um apego ao pai que parece ter sido uma paixão praticamente sem igual entre as filhas", disse John Bright, aliado político de Cobden e seu amigo a vida inteira. Ela foi a última pessoa a se afastar do caixão do pai quando o baixaram no túmulo. Nunca se esqueceu dele nem do que ele esperava dela.

Mais tarde Bright diria ao biógrafo oficial de Cobden, John Morley, que "a vida" dele "foi de perpétuo auto-sacrifício [...] Foi só depois de perdê-lo que me dei conta de quanto eu o amava". Na segunda-feira seguinte à morte de Cobden, Benjamin Disraeli disse aos membros do Parlamento na Câmara dos Comuns que "existe o consolo [...] de que não perdemos completamente esses grandes homens". Hoje, na igreja da aldeia de Heyshott, há uma placa no banco da família Cobden, na qual se lê: "Neste lugar, Richard Cobden, que amava seus semelhantes, costumava orar a Deus". Contrariando suas melhores intenções, Cobden deixou uma esposa instável para cuidar de quatro filhas ardorosas, e apesar das muitas promessas feitas por amigos influentes no funeral, as "filhas de Cobden", como a imprensa as chamava, ficaram sozinhas.

Em 1898, Janie lembrou Ellen de como "todos aqueles que professavam uma admiração e um afeto tão profundos por [nosso] pai enquanto ele viveu se esqueceram da existência das jovens filhas dele, a mais nova das quais mal tinha três anos e meio. Lembra-se de Gladstone no funeral do papai, dizendo à mamãe que ela e as filhas poderiam contar sempre com a amizade dele? Só fui tornar a vê-lo, ou a falar com ele [...] mais de vinte anos depois. Assim é o mundo!".

Ellen manteve todas unidas, como tinha prometido ao pai que faria. Assumiu o controle das finanças, enquanto a mãe atravessava entorpecida os últimos anos de sua vida infeliz. Não fosse pela cativante persuasão de Ellen e pela firmeza com que supervisionava os negócios da família, é de duvidar que as contas fossem pagas, que a pequena Annie tivesse ido para a escola ou que as filhas pudessem ter mudado da casa da mãe para um apartamento em York Place, 14, na rua Baker, em Londres. A renda anual de Ellen era de 250 libras, ou isso pelo menos foi o que disse à mãe que precisaria. É de supor que cada filha recebesse a mesma quantia, o que lhes garantia uma existência confortável, bem como a vulnerabilidade a homens cujas intenções talvez não fossem as mais honestas.

Richard Fisher estava noivo da filha Katie quando Cobden morreu, e casou correndo com ela, antes mesmo de a família ter parado de escrever cartas em papel de luto. Ao longo dos anos as gananciosas exigências de Fisher se revelariam uma constante fonte de irritação para os Cobden. Em 1880, quando Walter Sickert entrou na vida das filhas de Cobden, Katie estava casada, Maggie era voluntariosa e frívola demais para ser de qualquer utilidade a um homem manipulador e ambicioso, e Janie era esperta demais para que Sickert se aproximasse dela. Ele escolheu Ellen.

Os pais dela tinham morrido. Ellen não tinha ninguém para aconselhá-la nem fazer objeções. Duvido que Sickert tivesse merecido a aprovação de Richard Cobden, homem sensato e perspicaz que não se deixaria enganar pelos atos de Sickert nem seria seduzido pela simpatia dele. Teria detestado a ausência de compaixão no belo rapaz.

"A sra. Sickert e todos os filhos dela eram tão pagãos", escreveria Janie a Ellen uns vinte anos mais tarde. "Que tristeza que o destino tenha lançado você no meio deles."

As diferenças entre o caráter do pai de Ellen e o do homem com quem ela se casaria deveriam ter sido flagrantes, mas, aos olhos dela, os dois pareciam ter muito em comum. Richard Cobden não estudou em Oxford nem em Cambridge e, em muitos sentidos, foi um autodidata. Amava Shakespeare, Byron, Irving e Cooper. Era fluente em francês e, na juventude, tinha alimentado a fantasia de escrever peças teatrais. Seu amor pelas artes visuais durou a vida inteira, ainda que suas tentativas de escrever para o teatro tenham sido um fracasso. Cobden também não era bom para lidar com dinheiro. Podia ser astuto em negócios, mas não se interessava por dinheiro, a menos que estivesse precisando.

Houve um momento em que os amigos tiveram de arrecadar fundos para salvar a casa da família. Seus malogros financeiros não eram resultado de irresponsabilidade, mas um sintoma de seu senso de missão e idealismo. Cobden não era um perdulário. Simplesmente tinha coisas mais importantes na cabeça, e a Ellen isso devia parecer um defeito nobre, não algo a censurar. Talvez tenha sido por acaso que em 1880, o ano em que Sickert conheceu Ellen, foi publicada a longamente aguardada biografia de Cobden escrita por John Morley em dois volumes.

Se leu a obra de Morley, Sickert aprendeu o suficiente sobre Cobden para conceber um papel muito convincente para si mesmo e facilmente persuadir Ellen de que ele e o famoso político compartilhavam algumas das mesmas características: o amor pelo teatro e pela literatura, um apego a tudo que fosse francês e uma vocação superior que não tinha nada que ver com dinheiro. Sickert talvez tivesse até convencido Ellen de que era a favor do voto feminino.

"Terei que apoiar, com relutância, um projeto de lei para dar o voto a essas putas", reclamaria ele uns 35 anos mais tarde. "Mas entenda que com isso não vou me tornar um 'feminista'."

Richard Cobden acreditava na igualdade dos sexos. Tratava as filhas com respeito e afeto — e nunca como éguas reprodutoras desmioladas, sem outra utilidade a não ser casar e ter filhos. Teria aplaudido o ativismo político em que elas foram se engajando à medida que amadureciam. Os anos 1880 foram uma época estimulante para as mulheres, que formaram ligas políticas e de pureza que faziam lobby pelo controle da natalidade, por reformas para ajudar os pobres e pelo direito de votar e de ter representação no Parlamento. Feministas como as filhas de Cobden queriam gozar da mesma dignidade que os homens, e isso significava acabar com os entretenimentos e os vícios que promoviam a escravização das mulheres, como a prostituição e a lascívia dos muitos teatros de variedades de Londres.

Sickert deve ter sentido que a vida de Ellen pertencia ao pai. Ela não faria nada para lhe manchar o nome. Quando ela e Sickert se divorciaram, o marido de Janie, Fisher Unwin, dono de uma editora de projeção, entrou em contato com os editores-chefes dos principais jornais de Londres e pediu que "não imprimissem nada de natureza pessoal". Insistiu: "O nome da família certamente não deve aparecer". Qualquer segredo que pudesse ferir Richard Cobden estava seguro com Ellen, e jamais saberemos quantos ela levou para o túmulo. Para Richard Cobden, o grande protetor dos pobres, era inconcebível ter um genro que matava os pobres. A pergunta será sempre se Ellen sabia que Walter tinha um lado tenebroso — "do inferno", para citar uma expressão que o Estripador usou em várias cartas.

É possível que a certa altura e em algum nível Ellen suspeitasse da verdade sobre o marido. Apesar de sua posição liberal em relação ao voto feminino, Ellen era fraca de corpo e espírito. Sua constituição cada vez mais frágil talvez fosse resultado de um traço genético que compartilhava com a mãe, mas Ellen também pode ter sido prejudicada pelo tormento a que o pai, ainda que bem-intencionado, a submeteu devido a suas grandes necessidades. Ela não conseguia corresponder às expectativas dele. A seus próprios olhos, já era um fracasso muito antes de ter conhecido Walter Sickert.

Era característica dela assumir a responsabilidade por tudo que desse de errado na família Cobden ou em seu casamento. Não importa com que freqüência Sickert a traísse, mentisse para ela e a abandonasse, fizesse com que se sentisse mal-amada ou invisível, ela era leal e fazia tudo que podia por ele. A felicidade e a saúde dele eram importantes para ela, mesmo depois do divórcio e de ele ter se casado novamente. Em termos emocionais e financeiros, Sickert sangrou Ellen Cobden até matá-la.

Não muito tempo antes de morrer, Ellen escreveu a Janie que "você não é capaz de saber a vontade que tenho de dormir para sempre. Em muitos sentidos, fui uma irmã irritante. Há um elemento de inconstância em meu caráter que neutralizou outras qualidades que deveriam ter me ajudado ao longo da vida".

Janie não responsabilizava Ellen. Responsabilizava Sickert. Logo cedo formou uma opinião sobre ele, que guardou para si, e começou a incentivar Ellen a viajar e a ficar na propriedade da família em Sussex ou no apartamento dos Unwin na praça Hereford, 10, em Londres. Deixou para fazer suas observações mordazes sobre Sickert depois que Ellen finalmente decidiu se separar dele, em setembro de 1896. Aí Janie disse energicamente o que pensava. A capacidade de Sickert de lograr os outros, principalmente os amigos pintores, a enfurecia. Eles "têm uma idéia muito exaltada do caráter dele", escreveu a Ellen em 24 de julho de 1899, poucos dias antes de o divórcio se tornar definitivo. "Não podem saber tanto quanto você como ele realmente é."

Janie, sempre sensata, tentava convencer Ellen da verdade. "Creio que infelizmente W. S. nunca mudará de conduta — e sem princípios norteadores para lhe controlar a natureza emocional, ele segue todo capricho que lhe vem à cabeça —, com muita freqüência você tentou confiar nele, e ele a enganou um sem-número de vezes." Mas nada fazia Ellen deixar de amar Walter Sickert e de acreditar que ele mudaria.

Ellen era uma mulher delicada e carente. As cartas que escreveu na infância revelam uma "garotinha do papai" cuja existência inteira girou em torno de ser filha de Cobden. Ela se envolvia em política, dizia e fazia o que era correto, era sempre decente, e levou adiante as missões do pai na medida do que sua força e coragem limitadas lhe permitiram. Não podia ver um animal perdido ou ferido sem tentar salvá-lo, e mesmo quando era pequena não conseguia suportar quando os cordeiros eram levados para abate e as ovelhas nos campos baliam queixosamente chamando a cria. Ellen tinha coelhos, cães, gatos, peixes dourados, periquitos, pôneis, jumentos — qualquer coisa que lhe viesse parar nas mãos bondosas e sensíveis.

Importava-se profundamente com os pobres e fez campanha pelo livre-comércio e pela autonomia da Irlanda quase tão incansavelmente quanto Janie. Com o tempo ficou esgotada demais para acompanhar suas palavras com atos. Enquanto Janie viria a ser uma das sufragistas de maior destaque na Grã-Bretanha, Ellen se entregaria mais e mais à depressão, à doença e à fadiga. No entanto, nas centenas de cartas que restaram das que escreveu em sua vida relativamente curta, não lamenta a condição social das Infelizes que o marido levava para desenhar e pintar em seus estúdios. Não fazia nada para melhorar a vida daquelas mulheres nem a dos coitados de seus filhos.

Os pedaços sofredores da humanidade, adultos ou crianças, eram para Sickert usar ou abusar como quisesse. Talvez a esposa não quisesse ver as estrelas de teatros de variedades que posavam para ele no estúdio no andar de cima de Broadhurst Gardens, 54, ou, mais tarde, em Chelsea. Talvez não suportasse ver a criança ou a mulher com ar infantil em quem o marido podia estar interessado um tantinho demais. Sickert ia ver meninas dançar de modo sexualmente provocante nos teatros de variedades. Ia conhecê-las nos bastidores. Pintava-as. Muito tempo depois, quando ficou obcecado com a atriz Gwen Ffrangcon-Davies, perguntou-lhe numa carta se ela tinha alguma fotografia sua "de quando era criança".

Ellen e Sickert não tiveram filhos. Não há nenhuma prova de que Sickert tenha tido algum filho, embora persistisse uma história de que teve um filho ilegítimo com Madame Villain, uma peixeira francesa em cuja casa em Dieppe ele se hospedou depois da separação de Ellen. Ele se refere a Madame Villain numa carta como a uma figura maternal que cuidou dele num momento difícil de sua vida. O que não quer dizer que não fizesse sexo com ela, supondo-se que fosse capaz disso. O nome do suposto filho ilegítimo era Maurice e, segundo a história, Sickert não quis saber dele. Dizia-se que Madame Villain teve muitos filhos com muitos homens.

Numa carta de 20 de julho de 1902 ao romancista André Gide, Jacques-Emile Blanche diz que "a vida" de Sickert "desafia a todos cada vez mais. [...] Esse imoralista acabou morando sozinho numa casa grande num subúrbio de classe operária, para não ter que fazer nada considerado normal e poder fazer o que quiser, quando quiser. Faz isso sem possuir um centavo, tendo uma família legítima na Inglaterra e uma peixeira em Dieppe, com uma penca de filhos cuja origem não é possível enumerar".

As implicações das operações que Sickert fez na infância levariam a crer que ele não era capaz de ter filhos, mas, na ausência de laudos médicos, tudo que se pode fazer é especular. Ele não haveria de querer se incomodar com filhos, ainda que pudesse tê-los, e é provável que Ellen também não os quisesse. Estava com quase 37 anos, e ele com 25, quando, depois de um noivado de quatro anos, se casaram no cartório de Marylebone, em 10 de junho de 1885. Ele iniciava a carreira e não queria filhos, diz o sobrinho, John Lessore, e Ellen estava ficando um pouco velha para tê-los.

Talvez ela também fosse defensora da Liga da Pureza, que encorajava as mulheres a não ter relações sexuais. Era o sexo que subjugava as mulheres e as transformava em vítimas. Ellen e Janie eram feministas fervorosas, e Janie também não teve filhos, por motivos que não estão claros. Ambas concordavam com os malthusianos, que usavam o estudo de Thomas Malthus sobre a população como base para promover a contracepção — ainda que o reverendo Malthus na verdade se opusesse à contracepção.

Os diários e a correspondência de Ellen revelam uma mulher inteligente, socialmente sofisticada, decente e idealista em relação ao amor. Também foi muito cuidadosa. Ou alguém foi. Ao longo dos 34 anos em que conheceu e amou Walter Sickert, ela o menciona pouquíssimas vezes. Janie o menciona mais, mas não com a freqüência que se poderia esperar de uma mulher atenciosa que gostasse do cunhado. As lacunas nas cerca de quatrocentas cartas e bilhetes que restam dos que as irmãs se escreveram sugerem que grande parte da correspondência desapareceu. Encontrei somente trinta e poucas cartas de 1880 a 1889, o que é intrigante. Foi nessa década que Ellen ficou noiva e se casou com Sickert.

Não encontrei uma única alusão ao casamento de Ellen, e pela lista de testemunhas que consta do registro de casamento vê-se que ninguém de sua família nem da de Sickert compareceu ao cartório, que, naqueles tempos, aliás, era um lugar muito estranho para um primeiro casamento, especialmente considerando-se que a noiva era filha de Richard Cobden. Não parece haver uma única carta de Ellen enviada da lua-de-mel na Europa continental, e não encontrei em nenhum arquivo correspondência entre Ellen e Sickert, entre Ellen e a família de Sickert, entre Sickert e sua família, ou entre Sickert e a família Cobden.

Essas cartas, se existiram, foram destruídas ou mantidas fora de circulação. Acho estranho que marido e mulher não trocassem cartas nem telegramas quando estavam longe um do outro, o que acontecia com muita freqüência. E acho significativo que Ellen, preocupada com a posteridade, aparentemente não tenha guardado cartas de Sickert, quando acreditava no talento dele e que ele estava destinado a se tornar um pintor importante.

"Eu sei como ela é boa", escreveu a Blanche sobre a arte de Sickert. "*Eu sempre soube.*"

Em 1881, Walter, jovem, belo e de olhos azuis, tinha se ligado a uma mulher cuja renda anual era de 250 libras — mais do que alguns médicos jovens ganhavam na época. Não havia motivo para ele não se matricular na prestigiosa Escola de Belas-Artes Slade, em Londres. O currículo da Slade para 1881 era forte em ciências: aulas de pintura ao vivo e antiga, esboços, escultura, arqueologia, perspectiva, química de materiais utilizados para pintar e anatomia. Às terças e quintas havia palestras que se concentravam nos "ossos, articulações e músculos".

Foi durante o período em que estudava na Slade que Sickert se tornou amigo de Whistler. Não se sabe como foi exatamente que se conheceram. Uma história que se conta é que estavam ambos na platéia do Lyceum enquanto Ellen Terry se apresentava. Durante o intervalo, Sickert jogou no palco rosas com pesos de chumbo e os mísseis aromáticos quase atingiram Henry Irving, que não achou graça alguma. No meio da multidão, ouviu-se o infame "rá rá!" de Whistler, que, enquanto os espectadores se retiravam, fez questão de conhecer o jovem audacioso.

Outros relatos dizem que Sickert "deu com" Whistler em algum lugar, que o seguiu até uma loja, que o conheceu numa festa ou por intermédio das filhas de Cobden. Sickert nunca foi acusado de ser tímido ou reticente em relação a algo que quisesse. Whistler supostamente o convenceu a deixar de perder tempo numa escola de belas-artes e ir trabalhar com ele num estúdio de verdade. O rapaz saiu da Slade e tornou-se aprendiz de Whistler. Trabalhava lado a lado com o pintor, mas não se sabe como eram seus dias com Ellen.

As referências que existem sobre os primeiros anos do casamento de Ellen e Walter não indicam que um se sentisse atraído pelo outro, nem sugerem o mais leve indício de romance. Em suas memórias, Jacques-Emile Blanche diz que Ellen era tão mais velha do que Sickert que "poderia ser tomada pela irmã mais velha dele". Achava que "intelectualmente" o casal combinava muito bem, e observou que um dava "completa liberdade" ao outro. Nas visitas a Blanche em Dieppe, Sickert dava pouca atenção a Ellen. Desaparecia pelas ruelas estreitas e pátios da cidade, e nos "quartos misteriosos" que alugava "em bairros do porto, umas tocas de onde todo mundo era excluído".

O decreto de divórcio diz que Sickert era culpado de "adultério, além de abandono pelo intervalo de dois anos e mais, sem desculpa razoável". Na realidade, porém, foi Ellen que acabou por se recusar a viver com ele. E não há provas de que ele tenha cometido uma única transgressão sexual. O pedido de divórcio de Ellen afirma que Sickert a abandonou em 29 de setembro de 1896 e que em 21 de abril de 1989, ou por volta dessa data, cometeu adultério com uma mulher cujo nome Ellen "desconhecia". Esse encontro romântico teria ocorrido no Midland Grand Hotel, em Londres. Depois, em 4 de maio de 1899, Sickert teria novamente cometido adultério, com outra mulher cujo nome Ellen também "desconhecia".

Vários biógrafos explicam que o motivo de o casal ter se separado em 29 de setembro foi que naquele dia Sickert admitiu para Ellen que não era fiel a ela e nunca tinha sido. Se isso é verdade, parece que seus romances — supondo-se que ele tenha tido mais do que os dois mencionados no decreto de divórcio — foram com mulheres "desconhecidas". Nada do que li leva a crer que ele tivesse inclinações eróticas por mulheres nem que fosse dado a toques ou convites inadequados — ainda que usasse uma linguagem vulgar. A pintora Nina Hamnett, boêmia notória que raramente recusava bebida ou sexo, escreve em sua autobiografia que Sickert a acompanhava até em casa quando ela estava bêbada e que ela se hospedava com ele na França. Nina, que não faz segredo algum de suas aventuras, não diz uma palavra sobre Sickert ter sequer flertado com ela.

Ellen talvez achasse mesmo que Sickert era mulherengo, mas a alegação de adultério pode ter sido só uma desculpa e a verdade humilhante talvez fosse que o casamento nunca foi consumado. No final do século XIX, uma mulher não tinha motivo legal para deixar o marido, a menos que ele fosse infiel e cruel ou a abandonasse. Ela e Sickert concordaram com essas alegações, pois ele não contestou. Seria de supor que ela estivesse a par do pênis danificado dele, mas é possível que, vivendo como irmãos, marido e mulher nunca tenham tirado a roupa na frente um do outro, nem tentado fazer sexo.

Durante o processo de divórcio, Ellen escreveu que Sickert prometeu que, se ela lhe "desse mais uma chance, ele seria um homem diferente, que eu sou a única pessoa de quem ele já gostou realmente — que já não mantém aquelas relações com [desconhecido]". O advogado de Ellen tinha certeza de que Sickert era "sincero — mas, levando em consideração sua vida anterior — & julgando-lhe o caráter como pôde, pela fisionomia e pelo comportamento, ele não acredita que [Walter] seja capaz de manter qualquer resolução que assuma, e o conselho que me deu depois de refletir foi que eu vá em frente com o divórcio".

"Estou terrivelmente abalada & desde então quase não tenho feito outra coisa senão chorar", escreveu Ellen a Janie. "Vejo como minha afeição por ele está longe de ter morrido."

27. A noite mais escura

Os papéis de Sickert mudavam como a luz e a sombra que ele pintava em suas telas.

Uma forma não devia ter linhas, porque a natureza não as tem; as formas se revelam em tons, em sombreados e pela maneira como a luz as expõe. A vida de Sickert não tinha linhas nem limites, e ele mudava de forma de acordo com cada oscilação de seus estados de espírito enigmáticos e objetivos ocultos.

Quem o conhecia, bem como quem só cruzava com ele de vez em quando, aceitava que *ser Sickert* significava ser o "camaleão", o "*poseur*". Ele era Sickert, de casaco xadrez vistoso, andando tarde da noite pelas ruas e becos agourentos de Londres. Era Sickert, o fazendeiro, o cavalheiro do interior, o mendigo, o gostosão de óculos e chapéu-coco, o dândi de smoking ou o excêntrico de chinelas esperando o trem. Era Jack, o Estripador, com um boné enterrado até os olhos e uma echarpe vermelha ao pescoço, trabalhando na penumbra de um estúdio iluminado pela luz fraca de uma lanterna com olho-de-boi.

O relacionamento do escritor e crítico vitoriano Clive Bell com Sickert era de amor e ódio recíproco. Bell comentou, sarcástico, que num mesmo dia Sickert podia ser John Bull, Voltaire, o arcebispo da Cantuária, o papa, um cozinheiro, um dândi, um grã-fino, um corretor de apostas ou um advogado.

Bell acreditava que Sickert não era o erudito que tinha a fama de ser e que aparentava "saber muito mais do que de fato sabia", embora, observou Bell, fosse o maior pintor britânico desde Constable. Mas "nunca se podia ter certeza de que Sickert era o Sickert de Sickert, nem de que o Sickert de Sickert correspondesse a qualquer realidade última". Ele era um homem "sem padrões", e, nas palavras de Bell, não se sentia "possessivo nem afetuoso em relação a nada que não fizesse parte dele mesmo".

Ellen fazia parte do eu de Sickert. Ele tinha um uso para ela. Não conseguia vê-la como um ser humano separado porque todos e tudo eram extensões de Sickert. Ela ainda estava na Irlanda com Janie, quando Elizabeth Stride e Catherine Eddows foram assassinadas e quando George Lusk, o chefe do Comitê de Vigilância do East End, recebeu a metade de um rim humano pelo correio, em 16 de outubro. Quase duas semanas depois, o curador do Museu de Patologia do Hospital de Londres, dr. Thomas Openshaw, recebeu a carta escrita em papel com a marca-d'água de A Pirie & Sons, assinada por "Jack, o Estripador".

"Chefe, o senhor tinha razão, era o rim esquerdo [...] logo estarei em ação de novo e lhe mando outro pedaço de órgão."

Suspeitou-se que o rim fosse de Catherine Eddows, e provavelmente era, a menos que o Estripador tenha conseguido encontrar a metade de um rim humano em algum outro lugar. O órgão foi anatomicamente preservado no Royal London Hospital até que se desintegrou a tal ponto que o hospital se desfez dele na década de 1950 — mais ou menos na época em que Watson e Crick descobriram a estrutura em hélice dupla do DNA.

Em séculos passados, corpos e partes de corpos eram preservados em bebidas alcoólicas, como vinho. Na época do Estripador, alguns hospitais usavam glicerina. Quando uma pessoa de condição social elevada morria a bordo de um navio e requeria um funeral adequado, a única maneira de preservar o corpo era em hidromel ou qualquer outra bebida que estivesse à mão. Se John Smith, o fundador da Virgínia, tivesse morrido durante sua viagem para o Novo Mundo, com toda a probabilidade teria retornado a Londres em conserva dentro de um barril.

Os relatórios da polícia indicam que o rim enviado a George Lusk estava com quase duas semanas, se tivesse sido tirado do corpo de Eddows, e fora preservado em bebida, provavelmente vinho. Não parece que Lusk tenha ficado horrorizado nem que tenha ido correndo levar o rim para a polícia. Quando recebeu o presente repugnante com uma carta que não sobreviveu, não "pensou muito a respeito". Os vitorianos não estavam acostumados com assassinos psicopatas que arrancavam partes de corpos e as enfiavam em cartas zombeteiras às autoridades.

De início se pensou que o rim fosse de um cachorro, mas Lusk e a polícia, sensatamente, foram em busca de outras opiniões. Enquanto o órgão marinado circulava em sua caixa, a polícia concluiu que se tratava de um embuste. Especialistas médicos, como o patologista dr. Openshaw, acreditavam que fosse humano — embora concluir que era de uma mulher com a "doença de Bright" fosse muito forçado. O rim foi deixado aos cuidados do dr. Openshaw, no Hospital de Londres. Se tivesse sobrevivido mais algumas décadas para ser testado e se Catherine Eddows fosse exumada para se colher uma amostra de DNA, talvez o resultado dos dois testes fosse o mesmo. Em tribunal, se Walter Sickert ainda estivesse vivo para ser processado, isso o teria prejudicado muito, pois a marca-d'água de A Pirie & Sons se encontra no seu papel de carta e também na carta que Jack, o Estripador, escreveu ao dr. Openshaw, os selos nos envelopes das duas cartas têm uma seqüência de DNA em comum, e a carta do Estripador é confessional.

Se estava acompanhando as notícias da Inglaterra, Ellen foi informada sobre o rim. Ficou sabendo sobre o duplo assassinato ocorrido no intervalo de uma semana depois de ela ter viajado para a Irlanda. Pode ter ouvido falar de um pacote de "ossos humanos" encontrado numa sarjeta de Peckham, do embrulho que continha um braço de mulher em decomposição, achado no jardim de uma escola para cegos na Lambeth Road, ou da perna cozida que acabou se comprovando pertencer a um urso.

Deve ter sabido sobre o torso retirado das fundações do novo prédio da Scotland Yard. A mulher sem cabeça nem membros foi levada para o necrotério da rua Millbank e teve pouco a dizer ao dr. Neville e à polícia, que não pareciam chegar a um acordo quanto ao braço achado em Pimlico em 11 de outubro. O dr. Neville tinha certeza de que o braço pertencia ao torso, mas a mão era áspera, as unhas malcuidadas, como as de uma mulher que tivesse levado uma vida dura. Quando foi chamado para ajudar no exame, o dr. Thomas Bond disse que a mão era macia, com unhas bem-feitas. Quando o braço foi achado no lodo da maré baixa, a mão estava suja, possivelmente esfolada, e as unhas deviam estar recobertas de lama. Depois que a limparam, talvez tenha adquirido um status social mais elevado.

Num relatório, a mulher desmembrada é morena. Em outro, tem a pele clara. Tinha o cabelo castanho-escuro, 26 anos e media entre 1,75 e 1,80 metro, declarou o médico. A pele escura podia ser resultado da descoloração provocada pela decomposição, que, em estágios avançados, dá à pele um tom preto-esverdeado escuro. Com base no estado dos restos da mulher, talvez fosse difícil determinar se a pele era clara.

Discrepâncias nas descrições podem levar a problemas sérios na identificação dos mortos. É claro que no século XIX não se fazia reconstrução facial forense — que consiste em esculpir o rosto com base na arquitetura subjacente dos ossos (supondo-se que a cabeça seja encontrada), mas um caso ocorrido na Virgínia há algumas décadas deixa claro o que quero dizer.

Reconstruiu-se o rosto de um homem não identificado, usando-se argila verde para reconstituir os traços sobre o crânio. Para a cor do cabelo, tomaram-se como base as características raciais do esqueleto, que eram de um afro-americano, e nas órbitas puseram-se olhos artificiais.

Ao ver a foto em preto-e-branco da reconstrução facial publicada nos jornais, uma mulher compareceu ao necrotério para conferir se o homem era seu filho. Deu uma olhada e disse ao médico-legista: "Não, não é ele. O rosto dele não era verde". O que se acabou apurando foi que o rapaz assassinado e não identificado era o filho dela. (Hoje em dia, quando se faz uma reconstrução ou escultura facial forense de um morto não identificado, tinge-se a argila com base na raça da pessoa, para que fique mais ou menos com a cor dela.)

A estimativa do dr. Neville e do dr. Thomas Bond de que o torso era de uma mulher com 1,75 ou 1,80 metro podia estar errada, e a altura que atribuíram ao que restava da vítima pode ter desencorajado muita gente de ir ver se os restos mortais eram de uma parenta ou conhecida. Naquela época, 1,75 ou 1,80 metro era muita altura para uma mulher. Um erro de cinco ou sete centímetros no cálculo dos médicos teria bastado para que o torso jamais fosse identificado — e jamais foi.

Acredito que os médicos fizeram o melhor que podiam, considerando-se o que tinham à disposição. Não podiam saber sobre antropologia forense. Não podiam saber sobre os critérios antropológicos padrão de hoje, usados para classificar um indivíduo em faixas etárias, tais como *bebê*, ou *de 15 a 17 anos*, ou *mais de 45 anos*. Não podiam saber muito sobre epífises, ou centros de crescimento dos ossos, e também não puderam vê-los, pois nem o torso nem os membros recuperados foram descarnados com água fervendo. Os centros de crescimento são anexos, como os que ligam as costelas ao esterno. Quando a pessoa é jovem, esses anexos são de cartilagem flexível, que se calcifica com a idade.

Em 1888, não havia calibrações nem algoritmos. Não havia os aparelhos do final do século XX, como o absorciômetro de fótons ou detectores de cintilação para calcular a altura com base no comprimento de úmero, rádio, cúbito, fêmur, tíbia e fíbula — os ossos longos dos braços e pernas. As mudanças na densidade ou na concentração de minerais nos ossos dependem da idade. A diminuição da densidade óssea, por exemplo, costuma se relacionar com mais idade.

Não se poderia afirmar com exatidão que a mulher desmembrada tivesse 26 anos, embora se pudesse dizer que os restos pareciam pertencer a uma mulher no final da adolescência ou de vinte e poucos anos, e que tinha pêlos castanho-escuros nas axilas. A estimativa de que estava morta fazia cinco semanas também foi uma suposição. Os médicos simplesmente não possuíam os meios científicos de determinar a hora da morte pela decomposição. Não sabiam nada sobre entomologia — a interpretação do desenvolvimento de insetos como indicador da hora da morte —, e o torso estava coberto de vermes quando foi encontrado nas fundações do prédio da Scotland Yard.

A autópsia revelou órgãos pálidos e sem sangue, o que indicava hemorragia e seria coerente com o fato de a garganta da mulher ter sido cortada antes de ela ser desmembrada. Durante o inquérito, o dr. Thomas Bond depôs que os restos eram de uma mulher "bem nutrida", com "seios grandes e proeminentes", que em algum momento sofrera de uma grave pleurisia num pulmão. O útero tinha desaparecido, e a pélvis e as pernas tinham sido serradas na altura da quarta vértebra lombar. Os braços tinham sido removidos das articulações dos ombros por vários cortes oblíquos, e ela fora decapitada com várias incisões abaixo da laringe. O dr. Bond disse que o torso fora habilmente embrulhado e que nos lugares onde fora amarrado com barbante a carne apresentava "marcas claramente definidas". Vale a pena notar essas marcas de barbante. Experimentos realizados no começo e em meados do século XIX revelaram que no corpo de pessoas que tenham morrido há algum tempo não se formam marcas de ligaduras. Isso indica que o barbante foi amarrado enquanto a mulher estava viva ou, o mais provável, não muito tempo, talvez só algumas horas, depois de ela ter morrido.

A separação da pélvis do torso é bem rara em casos de desmembramento, mas nem os médicos nem a polícia parecem ter se detido muito nisso ou sequer formulado algumas opiniões sobre esse detalhe. Não se encontrou nenhuma outra parte do corpo da mulher, exceto o que se acreditou fosse a perna esquerda, amputada logo abaixo do joelho. O membro tinha sido enterrado a vários metros do torso. Na descrição do dr. Bond, o pé e a perna eram "de belo formato". O pé era bem cuidado, com as unhas cuidadosamente aparadas. Não havia calos nem joanetes que pudessem indicar que a vítima fosse uma "mulher pobre".

A polícia e os médicos foram da opinião de que o desmembramento foi uma tentativa de ocultar a identidade da vítima. Essa conclusão não é coerente com o fato de o assassino ter separado a pélvis na quarta vértebra lombar e nas articulações dos quadris — nem, essencialmente, com a remoção dos órgãos sexuais e da genitália da vítima. Poderíamos nos perguntar se há alguma semelhança entre essa mutilação e o que o Estripador fazia quando rasgava o abdome da vítima e retirava o útero e parte da vagina.

Quando foi encontrado na obra da nova sede da Scotland Yard, o torso estava amarrado com um pano velho e "muitos barbantes velhos, de tipos diferentes, atados em todas as direções", disse Frederick Wildore, o carpinteiro que notou uma forma misteriosa às 6 horas do dia 2 de outubro, quando enfiou a mão num canto escuro das fundações, à procura de sua cesta de ferramentas. Puxou o volume, cortou o barbante e levou algum tempo para entender o que estava vendo. "Achei que fosse toucinho velho ou coisa assim", disse no inquérito. As fundações da obra eram um labirinto de cantos e valas e, alegou Wildore, a pessoa que escondeu o volume não poderia ter feito isso se não soubesse andar por ali. Era "sempre tão escuro quanto a noite mais escura".

Grudados nos restos do corpo havia pedaços de jornais: fragmentos de um *Daily Chronicle* velho e um pedaço com quinze centímetros de comprimento, encharcado de sangue, da edição de 24 de agosto de 1888 do *Echo*, um diário que custava meio *penny*. Sickert era viciado em notícias. Uma foto dele na velhice mostra um estúdio que é um monturo de jornais. O *Echo* era um jornal liberal que publicou inúmeros artigos sobre Sickert durante toda a vida do pintor. Na página quatro da edição de 24 de agosto de 1888, está a seção "Notas & Perguntas", com a instrução de que todas as perguntas e respostas sejam enviadas em cartões-postais e que a pessoa se refira à pergunta que está respondendo usando o número atribuído a ela pelo jornal. Publicar sob pseudônimo, adverte o *Echo*, "é inadmissível".

Das dezoito "Respostas" em 24 de agosto de 1888, cinco foram assinadas por "W. S.". Dizem o seguinte:

Resposta Um (3580): OSTEND — Eu não aconselharia "W. B." a escolher Ostend para quinze dias de férias; ele vai se cansar em dois dias. É lugar para exibição de vestidos e coisas assim, e muito caro. O campo ao redor é plano e desinteressante; além disso, as estradas são todas calçadas com granito. A um turista inglês, posso recomendar a "Casa Amarela", ou "Maison Jaune", que pertence a um inglês e fica perto da estação ferroviária e do ancoradouro do vapor; também o Hôtel du Nord. Os dois são razoáveis, mas evite os hotéis de luxo. As praias são bonitas. Não é preciso saber francês. — W. S.

(Ostend é um porto marítimo e balneário na Bélgica, a que se chega de Dover, e que Sickert tinha visitado.)

Resposta Dois (3686): ÓPERAS POPULARES — A popularidade do *Trovatore* se deve, naturalmente, à suavidade da música e das árias cativantes. De modo geral, a música não é considerada "de alta classe" — na verdade tenho ouvido com freqüência músicos "profissionais" dizerem que não é música alguma. Quanto a mim, com exceção de *Don Juan*, é minha ópera preferida. — W. S.

Resposta Três (3612): PASSAPORTES — Receio que "Um polonês infeliz" terá que limitar sua atenção aos países que não exigem passaporte, de que há muitos ultimamente, e por onde, aliás, é mais agradável viajar. Certa vez conheci um compatriota dele que viajava com um passaporte emprestado; foi apanhado e mandado para a *quod* [gíria de rua para "prisão"], onde passou algum tempo. — W. S.

Resposta Quatro (3623): MUDANÇA DE NOME — Tudo o que "Jones" tem a fazer é pegar um pincel, apagar "Jones" e substituir por "Brown". Claro que isso não vai isentá-lo de quaisquer responsabilidades como "Jones". Ele simplesmente será "Jones" negociando sob o nome de "Brown". — W. S.

Resposta Cinco (3627): CARTAS DE NATURALIZAÇÃO — A fim de obtê-las, um estrangeiro precisa ter residido no Reino Unido cinco anos consecutivos ou no mínimo cinco anos dos últimos oito; e também precisa fazer uma declaração de que tenciona residir permanentemente no país. Nossos chefes de família britânicos por nascimento exigirão provas rigorosas disso. — W. S.

Dar respostas usando o número da pergunta original implica que o missivista estava familiarizado com o *Echo* e provavelmente era um ávido leitor do jornal. Enviar cinco respostas é sinal de compulsão, coerente com a prolificidade com que Sickert escrevia e com o número espantoso de cartas assinadas pelo Estripador que a polícia e a imprensa receberam. Papel de jornal aparece repetidamente na vida de Sickert e nos jogos do Estripador. Este escreveu uma carta a um magistrado da polícia, em belíssima caligrafia, numa seção do *Star* datado de 4 de dezembro. O pedaço arrancado do jornal inclui a notícia de uma exposição de esboços e, no verso, o subtítulo "Filho de ninguém".

Walter Sickert nunca teve certeza de quem era nem de onde vinha. Era o "Não Inglês", para citar a assinatura de outra carta do Estripador. Seu pseudônimo de ator era "Mr. Nemo" (Sr. Ninguém), e num telegrama que enviou à polícia (sem data, mas possivelmente do final do outono de 1888), o Estripador risca "Sr. Ninguém" como nome do remetente e escreve "Jack, o Estripador". Sickert não era francês, mas considerava-se um pintor francês. Certa vez escreveu que pretendia tornar-se cidadão francês — o que nunca fez. Em outra carta, afirma que, no coração, seria sempre alemão.

A maioria das cartas enviadas pelo Estripador entre 20 de outubro e 10 de novembro de 1888 tinha o carimbo postal de Londres, e é certo que Sickert estava em Londres antes de 22 de outubro para comparecer a uma prévia da "First Pastel Exhibition", na Galeria Grosvenor. Em cartas que escreveu a Blanche, as referências à eleição de novos membros do New English Art Club indicam que Sickert estava em Londres ou, no mínimo, na Inglaterra, durante o outono — é muito provável que em novembro também e possivelmente até o final do ano.

Quando voltou para casa em Broadhurst Gardens, 54, no final de outubro, Ellen teve uma gripe terrível e longa, que a deixou muito fraca até meados de novembro. Não encontrei registro de que tenha estado com o marido ou mesmo que sabia onde ele estava de um dia para o outro. Não sei se estava assustada com as atrocidades violentas que vinham ocorrendo a menos de nove quilômetros de sua casa, embora seja difícil imaginar que não estivesse. A metrópole estava aterrorizada, mas o pior ainda estava por vir.

Mary Kelly tinha 24 anos e era muito bonita, com pele viçosa, cabelo escuro e aparência jovem. Tinha mais instrução do que as outras Infelizes que circulavam pela área onde morava, na rua Dorset, 26. A casa era alugada por John McCarthy, que era dono de uma mercearia e sublocava todos os quartos a gente muito pobre. O quarto de Mary, o de número 13, no térreo, tinha pouco mais de um metro quadrado e era separado de outro por uma divisória logo ao lado da cama de madeira. A porta e duas janelas grandes abriam para o Miller's Court, e ela tinha perdido a chave da porta fazia algum tempo — não tinha certeza de quando.

Isso não causou muito problema. Havia pouco tempo, depois de ter bebido um pouco além da conta, ela brigara com seu homem, Joseph Barnett, um carregador de carvão. Não conseguia se lembrar, mas devia ter quebrado um vidro de uma janela naquele dia. A partir de então, ela e Barnett enfiavam a mão pelo buraco no vidro para soltar o trinco da porta. Nunca se deram ao trabalho de trocar a vidraça nem de substituir a chave — não deviam achar que seria uma maneira muito sensata de gastar o pouco dinheiro que tinham.

A última grande briga de Mary Kelly e Joseph Barnett, em que trocaram tapas, tinha ocorrido havia dez dias, por causa de uma mulher chamada Maria Harvey. Mary tinha começado a dormir com ela às segundas e terças e Barnett não tolerou isso. Mudou-se, deixando por conta de Mary arrumar um jeito de pagar o aluguel atrasado de uma libra e nove xelins. Os dois se reconciliaram parcialmente, e ele de vez em quando passava pelo quarto dela e lhe dava algum dinheiro.

Maria Harvey viu Mary pela última vez na tarde da quinta-feira 8 de novembro, quando foi visitá-la em seu quarto. Maria era lavadeira e perguntou se podia deixar umas roupas sujas ali: duas camisas de homem, uma camisa de menino, um sobretudo preto, um chapéu feminino de crepe preto com filetes de cetim preto, o recibo de penhor de um xale cinza e uma anágua branca de menina. Prometeu voltar mais tarde para buscar a trouxa, e ainda estava no quarto quando Barnett apareceu para uma visita de surpresa.

"Bem, Mary Jane", disse Maria ao sair, "não vou ver você de novo hoje à noite." Ela jamais tornaria a vê-la.

Mary Kelly nasceu em Limerick e era filha de John Kelly, um operário siderúrgico irlandês. Mary tinha seis irmãos que moravam com os pais, um irmão no exército e uma irmã que trabalhava nos mercados. Quando Mary era pequena, a família mudou-se para Caernarvonshire, no País de Gales, e aos dezesseis anos ela se casou com um mineiro de carvão chamado Davis. Dois ou três anos depois ele morreu numa explosão e Mary foi morar em Cardiff, com uma prima. Foi nessa época que começou a se entregar à bebida e à prostituição, e passou oito meses numa enfermaria tratando-se de doença venérea.

Em 1884 mudou-se para a Inglaterra e continuou a não ter dificuldade para arrumar clientes. Não encontrei fotografias que mostrassem a aparência que tinha, a não ser depois de o Estripador lhe ter destruído o corpo completamente. Mas esboços contemporâneos a retratam como uma mulher muito bonita, com a silhueta de ampulheta que se cobiçava na época. Sua maneira de vestir-se e seu comportamento eram remanescentes de um mundo melhor do que a realidade miserável que ela tentava esquecer bebendo.

Durante algum tempo Mary se prostituiu no West End, onde conheceu cavalheiros que sabiam recompensar uma bela mulher por seus favores. Um a levou à França, mas ela só ficou dez dias lá e voltou para Londres. Disse a amigas que a vida na França não lhe convinha. Morou com um homem na Ratcliff Highway, com outro na rua Pennington, depois com um estucador em Bethnal Green. Joseph Barnett declarou no inquérito que não sabia ao certo com quantos homens ela tinha morado nem por quanto tempo.

Numa noite de sexta-feira, em Spitalfields, a bonita Mary Kelly chamou a atenção de Joseph Barnett, que a convidou para um drinque. Dias depois decidiram morar juntos. Isso foi oito meses antes de ele alugar o quarto 13 na rua Dorset, 26. De vez em quando Mary recebia cartas da mãe na Irlanda. Ao contrário de muitas Infelizes, sabia ler e escrever. Mas quando os crimes do East End começaram a acontecer, pedia a Barnett que lesse as notícias para ela. Talvez o noticiário fosse assustador demais para ela assimilar sozinha e no

315

silêncio de sua imaginação. Podia não conhecer as vítimas, mas há uma boa chance de que as tivesse visto alguma vez na rua ou num pub.

A vida de Mary com Joseph Barnett não era má, depôs ele no inquérito, e a única razão de ele tê-la deixado foi que "ela tinha uma pessoa, que era prostituta, que ela recebia e eu me opus, foi a única razão, não porque eu estivesse desempregado. Eu a deixei no dia 30 de outubro, entre as cinco e as seis da tarde". Disse que ele e Mary continuaram "amigos" e que a viu pela última vez na quinta-feira, entre 19h30 e 19h45, quando passou por lá e encontrou Maria no quarto. Maria foi embora e Barnett ficou mais um pouco com Mary. Pediu desculpas por não ter dinheiro para dar a ela, e "não bebemos juntos. Ela estava completamente sóbria. Enquanto esteve comigo, tinha hábitos sóbrios", e só bebia uma vez ou outra.

Mary Kelly estava muito ciente dos crimes monstruosos que vinham ocorrendo a poucos quarteirões da casa de cômodos onde morava, mas continuou a andar pelas ruas à noite, depois que Barnett se mudou. Ela não tinha outro meio de ganhar dinheiro. Precisava de seus drinques e estava prestes a ser despejada, sem nenhuma perspectiva de outro homem decente que a acolhesse. Estava ficando desesperada. Não fazia muito tempo que tinha sido uma prostituta de categoria, que freqüentava os melhores estabelecimentos do West End. Agora, porém, afundava mais e mais no poço sem fundo da pobreza, do alcoolismo e do desespero. Não ia demorar muito para perder a beleza. Provavelmente não lhe ocorreu que pudesse perder a vida.

São poucos os fatos que se sabem sobre Mary Kelly, mas na época correram vários boatos. Disseram que ela tinha um filho de sete anos e que preferia se matar a vê-lo morrer de fome. Se esse filho existia, não há menção a ele nos relatórios da polícia nem nos depoimentos prestados no inquérito. Na última noite de sua vida, ela supostamente cruzou com uma amiga na esquina da rua Dorset a quem disse que estava sem dinheiro. "Se não conseguisse arrumar dinheiro", disse a amiga mais tarde à polícia, "ela não ia mais sair de casa e ia se matar."

Mary fazia muito barulho quando estava embriagada, e tinha bebido na noite da quinta-feira 8 de novembro. Fazia um mês que o tempo estava péssimo, com dias de chuva forte e ventos de sudeste violentos. A temperatura vinha baixando para menos de 5 °C e a neblina envolvia a cidade como uma gaze. Mary foi vista várias vezes naquela noite de quinta-feira, aparentemente seguindo para o pub mais próximo não muito depois de Joseph Barnett ter ido embora. Foi vista na rua Commercial, bem embriagada, e depois, às 22 horas, na rua Dorset. Não se pode confiar nas horas nem que quando alguém viu "Mary Kelly", tenha realmente visto Mary Kelly. As ruas estavam muito escuras. Muita gente estava bêbada, e depois dos recentes assassinatos do Estripador de todo lado pareciam surgir testemunhas, cujas histórias nem sempre mereciam confiança.

Uma das vizinhas de Mary, uma prostituta chamada Mary Ann Cox, que morava no quarto 5 de Miller's Court, depôs no inquérito que a viu embriagada à meia-noite. Estava com uma saia escura surrada, um paletó vermelho, sem chapéu, e acompanhada por um homem baixo e robusto, que tinha manchas na pele, um grosso bigode arruivado e estava usando uma roupa escura e um chapéu-coco preto. Ele carregava um jarro de cerveja e ia com Mary Kelly na direção da porta dela. Mary Ann caminhava vários passos atrás do casal, e disse boa-noite a Mary Kelly. "Vou cantar um pouco", respondeu Mary Kelly quando o homem fechou a porta do quarto 13.

Durante mais de uma hora ouviu-se Mary cantando a comovente canção irlandesa "Sweet violets".

"Uma violeta colhi do túmulo de minha mãe quando era menino", cantava, e através de suas cortinas via-se a luz de uma vela.

Mary Ann Cox trabalhava nas ruas. Periodicamente voltava a seu quarto para aquecer as mãos, e tornava a sair à procura de clientes. Às 3 horas, deu a noite por encerrada e voltou para casa. O quarto de Mary Kelly estava escuro e em silêncio. Mary Ann foi para a cama sem tirar a roupa. Uma chuva forte e fria martelava o pátio e as ruas. Ela não dormiu. Ouviu homens entrando no prédio e saindo dele até as 5h45. Outra vizinha, Elizabeth Prater, do quarto 20, diretamente em cima do de Mary Kelly, disse no inquérito que por volta da 1h30 viu um "lampejo" de luz através da "divisória" que separava seu quarto do de Mary Kelly.

Suponho que com "divisória" Elizabeth estivesse se referindo a rachaduras no piso. Para garantir que a porta de seu quarto ficasse bem fechada, Elizabeth Prater encostou duas mesas contra ela e foi se deitar. Depôs que tinha tomado alguma coisa, dormiu profundamente, até que uma gatinha começou a andar por cima dela, muito agitada, acordando-a por volta das 4 horas. A essa altura o quarto embaixo do seu estava escuro. De repente, disse ela, "ouvi um grito de 'ah! assassinato!', quando a gata veio para cima de mim e eu a empurrei para o chão". Disse que a voz foi fraca e que veio de perto, mas ela não a ouviu uma segunda vez. Elizabeth tornou a adormecer e acordou às 5 horas. Havia homens arreando cavalos na rua Dorset quando ela caminhou até o pub Ten Bells para tomar uma dose de rum.

A manhã ia a meio quando John McCarthy, dando duro em sua mercearia, tentava decidir o que fazer em relação ao quarto 13 na casa que alugava na rua Dorset, 26. Enquanto trabalhava naquela manhã fria e nevoenta de sexta-feira, ele foi forçado a considerar o inevitável. Joseph Barnett tinha se mudado fazia mais de duas semanas e Mary Kelly devia uma libra e nove xelins de aluguel atrasado. McCarthy tinha sido paciente com ela, mas a situação simplesmente não podia continuar.

"Vá até o número 13 e tente receber uma parte do aluguel", disse a seu ajudante, Thomas Bowyer. Eram quase 11 horas quando Bowyer foi até lá e bateu na porta. Não obteve resposta. Puxou a maçaneta, mas a porta estava trancada. Abriu as cortinas, olhou pela vidraça quebrada e viu Mary Kelly nua em cima da cama, coberta de sangue. Correu para a loja do patrão e os dois homens voltaram para espiar no quarto de Mary. Bowyer disparou em busca da polícia.

Um inspetor da Divisão H logo seguiu para o local, mandou imediatamente buscar o médico da polícia, dr. George Phillips, e enviou um telegrama à Scotland Yard informando sobre o último crime do Estripador. Em meia hora o local estava apinhado de inspetores, inclusive Frederick Abberline, que deu ordem para que ninguém que se encontrava no pátio saísse e ninguém entrasse sem autorização da polícia.

Charles Warren também recebeu um telegrama — de Abberline, perguntando se o comissário queria que se usassem os sabujos. O experiente investigador provavelmente sabia muito bem que isso seria um completo desperdício de tempo, mas estava obedecendo a ordens. A ordem foi cancelada e os cães não foram enviados. No final do dia a imprensa seria informada de que Warren tinha pedido demissão.

Não houve pressa para entrar no quarto de Mary Kelly. Como disse no inquérito, o dr. Phillips olhou pelo "vidro inferior quebrado e me certifiquei de que o cadáver mutilado estendido na cama não necessitava da minha atenção imediata". A polícia removeu uma janela do quarto e o dr. Phillips começou a tirar fotografias pela abertura. Às 13h30, a polícia usou uma picareta para abrir a porta, que bateu numa mesa à esquerda da cama. Os investigadores e o dr. Phillips entraram e o que viram não se assemelhava a nada que já tivessem visto em toda a sua carreira.

"Parecia mais a obra de um demônio do que de um homem", diria McCarthy mais tarde no inquérito. "Eu tinha ouvido falar sobre os crimes de Whitechapel, mas juro por Deus que jamais imaginei que veria uma cena como aquela."

O corpo de Mary Kelly estava de atravessado em dois terços da cama, quase encostado na porta. As fotos tiradas no local mostram tantas mutilações que ela bem poderia ter sido atropelada por um trem. O Estripador decepou-lhe as orelhas e o nariz, e retalhou e descarnou o rosto até os ossos. Ela ficou sem feições, só lhe restou o cabelo escuro, ainda bem penteado, provavelmente porque não chegou a lutar com o Estripador. Não havia espaço para atacá-la por trás da cama, por isso ele a atacou de frente. Ao contrário da vítima do crime de Camden Town, Mary Kelly estava deitada de costas quando uma lâmina forte e afiada lhe rasgou a carótida direita. O sangue encharcou a cama e fez uma poça no chão.

Abberline, que estava no comando da investigação, deu uma busca no quarto. Encontrou pano queimado na lareira e concluiu que o assassino continuara a alimentar o fogo enquanto trabalhava, para ter luz suficiente para enxergar, "pois só havia um pedaço de vela no quarto", depôs Abberline. O calor era tão intenso que derreteu o bico de uma chaleira. É de perguntar como é que um fogo tão forte não foi notado no pátio, mesmo através de cortinas fechadas. Alguém podia ter se preocupado com a possibilidade de o quarto estar em chamas, a menos que o fogo fosse baixo, quente e constante. Como de costume, as pessoas estavam cuidando da própria vida. Talvez o Estripador tenha trabalhado à luz tênue da única vela no quarto. Sickert não se importava com o escuro. A "escuridão de breu", disse numa carta, "é adorável".

Com exceção de um casaco, toda a roupa suja de Maria foi queimada. A roupa de Mary Kelly foi encontrada cuidadosamente dobrada ao lado da cama, como se ela tivesse se despido voluntariamente e ficado só de combinação. O homicida estripou, cortou e retalhou o corpo dela, deixando-o completamente aberto e reduzindo a genitália a polpa. Amputou-lhe os seios e colocou-os junto do fígado, no lado da cama. Empilhou o intestino na mesa-de-cabeceira.

Removeu todos os órgãos, menos o cérebro, e esfolou a perna direita até o joelho, expondo um fêmur branco, reluzente e totalmente descarnado.

Havia cortes curvos claramente visíveis no braço esquerdo, e uma linha escura em torno da perna direita, logo abaixo do joelho, sugere que o Estripador podia estar em vias de desmembrá-la quando parou por algum motivo. Talvez o fogo tivesse apagado ou a vela estivesse prestes a terminar. Quem sabe estivesse ficando tarde e na hora de ele fugir. O dr. Bond chegou ao local às 14 horas, e em seu relatório disse que o *rigor mortis* aumentou enquanto ele examinava o corpo. Admitiu que não era capaz de determinar a hora da morte, mas afirmou que às 14 horas o cadáver estava frio. Com base nisso, no *rigor mortis*, na presença de comida parcialmente digerida no estômago dilacerado e espalhada por cima do intestino, avaliou que fazia doze horas que ela estava morta no momento em que ele chegou ao local.

Se o dr. Bond estava certo quando disse que o *rigor mortis* ainda estava em processo de formação quando ele começou a examinar o corpo às 14 horas, é possível que ainda não fizesse doze horas que Mary tinha morrido. Seu corpo estaria frio muito antes disso. Ela tinha perdido todo o sangue, era magra, a cavidade do corpo estava exposta, e ela estava coberta apenas por uma combinação num quarto onde o fogo tinha se apagado. Além disso, a se dar crédito às testemunhas, Mary Kelly ainda estava viva à 1h30. As horas fornecidas à polícia e mencionadas no inquérito basearam-se nos relógios das igrejas da área, que soavam a meia hora e a hora cheia, nas mudanças da claridade, e nos períodos em que o East End estava em silêncio ou começando a se movimentar.

É possível que a testemunha mais confiável no que diz respeito à hora em que Mary Kelly foi assassinada seja a gatinha que começou a andar por cima de Elizabeth Prater às 4 horas. Os gatos têm uma audição extraordinária, e a gatinha pode ter sido perturbada pelos sons que vinham do quarto diretamente embaixo. Pode ter sentido os feromônios que são secretados pelas pessoas aterrorizadas e em pânico. Na hora em que a gata a acordou, Elizabeth disse que ouviu alguém gritar ali perto "Assassinato!".

Mary Kelly viu o que ia acontecer. Estava despida e deitada de costas na cama. Pode ter visto o assassino sacar a faca. Mesmo que o Estripador tenha atirado um lençol em cima do rosto dela antes de lhe cortar a garganta, ela sabia que estava prestes a morrer. Viveu mais alguns minutos, perdendo sangue, enquanto ele começava a retalhá-la. Não podemos supor que as vítimas do Estripador não sentiram dor e que já estivessem inconscientes quando ele iniciava a mutilação. No caso de Mary Kelly, não é possível saber se ele começou pela barriga ou pelo rosto.

Se odiava o rosto bonito e sexualmente atraente de Mary Kelly, pode ter começado por aí. Ou pode ter começado pelo abdome. Ela talvez tenha sentido os cortes, enquanto a perda de sangue a fazia estremecer. Pode ter começado a bater os dentes, mas não por muito tempo, pois foi enfraquecendo, entrou em estado de choque e morreu. Pode ter se afogado com o sangue que, jorrando da carótida, foi inalado pelo corte na traquéia e lhe encheu os pulmões.

"A passagem do ar foi cortada na parte mais baixa da laringe, através da cartilagem cricóide", lê-se na página 16 do relatório da primeira autópsia.

Ela não pôde gritar nem emitir um único som.

"Os dois seios foram removidos por incisões mais ou menos circulares, sendo que os músculos ao longo das costelas ficaram ligados aos seios."

Isso exigiu uma faca forte e afiada, com uma lâmina que não fosse longa ao ponto de não permitir manejar a arma. Uma faca de dissecação tem uma lâmina com dez a quinze centímetros e um cabo que permite uma boa empunhadura. Mas uma faca para matar, comum na época e à disposição do Estripador, seria a *kukri*, com uma lâmina que avança em curva. O comprimento da lâmina pode variar, e a faca é forte o suficiente para cortar vinhas, galhos e até árvores pequenas. Quando a rainha Vitória era a imperatriz da Índia, muitos soldados britânicos portavam *kukris*, e essas facas eram encontradas no mercado inglês.

Numa carta datada de 19 de outubro, Jack, o Estripador, escreveu que se sentia "muito aborrecido por causa da faca que perdi vindo para cá; tenho que arrumar uma hoje à noite". Dois dias depois, na noite do domingo 21 de outubro, um policial encontrou uma faca suja de sangue no meio de uns arbustos, não muito longe da casa onde a mãe de Sickert morava. Era uma *kukri*. Uma faca dessas poderia ter sido usada em Mary Kelly. A *kukri* era usada em combate para cortar gargantas e decepar membros, mas devido à lâmina curva não é boa para apunhalar.

"A pele & os tecidos do abdome [...] foram removidos em três lugares grandes. [...] A coxa direita foi descarnada até o osso. [...] A parte inferior do pulmão [direito] foi rompida e arrancada. [...] O pericárdio foi aberto & o coração estava ausente."

Esses detalhes da autópsia vêm das páginas 16 e 18 do relatório original, que parecem ser as únicas que restaram dos relatórios das várias autópsias. A perda desses documentos é realmente uma calamidade. Os detalhes médicos que nos revelariam mais sobre o que o assassino fez à vítima não ficam tão claramente definidos em laudos de inquéritos quanto em relatórios de autópsias. Não se mencionou no inquérito, por exemplo, que o coração de Mary Kelly foi removido. A polícia, os médicos e o magistrado acharam que o público não precisava saber desse detalhe.

O exame *post-mortem* de Mary Kelly foi realizado no necrotério de Shoreditch e durou seis horas e meia. Estavam presentes os médicos forenses mais experientes: o dr. Thomas Bond, de Westminster, o dr. Gordon Brown, da City, um certo dr. Duke, de Spitalfields, o dr. George Phillips e um assistente. Consta que os homens só encerraram o exame depois de conferir todos os órgãos. Segundo algumas informações, não faltava nenhum, mas não é verdade. O Estripador levou o coração de Mary Kelly e talvez pedaços dos órgãos genitais e do útero.

O inquérito começou e terminou em 11 de novembro. O dr. Phillips mal tinha descrito o local do crime, quando o dr. Roderick McDonald, o *coroner* de Northeast Middlesex, disse que não havia necessidade de o médico entrar em mais detalhes naquele momento. Os jurados — que tinham visto os restos mortais de Mary Kelly no necrotério — poderiam se reunir novamente e ouvir mais tarde, a menos que estivessem prontos a proferir um veredicto. Eles estavam. Tinham ouvido o suficiente. "Crime intencional cometido por pessoa desconhecida."

Imediatamente, a imprensa caiu em silêncio. Foi como se o caso do Estripador estivesse encerrado. Um exame dos jornais nos dias, semanas e meses que seguiram ao inquérito e ao enterro de Mary Kelly revela poucas menções ao Estripador. As cartas dele continuavam a chegar e eram arquivadas "com as outras". Não eram publicadas nos jornais respeitáveis. Todos os crimes posteriores que poderiam trazer à tona a questão do Estripador acabaram sendo considerados obra de outro homicida, não do demônio de Whitechapel.

Em junho de 1889, encontraram-se os restos mortais de uma mulher desmembrada em Londres. Ela nunca foi identificada.

Em 16 de julho de 1889, uma Infeliz chamada Alice McKenzie, conhecida por "tomar uns goles" de vez em quando, saiu para ir ao Cambridge Musichall, no East End, e foi ouvida por um menino cego quando pediu a um homem que lhe pagasse um drinque. À 1 hora, foi encontrada em Castle Alley, em Whitechapel, com a garganta cortada e a roupa levantada, expondo várias mutilações no abdome. O dr. Thomas Bond fez a autópsia e escreveu: "Sou da opinião de que o crime foi executado pela mesma pessoa que cometeu a série de assassinatos em Whitechapel". O caso nunca foi solucionado e não se falou muito em público sobre o Estripador.

Em 6 de agosto de 1889, uma menina de oito anos chamada Caroline Winter foi assassinada em Seaham Harbour, no litoral nordeste da Inglaterra, não longe de Newcastle-upon-Tyne. O crânio foi esmagado e o corpo, com "outros ferimentos terríveis", foi atirado numa poça de água perto de um cano de esgoto. Ela foi vista pela última vez brincando com uma amiga, que contou à polícia que Caroline conversou com um homem de cabelo preto, bigode preto e terno cinza surrado. Ele ofereceu um xelim para que Caroline o acompanhasse, e ela foi.

O torso feminino encontrado no arco ferroviário na rua Pinchin, em 10 de setembro, não apresentava sinais de mutilação, a não ser pelo desmembramento, e não havia prova de que a morte fora causada por um corte na garganta, ainda que ela tivesse sido decapitada. Segundo o relatório oficial, uma incisão na frente do torso não poderia ter sido feita pelo Estripador: "O revestimento interno do intestino mal foi tocado e o fim do corte na direção da vagina dá quase a impressão de que a faca escorregou e que essa parte do ferimento foi um acidente. Se isso tivesse sido obra do mesmo assassino tresloucado, poderíamos estar razoavelmente certos de que ele teria continuado seu trabalho hediondo da maneira que adotou em ocasiões prévias". O caso nunca foi solucionado.

Em 13 de dezembro de 1889, nas docas de Middlesbrough, também no litoral nordeste da Inglaterra, logo ao sul de Seaham Harbour, encontraram-se restos humanos em decomposição, inclusive a mão direita de uma mulher, de que faltavam duas articulações do dedo mínimo.

"Estou fazendo experiências com desmembramento", escreveu o Estripador em 4 de dezembro de 1888, "e se conseguir, mando-lhe um dedo."

Em 13 de fevereiro de 1891, uma prostituta chamada Francis Coles foi encontrada com a garganta aberta em Swallow Gardens, Whitechapel. Tinha cerca de 26 anos e "o hábito de beber", de acordo com os relatórios da polícia. O dr. George Phillips realizou o exame *post-mortem*, concluiu que o corpo não tinha sido mutilado e "não associou este [assassinato] com a série de crimes anteriores". O caso nunca foi solucionado.

Também nunca foi solucionado um caso envolvendo pedaços de um corpo de mulher desmembrado, encontrados em Londres em junho de 1902.

Um *serial killer* continua matando. Sickert continuou matando. Pode ter feito quinze vítimas, vinte, quarenta, antes de morrer pacificamente em sua cama em Bathampton, em 22 de janeiro de 1942, aos 81 anos de idade. Depois do assassinato de Mary Kelly, Jack, o Estripador, desapareceu gradualmente num pesadelo que foi ficando no passado. Ele devia ter sido aquele jovem médico insano que na verdade era advogado e que se atirou no Tâmisa. Podia ter sido um barbeiro lunático, ou um judeu lunático, agora trancado em segurança num asilo. Podia estar morto. Que alívio fazer essas suposições.

Depois de 1896, parece que as cartas do Estripador cessaram. Seu nome deixou de ser associado com novos crimes, e os arquivos referentes a ele foram lacrados por um século. Em 1903 James McNeill Whistler morreu e Walter Sickert elegantemente assumiu o centro do palco. Os dois pintores tinham estilo e temas bem diferentes. Whistler não pintava prostitutas assassinadas e sua obra começava a valer uma fortuna. Mas Sickert estava se tornando conhecido. Estava evoluindo para se tornar uma personalidade cult e um excêntrico. Na velhice, era o maior pintor vivo da Inglaterra. Se tivesse confessado que era Jack, o Estripador, acho que ninguém teria acreditado.

28. Distante do túmulo

Em 1889 a fragmentação da personalidade de Sickert parece ter chegado ao limite e ele se retirou para o outro lado do canal da Mancha, para levar uma vida muito semelhante à dos indigentes a quem aterrorizou.

"Desperto de sonhos & de camisola limpo o chão, com medo dos tetos & mudo de lugar um colchão que pus ali 'para apanhar as gotas'", ele escreveu a Blanche.

Entre assassinatos e períodos de trabalho intenso, ele tinha vagado de um lado para o outro, principalmente por Dieppe e Veneza, em condições de vida descritas por amigos como chocantes e pavorosas. Vivia em meio à imundície e ao caos. Era um desleixado que cheirava mal. Estava paranóide, e disse a Blanche que acreditava que Ellen e Whistler tinham tramado para lhe arruinar a vida. Tinha medo de que alguém pudesse envená-lo. Tornou-se cada vez mais recluso, deprimido e mórbido.

"Você supõe que a única razão de acharmos tão tocante e interessante o que pertence ao passado é que está distante do túmulo?", reflete numa carta.

Os assassinos psicopatas podem mergulhar numa depressão mórbida depois de surtos homicidas, e para alguém que tinha exercido um controle aparentemente perfeito, Sickert pode ter se descoberto completamente descontrolado e sem nada que lhe restasse na vida. Dedicara os anos mais viris e produtivos a uma carnificina. Tinha ignorado e evitado os amigos. Ia desaparecer da sociedade sem aviso nem motivo. Não tinha quem cuidasse dele, não tinha um lar e estava sem dinheiro. Sua obsessão psicopática lhe dominara a vida completamente. "Não estou bem — não sei qual é o problema comigo", escreveu a Nan Hudson em 1910. "Meus nervos estão abalados." Quando atingiu os cinqüenta anos, tinha começado a se autodestruir, como um circuito sobrecarregado sem um disjuntor.

Quando Ted Bundy descompensou, seus crimes tinham escalado de surtos homicidas para a matança enlouquecida que cometeu num grêmio estudantil feminino na Flórida. Estava completamente fora de si e não vivia num mundo que lhe permitisse se safar. O mundo em que Sickert viveu lhe permitiu isso. Ele não foi lançado contra uma ciência forense e uma aplicação da lei sofisticadas. Percorreu a superfície da vida como um cavalheiro respeitável e intelectual. Era um artista a caminho de se tornar um mestre, e aos artistas perdoa-se o fato de não terem um modo estruturado ou "normal" de cuidar dos próprios negócios. São perdoados por serem um tanto esquisitos, excêntricos ou mesmo perturbados.

A psique fraturada de Sickert o lançava em batalhas constantes com seus muitos eus. Ele sofria. Compreendia a dor, contanto que fosse a sua. Não sentia nada por ninguém, nem por Ellen, que se feriu muito mais do que ele, porque o amava e sempre o amaria. Para ela, o estigma do divórcio foi pior do que para ele; a vergonha e a sensação de fracasso foram maiores. Ela se puniria pelo resto da vida por ter maculado o nome Cobden, traindo o falecido pai e tornando-se um fardo para aqueles a quem amava. Não teve paz. Sickert, porém, teve, porque não via nada de errado em nada que tivesse feito. O psicopata não assume conseqüências, não sente pesar — a não ser pelas infelicidades que atrai para si e pelas quais responsabiliza os outros.

As cartas de Sickert a Blanche são obras magistrais de maquinação e nos dão um vislumbre dos recessos sombrios de uma mente psicopática. Primeiro escreveu: "Divórcio concedido ontem, graças a Deus!". A isso acrescentou: "A primeira sensação que se tem quando se remove uma tenaz de um dedo é um alívio de deixar tonto". Não estava sofrendo com a perda de Ellen. Estava aliviado de que tivessem retirado um conjunto de complicações de sua vida, e sentia-se mais fragmentado do que antes.

Ellen lhe dava um senso de identidade. O casamento lhe proporcionava uma base segura no interminável pega-pega de que ele brincava. Havia sempre ela para ele voltar correndo, e ela sempre lhe dava o que podia — e continuaria a fazer isso, ainda que fosse comprando seus quadros secretamente por intermédio de Blanche. Sickert, o ator, não se dava bem sem platéia nem elenco de apoio. Ficou sozinho nos bastidores, num lugar escuro e frio, e não gostou. Não sentia falta de Ellen da maneira como ela sentia falta dele, e sua grande tragédia é que estava condenado a uma vida que não lhe permitia intimidade física nem emocional. "Você pelo menos *sente*!", escreveu certa vez a Blanche.

As aberrações genéticas e os traumas de infância tinham encontrado as fissuras de Sickert e feito o homem em pedaços. Um pedaço dele dava aulas de pintura a Winston Churchill, enquanto outro escrevia uma carta aos jornais, em 1937, elogiando a arte de Adolf Hitler. Um pedaço de Sickert era bondoso com o irmão Bernhard, fraco e viciado em drogas, enquanto outro não pensava duas vezes antes de aparecer no hospital da Cruz Vermelha para desenhar soldados sofrendo ou agonizando, e depois pedir os uniformes, visto que os homens já não iam precisar deles.

Um pedaço de Sickert podia elogiar um pintor jovem e inexperiente e ser muito generoso com seu tempo e instruções, enquanto outro atacava mestres como Cézanne e Van Gogh e escrevia uma mentira na *Saturday Review*, com a intenção de difamar a carreira de Joseph Pennell e de Whistler. Um pedaço de Sickert enganava os amigos, fazendo-os pensar que ele era um conquistador de mulheres, enquanto outro as chamava de "putas" — ou, em cartas do Estripador, de "bocetas" —, menosprezava-as como uma categoria de vida inferior, assassinava-as, mutilava-as, e tornava a degradá-las e violá-las em sua arte. As complexidades de Sickert podem ser intermináveis, mas um fato a seu respeito é claro: ele não se casava por amor.

Em 1911 resolveu que estava na hora de casar de novo. Foi uma decisão que talvez tenha premeditado menos do que seus crimes. Fez uma corte relâmpago a uma de suas jovens alunas, que Robert Emmons, o primeiro biógrafo de Sickert, descreveu como adorável, com "um pescoço de cisne". Depois de grandes apreensões, ela acabou por deixar Sickert plantado no altar e decidiu casar com alguém que fosse mais adequado a seu status.

"Casamento cancelado. Magoado demais para ir", telegrafou Sickert a Ethel Sands e Nan Hudson em 3 de julho de 1911.

Imediatamente voltou a atenção para outra aluna, Christine Drummond Angus, filha de John Angus, um comerciante escocês de couro que tinha certeza de que Sickert estava atrás do dinheiro dele. Dinheiro era uma grande conveniência, mas não era a única necessidade de Sickert: ele estava sem ninguém que cuidasse dele. Christine era dezoito anos mais jovem, uma mulher bonita, com um corpo de menina. Era doente e bastante manca, tendo sofrido a maior parte da vida de nevrite e frieiras. Era inteligente, seus bordados tinham nível para ser expostos em museu, e pintava com muita competência, mas não conhecia Walter Sickert pessoalmente.

Quando ele resolveu se casar com ela, os dois nunca tinham tido contato fora da sala de aula. Ele a massacrava com telegramas e cartas, que enviava várias vezes por dia, até que essa atenção inesperada e excessiva a deixou muito doente e a família a mandou para um período de repouso em Chagford, Devon. Sickert não foi convidado a acompanhá-la, mas tomou um trem e seguiu para lá. Em poucos dias ficaram noivos, contrariando os desejos do pai de Christine.

Ao ser informado de que, de repente, o pintor sem um tostão tinha vendido um grande retrato a um comprador anônimo, John Angus aceitou o noivado. Talvez, no final das contas, Christine não estivesse tomando uma decisão tão má. O comprador anônimo de Sickert foi Florence Pash, amiga e benfeitora sua, que quis ajudá-lo. "Caso no sábado com uma Christine Angus", telegrafou ele a Nan Hudson e Ethel Sands em 26 de julho de 1911. Mas, acrescentou, a má notícia era que o joalheiro "não aceita de volta a aliança" que ele tinha comprado para a primeira aluna a quem havia perseguido.

Christine e Sickert casaram-se no cartório de Paddington e começaram a passar a maior parte do tempo em Dieppe e a quinze quilômetros dali, em Envermeu, onde alugaram uma casa. Quando a Primeira Guerra Mundial teve início, em 1914, voltaram para Londres. Artisticamente, esses anos foram produtivos para Sickert. Escreveu inúmeros artigos, e seus quadros refletem uma tensão enigmática e intensa entre casais, que o tornou famoso.

Nos primeiros anos do casamento com Christine, ele produziu sua obra-prima, *Ennui*, pintou cenas de batalha, depois retornou aos teatros de variedades, indo ao New Bedford "toda maldita noite". Também houve aquelas outras obras que mostram seu lado sexualmente violento. Em *Jack ashore*, um homem vestido aproxima-se de um nu na cama. Em *The prevaricator*, um homem vestido se inclina sobre o pé de um estrado de madeira, semelhante ao de Mary Kelly, numa rara mudança do estrado de ferro, típica de Sickert.

A saúde de Christine continuava a criar inconveniências para ele, que escrevia cartas manipuladoras a suas solícitas amigas. Dizia-se contente de estar "contribuindo para tornar uma criatura mais feliz do que ela seria em outras circunstâncias". Pena que não conseguisse ganhar mais dinheiro, porque precisava de duas empregadas para cuidar da esposa doente. "Não posso deixar meu trabalho & não tenho recursos para levá-la para o campo." Queria que Nan Hudson deixasse Christine ir passar algum tempo com ela.

Depois da guerra, os Sickert se mudaram para a França, e em 1919 ele se encantou com uma delegacia de polícia fora de uso na Rue de Douvrend, em Envermeu. Christine pagou 31 mil francos pela construção abandonada, que tinha um quarto no andar de cima, onde, de um lado, havia antigas celas de prisão. A responsabilidade do marido seria reformar e aprontar a Maison Mouton, como a casa ainda é chamada, enquanto Ellen permanecia em Londres para resolver alguns assuntos e despachar a mobília para o outro lado do canal da Mancha. Às vezes, quando a nevrite se manifestava, ela ficava acamada. Em certa ocasião ficou tão doente que passou acordada "45 noites [...] com remédios e infecções, e mesmo quando a dor aguda passa, eu mal consigo me mexer".

Parece que também Sickert mal conseguia se mexer, pelo menos de um modo que ajudasse a frágil esposa, ainda que remotamente. No verão de 1920, Christine escreveu à família que a Maison Mouton estava "inabitável". Numa fotografia que Sickert lhe mandou, os sapatos dele estavam sem limpar desde que ela o vira pela última vez, quase quatro meses antes. "Receio que ele tenha gastado todo o dinheiro que eu tinha reservado para o piso e a pia da cozinha." Ele contou a ela que tinha comprado "uma arcada que dava para o rio e um Cristo do século XV em tamanho natural, pintado e esculpido", que ia "reinar sobre nosso destino".

No final do verão de 1920, fazia tanto tempo que Christine não o via que escreveu o que talvez tenha sido sua última carta para ele: "Mon Petit — suponho que é a última vez que escreverei cartas à janela, olhando para a Camden Road. Será maravilhoso tornar a ver você, mas muito estranho". Logo depois ela chegou com a mobília a sua nova casa em Envermeu e descobriu que não havia iluminação nem água corrente — somente tinas para coletar chuva. Dentro do poço havia um gato morto que, segundo uma das irmãs de Christine, "tinha sido afogado". Mancando e fraca, Christine tinha de andar até os fundos do jardim, por um caminho de pedra, e descer uma escada íngreme para chegar às "latrinas de terra". Depois que ela morreu, sua família comentaria, indignada, que não era "de admirar que a pobre Christine tenha entregado a alma".

Christine não passou bem durante o verão. Melhorou um pouco, mas só para piorar gravemente no outono, em Envermeu. Em 12 de outubro Sickert telegrafou para a irmã dela, Andrina Schweder, informando que Christine estava morrendo sem dor e dormindo muito. O exame do fluido espinhal revelara que ela estava com "o bacilo de Koch". Sickert prometeu telegrafar de novo "quando a morte ocorrer", e disse que Christine seria cremada em Rouen e enterrada no pequeno cemitério de Envermeu.

A irmã e o pai de Christine viajaram imediatamente e chegaram à Maison Mouton no dia seguinte, para encontrar Sickert a lhe acenar alegremente com um lenço da janela. Ficaram tomados de surpresa quando ele os recebeu à porta num paletó de veludo preto, com a cabeça raspada e o rosto muito branco, como se estivesse maquiado. Disse que estava contente de poder contar que Christine ainda estava viva, embora não devesse durar muito. Levou-os ao quarto dela, em cima, onde ela estava inconsciente. Não era o quarto principal, que ficava embaixo, atrás da cozinha, e que tinha a única lareira grande da casa.

Andrina sentou-se ao lado de Christine e o pai desceu. Entreteve-se tanto com as histórias e as canções de Sickert que mais tarde se sentiu culpado por ter se divertido. O médico chegou e deu uma injeção em Christine. A família se retirou e logo depois ela morreu. O pai e a irmã só foram informados no dia seguinte, dia 14. Sickert fez um esboço do cadáver da esposa enquanto ainda estava na cama. Mandou chamar um fundidor para que fizesse um molde de gesso da cabeça dela, e depois foi se encontrar com um agente interessado em comprar quadros. Sickert perguntou a Angus se se importaria de mandar um telegrama ao *Times* sobre a morte de Christine, e ficou irritado quando o sogro se referiu a ela como "esposa de Walter Sickert" e não "esposa de Walter Richard Sickert". Os amigos de Sickert se reuniram em torno dele, e a pintora Thérèse Lessore instalou-se na casa para cuidar dele. O sofrimento dele era visível — e visivelmente tão falso quanto quase tudo nele: como disse D. D. Angus com amargura, os sentimentos dele sobre a "querida falecida" "eram puro fingimento". Sickert "não perdeu tempo em arrumar sua Therese [sic]", escreveu Angus. Os dois se casariam em 1926.

"Você deve sentir saudade dela", consolou-o Marjorie Lilly, não muito depois da morte de Christine.

"Não é isso", replicou Sickert. "Meu desgosto é que ela *já não existe*."

Nos primeiros meses de 1921, quando ainda não fazia seis meses que as cinzas de Christine estavam no túmulo, Sickert escreveu cartas obsequiosas e mórbidas ao sogro, com a intenção óbvia de receber sua parte do espólio da esposa antes da homologação do testamento. Agora precisava de dinheiro para pagar os pedreiros que continuavam a reformar a Maison Mouton. Era muito "desagradável" não pagar as contas no prazo, e como John Angus estava a caminho da África do Sul, Sickert certamente agradeceria um adiantamento para providenciar que os desejos de Christine em relação à casa fossem respeitados. Angus lhe mandou quinhentas libras.

Sickert — uma das primeiras pessoas a terem carro em Envermeu — gastou sessenta libras na construção de uma garagem com um fundo poço de tijolos de mecânico. "Fará da minha casa um bom centro automobilístico", escreveu a Angus. "Christine sempre teve essa idéia." Suas muitas cartas à família de Christine depois da morte dela eram tão obviamente interesseiras e manipuladoras que os irmãos dela as circulavam entre si e as achavam "divertidas".

Ele continuava a se preocupar com a possibilidade de morrer intestado, como se isso pudesse acontecer a qualquer momento. Precisava dos serviços do sr. Bonus, o advogado da família Angus, para redigir um testamento imediatamente. O sr. Bonus fez jus ao nome. Como o utilizou, Sickert não precisou pagar as custas legais. "Não estou com pressa que saia a homologação", garantiu Sickert a Angus. "Minha única preocupação é não morrer intestado. Dei instruções a Bonus sobre meu testamento."

Finalmente, Angus, que tinha setenta anos, escreveu a Sickert, que estava com sessenta, que a "ansiedade" quanto a morrer "intestado pode ser descartada sumariamente, pois Bonus certamente não vai levar anos e anos para redigir seu testamento". O espólio de Christine foi avaliado em cerca de 18 mil libras. Sickert queria seu dinheiro, e usou a desculpa de que todas as questões legais precisavam ser resolvidas imediatamente, pois ele podia morrer de repente, talvez num acidente de carro. Caso ocorresse o pior, Sickert queria ser cremado "no lugar onde for conveniente, e minhas cinzas (sem caixa nem urna)" deviam ser espalhadas no túmulo de Christine. Acrescentou, generosamente, que tudo que Christine lhe deixara reverteria "incondicionalmente" para a família Angus. "Se viver mais alguns anos", prometeu, ele tomaria providências para que Marie, sua governanta, recebesse uma anuidade de mil francos depois de sua morte.

Em 1990, quando os papéis particulares de Christine foram doados ao Arquivo Tate, um membro de sua família (parece que um sobrinho) escreveu que "as 'intenções'" de Sickert de "deixar tudo para o Angus Trust eram puro fingimento! Não recebemos nem um *penny*".

Numa carta à família, escrita cerca de dez dias depois do enterro, Sickert descreve o triste evento como uma ocasião magnífica. A "aldeia inteira" compareceu e ele cumprimentou os moradores um a um no portão do cemitério. Sua querida esposa foi enterrada "bem embaixo de um bosquezinho, que era nosso passeio favorito". Tinha uma "vista adorável para o vale todo". Assim que a terra assentasse, Sickert pretendia comprar uma lápide de mármore ou granito e mandar entalhar o nome e as datas de nascimento e morte dela. Nunca fez isso. Durante setenta anos a pedra tumular de mármore verde teve apenas o nome dela e a inscrição "feita em Dieppe", "não", segundo Angus, "as datas que ele prometeu". Foi a família que finalmente mandou acrescentá-las.

Marie Françoise Hinfray, filha da família que comprou a Maison Mouton de Sickert, teve a generosidade de me mostrar a antiga delegacia onde Sickert morou e Christine morreu. A residência agora é ocupada pelos Hinfray, que são agentes funerários. Madame Hinfray contou que, quando seus pais compraram a casa de Walter Sickert, as paredes estavam pintadas de cores muito sombrias, era tudo "escuro e infeliz, com um teto baixo". Estava cheia de quadros abandonados, e quando escavaram o anexo, ou latrina, os pedreiros encontraram os pedaços enferrujados de um revólver de seis tiros de pequeno calibre, que datava da virada do século e não era do tipo utilizado pelos policiais.

Madame Hinfray me mostrou o revólver, reconstituído com solda e pintado de preto. Ela sentia muito orgulho dele. Mostrou-me o quarto principal e contou que Sickert costumava deixar as cortinas abertas para a rua escura, e acender um fogo tão alto que os vizinhos conseguiam ver de fora. O quarto, agora, espaçoso, cheio de plantas e cores bonitas, é ocupado por Madame Hinfray. Por último subi até o quarto onde Christine morreu, uma antiga cela de prisão com um pequeno fogareiro a lenha.

Fiquei lá sozinha, olhando ao redor, ouvindo. Se Sickert estivesse lá embaixo, no pátio ou na garagem lá fora, não poderia ouvir se Christine o chamasse porque era preciso avivar o fogo ou porque estivesse com sede ou com fome. Ele não precisava ouvir, porque ela provavelmente não conseguia emitir som algum. Não devia acordar com muita freqüência e, se acordava, logo cochilava. A morfina a mantinha flutuando num sono sem dor.

Não há registro de que a aldeia inteira tenha comparecido ao funeral de Christine. Parece que a maior parte dos presentes era pessoal de Sickert, como Ellen os chamava. O pai de Christine estava lá, e mais tarde lembrou que ficou "chocado" com o "sangue-frio" de Sickert — ou completa indiferença. Estava chovendo quando visitei o velho cemitério cercado por um muro de tijolos. Foi difícil achar a modesta pedra tumular de Christine. Não vi "bosquezinho" nem "passeio favorito", e do ponto onde eu estava não havia uma "vista adorável para o vale todo".

No dia em que Christine foi enterrada ventava e fazia frio, e o cortejo se atrasou. Sickert não jogou as cinzas dela no túmulo. Enfiou as mãos na urna e atirou-as ao vento, que as soprou no casaco e no rosto de seus amigos.

Minha equipe

Sem o auxílio de muita gente, de recursos acadêmicos e de arquivos, eu não poderia ter conduzido esta investigação nem escrito seu relato.

Não haveria história de Walter Sickert — nem solução dos crimes perversos que cometeu sob o nome de Jack, o Estripador — se ela não tivesse sido preservada de um modo que já não é possível, devido ao rápido desaparecimento da arte de escrever cartas e manter diários. Eu não poderia ter seguido os rastros de um século de Sickert, caso não tivesse sido auxiliada por especialistas tenazes e corajosos.

Devo muito ao Instituto de Medicina e Ciência Forense da Virgínia — em especial aos co-diretores, dr. Paul Ferrara e dra. Marcella Fierro, e aos cientistas forenses Lisa Schiermeier, Chuck Pruitt e Wally Forst; ao Bode Techonology Group; ao curador e pesquisador de Sickert, Vada Hart; à historiadora da arte e especialista em Sickert dra. Anna Gruetzner Robins; ao historiador de papéis e especialista em papel forense Peter Bower; à letrista Sally Bower; à conservadora de papel Anne Kennett; ao delineador de perfis e instrutor de execução da lei do FBI Edward Sulzbach; à assistente do Gabinete do Promotor Público de Nova York Linda Fairstein; ao pesquisador de documentos raros e livros antigos Joe Jameson.

Agradeço ao pintor John Lessore por suas conversas amáveis e sua generosidade.

Sou grata a membros de minha implacável e paciente equipe, que facilitaram meu trabalho de todas as maneiras possíveis e demonstraram admiráveis talentos e habilidades próprias, técnicas e de investigação: Irene Sulgin, Alex Shulgin e Viki Everly.

Receio não conseguir me lembrar de todas as pessoas que conheci ao longo desta viagem estafante e freqüentemente dolorosa e deprimente, e espero que qualquer pessoa ou instituição que eu omita compreenda e me perdoe.

Eu não poderia ter prosseguido sem as seguintes galerias, museus, arquivos e seus funcionários: Paul Johnson, Hugh Alexander, Kate Herst, Clea Relly e David Humphries, do Departamento de Registros Públicos de Kew; R. J. Childs, Peter Wilkinson e Timothy McCann do Departamento de Registros de West Sussex; Hugh Jaques e o Departamento de Registros de Dorset; Sue Newman, da Sociedade de História Local de Christchurch; o museu Ashmolean; dra. Rosalind Moad, do Centro de Arquivos Modernos da King's College da Universidade de Cambridge; professor Nigel Thorp e Andrew Hale, do Departamento de Coleções Especiais da Universidade de Glasgow.

Jenny Cooksey, da Galeria de Arte da Cidade de Leeds; sir Nicholas Serota, diretor da Tate Gallery; Robert Upstone, Adrian Glew e Julia Creed do Arquivo da Tate Gallery, em Londres; Julian Treuherz, da Galeria de Arte Walker, em Liverpool; Vada Hart e Martin Banham, das Bibliotecas Centrais de Islington, Arquivos de Islington, em Londres; Institut Bibliothèque de l'Institut de France, em Paris; James Sewell, Juliet Banks e Jessica Newton, do Departamento de Registros da Corporação de Londres; Departamento de História da Arte da Universidade de Reading.

Sociedade de Belas-Artes, em Londres; St. Mark's Hospital; St. Bartholomew's Hospital; Julia Sheppard, da Biblioteca Wellcome para a História e Compreensão da Medicina, em Londres; Biblioteca Bodleian, Universidade de Oxford, Manuscritos da História da Inglaterra; Jonathan Evans, do Museu e Arquivos do Royal London Hospital; dra. Stella Butler e John Hodgson, do Departamento de História da Arte e Biblioteca John Rylands, da Universidade de Manchester; Howard Smith, Galerias da Cidade de Manchester; Reese Griffith, dos Arquivos Metropolitanos de Londres; Ray Seal e Steve Earl, do Museu Histórico da Polícia Metropolitana; Arquivos da Polícia Metropolitana.

John Ross, do Museu do Crime da Polícia Metropolitana; Christine Penny, dos Serviços de Informação da Universidade de Birmingham; dra. Alice Pro-

336

chaska, da Coleção de Manuscritos da Biblioteca Britânica; Registro Nacional de Arquivos, na Escócia; Mark Pomeroy, da Academia Real de Artes, em Londres; Ian MacIver, da Biblioteca Nacional da Escócia; Coleções Especiais da Biblioteca da Universidade de Sussex; Biblioteca Pública de Nova York; Biblioteca dos Jornais Britânicos; negociantes de manuscritos, autógrafos e livros raros Clive Farahar e Sophie Dupre; Denison Beach, da Biblioteca Houghton da Universidade Harvard.

Cartório de Nascimentos, Mortes e Casamentos, em Londres; Arquivos e Bibliotecas Especiais da Kings College da Universidade de Aberdeen (registros comerciais de Alexander Pirie & Sons); Departamento de Registros da Câmara dos Lordes, em Londres; Centro Nacional de Registros de Família; Escritório de Londres de Camden; Cartório de Marylebone.

Como não falo francês, eu teria ficado completamente desamparada em todas as coisas relacionadas com a França, não fosse pela minha editora, Nina Salter, que explorou as seguintes fontes: professor Dominique Lecomte, diretor do Instituto de Medicina Forense de Paris; Registros do Departamento de Seine-Maritime; Arquivos da Polícia Nacional Francesa; Arquivos da Central de Polícia de Rouen; os arquivos da prefeitura de Rouen; os arquivos da delegacia de polícia de Rouen; Registros dos Setores de Dieppe, Neuchâtel e Rouen; registros da imprensa regional francesa; Arquivos Nacionais, em Paris; Tribunal de Apelações 1895-98; Coleção História de Dieppe; Tribunais de Apelações de Paris e Rouen.

Meus humildes e respeitosos agradecimentos à Scotland Yard, é claro, que antigamente pode ter sido jovem e inexperiente, mas que hoje é uma força esclarecida de combate à injustiça. Primeiro, minha gratidão ao notável subcomissário assistente John D. Grieve; e a meu parceiro britânico na luta contra o crime, detetive inspetor Howard Gosling; a Maggie Bird; à professora Betsy Stanko; e ao detetive sargento David Field. Agradeço às pessoas do Ministério do Interior e do Departamento de Polícia Metropolitana. Foram todos cooperativos, corteses e encorajadores. Ninguém tentou me criar dificuldades, lançar a mais leve sombra de egoísmo, nem — por mais frio que fosse o caso — opor obstáculos a uma justiça de há muito atrasada.

Minha calorosa gratidão, como sempre, a meu magistral editor, dr. Charles Cornwell; à minha agente, Esther Newberg; à minha editora britânica, Hilary Hale; a David Highfill e a todo o excelente pessoal da minha editora americana, a Putnam; e à minha mentora e assessora especial de publicação, Phyllis Grann.

Presto homenagem aos que se foram antes de mim e dedicaram seus esforços a pegar Jack, o Estripador. Ele foi apanhado. Fizemos isso juntos.

Patricia Cornwell

Bibliografia

Já se publicou uma infinidade de informações, corretas e falsas, e de especulações sobre a identidade e os crimes de Jack, o Estripador. Para detalhes factuais e a ortografia de nomes, confiei inteiramente em minhas fontes primárias e em meu jornal de referência, *The Times*.

Epígrafe do livro: H. M., *Twixt Aldgate pump and pope: The story of fifty years adventures in East London*, Londres, The Epworth Press, 1935. (Nota: H. M. era um missionário no East End e permanece anônimo em todas as suas publicações.)

FONTES PRIMÁRIAS

ABBERLINE, Frederick. O caderno de recortes da imprensa do inspetor Abberline (diário particular e não publicado de Frederick Abberline, escrito entre 1878 e 1892). Cortesia da Scotland Yard.

ALEXANDER Pirie & Sons Ltd., Paper Manufacturers, Aberdeen, Registros e Papéis: Arquivos, Bibliotecas Especiais e Coleções Históricas da Universidade de Aberdeen.

BIRD, Maggie, inspetora do Setor de Administração de Registros da Scotland Yard. Entrevista, Londres, 4 de março de 2002.

Christchurch Times (jornal), 12 de janeiro de 1889 (obituário de Montague Druitt).

COBDEN Papers: Ellen Cobden Sickert, Jane Cobden Unwin, Richard Cobden Jr. e Richard Cobden. Biblioteca do Condado de West Sussex.

COBDEN, Ellen. Carta a seu pai, Richard Cobden, 30 de julho de 1860. Departamento de Registros de West Sussex, Cobden Papers, #38E.

_____. Cartas de Ellen Melicent Cobden Sickert, Departamento de Registros Públicos de West Sussex, Ref. Cobden 965.

COBDEN, Ellen e COBDEN, Richard Brook. Cartas sem data (*c.* final dos anos 1840), Departamento de Registros Públicos de West Sussex, Ref. Add Ms 6036.

COBDEN, Ellen Melicent. *A portrait*, Richard Cobden-Sanderson, 17 Thavies Inn, 1920. (Uma das cinqüenta cópias impressas para distribuição particular por Woods & Sonds, Islington.)

CORPORATION of London Records Office (Departamento de Registros da Corporação de Londres), Whitechapel Murder Files (Arquivos de Assassinatos de Whitechapel). Estes arquivos incluem cerca de trezentas cartas referentes aos crimes do Estripador.

Daily Telegraph, The (jornal), artigos de 1º-28 de setembro e 1º, 3, 4, 6 e 7 de outubro de 1888.

DOBSON, James. Carta à sua esposa, 13 de fevereiro de 1787, na véspera do dia em que ele foi enforcado diante da Porta dos Devedores da prisão de Newgate. Coleção da autora.

"Double duty". *The Police Review and Parade Gossip*, 17 de abril de 1893 e 18 de agosto de 1905.

DRUITT Collection. Departamento de Registros Públicos de West Sussex.

DRUITT, Montague. Material da Biblioteca de Christchurch, Dorset; Departamento de Registros Públicos de Dorset; Biblioteca de História Local de Greenwich; e Arquivos e História Local de Lewisham.

Eastern Mercury (jornal), artigos de 12 de outubro de 1888, 6 de agosto de 1889, 10, 17 e 24 de setembro de 1889, 15 de outubro de 1889, 17 de dezembro de 1889, 12 de fevereiro de 1889.

FFRANGCON-Davies, Gwen. Cartas, Arquivo da Tate Gallery.

FRIEL, Lisa, Assistente do Promotor Público, *The People of the State of New York against John Royster*. Transcrição do resumo dela para a promotoria, Supremo Tribunal do Estado de Nova York, Condado de Nova York.

HOSPITAL St. Mark's. Entrevista com arquivistas, 2001. Disseram-me que os registros de pacientes antigos estariam no Hospital St. Bartholomew, e um exame nos livros de registros de lá não revelou nada anterior a 1900.

HUDSON, Nan. Cartas, Arquivo da Tate Gallery.

Ilustrated Police News, The: Registro Semanal e dos Tribunais de Justiça, Londres, setembro-dezembro de 1888.

INSTITUT Bibliothèque de l'Institut de France, Paris. Correspondência de Jacques-Emile Blanche–Walter Sickert, documentos números 128, 132, 136, 137, 139, 148, 150-155,168, 169, 183-186, 171, 179, 180.

IRVING, Henry. Correspondência particular (coleção de cartas que mostram as várias cidades onde ele e sua companhia atuaram). Coleção da autora.

LESSORE, John. Conversa com Lessore em seu estúdio em Peckham, primavera de 2001.

LLEWELLYN, dr. Rees Ralph. Informações relativas ao dr. Llewellyn e a honorários cobrados por médicos chamados por magistrados e pela polícia: Arquivos do Royal London Hospital e Arquivos Médicos da Biblioteca Médica Wellcome.

LIVRO de Hóspedes do Hotel Hill's, 1877-1888, Lizard Point, Cornualha, Inglaterra. Coleção da autora.

MACNAGHTEN, Melville. Memorando, 23 de fevereiro de 1894, cortesia da Scotland Yard.

MUSEU da Polícia Metropolitana, arquivos do: detalhes de ambulâncias de mão da polícia, prédio, salários, uniformes e equipamento.

NORWICH, Julius, neto do dr. Alfred Duff Cooper. Entrevista por telefone, primavera de 2001.

Pall-Mall Gazette, artigos de 3, 6, 7, 8, 10, 14, 21, 24, 25, 27, 29 de setembro e 1º e 2 de outubro de 1888.

PASH, Florence. Material da Coleção Sickert, Bibliotecas Públicas de Islington.

POLÍCIA Metropolitana: relatórios especiais do assassinato de Martha Tabran, 10 de agosto-19 de outubro, Departamento de Registros Públicos, Kew.

POLÍCIA Metropolitana, registros da, Museu do Crime da Polícia Metropolitana.

POLÍCIA Metropolitana, registro da, Museu Histórico da Polícia Metropolitana, Arquivos da Polícia Metropolitana.

PRITCHARD, Eleanor. "The daughters of Cobden [parte 2]", Departamento de Registros Públicos de West Sussex, Ref. *West Sussex History Journal*, n. 26, setembro de 1983.

REGISTROS da Polícia Metropolitana, MEPO 2/22, MEPO 3/140-41, MEPO 3/3153-57, MEPO 3/182, Departamento de Registros Públicos, Kew.

REGISTROS do Ministério do Interior. Departamento de Registros Públicos, Kew, HO 144/220/A49301 através de HO 144/221/A49301K.

REI Eduardo VII. Carta ao professor Ihre (tutor alemão do príncipe Alberto Vítor), 12 de julho de 1884. Coleção da autora.

RHIND, Neil. Transcrição de conversa em 21 de novembro de 1988, Arquivos e História Local de Lewisham.

SANDS, Ethel. Cartas, Arquivo da Tate Gallery.

SICKERT, Walter. Papéis colecionados, Bibliotecas Públicas de Islington. Esta coleção de papéis particulares de Walter Sickert inclui textos de seu pai, Oswald Sickert, e mais de cem esboços em pedaços de papel sem título, data nem assinatura. Embora a sofisticação de muitos dos desenhos leve a crer que foram feitos por Oswald, é razoável atribuir vários deles a Walter, devido ao que parece ser as primeiras tentativas de desenhar de um artista, além de uma familiaridade de estilo que se vê em sua arte madura. A estudiosa de Sickert, Dra. Anna Robins, que examinou os esboços, comprovou que o mais provável é que alguns tenham sido feitos por Walter quando menino e possivelmente ainda em 1880 ou 1881, quando ele estava na escola de belas-artes.

_____, Carta a Ciceley Hey, *c.* de agosto de 1923, Bibliotecas Públicas de Islington.

_____, "The new age", 14 de maio de 1914, Bibliotecas Públicas de Islington, Coleção Sickert.

_____, Carta a Bram Stoker, 1º de fevereiro de 1887, Biblioteca Brotherton da Universidade de Leeds, Departamento de Manuscritos e Coleções Especiais.

_____, Carta a Jacques-Emile Blanche (*c.* 1906), Institut Bibliothèque de l'Institut de France, Paris. Correspondência de Jacques-Emile Blanche–Walter Sickert, documento nº 182.

_____, Carta a Jacques-Emile Blanche (*c.* 1906), Institut Bibliothèque de l'Institut de France, Paris. Correspondência de Jacques-Emile Blanche–Walter Sickert, documento nº 183-186.

_____, Cartas a Virginia Woolf, Biblioteca Pública de Nova York.

_____, Carta a destinatário desconhecido, endereço de remetente Frith's Studio, 15 Fitzroy Street (*c.* 1915). Coleção da autora.

SICKERT, Walter. Cartas e rascunhos editados de seus artigos publicados. Coleção da autora.

_____, Cartas de, Coleção William Rothenstein, Universidade de Harvard.

_____, Esboços & Pinturas de, Museu Ashmolean.

_____, Esboços de, Biblioteca Central de Islington, Arquivos de Islington, Londres.

_____, Esboços de, Galeria de Arte da Cidade de Leeds.

_____, Esboços de, Arquivo da Tate Gallery.

_____, Esboços de, Universidade de Manchester, Biblioteca John Rylands e Departamento de História da Arte.

_____, Esboços de, Departamento de História da Arte da Universidade de Reading.

_____, Esboços de, Galeria de Arte, Walker, Liverpool.

Stage, The, "Death of Sir Henry Irving", 19 de outubro de 1905.

STOWE, Harriet Beecher. "Sunny memories of foreign lands" (seu ensaio sobre um café-da-manhã com Richard Cobden), 1854, Papéis de Richard Cobden, Departamento de Registros Públicos de West Sussex, Ref. Cobden 272.

Sunday Dispatch, Londres, artigos de 2, 9, 16, 23 e 30 de setembro de 1888.

Sunday Weekly Dispatch, Londres. Caderno anotado com recortes de artigos, proprietário original desconhecido, de 12 de agosto de 1888 a 30 de dezembro de 1888. Coleção da autora.

SWANSICK, Helena Sickert. Correspondência, Biblioteca Bodleain, Universidade de Oxford, manuscritos, história da Inglaterra.

_____, Carta, Galeria de Arte Nacional, Victoria and Albert Museum.

TERRY, Ellen. Carta ao sr. Collier, 24 de março (data incompleta, possivelmente início da década de 1900). Coleção da autora.

_____, Correspondência particular (cartas que mostram as várias cidades onde ela e a companhia teatral de Irving atuaram). Coleção da autora.

_____, *The story of my Life*. Londres, Hutchinson & Co., 1908. Exemplar pessoal de Sickert, totalmente anotado por ele. Coleção da autora.

Sphere, The, "Sir Henry Irving, an appreciation", 21 de outubro de 1905.

The Times, Londres. Estes jornais originais excluem as edições de domingo e foram encadernados para mim em volumes relativos aos anos de 1888, 1889, 1890 e 1891 que examinei na íntegra. Todas as referências a artigos do *Times* são tiradas destes artigos originais.

_____, Artigos de 13, 14, 17 e 21 de setembro e 1º, 7, 8, 15, 16, 22, 23 e 29 de outubro de 1907.

UNIVERSIDADE de Manchester, Departamento de História da Arte. Coleção de esboços de Sickert.

VÍTOR, príncipe Alberto, duque de Clarence. Cartas a seu advogado George Lewis (17 de dezembro de 1890 e 15 de janeiro de 1891). Coleção da autora.

FONTES SECUNDÁRIAS

ACKROYD, Peter. *London: The biography*. Londres, Chatto & Windus, 2000.

ADAM, Hargrave L. *The police encyclopaedia*, Vol. I. Londres, The Blackfriars Publishing Co., data desconhecida (*c.* 1908).

AMBER, Miles (Ellen Cobden Sickert). *Winstons: a story in three parts.* Nova York, Charles Scribner's Sons, 1902.

AMERICAN Pshychiatric Association, *Diagnostic and statistical manual of mental disorder.* 3ª ed., revista, Washington, D.C., 1987.

ARONSON, Theo. *Prince Eddy and the homosexual underworld,* John Murray, 1994.

Artists of the Yellow Book & the Circle of Oscar Wilde. Londres, The Clarendon & Parking Galleries, 5 de outubro-4 de novembro de 1983, Clarendon Gallery.

ASHWORTH, Henry. *Recollections of Richard Cobden, M. P., and the Anti-Corn League.* Londres, Cassell, Petter & Galpin (*c.* 1876).

BACON, Francis. *Proficience of learning, or the partitions of sciences.* Oxford, Rob Yound & Ed Forest, 1640.

BAEDEKER, Karl. *London and its environs.* Londres, Karl Baedeker, Publisher, 1908.

BARON, Wendy, *Sickert.* Londres, Phaidon Press, Ltd., 1973.

_____ & SHONE, Richard. *Sickert: Paintings.* New Haven/Londres, Yale University Press, 1992.

BARRERE, Albert & LELAND, Charles G. *A dictionary of slang, jargon & cant,* Vol. I e II, The Ballantyne Press, 1890.

BAYNES, C.R. *Hints on medical jurisprudence.* Mount Road, Madras, Messrs. Pharoah & Co., 1854.

BELL, Clive. *Old friends.* Londres, Chatto & Windus, 1956.

BELL, Quentin. *Victorian artists.* Londres, Routledge and Kegan Paul, 1967.

_____. *Some memories of Sickert.* Londres, Chatto & Windus, (*c.* 1950).

BERTRAM, Anthony(ed). *Sickert.* Londres, World's Masters New Series, The Studio Publications, 1955.

BESANT, Annie. *An autobiography.* Londres, T. Fisher Unwin, 1893.

BESANT, Walter. *East London.* Londres, Chatto & Windus, 1912.

BINGHAM, Madeleine. *Henry Irving and the Victorian theatre: The early doors.* Londres, George Allen & Unwin, 1978.

BLAIR, R. J. R. "Neurocognitive models of aggression, the antisocial personality disorders, and psychopathy", *Journal of Neurology, Neurosurgery and Psychiatry,* dezembro de 2001.

BLAKE, P. Y.; PINCUS, J. H. & BUCKNER, C. "Neurologic abnormalities in murderers", Department of Neurology, Georgetown University Medical Center, Washington, D.C., 20007, *Neurology,* Vol. 45, 9, American Academy of Neurology, 1995.

BOOTH, General William. *In darkest England and the way out.* Londres, International Headquarters of the Salvation Army, 1890.

BOWER, Peter. *Turner's later papers: a study of the manufacture, selection and use of his drawing papers 1820-1851.* Londres, Tate Gallery Publishing, Oak Knoll Press, 1999.

BRIMBLECOMBE, Peter. *The big smoke.* Londres/Nova York, Methuen, 1987.

BROMBERG, Ruth. *Walter Sickert: prints.* New Haven/Londres, Paul Mellon Centre Studies in British Arts, Yale University Press, 2000.

BROUGH, Edwin, *The bloodhound and its use in tracking criminals.* Londres, The Illustrated "Kennell News" Co. Ltd., 56 Ludgate Hill. s.d. (*c.* início dos anos 1900).

BROWER, M. C. & PRICE, B. H. "Neuropsychiatry of frontal lobe dysfunction in violent and criminal behavior: a critical review", *Journal of Neurology, Neurosurgery and Psychiatry*, dezembro de 2001.

BROWNE, Douglas G.& TULLET, E. V. *The scalpel of Scotland Yard: the life of Sir Bernard Spilsbury*. Nova York, E. P. Dutton and Company, Inc., 1952.

BROWSE, Lillian. *Sickert*. Londres, Rupert Hart-Davis, Soho Square, 1960.

_____, *Sickert*. Londres, Faber and Faber, Ltd, 1943. Quando comprei este livro, tive a agradável surpresa de descobrir que a dona anterior tinha sido Dorothy Sayers.

CARTER, E. C. *Notes on Whitechapel*. Londres, Cassell and Company, Ludgate Hill (data desconhecida, *c.* início dos anos 1900).

CASANOVA, John N. *Physiology and medical jurisprudence*. Londres, Headland & Col, 1865.

CASPER, Johann Ludwig. *A handbook of the practice of forensic medicine: based upon personal experience*. Vol. I. Londres, The New Sydenham Society, 1861.

_____. *A handbook of the practice of forensic medicine: based upon personal experience*. Vol. III. Londres, The New Sydenham Society, 1864.

Cassell's Saturday Journal. Londres, 15 de fevereiro de 1890.

CHAMBERS, E. *Cyclopaedia: of an universal dictionary of arts and sciences*. Vols. I e II, 5ª ed. Londres, D. Midwinter, 1741.

COOPER, Alfred, R. R. C. S. *Diseases of the rectum and anus*. Londres, J. & A. Churchill, 1892.

_____. *A practical treatise on the diseases of the rectum*. Londres, H. K. Lewis, 1887.

COTRAN, Ramzi S.; KUMAR, Vinay & ROBBINS, Stanley. *Robbins pathologic basis of disease*. 5ª ed. Philadelphia, W.B. Saunders Company, 1994.

CRUIKSHANKS, George. *Punch and Judy. Accompanied by the dialogue of the puppet-show, an account of its origin, and of puppet-plays in England*. Londres, S. Prowert, 1828.

DARWIN, Charles. *The expression of the emotions: in man and animals*. Londres, John Murray, 1872.

DEFOREST, Peter R.; GAENSSLEN, R. E. & LEE, Henry C. *Forensic science: an introduction to criminalistics*. Nova York, McGraw-Hill, Inc. 1983.

DI MAIO, Dominick J. & DI MAIO, Vincent J. M. *Forensic pathology*. Nova York, CRC Press, 1993.

Dictionary of modern slang, cant and vulgar words, by a London antiquary. Piccadilly, John Camden Hotten, 1860.

DILNOT, George. *The story of Scotland Yard*. Nova York, Houghton Mifflin Co., 1927.

DORRIES, Christopherr. *Coroner's courts: a guide to law and practice*. Nova York, John Wiley & Sons, 1999.

DOUGLAS, John & OLSHAKER, Mark. *The anatomy of motive*. Nova York, Scribner, 1999.

DOUGLAS, John E; BURGESS, Ann W.; BURGESS, Allen G. & RESSLER, Robert. *Crime classification manual*. Nova York, Lexington Books, 1992.

EDSALL, Nicholas C. *Richard Cobden, independent radical*. Cambridge, Massachusetts, Harvard University Press, 1996.

ELLMAN, Richard. *Oscar Wilde*. Londres, Hamish Hamilton, 1988.

EMMONS, Robert. *The life and opinions of Walter Richard Sickert*. Londres, Faber and Faber Ltd., 1941.

EVANS, Stewart P. & SKINNER, Keith. *Jack the Ripper: letters from hell*. Stroud, Sutton Publishing, Ltd, 2001.

344

EVANS, Stewart P. & SKINNER, Keith. *The ultimate Jack the Ripper sourcebook.* Londres, Constable & Robinson, Ltd., 2000.

EVELYN, John. *Fumifugium, or the inconvenience of the aer and smoake of London dissipated.* National Smoke Abatement Society, reimpressão da edição de 1661, 1933.

FAIRSTEIN, Linda A. *Sexual violence.* Nova York, William Morrow and Company, 1993.

FARR, Samuel. *Elements of medical jurisprudence.* Londres, J. Callow, 1814.

FISHER, Kathleen. *Conversations with Sylvia.* Smith, Eilenn Vera, Skilton, Charles (ed.), 1975.

FISHMAN, William J. *East End 1888.* Londres, Hanbury, 2001.

FRITH, Henry. *How to read character in handwriting.* Nova York, Ward, Lock, Bowden and Co., 1890.

GALTON, Sir Francis. *Fingerprint directories.* Londres, Macmillan & Co., 1895.

_____. *Inquiries into human caculty and its development.* Londres, Macmillan & Co., 1883.

GILBERTH, Vernon J. *Practical homicide investigation.* 2ª ed. Boca Raton, CRC Press, 1993.

GRANSHAW, Lindsay. *St Mark's Hospital, London.* King Edward's Hospital Fund for London, 1985.

GRIFFITH, Maj. Arthur. *The world's famous prisons: an account of the state of prisons from the earliest times to the present day, with the Hhstory of celebrated cases.* s.d. (*c.* 1905).

GUERIN, Marcel & CASSIRER, Bruno. (eds). Oxford, *Degas letters,* s.d. (*c.* meados da década de 1900).

GUY, William Augustus & FERRIER, David. *Principles of forensic medicine.* Londres, Henry Renshaw, 1875.

HAMNETT, Nina. *Laughing torso.* Londres, Constable & Co. Ltd., 1921.

HAMPSTEAD Artists' Council, Camden Town Grupo. Hampstead Festival Exhibition Catalogue, 1965.

HARRISON, Michael. *Clarence: was he Jack the Ripper?* Nova York, Drake Publishers, Inc., 1972.

HEYWOODE, Thomas. *Gynaikeion: or, nine bookes of various history concerning women; inscribed by the names of the nine muses.* Londres, Adam Islip, 1624.

HINDE, Wendy. *Richard Cobden: a Victorian outsider.* New Haven/Londres, Yale University Press, 1987.

HONE, Joseph. *The life of Henry Tonks.* Londres, William Heinemann Ltd., 1939.

_____, *The life of George Moore.* Londres, Victor Gollancz, Ltd., 1936.

HOOKE, Robert. *Micrographia: or some physiological descriptions of minute bodies made by magnifying glasses. With observation and inquiries thereupon.* Londres, Jo. Martyn e Ja. Allestry, Printers to the Royal Society, 1665.

HOUSE, Madeline & STOREY, Graham (eds). *The letters of Charles Dickens.* Vol. II, 1840-41. Oxford, Clarendon Press, 1969.

HOWARD, John. *The state of the prisons in England and Wales, with preliminary observations, and an account of some foreign prisons and hospitals.* Londres, William Eyres, 1784.

HOWSHIP, John. *Disease of the lower intestines, and anus.* Londres, Longman, Hurst, Rees, Orme, and Brown, 1821.

JERVIS, John. *A practical treatise on the office and duties of coroners: with forms and precedents.* Londres, S. Sweet, W. Maxwell, and Stevens & Norton, Law Booksellers and Publishers, 1854.

JOHNSON, Samuel. *A dictionary of the english language*. Vols. I e II, 2ª ed. Londres, W. Strahan, 1756.

_____, *A dictionary of the english language*. Vol. II, Londres, 1810.

KERSEY, John. *Dictionarium anglo-britannicum*. Londres, J. Wilde, 1708.

KRILL, John. *English artists' paper: Renaissance to regency*. Londres, Winterhur Gallery, Oak Knoll Press, 2002.

KUHNE, Frederick. *The finger print instructor*. Nova York, Munn & Company, Inc., 1916.

LARSON, J. A. *Single fingerprint system, D*. Nova York, Appleton and Company, 1924. (Um detalhe interessante: em 3 de setembro de 1938, o autor deu este livro a um colega e escreveu: "Com o mais profundo agradecimento, em memória de horas passadas em busca da verdade". Sob a inscrição, Larson deixou a impressão digital do seu polegar esquerdo.)

LASKI, Harold J., WEBB, Sidney & WEBB, Beatrice. *The Socialist Review* (*c.* 1929).

LATTES, Leone. *Individuality of the blood: in biology and in clinical and forensic medicine*. Londres, Oxford University Press, 1932. (Fiquei fascinada ao descobrir, depois de comprá-lo, que este livro um dia pertenceu ao dr. Bernard Spilsbury, que parece ter sublinhado certas passagens forenses essenciais. Spilsbury talvez tenha sido o patologista forense mais famoso da história da Inglaterra. Era chamado de "a testemunha incomparável", e acredita-se que tenha feito mais de 25 mil exames *post-mortem* em sua carreira.)

LAUGHTON, Bruce. *Philip Wilson Steer, 1860-1942*. Oxford, Clarendon Press, 1971.

LAVER, James. *Whistler*, Londres, Faber & Faber, 1930.

LEESON, Ex-Det. Sargento B. *Lost London: the memoirs of an East End detective*. Londres, Stanley Paul & Co, Ltd. (s.d., *c.* início do século XX).

LILLY, Marjorie. *Sickert: the painter and his circle*. Londres, Elek Books Ltd., 1971; New Jersey, Noyes Press, 1973.

LONDON, Jack. *The people of the Abyss*. Nova York, The Macmillan Company, 1903.

LUCKES, Eva C. E. *Matron, The London Hospital 1880-1919*. London Hospital League of Nurses (s.d.).

MACDONALD, Arthur. *Criminology*. Londres, Funk & Wagnalls Co., 1893.

MACGREGOR, George. *The history of Burke and Hare*. Glasgow, Thomas D. Morison, 1884.

MACNAGHTEN, Sir Melville. *Days of my years*. Londres, Edward Arnold, 1914.

MAGNUS, Philip. *King Edward the seventh*. Londres, John Murray, 1964.

MAILE, George Edward. *Elements of juridical or forensic medicine: for the use of medical men, Coroners and Barristers*. Londres, E. Cox and Son, 1818.

MALTHUS, Thomas Robert. *An essay on the principle of population, as it affects the future improvement of society*. Londres, J. Johnson, 1798.

MARSH, Arnold. *Smoke: the problem of coal and the atmosphere*. Londres, Faber and Faber, Ltd., s.d. (*c.* 1947).

MARTIN, Theodore. *The Life of His Royal Highness The Prince Consort*. Londres, Smith, Elder & Co, 1880.

MELLOW, J. E. M. *Hints on the first stages in the training of a bloodhound puppy to hunt man*. Edição particular. Cambridge, 1934.

MORLEY, John. *The life of Richard Cobden*. Vols. I e II, Chapman and Hall, 1881.

MOYLAND, J. F. *Scotland Yard and The Metropolitan Police*. Londres, G. P. Putnam's Sons, 1929.

OLIVER, Thomas. *Disease of occupation*, Methuen & Co., Ltd., 1916.

PENNELL, J., e. PENNELL, E. R. *The Whistler Journal:* Philadelphia, J. B. Lippincourt Co., 1919.

_____. *The life of James McNeil Whistler*. Vol. II. Londres, William Heinemann, 1908.

PETROSKI, Henry. *The pencil: a history of design and circumstance.* Nova York, Alfred Knopf, 2000.

PICKAVANCE, Ronald. *Sickert, The masters 86*. (Publicado originalmente na Itália, 1963). Londres, Knowledge Publications (Purnell & Sons Ltd.), 1967.

POORE, G. V. *London (ancient and modern). From a sanitary and medical point of view.* Londres, Cassell & Co. 1889.

POWELL, George. *The Victorian theatre, a survey.* Londres/Oxford, Geoffrey Cumerlege, University Press, 1956.

PROTHERO, Margaret. *The history of the Criminal Investigation Department at Scotland Yard.* Londres, Herbert Jenkins Ltd. 1931.

ROBINS, Anna Gruetzner. *Walter Sickert: the complete writings on art.* Oxford, Oxford University Press, 2000.

_____. *Walter Sickert: drawings.* Scolar Press, Gower House, 1996.

_____. "Sickert 'Painter-in-Ordinary' to the Music-Hall", em *Sickert paintings*, BARON, Wendy & SHONE, Richard (eds.). New Haven/Londres, Yale University Press, 1992.

RODWELL, G. F. (ed.). *A dictionary of science.* Londres, E. Moxon, Son and Co., 1871.

ROGERS, Jean Scott. *Cobden and his Kate: the story of a marriage.* Londres, Historical Publications, 1990.

ROTHENSTEIN, John. *Modern English painters: Sickert to Smith.* Londres, Eyre & Spottiswoode, 1952.

ROTHENSTEIN, William. *Men and memories.* Vols. I-III. Londres, Faber & Faber, 1931-1939.

SABBATINI, Renato M. E. "The psychopath's brain", *Brain & Main Magazine*, setembro/novembro de 1998.

SAFERSTEIN, Richard. *Criminalistics: an introduction to forensic science.* 7ª ed. New Jersey, Prentice Hall, 2001.

ST. JOHN, Christopher (ed.). *Ellen Terry and Bernard Shaw.* Nova York, The Fountain Press, 1931.

SANGER, William W. *The history of prostitution: its extent, causes, and effects throughout the world, Report to the Board of Alms-House Governors of the City of New York.* Nova York, Harper & Brothers, 1859.

SCOTT, Harold. *The early doors: origins of the music hall.* Londres, Nicholson & Watson Ltd., 1946.

SICKERT, Walter. "The thickest painters in London", *The New Age*, 18 de junho de 1914.

_____. rascunho não publicado de "The perfect modern", *The New Age*, 9 de abril de 1914.

_____. "The old Ladies of Etching-Needle Street", *The English Review*, janeiro de 1912.

_____. "The International Society", *The English Review*, maio de 1912.

_____. "The Royal Academy", *The English Review*, julho de 1912.

_____. "The aesthete and the plain man", *Art News*, 5 de maio de 1910.

_____. "Idealism", *Art News*, 12 de maio de 1910.

_____. "The spirit of the hive", *The New Age*, 26 de maio de 1910.

SICKERT, Walter. "Impressionism", *The New Age*, 30 de junho de 1910.

_____. rascunho de artigo, "Exhibits", s.d.

Sickert, The Fine Art Society, Ltd., Londres, 21 de maio-8 de junho de 1973.

SICKERT, Walter Richard. *Drawings and paintings, 1890-1942*, catálogo, Tate Gallery, Liverpool.

SICKERT, Walter. *Centenary exhibition of etchings & drawings*. 15 de março-14 de abril, Londres, Thomas Agnew & Sons, Ltd. 1960.

SICKERT, Bernhard. *Whistler*. Londres, Duckworth & Co., s.d.

SIMS, George (ed.). *Living London*. Vol. I. Londres, Cassell and Company, Ltd., 1902.

SINCLAIR, Robert. *East London*. Robert Hale Ltd., 1950.

SITWELL, Osbert. *Noble essences*. Londres, Macmillan & Co., Ltd., 1950.

_____. *A free house! Or the artists as craftsman, being the writings of Walter Richard Sickert*. Londres, Macmillan & Co., 1947.

Slang dictionary, The: etymological, historical and anedoctal. Londres, Chatto and Windus, s.d. (*c.* 1878).

SMITH, Thomas, & WALSHAM, William J. *A manual of operative surgery on the dead body*. Londres, Longmans, Green and Co., 1876.

SMITH, Tenente-Coronel Sir Henry. *From constable to commissioner*. Londres, Chatto & Windus, 1910.

STEVENSON, Robert Louis. *The strange case of Dr. Jekyll and Mr. Hyde*. Londres, Longmans, Green and Co., 1886.

STOKER, Bram. *Personal reminiscences of Henry Irving*. Vols. I e II. Londres, William Heinemann, 1906.

SUTTON, Denys. *Walter Sickert: a biography*. Londres, Michael Joseph Ltd., 1976.

SWANWICK, H. M. *I have been young*. Londres, Victor Gollancz Ltd., 1935.

TAYLOR, Alfred Swaine. *The principles and practice of medical jurisprudence*. Londres, John Churchill & Sons, 1865.

World's famous prisons, The. Vol. II, Londres, The Grolier Society, s.d. (*c.* 1900).

THOMPSON, Sir H. *Modern cremation*. Londres, Smith, Elder & Co., 1899.

TREVES, Sir Frederick. *The Elephant Man, and other reminiscences*. Londres, Cassell & Co., 1923.

TROYEN, Aimée. *Sickert as printmaker*, Yale Center for British Art, 21 de fevereiro de 1979.

TUMBLETY, dr. Francis. *The Indian herb doctor: including his experience in the old Capitol Prison*. Cincinnati (publicado pelo autor, 1866).

WALFORD, Edward. *Old and new London*. Vol. III. Londres, Cassell, Petter, Galpin & Co. (s.d., *c.* final do século XIX).

WEBB, Beatrice. *My apprenticeship*. Londres, Longmans, Green and Co., 1926.

WELCH, Denton. "Sickert at St. Peter's", em *Late Sickert, paintings 1927-1942*, Arts Council of Great Britain, 1981.

WHEATLEY, H. B. *Reliques of old London suburbs, North of the Thames*, litografia de T. R. Way. Londres, George Bell and Sons, 1898.

WHISTLER, James McNeill. *The baronet & the butterfly: Eden versus Whistler*, Louis-Henry May, Paris, 10 de fevereiro de 1899. (Este volume pertenceu ao pintor e escritor William Rothenstein, que fazia parte do círculo de Sickert.)

_____. *Mr. Whistler's ten o'clock*. Londres, 1888.

Whistler: *The International Society of Sculptors, Painters & Gravers, Catalogue of paintings, drawings, etchings and litographs.* Londres, William Heinemann, (*c.* 1905).

WILDE, Oscar. *The trial of Oscar Wilde.* Dos relatórios taquigrafados; impressão particular. Paris, 1906.

WOLLSTONECRAFT, Mary. *Equality for women within the law.* Londres, J. Johnson, 1792.

WRAY, J. Jackson. *Will if lift? The story of a London fog.* Londres, James Nisbet & Co., s.d. (possivelmente *c.* 1900).

Índice remissivo

Abberline, Frederick, inspetor, 94, 117, 122, 138–41, 145–7, 179, 318–9
Abrigos ocasionais, 88
Adaga, 37, 41–3
Adesivos, 161, 230–1
Albergues, 87
Alcoolismo, 27, 47, 84, 219, 316
Aleppo, Mario, 175
Altura, 130
Ambulâncias, 91
Anestesia, 70–1, 73
Angus, Christine Drummond, 327–33
Angus, John, 327, 330–1
Anti-social, distúrbio de personalidade, 35
Antropometria, 130
Arnold, superintendente, 146
Art Weekly, 267
Arterial, padrão do sangue, 43, 111, 191, 234
Ashton, Harold, 288–9

Barnett, Joseph, 314–8
"Barão Ally Sloper", 262
Baron, Wendy, dr., 63–4

Barret, policial, 30–2, 38–9
Barrett, Williams, 275
Baxter, Wynne Edwin, 93, 112, 138, 184–5, 188
Bell, Clive, 306, 307
Bell's Great Operations of Surgery, 190
Bertillon, Alphonse, 130
Besant, Annie, 95–6, 263
Biblioteca Nacional de Arte do Victoria and Albert Museum, 55
Bibliotecas Públicas de Islington (Islington Public Libraries), 47, 53, 158, 262
Bird, Maggie, 94–5
Blanche, Jacques-Emile, 70, 169, 181–2, 203, 205, 287, 302–4, 313, 325–7
Boatmoor, Joan, 202–3, 248
Bode Technology Group, 162
Bond, Thomas, dr., 272, 308, 310–1, 320, 322–3
Bonus, sr., 331
Booth, Williams, gen., 77
Bow, Policiais da Rua, 97
Bower, Peter, 173–4, 176, 263

Bower, Sally, 178
Bowyer, Thomas, 318
Boxe, 180–1
Bradlaugh, Charles, 95–6, 263
Bright, John, 276, 297
Broadstairs (Sickert), 230, 254
Brown, Gordon, dr., 223, 226–7, 238, 322
Browse, Lillian, 197
Buchanan, William(s), 270–2
Buckle, Joseph, 274
Bundy, Ted, 83, 103, 326

Cadosch, Albert, 152
caligrafia, análise de, 159, 172
Camden Town murder, the (Sickert), 21, 102, 290
Camden Town, assassinato em, 276–7, 279, 290, 292, 319
Canal da Mancha, 50, 182, 206, 259, 273, 325
Canibalismo, 75, 83, 263
Captores de ladrões, 97–8
cartas dos "Crimes de Whitechapel", 170–1
Cartões-postais, 288–9
Carvão, queima de, 76
Casa desolada (Dickens), 50
Casper, Johann Ludwig, dr., 66
Cavalheiro freqüentador de cortiços, 76, 82
Centros de crescimento ósseo, 310
Cérebro criminoso, 35
Chambers, Robert, 103
Chapman, Annie, 143, 149–54, 183–92, 199, 202, 224, 227, 245, 248, 253, 283
Chinn, sr., 232
Churchill, Winston, 327
City de Londres (Square Mile ou Milha Quadrada), 30
Clarence, duque de, 108–10, 161
Cleveland, escândalo da rua, 140
Cobden, Kate, 293, 296
Cobden, Katie, 298
Cobden, Maggie, 298
Cobden, Richard, 282, 293–300

Cobden, Richard Brooks, 295–6
Coles, Francis, 323
Confiança, 33
Consciência, 34, 292
Controle de natalidade, 244
Conway, Thomas, 216
Cooper, Alfred Duff, dr., 66, 70–3
Coram, Thomas, 215
Cornualha, 165, 256–9, 263
Coroner, 134–8
Cosméticos, 230–1
Cox, Mary Ann, 317
Crimes violentos, 84
Cross, Charles, 89, 90
Crow, Alfred, 38

Daily Chronicle, 311
Daily Telegraph, 224, 231
Darwin, Charles, 117
Davis, John, 153, 315
Day of my years (Macnaghten), 141
Death and the maiden (Sickert), 234
Degas, Edgar, 61, 130, 195, 203–4, 251
Densidade óssea, 310
Departamento Central de Impressões Digitais (Central Finger Print Bureau), 129
Departamento de Investigação Criminal (Criminal Investigation Department — CID), 31, 100
Departamento de Registros da Corporação de Londres, 170–2
Departamento de Registros Públicos (Public Record Office — PRO), 57, 59, 82, 94–5, 118, 160, 162, 175, 237, 266
Descrições de testemunhas, 131
Desmembramentos, 83, 245, 311, 319, 323
Detetives, 99–100, 134, 222, 239, 245, 271
Diagnostic and statistical manual of mental disorders, 33
Dickens, Charles, 50, 66, 73, 155
Diemschutz, Louis, 211, 213
Dieppe, 203–6, 270–2, 280–1, 302, 304, 325, 328, 332

Dimmock, Emily, 279, 281–5, 287, 289, 290–2
Discrepâncias em tamanho de papel, 173–4
Disfarces, 33, 69, 180–1, 231, 245, 263
Disraeli, Benjamin, 297
Djambia, 42
DNA mitocondrial, 162, 164, 166–7, 231
DNA, teste de, 21, 160–2
Documentos desaparecidos, 93–5
Doss-house, 81–2, 88, 146, 150, 267
Dr. Jekyll and Mr. Hyde (Stevenson), 85, 149, 207
Druitt, Montague John, 143–5, 160–1
Du Jardin, Karel, 54
Duke, dr., 322
Dunoyer de Segonzac, André, 63

East End, 23–4, 29, 32, 38–40, 77–82, 85, 88, 100, 103–4; assassinatos no, 123–5, 155–7, 180, 192, 197, 202–3, 245, 253, 315
Echo, 311–3
Eddows, Catherine, 118, 143, 215–29, 233, 237, 241, 244–5, 268, 307, 308
Egípcias, mulheres, 26
Ellis, George Vinet, 190
Emmons, Robert, 327
Emprego, 27
Enforcamento, dias de, 98
English Review, 75
Ennui (Sickert), 107–8, 328
Entomologia, 310
Envenenamento, 124, 126, 137
Epífise, 310
Epispádias, 66
Escola de Belas-Artes Slade, 303–4
Esfaqueamento, 38
Esterno, penetração do, 41
Evans, Steward P., 165
Evening Standard, 290
Exército de Salvação, 27, 77, 88, 277
A expressão das emoções no homem e nos animais (Darwin), 117

Faca, 41; cabo da, 40; *kukri*, 321

Fair at night, Dieppe, The (Sickert), 229
Fairstein, Linda, 19–20, 103
Famous crimes, 100
Fantasias, 83–4, 191, 195, 198–9
Fator X, 34–5
Ferimentos, 40–1; de defesa, 43, 46; no coração, 40
Ferrara, Paul, dr., 160, 162, 166, 178
Ffrangcon-Davies, Gwen, 302
Fielding, Henry, 97
Fierro, Marcella, dra., 45, 185
Fisher, Richard, 202, 298
Fisiognomonia, 130
fístula, cirurgia de, 62, 64–6, 71–3
Folkestone, 157, 254–5
Forense, medicina/ciência, 20–2, 44, 108, 127, 131, 160–1, 167–8, 190, 230–1, 326
Formas de homicídio, 38
Foster, Frederick William, 224
Fotografias, 119
From constable to commissioner (Smith), 141

Gales, príncipe de, 109
Galton, Francis, 36
Garrote, 273
Genitália ambígua, 67
Germes, teoria dos, 71
Gill, John, 274–8
Giuseppina, 224–5
Godwin, Beatrice, 156
Godwin, Edward, 156
Goldstein, Esther, 124
Gosling, Howard, investigador, 20
Grafologia, 157–9
Grande Metrópole (Londres), 44, 77, 80, 92, 96, 184; East End da, 27–9, 38, 77–8, 80, 88, 103, 123–6, 155–7, 192, 202–3; queima de carvão na, 76; teatros de variedades da, 194
Gray's Anatomy, 190
Grieve, John, subcomissário assistente, 77
Grover's Island from Richmond Hill (Sickert), 280

353

Gruetzner Robins, Anna, dra., 82, 178, 262–3
Gull, Sir William, Dr., 108–9, 161

Hagmaier, Bill, 83
Hailstone, A., inspetor, 289–90
Hall, Fred, 258
Hamlet, 92, 275
Hamnett, Nina, 305
Hampstead Heath, 154–5
Hardiman, Harriet, 152
Harris, Phoebe, 98
Hart, Vada, 178
Hatfield, James, 112, 118
He killed his father in a fight (Sickert), 196
Hey, Ciceley, 234, 277
Heywoode, Thomas, 25–6
Hill, Joan, 258–63
Hinckley, John, 56
Hinfray, Marie Françoise, 332
Hipospadia, 66–8, 73
Hitler, Adolf, 327
Holland, Nelly, 88–9
"Homem Elefante" (Joseph Merrick), 77–9
Hooke, Robert, 131
Hope, James, 190
Hora da morte, 127–8, 288, 310
Hotel Hill's (The Lizard), 257–9, 263, 285
Hudson, Ann, 39
Husband, Robert, 272
Hutt, George, policial, 219–20

Illustrated Police News, The, 100
Illustrations of dissections (Ellis), 190
Impressões digitais, 129–30, 162, 167, 231, 291
Infelizes, 27–8, 81, 214, 235, 283, 301, 314
Inquéritos, 133; de morte, 93
Insanidade moral, 34
Instituto de Medicina e Ciência Forense da
Virgínia, 108, 160, 230
Instrumentos cortantes, 42
Investigação de homicídios, 134; história
da, 136–8; na Inglaterra, 134; nos EUA,
133–4

Irving, Henry, 92, 156, 180, 203, 273, 275,
298, 304
It all comes from sticking to a soldier (Sickert), 32

"Jack", 115–6
Jack Ashore (Sickert), 290, 328
Jack the Ripper's bedroom (Sickert), 63–4,
120, 234, 282
Jack, o Estripador, 20; cartas de, 22–3,
57–60, 68–9, 82–4, 129, 144, 155–71;
análise de DNA, 160–80; locais distantes
de, 180–2; marcas-d'água em, 168–76;
pintada, 178; tinta, 177–8; disfarces de,
33; jogos de, 57–9; *modus operandi* de,
36, 106, 213, 245, 264; outros suspeitos,
143–5; poemas de, 239; possível primeiro assassinato de, 16, 37–44; pretensas
habilidades cirúrgicas de, 189; vítimas
de; Annie Chapman, 149–54, 183–92;
Catherine Eddows, 216–28, 233–4; Elizabeth Stride, 207–15, 229, 232, 234;
Emily Dimmock, 279–92; Martha Tabran, 24, 27–32, 37–45, 122; Mary Ann
Nichols, 87–94, 100, 105–6, 111–3, 117–8,
122, 127–8; Mary Kelly, 314–22; Percy
Searle e Robert Husband, 272–3
Jameson, Joe, 175
Jogo, 181–2
Johnson, Emma, 242–3
Jorge III, 97
Juízo de Deus (ordálio), 137
Jurados, 134

Kelly, John, 216–8, 220, 244
Kelly, Mary, 314–22
Kennett, Anne, 82, 178
Killeen, T.R., dr., 39–43
Killion, Thomas, policial, 288
Kosminski, Aaron, 143
Kukri, 321

L'affair de Camden Town (Sickert), 290

354

Ladrões de cadáveres, 202
Langham, Samuel Frederick, 244
Lawende, Joseph, 221
Lawrence, Katie, 194
Lawrence, Queenie, 196, 267
Lazarus breaks his fast: self portrait (Sickert), 277
Le Journal Venice (Sickert), 225
Leeson, Benjamin, 141, 145
Lessore, John, 64–5, 214, 261, 302
Lessore, Thérèse, 330
Jack the Ripper, 165
Levy, Joseph, 221
Lewis, George, 110
Liga da Pureza, 302
Lilly, Marjorie, 102, 196–7, 214, 239, 276–7, 285, 331
Líquido seminal, 43–4, 230
Lister, Joseph, 71
Livor mortis, 127–8, 134
Llewellyn, Ress Ralf, dr., 90, 92–3, 105–6, 111–2, 122–3, 127–8, 131–4
Lobo frontal (cérebro), 35, 56
Lobotomia pré-frontal, 35
London, Jack, 27, 80
Londres. *ver* City de Londres; Grande Metrópole
Long, Alfred, policial, 236–7
Long, Elisabeth, 152, 187
Los Angeles, 135
Lost London: the memoirs of an East End detective (Leeson), 141
Lundberg, Ada, 21, 32
Lusk, George, 192, 307–8

MacColl, D.S., 228, 268
MacDonald, Arthur, 34
Macnaghten, sir Melville, delegado de polícia, 141–4, 241
Madame François, 286
Madame Villain, 169, 302
Maison Mouton, 329–32
Malthusianos, 302

Manchester, 157, 159–60, 173, 180, 255
Mann, Robert, 112, 183
Manual of pathological anatomy, A (Rokitansky), 190
Marca-d'água de, 168–73, 255; Alexander Pirie & Sons, 160, 175–6; Joynson Superfine, 169–70; Monckton's Superfine, 172–4
Marcadores, 162
Marshall, F. E., 261
Marshall, William, 210
McCarthy, John, 314, 318–9
McDonald, Roderick, dr., 322
McKenzie, Alice, 323
Médico da polícia, 131, 153, 288
Médico-legista da Virgínia, 133–5
Merrick, Joseph Carey (Homem Elefante), 77–9, 112
Microscópio, 131–2, 230
Milho, Leis do, 282, 294
Ministério do Interior, 94, 100, 131, 143, 200
Mitre, praça, 220–3
Mizen, G., policial, 90–1
Modus operandi, 36, 106–7, 198, 213, 245, 264, 286
Moore, Frederick, 246
Moore, George, 203, 258
Morley, John, 297–9
Morning Leader, 288
Morte, reconstituindo a, 40
Mulheres: emprego de, 27; visão vitoriana sobre as, 25–7
Mylett, Rose, 273, 276

Neil, John, policial, 90
Neville, dr., 246–7, 308–9
New Age, 180
New Bond, rua, 24, 69
New York Herald, 264–7
Nichols, Mary Ann, 87–94, 100, 105–6, 111–3, 117–8, 122, 127–8, 131–3, 141–3, 148, 154
Norwich, John Julius, 70

355

Nova Scotland Yard, 99, 247, 308, 310
Nuit d'été (Sickert), 118

Observer, 146
Olho-de-boi, lanterna com, 90, 100–3, 117, 223, 236, 306
Omnichrome, luz, 230
Openshaw, Thomas, dr., 163–6, 307–8
Organização Mundial da Saúde (OMS), 35
Orgasmo (feminino), 26–7
Ostrog, Michael, 143

Pash, Florence, 328
Passing funeral, a (Sickert), 104
Pasteur, Louis, 71
Patologista forense, 133–5, 137, 189; do circuito, 135
Patrol (Sickert), 119–20
Paul, Robert, 90
Payne, George, 241
Pearly Poll (Mary Ann Connolly), 28–31
Peel, Sir Robert, 98, 295
Pemberton, T. E., 156
Pennell, Joseph, 243, 327
Pesh kabz, 42
Phail, John, policial, 92, 127
Phillips, George, Dr., 153, 183–6, 203, 212, 227, 318–9, 322, 324
Pimlico, 246, 308
Pistas de corrida, 180–1
Pizer, John (avental de couro), 253
Plymouth, 256
Police Review and Parade Gossip, The, 102
Polícia Metropolitana, 30, 91, 94–5, 99, 102, 104, 119, 131, 156, 174–5
Policial, estilo de vida do, 102–3
Post-mortem, 127–8, 132
Potter, Emma, 245
Prater, Elizabeth, 317, 320
Precipitina, testes de, 231
Preservação de corpos/partes de corpos, 307–8
Preston, Charles, 210
Prevaricator, The (Sickert), 328

Principles and illustrations of morbid anatomy (Hope), 190
Problemas sociais, 245
Prostituta por opção, 25
Prostitutas (as Infelizes de Londres), 24–8, 81–2, 96, 214, 235, 314
Pruitt, Chuck, 160
Psicopatas, 195–7, 245; depressão depois de surtos, 325–6; *modus operandi*, 36; pensamento delirante de, 253; tendências voyeurísticas de, 83–4, 189; traços de, 33–6, 56–7, 61, 180
Punch e Judy, 251–2
Putana a casa (Sickert), 224

Raffael, Michael, 258–60
Raising of Lazarus, The (Sickert), 277
Regent, rua, 68–9
Remorso, 33–4
Ricardo I, 136
Richardson, John, 151–2, 186, 253
Rokitansky, Carl, 190
Rothenstein, William, sir, 169, 197
Roupas, 43, 132–3
Royal Academy em Burlington House, 53
Royal London Hospital, 123–5, 307
Royster, John, 34

Sabujos, 269–71
Salmon, Frederick, dr., 65–6
Sands, Ethel, 39, 240, 267–8, 281, 327–8
Sangue, 43, 133
Saturday Review, 243, 278, 327
Schweder, Andrina, 330
Scotland Yard, 19–20, 23, 31–2, 58, 77, 94–5, 97–100, 120, 122, 129, 131, 139–41, 143, 171, 178, 245–7, 272, 308, 310–1, 318
Scots Observer, 267
Searle, Percy Knight, 272
Serial killer, 23, 34, 64, 100, 103, 157, 242, 263, 324
Servant of Abraham, The: self portrait (Sickert, 277

Shakespeare, William, 115, 260
Shaw, Bertram John Eugene, 287
Sheepshanks, Anne, 51, 65
Sheepshanks, Richard, 50–1, 52
Sickert Trust, 62, 64
Sickert, Bernhard, 47, 181, 327
Sickert, Eleanor ("Nelly"), 46, 49–52
Sickert, Ellen Cobden, 13, 160, 164, 169, 202, 279, 291–2; casamento com Sickert, 298–304; divórcio de Sickert, 304–5, 326–7; infância, 293–8; separação de Sickert, 243
Sickert, Helena, 47, 51, 53–5, 65, 67, 115, 122, 159, 278
Sickert, Johann, 47
Sickert, Leonard, 46
Sickert, Oswald Adalbert, 46–9, 50–4, 57
Sickert, Oswald Valentine, 46
Sickert, Walter Richard, 12, 18, 46, 67, 160, 163, 291, 330; caminhadas compulsivas, 196–204; cartas de; análise de DNA, 160, 163–4; locais distantes de, 178–81; pintada, 177; tinta, 177; casamento com Christine Angus, 327–33; casamento com Ellen Cobden, 298–305; cirurgias de fístula, 62, 64–6; como cavalheiro freqüentador de cortiços, 82–6; deformidade de, 15; depressão no fim da vida, 325–33; desenhos, 53–4, 231; educação, 56; em Dieppe, 203–6, 280–1; esboços, 194–6; estúdios secretos, 85, 197, 282; infância, 46–55; interesse militar, 32; medo de doenças, 235; pinturas, 32, 63–4, 91, 102, 107–8, 117–20, 224, 229–30, 234, 277, 280, 328; separação de Ellen, 243; traços de caráter, 54–5; uso de metáforas, 74–5
Simmons, George, policial, 219
Sirhan, Sirhan, 56
Sitwell, Osbert, 233
Skinner, Keith, 165
Smith, Emma, 123
Smith, Henry, sir, 141–3, 222
Smith, Howard, 63

Smith, William, policial, 211, 232
Southport Visiter, 158
Spitalfields, 20, 77, 150–2, 207, 216–7, 315, 322
Spratling, John, inspetor, 92–3, 112
St. Bartholomew's Hospital, 238
St. Mark's Hospital, 65–6, 70–2, 155
Star, 313
Steer, Wilson, 196
Stephenson, W. H., 158
Stevenson, Robert Louis, 69–70
Stowe, Harriet Beecher, 295
Stratton, Charles Sherwood ("Tom Thumb"), 80, 262
Stride, Elizabeth, 143, 207, 210–3, 215, 229, 232, 234, 239, 245, 268, 283, 307
Stride, John, 208–9
Suicídios, 77, 113, 123–37, 143–5, 203, 212, 280
Sulzbach, Ed, 83–4
Sun, The, 267
Sunday Dispatch, 198
Sutton, Denys, 56, 62–3, 65, 86, 156, 197, 198
Swanson, Donald, inspetor chefe, 45, 94, 122, 233, 241

Tabran, Martha, 122, 138, 143
Tanner, Elizabeth, 209
Teatros de variedades, 194–6, 282, 286; Gatti, 194, 196, 198
Temperatura ambiente, 127–8; do corpo, 127
Teoria da conspiração da família real, 108–10
Terry, Ellen, 46, 69, 156, 180, 261, 275, 304
The hand cart, Rue St. Jean, Dieppe (Sickert), 91
Thompson, John, dr., 288, 290
Times, The, 85, 121, 150, 193, 200–1, 244, 247–51, 270–6, 281, 330
Tinta, 177
"Tom Thumb" *ver* Stratton, Charles Sherwood
Tomografia por emissão de pósitron, 35
Treuherz, Julian, 63

Treves, sir Frederick, dr., 78–9
Trifosfato de adenosina (ATP), 127
Two studies of a Venetian woman's head (Sickert), 118

Unwin, Janie Cobden, 181–2, 243, 279, 297–303, 307
Unwin, T. Fisher, 96, 300

Villain, Madame, 169, 302
Vítimas, identificação de, 132
Vitimologia, 39
Vitória, rainha, 55, 80, 100, 108–9, 321
Vitoriana, era: "ciência" do crime durante a, 130; adesivos da, 161; armas, coleções de, 42; cirurgia durante a, 70–4; opinião sobre as mulheres, 25–7

Wall, Joseph, 98
Walter Sickert: drawings (Robins), 195
Warren, sir Charles, comissário de polícia, 104, 141–2, 171, 237–8, 247, 269–71, 318
Watkins, Edward, policial, 223
Webb, Beatrice Potter, 38, 80
Weekly Dispatch, 231, 265–6
West End, 315–6
Whistler, James McNeill, 12, 14–6, 57, 60–1, 79, 110, 156, 160, 163, 169, 177, 179, 202, 233, 243, 256, 278, 304, 324
Whitechapel, 24, 60, 248
Wilde, Oscar, 179, 278
Wildore, Frederick, 311
Wilson, Elizabeth, 71–4
Winter, Caroline, 323
Wood, Robert, 283–4, 291–2

1ª EDIÇÃO [2003] 1 reimpressão

ESTA OBRA FOI COMPOSTA EM MINION PELO ACQUA ESTÚDIO, PROCESSADA EM CTP
E IMPRESSA EM OFSETE PELA RR DONNELLEY AMÉRICA LATINA SOBRE PAPEL PÓLEN SOFT
DA COMPANHIA SUZANO PARA A EDITORA SCHWARCZ EM MARÇO DE 2004